Begründung

zu den Entwürfen eines Gesetzes über den

Versicherungsvertrag

eines zugehörigen Einführungsgesetzes
und eines Gesetzes, betreffend
Änderung der Vorschriften des Handelsgesetzbuchs
über die Seeversicherung.

Reichstagsvorlage

nebst

Abdruck der beiden veröffentlichten Gesetzentwürfe.

Berlin, 1906.

J. Guttentag, Verlagsbuchhandlung,

G. m. b. H.

Inhaltsübersicht.

I. Begründung.

II. Gesetzentwurf. Regierungsvorlage.

Erster Abschnitt.

Vorschriften für sämtliche Versicherungszweige.

Zweiter Abschnitt.

Schadensversicherung.

Dritter Abschnitt.

Vierter Abschnitt.

Fünfter Abschnitt.

III. Gesetzentwurf. Reichstagsvorlage.

Erster Abschnitt.

Vorschriften für sämtliche Versicherungszweige.

Zweiter Abschnitt.

Schadensversicherung.

Dritter Abschnitt.

Vierter Abschnitt.

Fünfter Abschnitt.

Begründung.

Das Gesetz über die privaten Versicherungsunternehmungen vom 12. Mai 1901 (Reichs-Gesetzbl. S. 139) enthält, abgesehen von der Regelung der Versicherungsvereine auf Gegenseitigkeit, im wesentlichen nur Vorschriften über die Zulassung, die Beaufsichtigung und den Geschäftsbetrieb der Versicherungsunternehmungen. Es beschränkt sich demnach auf die öffentlichrechtliche Seite des Versicherungswesens; die dem Privatrecht angehörenden Verhältnisse zwischen dem Versicherer und dem Versicherungsnehmer, die Rechte und Pflichten, welche beiden aus dem Versicherungsvertrag erwachsen, harren noch der reichsgesetzlichen Regelung. Bei den Verhandlungen über das Gesetz vom 12. Mai 1901 bestand aber allseitiges Einverständnis, daß die Lösung der letzteren Aufgabe eine notwendige Ergänzung des zunächst zur Verabschiedung gelangenden Gesetzes bilde und diesem tunlichst bald nachfolgen müsse. Der Reichstag hat der bezeichneten Auffassung bei der Beschlußnahme über das Gesetz noch durch eine Resolution besonderen Ausdruck gegeben.[1]) Der gegenwärtige Entwurf will die bisher vorhandene Lücke ausfüllen; er vervollständigt zugleich die einheitliche Regelung des deutschen bürgerlichen Rechtes.

Die auf Herstellung eines gemeinsamen Privatversicherungsrechts gerichteten Bestrebungen reichen weit zurück. Schon der preußische Entwurf zum Handelsgesetzbuche (1857) hatte in teilweiser Anlehnung an den württembergischen Entwurf eines Handelsgesetzbuchs (1839) eine umfassende Regelung des Versicherungsrechts vorgesehen. Bei den Beratungen der Nürnberger Kommission, aus welchen das Allgemeine Deutsche Handelsgesetzbuch hervorging, gelangte jedoch der betreffende Abschnitt des Entwurfs nicht zur Erledigung. Nur das Seeversicherungsrecht hat auf Grund des Ergebnisses der Arbeiten der Hamburger Seerechtskommission im fünften Buche des Allgemeinen Deutschen Handelsgesetzbuchs eine eingehende und erschöpfende Behandlung gefunden; die bezüglichen Vorschriften sind ohne wesentliche Veränderung in das vierte Buch des neuen Handelsgesetzbuchs vom 10. Mai 1897 übergegangen. Vorschläge zum Versicherungsrechte brachte auch der Dresdener Entwurf eines gemeinsamen Gesetzes über die Schuldverhältnisse aus dem Jahre 1866, welchem indessen eine weitere Folge nicht gegeben worden ist. Der im Jahre 1874 aufgestellte Plan für die Ausarbeitung eines Bürgerlichen Gesetzbuchs nahm dann in Aussicht, bei der in Verbindung mit dem Bürgerlichen Gesetzbuche zu bewirkenden Revision des Handelsgesetzbuchs zugleich das Privatversicherungsrecht reichsgesetzlich zu ordnen. Hiervon ist indessen ebenfalls abgesehen worden, um nicht durch die Häufung des Stoffes diese ohnehin schon umfangreiche Revision zu erschweren. Mit Rücksicht hierauf wurde in das Einführungsgesetz zum Bürgerlichen Gesetzbuche der Vorbehalt des Artikel 75 aufgenommen, welcher das Versicherungsrecht der Landesgesetzgebung beließ.

Zur Zeit bestimmen sich daher die Beziehungen zwischen dem Versicherer und dem Versicherungsnehmer, soweit sie nicht auf einer Seeversicherung beruhen, nach Landesrecht. Reichsgesetzliche Vorschriften sind nur für einzelne Punkte von Bedeutung. So gilt gemäß § 1 Abs. 2 Nr. 3 des Handelsgesetzbuchs ein

[1]) Stenogr. Berichte des Reichstags, 10. Legislaturperiode II. Session 1900/01 Band III S. 2429, Anlageband III S. 1785.

Gewerbebetrieb, der die Übernahme von Versicherungen gegen Prämie zum Gegenstande hat, als Handelsgewerbe; der Inhaber des Betriebs ist daher Kaufmann und die von ihm abgeschlossenen Versicherungsverträge sind Handelsgeschäfte (Handelsgesetzbuch § 1 Abs. 1, § 343). Zufolge §§ 16, 53 des Gesetzes vom 12. Mai 1901 finden ferner hinsichtlich aller Versicherungsvereine auf Gegenseitigkeit, soweit sie nicht Vereine mit engbegrenztem Wirkungskreise sind, die in betreff der Kaufleute im ersten und dritten Buche des Handelsgesetzbuchs gegebenen Vorschriften, mit Ausnahme der §§ 1 bis 7, entsprechende Anwendung, sodaß auch die Versicherungsverträge dieser Vereine den für Handelsgeschäfte geltenden Grundsätzen unterliegen. Auch sonst enthält das Gesetz vom 12. Mai 1901 noch Vorschriften, welche das Rechtsverhältnis zwischen dem Versicherer und dem Versicherungsnehmer berühren; zu erwähnen sind namentlich die Vorschriften über die Wirkungen, welche bei der Lebensversicherung und anderen Versicherungen ähnlicher Art der Konkurs des Versicherers auf die Versicherungsverhältnisse ausübt, und über die Rechte, welche in einem solchen Konkurse den Versicherten gegenüber dem Prämienreservefonds zustehen (§§ 61, 63). Nicht minder sind von dem Bürgerlichen Gesetzbuch einige das Versicherungsrecht berührende Fragen im Zusammenhange mit verwandten Gegenständen behandelt (zu vergl. §§ 330, 1045, 1046, 1127 bis 1130).

Was die Landesgesetzgebung betrifft, so hat das Recht des Versicherungsvertrags nur im Preußischen Allgemeinen Landrechte (II, 8 §§ 1934 bis 2358) eine nähere Ausgestaltung erfahren, die indessen zum großen Teil veraltet ist. Im übrigen gehören vor allem die Vorschriften hierher, welche in den einzelnen Bundesstaaten über die rechtlichen Beziehungen zwischen den öffentlichen Versicherungsanstalten und den Versicherungsnehmern ergangen sind; zum Teil sind sie in Statuten enthalten, welche behördlich bestätigt sind, zum Teil aber in besonderen Landesgesetzen. Auch sonstige Landesgesetze öffentlichrechtlichen, namentlich polizeilichen Inhalts bieten zuweilen Bestimmungen, die in das Gebiet des Privatversicherungsrechts fallen.[1])

---

[1]) Zu vergl. Preußisches Gesetz über das Mobiliar-Feuerversicherungswesen vom 8. Mai 1837 (Gesetz-Samml. S. 102). Hannoversche Verordnung, die Beaufsichtigung der Privat-Feuerversicherungsanstalten betreffend, vom 24. Januar 1828 (Gesetz-Samml. Abt. I S. 3). Hannoversche Verordnung, betreffend die Privat-Feuerversicherungsanstalten, vom 3. Juni 1839 (Gesetz-Samml. Abt. I S. 149). Hannoversche Verordnung, betreffend die Privat-Feuerversicherungsanstalten, vom 30. Januar 1847 (Gesetz-Samml. Abt. I S. 47).

Bayerisches Gesetz, die Brandversicherungsanstalt für Gebäude in den Landesteilen rechts des Rheines betreffend, vom 3. April 1875, in der ihm durch Artikel 164 des Ausführungsgesetzes zum Bürgerlichen Gesetzbuche vom 9. Juni 1899 gegebenen Fassung (Gesetz- und Verordnungsbl. 1875 S. 269, 1899 Beilage zum Landtagsabschiede S. 57), ausgedehnt auf die Pfalz durch Gesetz vom 5. Mai 1890 (Gesetz- und Verordnungsbl. S. 223). Bayerisches Gesetz, die Hagelversicherungsanstalt betreffend, vom 13. Februar 1884 (Gesetz- und Verordnungsbl. S. 61). Bayerisches Gesetz, die Viehversicherungsanstalt betreffend, vom 11. Mai 1896 (Gesetz- und Verordnungsbl. S. 207); dazu Normalstatut vom 11. Mai 1896 das. S. 214), abgeändert durch Bekanntmachungen vom 14. Februar 1898, vom 6. Februar 1899, vom 14. Februar 1904 (Gesetz- und Verordnungsbl. 1898 S. 50, 1899 S. 57, 1904 S. 46). Bayerisches Gesetz, die Pferdeversicherungsanstalt betreffend, vom 15. April 1900 (Gesetz- und Verordnungsbl. 1900 S. 377); dazu Normalstatut vom 15. April 1900 (das. S. 384), abgeändert durch Bekanntmachung vom 6. März 1905 (Gesetz- und Verordnungsbl. S. 62).

Sächsisches Gesetz, das Mobiliar- und Privat-Feuerversicherungswesen betreffend, vom 28. August 1876, in der Fassung der Gesetze vom 18. Oktober 1886, 5. Mai 1892 (Gesetz- und Verordnungsbl. 1876 S. 427, 1886 S. 318, 1892 S. 207); dazu Königlich Sächsische Verordnung vom 20. November 1876, in der Fassung der Verordnung vom 19. Oktober 1886 (Gesetz- und Verordnungsbl. 1876 S. 550, 1886 S. 319). Sächsisches Gesetz, die Landes-

Die Gesetzgebung des Auslandes hat gleichfalls noch kein Versicherungsrecht hervorgebracht, das den heutigen Anforderungen entspricht; die bezüglichen Vorschriften finden sich zumeist in den Handelsgesetzbüchern, daneben sind einzelne Fragen durch Sondergesetze entschieden. Vorarbeiten für eine gesetzliche Neuordnung des Versicherungsrechts sind mehrfach im Gange; hervorzuheben ist namentlich der Entwurf eines Schweizerischen Bundesgesetzes über den Versicherungsvertrag, welcher gegenwärtig der Bundesversammlung vorliegt, sowie ein französischer Entwurf, der im Jahre 1904 bei der Kammer eingebracht worden ist.

In Deutschland waren bei dem Mangel einschlägiger Gesetzesvorschriften Rechtswissenschaft und Rechtsprechung darauf angewiesen, die leitenden Rechtssätze für den Versicherungsvertrag aus dem Wesen und dem wirtschaftlichen Zwecke der Versicherung zu entwickeln und hierbei namentlich die einer erweiterten Anwendung zugänglichen Vorschriften des Handelsgesetzbuchs über die Seeversicherung sowie die allgemeinen Versicherungsbedingungen der Versicherungsunternehmungen zu verwerten. Diese Bedingungen, welche nach § 10 des Gesetzes vom 12. Mai 1901 vor dem Abschlusse des Vertrags dem An-

---

Brandversicherungsanstalt betreffend, vom 25. August 1876, in der Fassung der Gesetze vom 13. Oktober 1886, 5. Mai 1892 und 30. März 1898 (Gesetz- und Verordnungsbl. 1876, S. 345, 1886 S. 213, 1892 S. 201, 1898 S. 28). Sächsisches Gesetz, die staatliche Schlachtviehversicherung betreffend, vom 2. Juni 1898 (Gesetz- und Verordnungsbl. S. 215) nebst Verordnung vom 24. Juli 1898 (das. S. 366). Sächsisches Gesetz, die Einrichtung der Altersrentenbank betreffend, vom 3. Juni 1904 (Gesetz- und Verordnungsbl. S. 209); dazu Verordnung vom 4. Juni 1904 (Gesetz- und Verordnungsbl. S. 221).

Württembergisches Gesetz, betreffend Abänderungen des Gesetzes vom 25. Mai 1830, über die polizeilichen Beschränkungen der Versicherung des beweglichen Vermögens gegen Feuersgefahr (Regierungsbl. 1852 S. 125); Instruktion des Ministeriums des Innern vom 28. Mai 1852 (das. S. 132). Württembergisches Gesetz, betreffend die Errichtung der allgemeinen Brandversicherungsanstalt, vom 14. März 1853, in der Fassung des Artikel 205 des Ausführungsgesetzes zum Bürgerlichen Gesetzbuche vom 28. Juli 1899 (Regierungsbl. 1853 S. 79, 1899 S. 423).

Badisches Fahrnisversicherungsgesetz vom 30. Juli 1840, in der Fassung des Gesetzes vom 27. Juli 1902 (Staats- und Regierungsbl. 1840 S. 216, Gesetz- und Verordnungsbl. 1902 S. 206). Badisches Gesetz, die Feuerversicherungsanstalt der Gebäude betreffend, vom 29. März 1852, in der Fassung des Ausführungsgesetzes zur Grundbuchordnung vom 19. Juni 1899 § 41 und des Gesetzes, die Abänderung des Gebäudeversicherungsgesetzes betreffend, vom 3. August 1902 (Regierungsbl. 1852 S. 85, Gesetz- und Verordnungsbl. 1899 S. 281, 1902 S. 225). Badisches Gesetz, die Versicherung der Rindviehbestände betreffend, vom 26. Juni 1890, in der Fassung der Bekanntmachung vom 2. August 1904 (Gesetz- und Verordnungsbl. S. 269); dazu Verordnung vom 2. August 1904 (das. S. 283).

Hessisches Gesetz, die Brandversicherungsanstalt für Gebäude betreffend, vom 28. September 1890, in der Fassung des Artikel 274 des Ausführungsgesetzes zum Bürgerlichen Gesetzbuche vom 17. Juli 1899 (Regierungsbl. 1890 S. 197, 1899 S. 133). Hessisches Gesetz, die staatliche Schlachtviehversicherung betreffend, vom 12. April 1905 (Regierungsbl. S. 141).

Mecklenburg-Schwerinsche Verordnung, betreffend die Versicherungen gegen Feuersgefahr, vom 4. März 1902 (Regierungsbl. S. 43).

Sachsen-Weimarsches Gesetz über die Gebäude-Brandversicherungsanstalt des Großherzogtums vom 10. Mai 1899 (Regierungsbl. S. 245).

Schwarzburg-Sondershausensches Gesetz, betreffend die Errichtung einer öffentlichen Schlachtviehversicherungsanstalt für das Fürstentum, vom 30. Juli 1899 (Gesetz-Samml. S. 185).

Bremer Gesetz, betreffend die Versicherung von Gebäuden gegen Brandschäden, vom 28. Februar 1902 (Gesetzbl. S. 39).

tragsteller auszuhändigen sind, bilden jeweils die unmittelbare Unterlage für die Beurteilung des Verhältnisses zwischen dem Versicherungsnehmer und dem Versicherer. Die Versicherungsbedingungen der einzelnen Unternehmungen weichen zum Teil erheblich voneinander ab; doch bestehen für einzelne Versicherungszweige gleichmäßige Bedingungen, die vielfach benutzt werden. So haben namentlich die allgemeinen Feuerversicherungsbedingungen des Verbandes deutscher Privatfeuerversicherungsgesellschaften, ferner die von Vertretern des Deutschen Landwirtschaftsrats und deutscher Viehversicherungsanstalten für die Viehversicherung ausgearbeiteten Normalstatuten und Normalversicherungsbedingungen sowie die von dem Internationalen Transportversicherungsverbande für den Binnentransport aufgestellten Bestimmungen eine weitreichende Bedeutung erlangt. Für die Haftpflichtversicherung waren die Bedingungen von Einfluß, welche der Deutsche Haftpflichtschutzverband für die seitens seiner Mitglieder genommenen Versicherungen mit einzelnen Gesellschaften vereinbart hat. Neuerdings sind auf dem Gebiete der Haftpflichtversicherung und der Unfallversicherung seitens der Mehrzahl der Gesellschaften gemeinsame Bedingungen angenommen. Dagegen sind die Bedingungen, für die Lebensversicherung, über welche sich vor längerer Zeit eine erhebliche Zahl von Lebensversicherungsgesellschaften geeinigt hatte, durch die neuere Entwicklung überholt worden und gegenwärtig nicht mehr im Gebrauche.

Überblickt man die Weiterbildung, welche die Versicherungsbedingungen im Laufe der Zeit erfahren haben, so läßt sich nicht verkennen, daß den Interessen der Versicherungsnehmer mehr und mehr eine billige Berücksichtigung zuteil geworden ist. Immerhin bleibt in dieser Richtung noch manches zu wünschen übrig. Die Bedingungen enthalten auch jetzt noch hin und wieder Bestimmungen von übermäßiger Strenge. Diese Bestimmungen werden allerdings seitens der Versicherer nicht immer nach dem Buchstaben zur Anwendung gebracht. In manchen Fällen aber findet eine solche Anwendung doch statt, und sie trifft dann die Beteiligten mit unberechtigter Härte. Die Rechtsprechung ist an der Hand der von der Wissenschaft entwickelten Grundsätze des Versicherungsrechts bemüht gewesen, den Interessen der Versicherungsnehmer auch den Versicherungsbedingungen gegenüber nach Möglichkeit Geltung zu verschaffen; derartige Bemühungen müssen aber erfolglos bleiben, wenn sie es mit klaren und unzweideutigen Vertragsbestimmungen zu tun haben. Anderseits hat sich aus dem Mangel gesetzlicher Vorschriften der Mißstand ergeben, daß mehrfach selbst in wichtigen Fragen ein Schwanken der Rechtsprechung zutage trat. Die notwendige Sicherheit des Rechtsverkehrs sowie eine angemessene Ausgleichung zwischen den Interessen der Versicherer und der Versicherungsnehmer läßt sich nur erreichen, wenn der Versicherungsvertrag durch die Gesetzgebung geregelt wird.

Bei der Aufstellung des vorliegenden Entwurfs haben die gesetzlichen Vorschriften, wie sie zur Zeit in Deutschland gelten, die erforderliche Berücksichtigung gefunden, nicht minder die durch den bisherigen Geschäftsbetrieb der Versicherungsunternehmungen und die Praxis der Gerichte ausgebildeten Grundsätze, soweit sie sich als zweckmäßig bewährt haben; die reiche Literatur über das Versicherungsrecht, die ausländischen Gesetze sowie die im Inland und im Ausland aufgestellten Gesetzentwürfe boten weitere Hilfsmittel für die Lösung der Aufgabe. Bevor der Entwurf in seiner jetzigen Gestalt festgestellt wurde, ist er zunächst einer gutachtlichen Beratung mit Sachverständigen unterzogen worden, bei welcher auch Sachkundige aus der Mitte der Versicherungsnehmer, namentlich Vertreter der Landwirtschaft, des Handels und der Industrie sowie der Hausbesitzer, zugezogen waren. Der Entwurf ist sodann veröffentlicht worden, um allen beteiligten Kreisen Gelegenheit zu einer Prüfung der in Aussicht genommenen Bestimmungen zu bieten. Auf Grund der überaus umfangreichen und eingehenden Kritik, die sich an diese Veröffentlichung knüpfte, wurde der Entwurf schließlich einer erneuten Umarbeitung unterzogen, bei der den geäußerten Wünschen und Anregungen in vielen Beziehungen entsprochen werden konnte.

Der Entwurf regelt das ganze Gebiet des privaten Versicherungsrechts, mit Ausnahme der Seeversicherung und der Rückversicherung (§ 183), er bezieht sich namentlich sowohl auf die Schadensversicherung als auf die Lebensversicherung, die Unfallversicherung und die sonstigen Zweige der Personenversicherung. Er geht von dem Grundsatz aus, daß das Versicherungsverhältnis sich in erster Linie nach den Vereinbarungen der Parteien bestimmt und die gesetzlichen Vorschriften nur insoweit zur Anwendung kommen, als derartige Vereinbarungen nicht getroffen sind. Der bezeichnete Grundsatz läßt sich aber nicht ohne Ausnahmen durchführen. Bei dem Versicherungsvertrag ist der Versicherungsnehmer im allgemeinen der schwächere Teil, insbesondere steht er an Geschäftserfahrung dem Versicherer regelmäßig nach; er ist daher, wenn es sich um die Abschließung eines Vertrags handelt, der zu seinem Nachteile von den gesetzlichen Bestimmungen in ungerechtfertigter Weise abweicht, häufig außer stande, solchen Abweichungen rechtzeitig zu begegnen. Mit Rücksicht hierauf hat der Entwurf da, wo es zum Schutze besonders wichtiger Interessen der Versicherungsnehmer notwendig erschien, seine Vorschriften mit zwingender Kraft ausgestattet. Die Beschränkung, welche sich der Entwurf in dieser Hinsicht gleichwohl auferlegt, wird durch die Lage der Verhältnisse gerechtfertigt. Die Versicherung hat in stetigem Fortschritt ihre Technik vervollkommnet, ihre Formen vermehrt und ausgebildet, ihr Anwendungsgebiet erweitert; sie hat damit eine hohe Bedeutung für das gesamte Wirtschaftsleben gewonnen, und diese Entwicklung ist noch gegenwärtig in vollem Flusse. Die Gesetzgebung muß jede Maßnahme vermeiden, die hier hemmend und störend eingreifen könnte; der Versuch, auf die Gestaltung des Rechtsverhältnisses zwischen dem Versicherungsnehmer und dem Versicherer durch eine Häufung zwingender Vorschriften einzuwirken, würde aber diese Gefahr mit sich bringen. Einen gewissen Ersatz für solche Vorschriften bietet zudem die Aufsicht über die privaten Versicherungsunternehmungen, wie sie durch das Gesetz vom 12. Mai 1901 einheitlich geregelt ist; in Betracht kommt hier insbesondere die Bestimmung des § 7 dieses Gesetzes, vermöge deren die Zulassung zum Geschäftsbetriebe versagt werden kann, wenn nach dem Geschäftsplane, zu welchem auch die allgemeinen Versicherungsbedingungen gehören, die Interessen der Versicherten nicht hinreichend gewahrt sind, ferner die Vorschrift des § 64 Abs. 2, derzufolge die Aufsichtsbehörde befugt ist, Anordnungen zu treffen, die geeignet sind, Mißstände zu beseitigen, durch welche die Interessen der Versicherten gefährdet werden oder der Geschäftsbetrieb mit den guten Sitten in Widerspruch gerät. Alles läßt sich freilich für Verhältnisse, die lediglich in das Gebiet des Privatrechts fallen, von der Tätigkeit der Aufsichtsbehörde nicht erwarten; unter Umständen wird diese Behörde mit Grund Bedenken tragen, einer Abweichung von Vorschriften des Gesetzes entgegenzutreten, während das Gesetz selbst die Abweichung an sich nicht verbietet. Der Entwurf hat deshalb einer immerhin nicht unerheblichen Zahl von Bestimmungen zwingende Bedeutung beigelegt.

Das Bedürfnis zwingender Vorschriften erstreckt sich jedoch nicht auf alle Versicherungszweige. Bei der Transportversicherung, der Versicherung gegen

Kursverluste und der Kreditversicherung besitzen die Versicherungsnehmer in der Regel hinreichende Geschäftskunde, um selbst für die Wahrung ihrer Interessen zu sorgen. Bei der Transportversicherung verlangt zudem die Bedeutung, welche dieser Zweig im internationalen Rechtsverkehre hat, daß dem Versicherer die Möglichkeit nicht geschmälert wird, seine Versicherungsbedingungen den Gesetzen und Verhältnissen des Auslandes anzupassen. Auf Grund ähnlicher Erwägungen ist schon das Gesetz vom 12. Mai 1901 (§ 116) zu der Vorschrift gelangt, daß Unternehmungen, welche die Versicherung gegen Kursverluste oder die Transportversicherung zum Gegenstand haben, mit Ausnahme von Versicherungsvereinen auf Gegenseitigkeit, keiner behördlichen Zulassung bedürfen und keiner behördlichen Beaufsichtigung ihres Geschäftsbetriebs unterliegen. Dementsprechend bestimmt der Entwurf (§ 184 Abs. 1), daß die Beschränkungen der Vertragsfreiheit, welche er vorsieht, auf die Transportversicherung, die Kreditversicherung und die Versicherung gegen Kursverluste keine Anwendung finden. Eine gleiche Bestimmung trifft der Entwurf für die Arbeitslosenversicherung, bei der es sich um einen besonders gearteten und noch in der Entstehung begriffenen Versicherungszweig handelt, dessen Entwicklung durch zwingende Vorschriften leicht beeinträchtigt werden könnte. Außerdem ist für den Fall eines später eintretenden Bedürfnisses noch der allgemeine Vorbehalt hinzugefügt, daß bei Versicherungszweigen, die im Entwurfe nicht besonders geregelt sind, durch Kaiserliche Verordnung mit Zustimmung des Bundesrates gegenüber den Vorschriften zwingender Natur Ausnahmen zugelassen werden können (§ 185 Nr. 1).

Auf der anderen Seite erscheint es nicht ausgeschlossen, daß bei der Versicherung kleinerer Binnenfahrzeuge der Grundsatz der Vertragsfreiheit unter Umständen zu einer Schädigung der Versicherungsnehmer führt, da die Eigner solcher Fahrzeuge den Versicherern an Geschäftsgewandtheit häufig nicht gewachsen sind. Der Entwurf (§ 185 Nr. 2) sieht deshalb vor, daß im Wege Kaiserlicher Verordnung mit Zustimmung des Bundesrats bei der Versicherung von Schiffen gegen die Gefahren der Binnenschiffahrt die Beschränkungen der Vertragsfreiheit ganz oder zum Teil für anwendbar erklärt werden können.

Was die Kennzeichnung der zwingenden gegenüber den nicht zwingenden Vorschriften betrifft, so hat der Entwurf da, wo eine Beschränkung der Vertragsfreiheit eintreten soll, dies besonders ausgesprochen[1]), und zwar ist dabei in der Regel eine Wendung gewählt, welche für Vertragsbestimmungen, die dem Versicherungsnehmer günstiger sind als die gesetzliche Vorschrift, freien Raum läßt. Keiner Hervorhebung im Gesetze bedarf es, daß die Rechte, welche nach § 59 Abs. 2 oder nach den §§ 98 bis 106, 154 dritten Personen zustehen, durch Vereinbarungen zwischen dem Versicherer und dem Versicherungsnehmer nicht beschränkt werden können. Auch bei einzelnen anderen Vorschriften des Entwurfs (§ 4 Abs. 1, § 13, § 51 Abs. 2, § 59 Abs. 3, § 91, § 156 Abs. 2, 3, § 176 Abs. 4) ergibt sich schon aus ihrem Inhalte, daß sie einer Abänderung durch den Versicherungsvertrag ganz oder nach gewissen Richtungen hin entzogen sind (zu vergl. S. 17, 29, 96, 148, 171). Im übrigen läßt dagegen der Entwurf die Vertragsfreiheit unberührt. Doch gilt selbstverständlich auch für das Versicherungsrecht der Satz, daß ein Rechtsgeschäft, welches gegen die guten

---

[1]) § 5, § 6 Abs. 3, §§ 8, 11, § 12 Abs. 3, §§ 14, 31, § 32 Satz 2, § 33 Abs. 2, § 34 Abs. 2 Satz 2, § 42, § 47 Satz 2, § 48 Abs. 2, § 64 Abs. 3, §§ 65, 72, § 81 Abs. 3, § 87 Satz 2, § 89 Abs. 1, § 92 Abs. 2, § 108 Abs. 2, § 112 Abs. 3, § 150 Abs. 2, § 151 Abs. 2, §§ 157, 169, 175, § 180 Satz 2, § 181 Abs. 3.

Sitten verstößt, nichtig ist. Bei der Schadensversicherung kommt ferner in Betracht, daß eine Vereinbarung, welche bezweckt, dem Versicherungsnehmer eine den Betrag des Schadens übersteigende Entschädigung zu verschaffen, dem Vertrage die Eigenschaft eines Versicherungsvertrages nehmen und ihn zu einem Spiele oder einer Wette machen würde (zu vergl. unten S. 11).

Die Bestimmungen des Entwurfs über den Versicherungsvertrag finden ihre Ergänzung in den Vorschriften des Bürgerlichen Gesetzbuches und, falls einer der beiden Teile Kaufmann ist oder die Versicherung bei einem dem § 16 des Gesetzes vom 12. Mai 1901 unterliegenden Versicherungsverein auf Gegenseitigkeit genommen wird, in den Vorschriften des Handelsgesetzbuchs. Landesgesetzliche Vorschriften haben auf dem Gebiete des privaten Versicherungsrechts künftig nur noch insoweit Geltung, als sie besonders gewahrt sind; der allgemeine Vorbehalt, welcher im Artikel 75 des Einführungsgesetzes zum Bürgerlichen Gesetzbuche für die Landesgesetzgebung gemacht ist, kommt durch den Entwurf zur Erledigung.

In welcher Form die Versicherungsunternehmung betrieben wird, ob der Versicherer eine Einzelperson, eine offene Handelsgesellschaft, eine Aktiengesellschaft, ein Versicherungsverein auf Gegenseitigkeit oder eine Gesellschaft oder eine juristische Person anderer Art ist, begründet für die Anwendbarkeit der Vorschriften des Entwurfs keinen Unterschied. Dagegen will der Entwurf seinen Vorschriften nicht unterwerfen die eingeschriebenen Hilfskassen, die Knappschaftskassen und andere Verbände, deren Tätigkeit, soweit sie überhaupt dem Gebiete des privaten Versicherungsrechts angehört, eine Ergänzung der Arbeiterversicherung bezweckt, und wesentlich im Anschluß an diese oder als Ersatz für sie ausgeübt wird (§§ 187, 188).

Das Anwendungsgebiet des Gesetzes ausschließlich auf die privaten Versicherungsunternehmungen im Gegensatze zu den Anstalten öffentlichrechtlicher Natur zu beschränken, ist nicht angängig. Anstalten der letzteren Art bestehen namentlich für die Feuerversicherung, insbesondere für die Versicherung von Gebäuden; sie sind teils, wie in Preußen, kommunale Einrichtungen (Feuersozietäten und Brandkassen der Provinzen, der Städte, der Landschaften), teils, wie in den meisten übrigen Gebieten Deutschlands, staatliche Anstalten. Für andere Zweige der Schadensversicherung sind in einzelnen Bundesstaaten gleichfalls öffentliche Einrichtungen geschaffen worden, so insbesondere für die Hagelversicherung in Bayern, für die Viehversicherung in Bayern und Baden, außerdem für die Schlachtviehversicherung in Sachsen, Hessen, Schwarzburg-Sondershausen und Reuß älterer und jüngerer Linie. Auch auf dem Gebiete der Personenversicherung treten öffentlichrechtliche Korporationen als Versicherer auf.

Das Gesetz über die privaten Versicherungsunternehmungen vom 12. Mai 1901 hat allerdings die auf Grund landesgesetzlicher Vorschriften errichteten öffentlichen Versicherungsanstalten seinen Bestimmungen nicht unterstellt. Allein dort handelte es sich zunächst darum, die Zulassung, die Beaufsichtigung und den Geschäftsbetrieb der Versicherungsunternehmungen zu regeln. Für eine solche Regelung lag gegenüber den öffentlichen, unter der Leitung staatlicher oder sonstiger Behörden stehenden Anstalten keinerlei Bedürfnis vor, und es erschien daher nicht angezeigt, in die Selbständigkeit der auf dem Landesrechte beruhenden Institute und in die Behördenorganisation der Bundesstaaten einzugreifen. Was dagegen das Gebiet des Privatrechts betrifft, so ist schon in der Begründung zu dem Entwurfe jenes Gesetzes darauf hingewiesen worden, daß die Gesetzgebung über den Versicherungsvertrag auch die öffentlichen Anstalten werde umfassen müssen [1]). Dieser Standpunkt ist grundsätzlich auch im Entwurfe festgehalten. Der Geschäftsbetrieb der öffentlichen Versicherungsanstalten unterscheidet sich zwar in wesentlichen Beziehungen von demjenigen der privaten Unternehmungen, und die Reichsgesetzgebung muß jedenfalls Sorge tragen, daß die öffentlichen Anstalten in der Lage bleiben, in ihren Satzungen sowie in den Versicherungsverträgen, die sie auf Grund der Satzungen schließen, die ihren Bedürfnissen entsprechenden Sonderbestimmungen zu treffen. Allein diese Rücksicht macht es nur erforderlich, den Anstalten die zu dem gedachten Zwecke nötige Bewegungsfreiheit auch gegenüber den sonst zwingenden Vorschriften des Entwurfs zu gewähren (§ 189 Abs. 2), sie rechtfertigt es dagegen nicht, die fraglichen Anstalten ohne weiteres von dem Anwendungsbereiche des Gesetzes auszuschließen. Die durch den Beitritt zu einer öffentlichen Anstalt begründeten Versicherungsverhältnisse gehören, wie auch das Reichsoberhandelsgericht und ebenso in wiederholten Entscheidungen das Reichsgericht anerkannt hat [2]), ihrem Wesen nach dem Privatrecht an, und es liegt kein Anlaß vor, hier der Rechtseinheit, deren Herstellung die Aufgabe des Entwurfs ist, dadurch Abbruch zu tun, daß für die öffentlichen Anstalten das Reichsrecht ohne weiteres außer Anwendung bleibt. Ebenso wie bisher in denjenigen Gebieten, in welchen die Gesetzgebung eine allgemeine Regelung des Versicherungsrechts unternommen hatte, die einschlagenden Vorschriften des Landesversicherungsrechts auch für die öffentlichen Anstalten galten, soweit nicht in den für ihre Versicherungsverträge maßgebenden Satzungen und Reglements ein anderes bestimmt war, müssen hier in Zukunft die Vorschriften des Reichsversicherungsrechts subsidiäre Anwendung finden.

Eine Ausnahme ist nur insoweit geboten, als für die Versicherten ein Versicherungszwang besteht, mag nun der Zwang in der Weise durchgeführt werden, daß die Versicherung ohne einen Antrag des Versicherten kraft Gesetzes zur Entstehung gelangt, oder in der Weise, daß die Beteiligten durch Ordnungsstrafen oder andere Mittel angehalten werden, die Versicherung nachzusuchen. Da, wo ein Versicherungsverhältnis unmittelbar kraft Gesetzes entsteht, liegt ein Vertragsverhältnis überhaupt nicht vor. Die Vorschriften des Entwurfs können daher auf solche Versicherungen schon deshalb keine Anwendung finden, weil sie das Vorhandensein eines Vertrags voraussetzen und nur für Vertragsverhältnisse berechnet sind. Überdies liegt es in der Natur der Sache, daß, wenn ein Rechtsverhältnis unmittelbar kraft Landesgesetzes begründet wird, dieses Gesetz auch den Inhalt des Rechtsverhältnisses bestimmen muß. Das Gleiche gilt für Versicherungen, welche die Beteiligten infolge einer landesrechtlichen Zwangsvorschrift bei einer öffentlichen Anstalt nehmen; denn es ist lediglich der Form nach ein Unterschied, ob die Versicherung ohne Antrag von selbst entsteht oder ob die Beteiligten durch Ordnungsstrafen oder in anderer Weise gezwungen werden, die Versicherung nachzusuchen. Außerdem ist die Grenze zwischen beiden Fällen nicht immer mit Sicherheit zu ziehen; vielmehr lassen es die in Betracht kommenden Vorschriften des Landesrechts manchmal zweifelhaft erscheinen, ob eine unmittelbar kraft Gesetzes entstehende oder eine auf Grund gesetzlichen Zwanges von dem Versicherten beantragte Versicherung

---

[1]) Stenographische Berichte des Reichstags, 10. Legislaturperiode II. Session 1900/1902 Anlageband I S. 170.

[2]) Entscheidungen des Reichsoberhandelsgerichts Bd. 9 S. 132; Entscheidungen des Reichsgerichts in Zivilsachen Bd. 48 S. 332 ff.; ebenso die Urteile des Reichsgerichts in Gruchot, Beiträge zur Erläuterung des Deutschen Rechtes Bd. 25 S. 1119, Bd. 30 S. 1142.

vorliegt. Der Entwurf bestimmt deshalb, daß in Ansehung von Versicherungen der einen wie der anderen Art die landesgesetzlichen Vorschriften unberührt bleiben (§ 189 Abs. 1). Danach behält nicht nur das bestehende Landesrecht seine Geltung, sondern es können im Wege der Landesgesetzgebung auch künftig noch neue Vorschriften erlassen werden.

Was die Ordnung des Stoffes im Entwurf anlangt, so liegt ihr die Unterscheidung zwischen Schadensversicherung und Personenversicherung zu Grunde. Der erste Abschnitt (§§ 1 bis 48) gibt die Vorschriften, die auf jeden Versicherungsvertrag, ohne Unterschied, ob er eine Schadensversicherung oder eine Personenversicherung betrifft, Anwendung finden. Der zweite Abschnitt (§§ 49 bis 155) behandelt die Schadensversicherung in der Weise, daß er zunächst die Bestimmungen, die für alle hierher gehörigen Versicherungen gemeinsam gelten sollen, in einem Titel zusammenfaßt und in weiteren fünf Titeln die Feuer-, Hagel-, Vieh-, Transport- und Haftpflichtversicherung als die wichtigsten Zweige je für sich regelt. Der dritte und der vierte Abschnitt (§§ 156 bis 182) enthalten für die hauptsächlichen Zweige der Personenversicherung, nämlich für die Lebens- und Unfallversicherung, die besonderen Bestimmungen, welche neben den Vorschriften des ersten Abschnitts noch erforderlich sind. Die Schlußvorschriften (fünfter Abschnitt, §§ 183 bis 191) regeln unter anderem das Verhältnis des Entwurfs zu den versicherungsrechtlichen Vorschriften der Reichsgesetze und der Landesgesetze. Die erforderlichen Übergangsbestimmungen sind in ein besonderes Einführungsgesetz verwiesen.

Dieser Aufbau des Entwurfs ist mehrfach bemängelt worden. Namentlich hat man es als wünschenswert bezeichnet, die zusammenfassenden allgemeinen Abschnitte zu beseitigen und jeden einzelnen Versicherungszweig in einem besonderen Gesetz oder Gesetzesabschnitte selbständig zu regeln. Bei einer solchen Zerlegung des Stoffes würden — so meint man — die Vorschriften an Verständlichkeit gewinnen und die verschiedenen Bedürfnisse der einzelnen Versicherungszweige mehr zu ihrem Rechte kommen. Der Vorschlag ist indessen nicht durchführbar. Die privatrechtliche Versicherung ist trotz der Besonderheiten der einzelnen Versicherungszweige ein einheitliches Rechtsinstitut, das von gemeinsamen leitenden Grundsätzen beherrscht wird. Diese werden zwar mit Rücksicht auf den Gegenstand der Versicherung hier und da gewisse Einschränkungen erleiden müssen, aber im großen und ganzen haben sie doch allgemeine Geltung. Es ist auch nicht zutreffend, daß die allgemeinen Normen bei den einzelnen Versicherungszweigen überall eine ganz besondere, individuelle Ausprägung erfahren könnten; denn der gleiche gesetzgeberische Gedanke bedarf im Interesse der Rechtssicherheit auch einer möglichst übereinstimmenden gesetzlichen Form. Wollte man daher dem erwähnten Vorschlag entsprechend die einzelnen Versicherungszweige — jeden für sich — erschöpfend regeln, so würde diese Regelung zum überwiegenden Teile in einer steten Wiederholung gleichlautender Vorschriften bestehen. Für die nicht besonders berücksichtigten Versicherungszweige aber wären schließlich doch noch zusammenfassende Vorschriften, wie sie jetzt die allgemeinen Teile des Entwurfs enthalten, erforderlich. Jeder Versuch einer entsprechenden Formulierung ergibt, daß das Gesetz dabei in unerträglicher Weise schwerfällig und unübersichtlich werden würde. Demgegenüber wird dem Systeme des Entwurfs, das einer weitgehenden Berücksichtigung der besonderen Bedürfnisse der einzelnen Versicherungszweige keineswegs entgegensteht, der Vorzug zu geben sein. Dabei ist es freilich nicht zu vermeiden, daß einzelne der in den allgemeinen Teilen aufgestellten Normen für die eine oder die andere Art der Versicherung in den späteren Abschnitten

Ergänzungen oder selbst Änderungen erfahren und daß anderseits einzelne derartige Normen für gewisse Versicherungen mit Rücksicht auf deren Inhalt und Gegenstand der Bedeutung entbehren und deshalb insoweit außer Anwendung bleiben. Solche Modifikationen der allgemeinen Grundsätze sind aber in dem gegenwärtigen Entwurfe, der mehrfach Vorschriften, die in dem Vorentwurfe dem allgemeinen Teile zugewiesen waren, durch Sondervorschriften für die einzelnen Versicherungszweige ersetzt hat, nicht besonders zahlreich, und Zweifel und Unklarheiten bei der Anwendung des Gesetzes sind daraus nicht zu besorgen. Wenn es von einzelnen Seiten als das erstrebenswerte Ziel bezeichnet worden ist, die gesetzliche Regelung für die einzelnen Versicherungszweige so erschöpfend und in sich geschlossen zu gestalten, daß die Versicherungsbedingungen und Versicherungsverträge im wesentlichen nur auf das Gesetz zu verweisen brauchten, ohne das Vertragsverhältnis noch besonders zu normieren, so wird hiermit dem Gesetz eine Aufgabe gestellt, die bei der Vielgestaltigkeit der Verhältnisse nicht zu lösen ist. Es erscheint auch zum mindesten zweifelhaft, ob jenes Ziel überhaupt als erstrebenswert betrachtet werden darf. Vom Standpunkte der Versicherungsunternehmungen mag es allerdings erwünscht sein, daß die Versicherungsbedingungen möglichst wenig zu enthalten brauchen; dem Interesse der Versicherungsnehmer aber wird dadurch keineswegs gedient. Denn wenn diese sich bei dem Abschlusse des Vertrags über den Umfang ihrer Rechte und Pflichten unterrichten wollen, so werden sie in der Hauptsache auf die ihnen eingehändigten Versicherungsbedingungen und Vertragsurkunden angewiesen sein; mit dem Studium des Gesetzes werden sie sich in den wenigsten Fällen befassen können.

Auf die Seeversicherung findet der Entwurf eines Gesetzes über den Versicherungsvertrag sowie der zugehörige Entwurf eines Einführungsgesetzes keine Anwendung, für diesen Versicherungszweig soll es vielmehr bei den Vorschriften des Handelsgesetzbuchs bewenden, die sich im allgemeinen wohl bewährt haben. Soweit in Fragen von grundlegender Bedeutung die Übereinstimmung dieser Vorschriften mit dem künftig für die Versicherung gegen die Gefahren der Binnenschiffahrt maßgebenden Rechte geboten erschien, hat der Entwurf eines Gesetzes, betreffend Änderung der Vorschriften des Handelsgesetzbuchs über die Seeversicherung, das Nötige vorgesehen.

Erster Abschnitt.

Vorschriften für sämtliche Versicherungszweige.

Erster Titel.

Allgemeine Vorschriften.

§ 1.

Wie das Gesetz vom 12. Mai 1901 es unterlassen hat, eine Begriffsbestimmung der Versicherungsunternehmung zu geben, so sieht auch der Entwurf von einer solchen Bestimmung für den Versicherungsvertrag ab. Schon bei der Beratung des genannten Gesetzes hat sich gezeigt, daß es nicht möglich ist, den Begriff der Versicherung in erschöpfender Weise durch eine gesetzliche Vorschrift festzustellen. Ein Zweifel darüber, ob ein Versicherungsvertrag vorliegt oder nicht, wird tatsächlich nur in verhältnismäßig seltenen und eigenartig gestalteten Fällen obwalten. Für solche Fälle wird aber die Entscheidung besser auf Grund des Gesamtinhalts der gesetzlichen Vorschriften über den Versicherungsvertrag unter Berücksichtigung der besonderen tatsächlichen Umstände als mit Hilfe eines allgemeinen Rechtssatzes gefunden. Zudem bringt jede Begriffsbestimmung die Gefahr mit sich, daß sie der praktischen und wissenschaftlichen Fortbildung des Rechtes hindernd in den Weg tritt. In Übereinstimmung mit dem Verfahren, welches das Bürgerliche Gesetzbuch bei den von ihm geregelten Vertragsarten beobachtet hat, beschränkt sich deshalb der Entwurf darauf, in dem einleitenden § 1 die hauptsächlichen Verpflichtungen hervorzuheben, die aus dem Versicherungsvertrage für die beiden Parteien, nämlich für den Versicherer (Abs. 1) und für den Versicherungsnehmer (Abs. 2), erwachsen. Dabei wird zugleich die Einteilung ersichtlich, nach welcher der Entwurf den ganzen Stoff geordnet hat. Auf der einen Seite steht die Schadensversicherung, bei welcher der Versicherer, wie der erste Satz des Abs. 1 bestimmt, verpflichtet ist, nach dem Eintritte des Versicherungsfalles dem Versicherungsnehmer den dadurch verursachten Vermögensschaden nach Maßgabe des Vertrags zu ersetzen, auf der anderen Seite die Personenversicherung, bei welcher dem Schlußsatze des Abs. 1 zufolge der Versicherer nach dem Eintritte des Versicherungsfalls den vereinbarten Betrag an Kapital oder Rente zu zahlen oder die sonst vereinbarte Leistung zu bewirken hat. Die hauptsächliche Verpflichtung des Versicherungsnehmers besteht bei beiden Arten der Versicherung in der Zahlung der Prämie (Abs. 2). Aus den Vorschriften des § 1 Abs. 1 ergibt sich auch die Bedeutung des Ausdrucks Versicherungsfall; der Entwurf versteht darunter das Ereignis, mit dessen Eintritt die Leistungspflicht des Versicherers begründet ist.

Für die Schadensversicherung ist wesentlich, daß die Leistung des Versicherers durch die Höhe des Schadens bestimmt und begrenzt wird, den der Versicherungsnehmer infolge des Eintritts des Versicherungsfalls erleidet. Es geht nicht an, bei den auf eine Sache sich beziehenden Versicherungen, die hier hauptsächlich in Betracht kommen, und bei den damit verwandten Versicherungsverträgen die Leistungspflicht des Versicherers von der Beziehung zu dem entstandenen Schaden loszulösen und den Betrag der dem Versicherer obliegenden Leistung lediglich der Bestimmung der Parteien zu überlassen. Einerseits besteht dafür kein praktisches Bedürfnis, anderseits würde eine solche Gestaltung den Vertrag seiner Eigenschaft als Versicherungsvertrag entkleiden und zu einem Spiel oder einer Wette machen können. Soweit nicht eine willkürliche Einwirkung auf den Eintritt des Versicherungsfalls ausgeschlossen ist, würde überdies die Aussicht auf eine den Schaden übersteigende Vergütung für den Versicherten einen Anreiz bilden, absichtlich einen Schaden herbeizuführen oder doch die nötige Vorsicht außer acht zu lassen; darin aber läge, namentlich auf dem Gebiete der Feuerversicherung, eine große Gefahr für das öffentliche Interesse.

Daß der Versicherer den Schaden, der für den Versicherungsnehmer aus dem Eintritte des Versicherungsfalls entsteht, in vollem Umfange zu ersetzen hat, ist für den Begriff der Schadensversicherung nicht erforderlich; schon im Entwurfe selbst sind einschränkende Vorschriften getroffen (zu vergl. §§ 52, 53), und durch die Bedingungen des Vertrags kann, worauf auch in der Fassung des § 1 Abs. 1 hingewiesen ist, die Haftung des Versicherers beliebig begrenzt werden. Namentlich ist eine Vereinbarung dahin zulässig, daß der Versicherungsnehmer einen bestimmten Bruchteil des Schadens unter allen Umständen selbst zu tragen hat. Im einzelnen gehören zu der Schadensversicherung nicht nur diejenigen Versicherungszweige, welche für den Fall der Beschädigung oder des Verlustes einer Sache Deckung gewähren sollen, wie die Feuerversicherung, die Hagelversicherung, die Viehversicherung, die Transportversicherung, die Sturmschäden-, Glas- und Diebstahlsversicherung, sondern auch mannigfache Versicherungen anderer Art, wie die Haftpflichtversicherung, die Kreditversicherung, die Versicherung gegen Kursverluste und dergleichen.

Dagegen ist der Grundsatz, daß der Umfang der Leistung des Versicherers sich nach dem Schaden bemißt, den der Versicherungsnehmer erleidet, für solche Versicherungen, welche sich auf eine Person beziehen, nicht durchführbar. Außer der Unfallversicherung und den einzelnen Arten der Lebensversicherung (der Versicherung für den Todesfall, der Erlebensversicherung usw.) gehören dahin namentlich die Krankenversicherung und die Invaliditätsversicherung. Bei den auf eine Person sich beziehenden Versicherungen ist eine Vermögenseinbuße mit dem Eintritte des Versicherungsfalls vielfach gar nicht verbunden, und soweit überhaupt von einer durch diesen Eintritt herbeigeführten Schädigung des Berechtigten die Rede sein kann, ist doch meistens der Umfang des Schadens nicht oder nur sehr schwer abzuschätzen. Aber auch vom Standpunkte des öffentlichen Interesses fehlt es an einer ausreichenden Veranlassung, bei solcher Sachlage die Ersatzpflicht des Versicherers auf den Betrag des Schadens zu beschränken. Denn hier ist entweder, wie bei der Erlebensversicherung, eine Herbeiführung des Versicherungsfalls durch die Beteiligten überhaupt nicht möglich oder es ist doch wegen der Natur des Versicherungsfalls die Gefahr einer solchen willkürlichen Herbeiführung eine verhältnismäßig geringe. Schon jetzt ist von der Praxis und von der Wissenschaft der Satz anerkannt, daß bei der Personenversicherung die Leistung des Versicherers nicht durch den Schaden, der infolge des Eintritts des Versicherungsfalls entsteht, begrenzt wird. Auf diesem Standpunkte steht auch der Entwurf; er bezeichnet für die Leistung, welche der Versicherer hier nach dem Eintritt des Versicherungsfalls zu bewirken hat, lediglich den Vertrag als maßgebend. Selbstverständlich können aber die Parteien auch bei einer auf die Person bezüglichen Versicherung vereinbaren, daß der Versicherer nur zur Vergütung des durch den Eintritt des Versicherungsfalls verursachten Schadens verpflichtet sein solle.

An Stelle des vom Entwurfe gewählten Ausdrucks Personenversicherung wird in der Wissenschaft gegenwärtig nicht selten die Bezeichnung Summenversicherung gebraucht. Dieser Begriff ist indessen, abgesehen davon, daß er für ein Gesetz nicht bezeichnend genug erscheint, insofern zu eng, als bei den dahin gehörenden Versicherungszweigen nicht nur Leistungen, die in bestimmten Summen bestehen, sondern auch Leistungen anderer Art in Frage kommen, z. B. bei der Kranken- und Unfallversicherung freie ärztliche Behandlung, unentgeltlicher Aufenthalt in einem Krankenhause, unentgeltliche Lieferung von Arzneimitteln. Indem der § 1 des Entwurfs diejenigen Versicherungszweige, bei welchen die Leistung des Versicherers nicht durch den Betrag des entstandenen Schadens begrenzt, sondern lediglich durch die Vereinbarung der Parteien bestimmt wird, als Personenversicherung bezeichnet, bringt er zugleich zum Ausdrucke, daß Vereinbarungen, welche bezwecken, dem Versicherungsnehmer eine von dem Eintritt eines Schadens unabhängige oder über den Betrag des Schadens hinausgehende Leistung zu verschaffen, nur bei solchen Versicherungen getroffen werden können, welche sich auf eine Person beziehen.

Die Gegenleistung des Versicherungsnehmers besteht in der Prämie. Als Prämien betrachtet der Entwurf nicht nur die festen Prämien der zu Erwerbszwecken betriebenen Versicherungsanstalten, sondern auch die den öffentlichen oder privaten Versicherungsvereinen auf Gegenseitigkeit zu entrichtenden Beiträge (Vorprämien, Nachschüsse, Umlagen usw.); dies ist im Schlußsatze des § 1 zur Vermeidung von Zweifeln ausdrücklich ausgesprochen. Das Gesetz vom 12. Mai 1901 gebraucht den Ausdruck Prämie in demselben Sinne, wenngleich es sich daneben in der gleichen Bedeutung auch des Ausdrucks „Entgelt" bedient (zu vergl. § 9 Abs. 1 Nr. 3, § 11 des Gesetzes). Ob der Versicherungsnehmer neben der Prämie noch Leistungen anderer Art, z. B. eine Gebühr für die Ausfertigung des Versicherungsscheins zu entrichten hat, bestimmt sich nach dem Inhalte der Versicherungsbedingungen.

Als Versicherungsnehmer wird im Entwurfe die Person bezeichnet, die den Versicherungsvertrag, sei es persönlich, sei es durch einen Vertreter, mit dem Versicherer schließt. Dem Versicherungsnehmer stehen regelmäßig die durch den Vertrag gegen den Versicherer begründeten Rechte zu. Den Ausdruck „Versicherter" gebraucht der Entwurf nur bei der Versicherung für fremde Rechnung (§§ 74 ff.). Hier, wo die Rechte aus dem Vertrage nicht dem Versicherungsnehmer, sondern demjenigen zustehen, für dessen Rechnung die Versicherung genommen ist, wird dieser als Versicherter bezeichnet. Wiederum ein anders geartetes Rechtsverhältnis liegt bei der Lebensversicherung vor, wenn der Versicherungsnehmer den Anspruch auf die Leistung einem Dritten zuwendet; hier spricht der Entwurf von dem bezugsberechtigten Dritten (§§ 163 ff., 177, 179). Das Gesetz vom 12. Mai 1901 stimmt in seiner Ausdrucksweise mit dem Entwurfe nicht völlig überein; es unterscheidet nicht zwischen der Versicherung für eigene und für fremde Rechnung, gebraucht vielmehr die Worte „Versicherter" und „Versicherungsnehmer" im wesentlichen als gleichbedeutend.

§ 2.

Der § 2 Abs. 1 des Entwurfs stellt außer Zweifel, daß die Versicherung auch gegen eine Gefahr genommen werden kann, die in der Vergangenheit liegt, von der aber die Parteien bei dem Abschlusse des Vertrags nicht wissen, ob sie bereits überwunden ist oder nicht (zu vergl. für die Seeversicherung Handelsgesetzbuch § 785 Abs. 1). Eine Versicherung für vergangene Zeit kommt namentlich auf dem Gebiete der Transportversicherung vor, wenn eine schon unterwegs befindliche Ware für den gesamten Transport versichert wird. Ebenso wird die Haftpflichtversicherung für Versehen eines Beamten oder Rechtsanwalts vielfach in der Weise abgeschlossen, daß sie Versehen umfaßt, die der Vergangenheit angehören, aber erst nach der Eingehung des Vertrags ermittelt und zur Grundlage eines Anspruchs gegen den Versicherungsnehmer gemacht werden. Nicht minder wird es in anderen Versicherungszweigen unter Umständen zur vollständigen Erfüllung des Zweckes der Versicherung geboten sein, die Haftung des Versicherers in mehr oder weniger weitem Umfang auf die Zeit vor dem Abschlusse des Vertrags zu erstrecken, so, wenn es sich darum handelt, Sachen, die sich im Auslande befinden, gegen Feuersgefahr zu versichern. Auch da greift der § 2 Platz, wo nach den Versicherungsbestimmungen die Versicherung, falls der Versicherer den Versicherungsantrag annimmt, nicht erst von der Annahme, sondern schon von der Einreichung des Antrags an läuft. Übrigens ergibt sich aus der Fassung der Vorschrift ohne weiteres, daß es stets von dem Willen der Parteien abhängt, ob die Versicherung für die Vergangenheit Wirkung erlangen soll.

Weiß bei der Schließung eines diese Wirkung bezielenden Vertrags der Versicherer, daß die Möglichkeit des Eintritts des Versicherungsfalls schon ausgeschlossen ist, so muß dem Versicherer, da hier für ihn von vornherein Gewißheit darüber besteht, daß er zu einer Leistung nicht verpflichtet werden wird, der Anspruch auf die Prämie versagt bleiben. Der § 2 Abs. 2 Satz 1 gibt im Anschluß an den § 785 Abs. 3 des Handelsgesetzbuchs eine dahingehende Vorschrift. Der Versicherer kann hiernach namentlich, wenn er die Versicherung eines Schiffes für eine Reise übernimmt, von deren Beendigung er schon Kenntnis hat, vom Versicherungsnehmer eine Prämie nicht verlangen und muß die etwa schon gezahlte Prämie zurückerstatten. Hat sich der Versicherer neben der Prämie noch die Zahlung von besonderen Gebühren oder von Kosten ausbedungen, so hat von diesen Nebenleistungen dasselbe zu gelten wie von der Prämie.

Ist umgekehrt zur Zeit der Schließung des Vertrags der Versicherungsfall bereits eingetreten, also beispielsweise das für eine Reise versicherte Schiff schon untergegangen, so kann, wie keiner näheren Begründung bedarf, dem Versicherer dann eine Haftung nicht zugemutet werden, wenn der Versicherungsnehmer von dieser Sachlage Kenntnis hatte. Im § 2 Abs. 2 Satz 2 ist daher, wiederum entsprechend dem Handelsgesetzbuche, bestimmt, daß unter der bezeichneten Voraussetzung der Versicherer von der Verpflichtung zur Leistung frei sein soll. Hier erscheint es jedoch billig, dem Versicherer, falls er bei der Schließung des Vertrags von dem Sachverhältnis nicht unterrichtet war, einen Anspruch auf die Prämie oder wenigstens auf einen Teil der Prämie zu gewähren (zu vergl. Handelsgesetzbuch § 785 Abs. 3 Satz 2); der Entwurf sieht demgemäß vor, daß dem Versicherer in dem bezeichneten Falle die Prämie bis zum Schlusse der Versicherungsperiode gebührt, in welcher er von dem Eintritte des Versicherungsfalls Kenntnis erlangt.

Hatte bei dem Abschlusse des Vertrags der Versicherer Kenntnis davon, daß die Möglichkeit des Eintritts des Versicherungsfalls zu einem Teile schon ausgeschlossen war, so fällt die Verbindlichkeit des Versicherungsnehmers zur Zahlung der Prämie nur in bezug auf diesen Teil fort, dagegen bleibt sie insoweit, als zur Zeit des Vertragsschlusses noch eine Ungewißheit obwaltete, bestehen. Dies gilt z. B., wenn bei dem Abschluß eines Transportversicherungsvertrags der Versicherer wußte, daß die Beförderung eines Teiles der Güter schon beendigt war. Ebenso ist der Versicherer, wenn der Versicherungsnehmer bei dem Vertragsschlusse Kenntnis davon hatte, daß ein Teil der versicherten Sachen von einem Schaden betroffen war, nur in bezug auf diesen Teilschaden von der Verpflichtung zur Leistung frei, während er für etwa später eintretende Schäden haftet. Die gleichen Grundsätze kommen auch außerhalb des Bereichs der Sachversicherung zur Anwendung, soweit der Versicherungsfall mehrmals eintreten kann und dem Versicherer bekannt war, daß der Eintritt eines bei dem Abschlusse des Vertrags von dem Versicherungsnehmer als möglich angenommenen Versicherungsfalls ausgeschlossen war, oder der Versicherungsnehmer wußte, daß ein Versicherungsfall sich schon ereignet hatte. So ist insbesondere, wenn eine Haftpflichtversicherung auch gegen etwaige in der Vergangenheit liegende Haftpflichtfälle genommen ist und der Versicherungsnehmer Kenntnis davon hatte, daß ein Haftpflichtfall schon gegeben war, der Versicherer nur in bezug auf diesen Haftpflichtfall frei, wogegen er im übrigen zur Leistung verpflichtet bleibt. Das Recht des einen oder anderen Teiles, gegebenenfalls im Wege der Anfechtung wegen arglistiger Täuschung die Ungültigkeit des ganzen Vertrags herbeizuführen, bleibt jedoch unberührt. Auch die Geltendmachung von Schadensersatzansprüchen, die dem einen Teile wegen arglistigen Verhaltens des Gegners nach allgemeinen Grundsätzen zustehen, wird durch die Vorschriften des Entwurfs nicht berührt.

Das Handelsgesetzbuch hat (§ 785 Abs. 2) für die Seeversicherung eine ausdrückliche Bestimmung, wonach der zwischen dem Versicherer und dem Versicherungsnehmer abgeschlossene Vertrag als Versicherungsvertrag ungültig ist, wenn beide Teile bei der Schließung davon unterrichtet sind, daß die Möglichkeit des Eintritts eines zu ersetzenden Schadens schon ausgeschlossen oder der zu ersetzende Schaden bereits eingetreten ist. Für den Entwurf führen die Vorschriften des § 2 Abs. 2 in ihrem Zusammenhange zu einem sachlich übereinstimmenden Ergebnisse. Daß der Vertrag, welcher vermöge der beiden Teilen bekannten Sachlage als Versicherungsvertrag unwirksam ist, unter Umständen als ein Rechtsgeschäft anderer Art Geltung behalten kann, folgt aus § 140 des Bürgerlichen Gesetzbuchs, ist übrigens kaum von praktischer Bedeutung.

Der dritte Absatz des § 2 behandelt die Frage, wie es sich in den Fällen des Abs. 2 verhält, wenn der Vertrag für den Versicherer oder den Versicherungsnehmer durch einen Bevollmächtigten oder durch einen Vertreter ohne Vertretungsmacht geschlossen ist. Wird hier einfach das bürgerliche Recht zu Grunde gelegt, so fällt der Anspruch des Versicherers auf die Prämie sowie der Anspruch des Versicherungsnehmers auf die Leistung des Versicherers nur dann weg, wenn der Vertreter wußte, daß die Möglichkeit des Eintritts des Versicherungsfalls ausgeschlossen oder der Versicherungsfall schon eingetreten war; die Kenntnis des Vertretenen ist daneben nur in dem Falle von Einfluß, daß der Vertreter ein Bevollmächtigter war und nach bestimmten Weisungen des Vollmachtgebers gehandelt hat (Bürgerliches Gesetzbuch § 166). Behielte es hierbei sein Bewenden, so wäre einem Mißbrauche der Versicherung zu unlauteren Zwecken nicht genügend vorgebeugt. Insbesondere könnte dann ein Beteiligter, obwohl er davon Kenntnis hat, daß der Versicherungsfall bereits eingetreten ist, und obwohl er weiß, daß ein Prokurist oder ein sonstiger Generalbevollmächtigter oder ein zum Abschluß eines Versicherungsvertrags nicht ermächtigter Angestellter für ihn eine Versicherung nehmen wird, es unterlassen, der betreffenden Person von dem Eintritte des Versicherungsfalls Nachricht zu geben, und später versuchen, aus der von ihr genommenen Versicherung Rechte herzuleiten. Der Entwurf schreibt deshalb vor, daß es, wenn der Vertrag durch einen Bevollmächtigten oder einen Vertreter ohne Vertretungsmacht geschlossen wird, auf die Kenntnis beider Personen, sowohl des Vertreters wie des Vertretenen, ankommt (zu vergl. Handelsgesetzbuch § 785 Abs. 4). In bezug auf den Abschluß des Vertrags durch den gesetzlichen Vertreter einer in der Geschäftsfähigkeit beschränkten Person ist eine entsprechende Bestimmung nicht getroffen; der Kenntnis einer Person, die nicht voll geschäftsfähig ist, zu deren Nachteil eine Bedeutung beizulegen, die ihr nach allgemeinen Grundsätzen nicht zukommt, erscheint nicht gerechtfertigt.

Für die Fälle, in denen nach dem Vertrage der Versicherer nicht für die Vergangenheit haften soll, sind besondere Vorschriften, wie sie der Entwurf im § 2 Abs. 2, 3 vorsieht, nicht erforderlich. Ist hier zur Zeit des Vertragsschlusses die Möglichkeit des Eintritts des Versicherungsfalls bereits ausgeschlossen, so ist der Vertrag nach den Grundsätzen des Bürgerlichen Gesetzbuchs über die Unmöglichkeit der Leistung nichtig, und zwar ohne Rücksicht darauf, ob der Versicherer bei dem Abschlusse weiß, daß der Versicherungsfall nicht eintreten kann.

§§ 3, 4.

Eine besondere Form schreibt der Entwurf für den Versicherungsvertrag nicht vor; namentlich kann die schriftliche Form (§ 126 des Bürgerlichen Gesetzbuchs) hier nicht in Frage kommen, da sie dem Verkehrsbedürfnis und den Gepflogenheiten des Geschäftslebens widersprechen würde. Der Versicherungsvertrag muß vielmehr, den allgemeinen Grundsätzen des Bürgerlichen Gesetzbuchs gemäß, als geschlossen gelten, sobald dem Antragsteller von dem Versicherer die Mitteilung zugeht, daß der Antrag angenommen sei. Dabei ist vorausgesetzt, daß alles für den Vertrag wesentliche sich aus dem Antrag ergibt und daß dieser unverändert angenommen wird. Auch die Erteilung des Versicherungsscheins (Police), zu welcher der § 3 Abs. 1 den Versicherer gegenüber dem Versicherungsnehmer verpflichtet, ist keineswegs Bedingung für die Wirksamkeit des Versicherungsvertrags, vielmehr entspringt nach dem Entwurfe die Verpflichtung zur Aushändigung des Scheines aus dem Vertrage selbst. Tatsächlich kann allerdings die Annahme des Vertragsantrags mit der Aushändigung des Scheines zusammenfallen und durch sie zum Ausdrucke gebracht werden. In der Praxis bildet dies sogar die Regel. Aber die in manchen Versicherungsbedingungen sich findende Bestimmung, daß der Vertrag erst mit der Einlösung der Police zustande kommt, ist für das Gesetz ungeeignet; sie erscheint einerseits überflüssig, weil nach § 38 die Leistungspflicht des Versicherers aus dem Vertrage nicht eintritt, wenn die rechtzeitige Zahlung der ersten Prämie unterbleibt, und sie ist anderseits nicht unbedenklich, weil daraus gefolgert werden kann, daß eine Gebundenheit des Antragstellers vor der Einlösung des Versicherungsscheins überhaupt nicht eintritt, also auch dem Versicherer nach der Annahme des Antrags nicht das Recht zusteht, den Antragsteller zur Einlösung des Scheines anzuhalten. Wenn eine Versicherungsunternehmung es trotzdem für angezeigt erachten sollte, das Zustandekommen des Vertrags von der Aushändigung des Versicherungsscheins abhängig zu machen, so stehen die Vorschriften des Entwurfs der Aufnahme einer entsprechenden Bestimmung in die Versicherungsbedingungen oder Antragsformulare nicht entgegen.

Der Versicherungsschein, welcher dem Versicherungsnehmer auszuhändigen ist, soll eine von dem Versicherer unterzeichnete Urkunde über den Versicherungsvertrag sein, hat also dessen Bestimmungen wiederzugeben. Hieraus folgt von selbst, was er im einzelnen zu enthalten hat; nähere Vorschriften in dieser Hinsicht kann das Gesetz nicht treffen, weil sich der Inhalt des Scheines naturgemäß je nach dem Versicherungszweig und den besonderen Verhältnissen der einzelnen Versicherung verschieden gestalten muß. Der Besitz eines solchen Scheines ist, abgesehen von seiner Bedeutung als Beweismittel, namentlich deshalb für den Versicherungsnehmer von Wert, weil dieser sich aus dem Scheine über seine Rechte und Pflichten gegenüber dem Versicherer zu unterrichten vermag. Nach dem Handelsgesetzbuche (§ 784) hat bei der Seeversicherung die Ausstellung eines Versicherungsscheins nur auf Verlangen des Versicherungsnehmers zu erfolgen. In den meisten anderen Versicherungszweigen ist aber die Aushändigung des Scheines so allgemein üblich, daß es nicht gerechtfertigt wäre, sie von einem besonderen Verlangen des Versicherungsnehmers abhängig zu machen. Der § 3 Abs. 1 gibt indessen kein zwingendes Recht, vielmehr kann der Versicherungsnehmer vor wie nach dem Abschlusse des Vertrags auf die Ausstellung des Versicherungsscheins verzichten. In manchen Fällen, wie bei Reiseunfallversicherungen, die dadurch zustande kommen, daß der Reisende einem auf dem Bahnhof aufgestellten Automaten eine Karte entnimmt, bleibt die

Ausstellung einer von dem Versicherer unterzeichneten Urkunde von selbst außer Frage.

Ist der Versicherungsschein abhanden gekommen oder vernichtet, so muß der Versicherungsnehmer die Möglichkeit haben, von dem Versicherer unter Übernahme der entstehenden Kosten die Ausstellung einer Ersatzurkunde zu verlangen. Dies wird durch § 3 Abs. 2 in Verbindung mit Abs. 4 vorgesehen. Der Versicherungsschein gibt aber nicht immer erschöpfende Auskunft über alle Rechtsbeziehungen zwischen dem Versicherer und dem Versicherungsnehmer; unter Umständen wird der Versicherungsnehmer Anlaß haben, auf die Erklärungen zurückzugehen, die er bei dem Abschlusse des Versicherungsvertrags, insbesondere in den Antragsformularen und in den Fragebogen (§ 18 Abs. 2), oder während des Laufes der Versicherung, zum Beispiele bei einer Gefahrerhöhung (§ 27 Abs. 2) oder bei einer Abänderung des Vertrags, dem Versicherer gegenüber abgegeben hat. Der Entwurf (§ 3 Abs. 3) räumt deshalb dem Versicherungsnehmer das Recht ein, von dem Versicherer jederzeit Abschriften der betreffenden Erklärungen zu verlangen. Einer mißbräuchlichen Benutzung der Befugnis ist dadurch vorgebeugt, daß der Versicherungsnehmer die Kosten der Abschriften zu tragen und auf Verlangen vorzuschießen hat (Abs. 4). Ärztliche Berichte, wie sie bei der Lebensversicherung, bisweilen auch bei der Unfallversicherung der Versicherer sich erstatten läßt, gehören nicht hierher, da diese Berichte keine Erklärungen des Versicherungsnehmers sind. Dagegen können Abschriften der Anzeigen, die bei der auf die Person eines Dritten genommenen Lebensversicherung hinsichtlich der den Dritten betreffenden Gefahrumstände zu machen waren, dem Versicherungsnehmer nicht vorenthalten werden; denn diese Anzeigen sind, wenngleich auf den Mitteilungen des Dritten beruhend, doch Anzeigen des Versicherungsnehmers.

Der § 4 Abs. 1 handelt von den auf den Inhaber ausgestellten Versicherungsscheinen. Da die Leistung des Versicherers von ungewissen Voraussetzungen abhängig und deshalb nicht geeignet ist, den Gegenstand eines für den Umlauf bestimmten Wertpapiers zu bilden, so läßt der Entwurf eigentliche Inhaberurkunden (Bürgerliches Gesetzbuch § 793) nicht zu. Solche Urkunden sind auch bisher in der Versicherungspraxis nicht üblich gewesen. In die Lebensversicherungspolicen wird allerdings meist eine Bestimmung aufgenommen, welche Zahlung an den Inhaber vorsieht; sie erhalten indessen dadurch, wie allgemein anerkannt ist, nur die Bedeutung eines Legitimationspapiers, das den Schuldner zwar berechtigt, aber nicht verpflichtet, die Leistung an jeden Inhaber zu bewirken (Bürgerliches Gesetzbuch § 808). Zur Ausstellung einer Lebensversicherungspolice auf den Inhaber würde auch, da es sich hier um das Versprechen einer bestimmten Geldsumme handelt, nach § 795 des Bürgerlichen Gesetzbuchs die staatliche Genehmigung erforderlich sein. Die gegenwärtig bei der Transportversicherung vorkommenden Urkunden, in welchen eine Leistung an den Inhaber vorgesehen wird, sind gleichfalls keine wahren Inhaberpapiere, vielmehr kann auch hier der Versicherer den Nachweis verlangen, daß dem Inhaber der Urkunde das Recht zur Geltendmachung der Forderung zusteht. Hierdurch rechtfertigt sich die Bestimmung des § 4 Abs. 1, derzufolge, falls ein Versicherungsschein auf den Inhaber ausgestellt wird, nur die im § 808 des Bürgerlichen Gesetzbuchs bezeichneten Wirkungen eintreten. Aus dieser Vorschrift ergibt sich von selbst, daß die Ausstellung einer eigentlichen Inhaberurkunde, die dem Inhaber als solchem das Recht geben würde, die Zahlung zu verlangen, nicht möglich ist. Dagegen schließt der Entwurf nicht aus, daß der Versicherer sich in der Urkunde dem legitimierten Inhaber gegenüber Beschränkungen hinsichtlich der Geltendmachung der gegen den Versicherungsnehmer begründeten Einreden unterwirft, was namentlich auf dem Gebiete der Transportversicherung unter Umständen einem praktischen Bedürfnis entsprechen wird.

Ist zwischen den Parteien vereinbart worden, daß der Versicherer nur gegen Rückgabe des Versicherungsscheins zu leisten hat, so können Zweifel darüber entstehen, wie sich das Verhältnis gestaltet, wenn der Schein dem Berechtigten abhanden gekommen ist. Im Anschluß an den § 371 des Bürgerlichen Gesetzbuchs hat deshalb der Entwurf (§ 4 Abs. 2 Satz 1) eine Vorschrift aufgenommen, wonach, wenn der Versicherungsnehmer behauptet, zur Rückgabe des Scheines außer stande zu sein, das öffentlich beglaubigte Anerkenntnis des Versicherungsnehmers, daß die Schuld erloschen sei, genügt. Hält der Versicherer im einzelnen Falle ein solches Anerkenntnis für entbehrlich, so ist er selbstverständlich nicht gehindert, davon abzusehen und ohne weiteres Zahlung zu leisten.

In Ansehung der Kraftloserklärung abhanden gekommener oder verlorener Versicherungsscheine beläßt es der Entwurf bei den geltenden reichsgesetzlichen Vorschriften. Die Kraftloserklärung ist hiernach bei Transportversicherungspolicen an Order sowie bei solchen Versicherungsscheinen zulässig, welche mit der Bestimmung ausgegeben sind, daß die in der Urkunde versprochene Leistung nicht nur an den benannten Berechtigten, sondern an jeden Inhaber bewirkt werden kann (Handelsgesetzbuch § 365 Abs. 2 in Verbindung mit § 363 Abs. 2, Bürgerliches Gesetzbuch § 808 Abs. 2). Eine Ausdehnung der Kraftloserklärung auf Versicherungsscheine anderer Art erscheint nicht angezeigt. Das Aufgebot und die Kraftloserklärung von Urkunden ist im allgemeinen nur bei solchen Wertpapieren gerechtfertigt, welche den Schuldner, falls er den früheren rechtmäßigen Besitzer des verlorenen oder abhanden gekommenen Papiers befriedigt, der Gefahr aussetzen, daß er dem nunmehrigen Besitzer nochmals leisten muß, sowie bei solchen Urkunden, welche dazu bestimmt sind, dem Schuldner die Prüfung der Legitimation desjenigen, der die Leistung verlangt, zu erleichtern.

Auf diejenigen Versicherungsscheine, bei welchen die Kraftloserklärung stattfindet, können die Vorschriften der §§ 3, 4 nicht in vollem Umfang Anwendung finden. Der Zweck, dem die Kraftloserklärung dient, würde nicht erreicht werden, wenn der Versicherer im Falle des Verlustes der Urkunde auch ohne Kraftloserklärung gehalten wäre, eine Ersatzurkunde auszustellen oder auf Grund eines öffentlich beglaubigten Anerkenntnisses des Versicherungsnehmers, daß die Schuld erloschen sei, Zahlung zu leisten. Der Entwurf bestimmt deshalb für einen Versicherungsschein, welcher der Kraftloserklärung unterliegt, daß einerseits erst nach Durchführung dieses Verfahrens der Versicherer zur Ausstellung einer Ersatzurkunde verpflichtet ist (§ 3 Abs. 2 Satz 2) und daß er anderseits, wenn der Versicherungsnehmer sich zur Rückgabe des Scheines außer stande erklärt, nicht schon gegen ein Anerkenntnis über das Erlöschen der Schuld zu zahlen braucht (§ 4 Abs. 2 Satz 2). Übrigens bleibt es dem Versicherer unbenommen, in Übereinstimmung mit einer namentlich bei der Lebensversicherung vielfach beobachteten Übung die gerichtliche Kraftloserklärung der auf den Inhaber lautenden Versicherungsscheine auszuschließen und an ihrer Stelle ein einfacheres Verfahren vorzusehen, insbesondere zu bestimmen, daß im Falle des Verlustes der Urkunde die Ausstellung der Ersatzurkunde oder die Auszahlung der Versicherungssumme erfolgt, wenn nach einer von dem Versicherer erlassenen öffentlichen Bekanntmachung dritte Personen Rechte nicht geltend gemacht haben.

§ 5.

In den Versicherungsbedingungen finden sich gegenwärtig vielfach Bestimmungen dahin, daß der Versicherungsnehmer durch die Annahme des Versicherungsscheins sein Einverständnis mit dem gesamten Inhalte des Scheines erkläre oder daß für die Verpflichtung des Versicherers lediglich der Inhalt des Scheines maßgebend sei. Für den Geschäftsbetrieb des Versicherers bedeutet es eine wesentliche Erleichterung, wenn der Versicherungsnehmer möglichst bald in die Rechtslage versetzt wird, sich nicht mehr darauf berufen zu können, daß der Inhalt des von ihm gestellten Versicherungsantrags oder des etwa schon vor der Aushändigung zustande gekommenen Vertrags im Versicherungsschein unrichtig wiedergegeben sei. Namentlich liegt es im Interesse des Versicherers, sich möglichst dagegen zu schützen, daß gegen den Inhalt des Scheines erst in einem Zeitpunkte Widerspruch erhoben wird, in welchem die Beweisführung erschwert, oder die Gefahr, welche den Anlaß zur Versicherung gab, ganz oder teilweise erledigt ist. Auf Grund dieser Erwägungen sind die Versicherer bestrebt, durch die allgemeinen Versicherungsbedingungen einer Beanstandung des Inhalts des vom Versicherungsnehmer angenommenen Versicherungsscheins vorzubeugen. Wenn aber die bezüglichen Bestimmungen in dem Sinne gehandhabt werden, daß nach der Annahme des Scheines unter allen Umständen ein Widerspruch gegen seinen Inhalt ausgeschlossen sein soll, so führen sie zu einer schweren Schädigung des Versicherungsnehmers. Dieser wird oft nicht in der Lage sein, vor der Annahme des Scheines oder sofort nach der Annahme dessen Inhalt genau zu prüfen, und auch später unterbleibt häufig eine solche Prüfung, weil der Versicherungsnehmer hinsichtlich der richtigen Ausstellung des Scheines dem Versicherer unbedingt vertraut. Die Gerichte sind deshalb den Versuchen der Versicherer, jene Bestimmungen im strengsten Sinne auszulegen, wiederholt entgegengetreten. Dem Entwurfe fällt die Aufgabe zu, hier die angemessene Ausgleichung zu treffen.

Im § 5 Satz 1 ist zunächst bestimmt, daß sich der Versicherer auf eine Vereinbarung, nach welcher die Annahme des Versicherungsscheins die Wirkung haben soll, daß der Inhalt des Scheines als von dem Versicherungsnehmer genehmigt gilt, nur dann berufen kann, wenn diesem durch die Vereinbarung eine Frist von mindestens einem Monate für die Erhebung eines Widerspruchs gegen die Richtigkeit des Scheines gewährt ist und er innerhalb dieser Frist Widerspruch nicht erhoben hat. Die Vorschrift räumt selbstverständlich dem Versicherungsnehmer nicht das Recht ein, nach seinem Belieben innerhalb der Monatsfrist einen Widerspruch gegen den Inhalt des Scheines zu erheben und sich dadurch von seinen Verpflichtungen gegenüber dem Versicherer zu befreien; sie soll vielmehr, wie auch ihre Fassung ergibt, dem Versicherungsnehmer nur für den Fall, daß der Inhalt des Scheines dem von ihm gestellten Versicherungsantrag oder den zwischen den Parteien getroffenen Vereinbarungen nicht entspricht die Befugnis wahren, diese Unrichtigkeit geltend zu machen. Stimmt der Inhalt des Scheines mit dem Versicherungsantrag oder den getroffenen Abreden überein, so ist für einen Widerspruch des Versicherungsnehmers kein Raum. Im § 5 Satz 2 ist außerdem vorgesehen, daß durch eine Vereinbarung, nach welcher die Annahme des Scheines als Genehmigung seines Inhals gelten soll, das Recht des Versicherungsnehmers, diese Genehmigung wegen Irrtums anzufechten, nicht ausgeschlossen werden kann. Es erscheint zwar billig, daß der Versicherungsnehmer, welcher innerhalb einer angemessenen Frist dem Inhalte des Versicherungsscheins nicht widersprochen hat, so behandelt wird, als ob er dem Versicherer sein Einverständnis mit dem Inhalte des Scheines erklärt und dadurch einen Versicherungsvertrag des in dem Scheine beurkundeten Inhalts mit dem Versicherer geschlossen hätte. Anderseits muß aber der Versicherungsnehmer auch gegenüber dieser stillschweigend erklärten Genehmigung das im Bürgerlichen Gesetzbuche jedem Vertragschließenden gewährte Recht behalten, seine Erklärung wegen Irrtums anzufechten; es darf ihm nicht die Möglichkeit entzogen werden, geltend zu machen, daß er sich, als er die einmonatige Frist unbenutzt verstreichen ließ, in dem irrtümlichen Glauben befunden habe, der Schein gebe den Inhalt des Versicherungsvertrags richtig wieder. Wenngleich hiernach der Ablauf der einmonatigen Frist nicht jeden Widerspruch gegen den Inhalt des Versicherungsscheins ausschließt, so braucht doch der Versicherer von da an keinen weiteren Beweis dafür zu erbringen, daß ein Vertrag mit dem in dem Versicherungsscheine niedergelegten Inhalte zustande gekommen sei. Will nunmehr der Versicherungsnehmer die Anfechtung durchführen, so muß er seinerseits dartun, daß in dem Scheine die Bestimmungen des Vertrags unrichtig wiedergegeben sind und daß er sich über den Inhalt des Scheines in einem Irrtume befunden hat. Auch hat der Versicherungsnehmer mit der Anfechtung nur dann Aussicht durchzudringen, wenn anzunehmen ist, daß er den Inhalt des Scheines bei Kenntnis seiner Unrichtigkeit und bei verständiger Würdigung aller Umstände nicht genehmigt haben würde (§ 119 des Bürgerlichen Gesetzbuchs). Die Anfechtung muß ferner gemäß § 121 des Bürgerlichen Gesetzbuchs unverzüglich erfolgen, nachdem der Versicherungsnehmer von der Unrichtigkeit des Scheines Kenntnis erlangt hat. Endlich ist der Versicherungsnehmer verpflichtet, dem Versicherer den Schaden zu ersetzen, den dieser dadurch erlitten hat, daß er auf die Gültigkeit der stillschweigenden Genehmigungserklärung des Versicherungsnehmers vertraute, und von dieser Pflicht wird er nur frei, wenn der Versicherer den Grund der Anfechtbarkeit der Erklärung kannte oder kennen mußte (§ 122 des Bürgerlichen Gesetzbuchs). Damit erscheinen die Interessen des Versicherers ausreichend gewahrt.

§ 6.

Der Entwurf bringt zum Schutze des Versicherungsnehmers den Grundsatz zur Geltung, daß an die Nichterfüllung der von dem Versicherungsnehmer wahrzunehmenden Pflichten der Verlust seiner Ansprüche nur dann geknüpft werden darf, wenn die Nichterfüllung auf einem schuldhaften Verhalten des Versicherungsnehmers beruht. Soweit der Entwurf selbst Rechtsverwirkung als Folge der Verletzung der dem Versicherungsnehmer kraft Gesetzes obliegenden Pflichten vorsieht, schließen schon die betreffenden Vorschriften den Eintritt jenes Rechtsnachteils stets aus, wenn der Versicherungsnehmer frei von Verschulden ist. Der § 6 des Entwurfs soll dem bezeichneten Grundsatz auch insoweit Anerkennung verschaffen, als im Wege des Vertrags dem Versicherungsnehmer für den Fall der Verletzung einer Obliegenheit die Verwirkung seiner Ansprüche angedroht wird, sei es, daß die Verpflichtung des Versicherungsnehmers, die auf solche Weise gesichert werden soll, ebenfalls auf dem Vertrage beruht, sei es, daß der Entwurf sie dem Versicherungsnehmer auferlegt, die Folgen der Nichterfüllung aber nicht besonders regelt, sondern in dieser Beziehung der vertragsmäßigen Festsetzung Raum läßt. Vertragsbestimmungen der bezeichneten Art läßt sich die Berechtigung nicht einfach versagen; denn das Interesse aller Beteiligten verlangt, daß behufs Aufrechterhaltung eines ordnungsmäßigen Geschäftsbetriebs der Versicherungsnehmer in nachdrücklicher Weise dazu angehalten wird, seinen Obliegenheiten gegenüber dem Versicherer gewissenhaft nachzukommen. Aber solche Vereinbarungen dürfen nicht zu einer unbilligen Gefährdung der Rechte der Versicherungsnehmer führen, und es sind deshalb auch hier Beschränkungen notwendig.

Der Entwurf unterscheidet zwischen der Zeit vor und nach dem Eintritte des Versicherungsfalls. Ist im Vertrage bestimmt, daß bei Verletzung einer Obliegenheit, die vor dem Eintritte des Versicherungsfalls zu erfüllen ist, der Versicherer zum Rücktritt berechtigt oder von der Verpflichtung zur Leistung frei sein soll, so tritt nach § 6 Abs. 1 die bezeichnete Rechtsfolge nicht ein, wenn die Verletzung als eine unverschuldete anzusehen ist. Die gegenwärtigen Versicherungsbedingungen geben vielfach keine Entscheidung darüber, ob der vereinbarte Rechtsnachteil auch dann Platz greift, wenn dem Versicherungsnehmer kein Verschulden zur Last fällt. Die Gerichte haben jedoch, soweit es gegenüber dem Inhalte der Versicherungsbedingungen möglich erschien, schon bisher den Grundsatz vertreten, daß die Rechtsverwirkung bei dem Mangel eines Verschuldens nicht eintrete, und die gleiche Auffassung ist in der Wissenschaft zur Anerkennung gelangt. Die Vorschrift des Entwurfs ist zwingender Natur (Abs. 3). Der Versicherungsnehmer, der sich auf sie beruft, hat aber seinerseits den Beweis zu führen, daß ihm kein Verschulden zur Last fällt. Auch kann ein Versicherungsnehmer, der verhindert war, eine Obliegenheit innerhalb einer ihm bestimmten Frist wahrzunehmen, selbstverständlich nur dann als entschuldigt gelten, wenn er die versäumte Handlung nach Beseitigung des Hindernisses unverzüglich nachholt.

Soweit die Verletzung von Obliegenheiten in Frage steht, die erst nach dem Eintritte des Versicherungsfalls zu erfüllen sind, geht der Entwurf in der Beschränkung der Vertragsfreiheit noch weiter; hier ist gemäß der zwingenden Vorschrift des Abs. 2, wenn nach dem Vertrage der Versicherer wegen der Verletzung zum Rücktritte berechtigt oder von der Verpflichtung zur Leistung frei sein soll, diese Rechtsfolge schon dann ausgeschlossen, wenn die Verletzung weder auf Vorsatz noch auf grober Fahrlässigkeit beruht. Die Vorschrift hat für den Versicherungsnehmer praktische Bedeutung vor allem dann, wenn er die Anzeige von dem Versicherungsfalle nicht rechtzeitig oder nicht in der vereinbarten Form oder nicht bei der vorgeschriebenen Stelle erstattet, ferner wenn er bei der Unfall- oder der Krankenversicherung es unterläßt, dem Vertrage gemäß von Zeit zu Zeit einen Krankheitsbericht einzusenden, oder wenn er bei der Schadensversicherung die von den Versicherungsbedingungen geforderte Schadensberechnung nicht zu der dort festgesetzten Zeit einreicht. Ebenso gehört es hierher, wenn der Versicherungsnehmer dem Gesetz oder dem Vertrage zuwider an den beschädigten Gegenständen vor der Feststellung des Schadens Veränderungen vornimmt oder die von dem Versicherer zur Minderung des Schadens erteilten Anweisungen nicht befolgt. Die vom Entwurfe vorgeschlagene Regelung rechtfertigt sich dadurch, daß der Versicherungsnehmer mit dem Eintritte des Versicherungsfalls an sich ein Recht auf die Leistung des Versicherers erworben hat; dieses Recht soll ihm auf Grund vertragsmäßiger Verwirkungsklauseln nicht ohne zwingende Gründe wieder entzogen werden. Der Versicherer verfolgt allerdings ein wohl begründetes Interesse, wenn er mittels der Bestimmungen des Versicherungsvertrags darauf hinwirkt, daß nach dem Eintritte des Versicherungsfalls der Tatbestand nicht verdunkelt, auch der entstandene Schaden nicht durch unzweckmäßige Maßnahmen vergrößert wird. Deshalb enthält es keine unbillige Härte, gegen den Versicherungsnehmer, wenn von ihm im Falle der Verletzung einer nach dem Eintritte des Versicherungsfalls zu erfüllenden Verpflichtung der Nachweis verlangt wird, daß die Verletzung weder auf Vorsatz noch auf grober Fahrlässigkeit beruht; aber es ginge zu wei, wenn ungeachtet dieses Nachweises an die Nichterfüllung einer solchen Verpflichtung die Rechtsverwirkung geknüpft werden dürfte. Der Versicherer entbehrt, wenn er auf derartige Vereinbarungen verzichten muß, gleichwoll nicht eines ausreichenden Schutzes. Aus jeder Art von Verschulden bei der Verletzung der dem Versicherungsnehmer obliegenden Pflichten erwächst ihm krat Gesetzes ein Schadensersatzanspruch, den er nötigenfalls im Wege der Aufrechnung geltend zu machen vermag, und was die Erschwerung der Feststellung des Tatbestandes durch pflichtwidrige Handlungen oder Unterlassungen betriff, so kommt in Betracht, daß die Beweislast für den Eintritt des Versicherungsfalls dem Versicherungsnehmer obliegt und daß auch insoweit, als es sich um Tatsachen handelt, die der Versicherer zu beweisen hat, es nach allgemeinen Grundsätzen nicht zu seinem Nachteile gereichen kann, wenn der Sachverhalt durch eine gesetz- oder vertragswidrige Handlungsweise des Versicherungsnehmers verdunkelt worden ist.

Der veröffentlichte Vorentwurf wollte für die in dem jetzigen § 6 Abs. 2 bezeichneten Fälle die Rechtsverwirkung sogar nur bei dem Nachweis eines arglistigen Verhaltens des Versicherungsnehmers zulassen. Die gegen diese Bestimmung in der Kritik erhobenen Einwendungen mußten jedoch als begründet anerkannt werden. Die berechtigten Interessen des Versicherers wären bei einer so weitgehenden Einschränkung der Vertragsfreiheit nicht genügend geschützt, zumal der Nachweis einer Arglist des Versicherungsnehmers dem Versicherer nur in seltenen Fällen gelingen wird. Der Vorentwurf hatte denn auch gerade für den wichtigsten Fall, nämlich für die Versäumung der Anzeige des Versicherungsfalls, in den Sonderbestimmungen über die einzelnen Versicherungszweige weitgehende Ausnahmen von der Regel vorgesehen, indem die Rechtsverwirkung hier schon bei jeder Art von Verschulden zugelassen wurde. Solche Ausnahmen sind jetzt nicht mehr erforderlich, es kann vielmehr überall bei der Regel des § 6 Abs. 2 bewenden.

Die Vorschrift des Abs. 2 bezieht sich ebenso wie die des Abs. 1 nur auf Vertragsbedingungen, nach welchen der Versicherer zum Rücktritte berechtigt oder von der Verpflichtung zur Leistung, sei es unter gleichzeitigem Erlöschen des Versicherungsverhältnisses, sei es unter Fortdauer desselben, frei sein soll. Die vertragsmäßige Festsetzung anderer Rechtsnachteile wird durch den § 6 nicht berührt; dies gilt namentlich von Bestimmungen, nach welchen der Versicherer bei Verletzung einer ihm gegenüber zu erfüllenden Obliegenheit befugt sein soll, das Versicherungsverhältnis für die Zukunft durch Kündigung aufzuheben oder eine höhere Prämie oder die Bezahlung einer Vertragsstrafe zu fordern. Allgemeine gesetzliche Vorschriften hierüber lassen sich bei der Verschiedenartigkeit der in Betracht kommenden Verhältnisse nicht treffen. In bezug auf die wichtigsten Obliegenheiten des Versicherungsnehmers, namentlich in bezug auf die Anzeige der Gefahrumstände, auf die Verpflichtungen bei Gefahrerhöhungen und auf die Prämienzahlung, sieht der Entwurf in den einzelnen Titeln, in denen er diese Obliegenheiten regelt, die erforderlichen Beschränkungen der Vertragsfreiheit vor (zu vergl. §§ 31, 42). Im übrigen muß es den Aufsichtsbehörden überlassen bleiben, bei der Genehmigung der Versicherungsbedingungen unbilligen Bestimmungen vorzubeugen. Gegen zu hohe Vertragsstrafen gewährt auch das richterliche Ermäßigungsrecht dem Versicherungsnehmer einen Schutz (Bürgerliches Gesetzbuch § 343, Handelsgesetzbuchs §§ 348, 351).

Um die zwingende Natur der Vorschriften des § 6 Abs. 1, 2 zu bezeichnen, spricht der Entwurf im Abs. 3 aus, daß sich der Versicherer nicht auf eine Verein barung berufen kann, durch welche von den betreffenden Vorschriften zum Nachteile des Versicherungsnehmers abgewichen wird, und die gleiche Wendung gebraucht er auch an anderen Stellen. Wird eine unstatthafte Vereinbarung schlechthin für nichtig erklärt, so entstehen angesichts des § 139 des Bürgerlichen Gesetzbuchs unter Umständen Zweifel darüber, ob nicht die Nichtigkeit der Vereinbarung die Nichtigkeit des ganzen Vertrags zur Folge hat, und ein solches Ergebnis würde hier den Interessen des Versicherungsnehmers wie des Versicherers zuwiderlaufen. In den Fällen, in denen der Entwurf eine Vereinbarung für nichtig erklärt, weil sich keiner der beiden Teile auf sie berufen kann, erscheint es nach dem Inhalte der betreffenden Vereinbarung ausgeschlossen, daß aus ihrer Nichtigkeit die Nichtigkeit des ganzen Vertrags hergeleitet wird (zu vergl. § 8, § 64 Abs. 3, § 181 Abs. 3).

§§ 7, 8.

Die Dauer der Versicherung kann von den Parteien in beliebiger Weise geordnet werden. Vielfach wird sie nach Tagen, Wochen, Monaten oder nach einem anderen kalendermäßigen Zeitabschnitt abgegrenzt; nicht selten wird sie sich aber auch aus dem Gegenstande der Versicherung unmittelbar ergeben, wie bei der für eine einzelne Reise genommenen Transport- oder Unfallversicherung. Bei Versicherungen, die für einen bestimmten kalendermäßigen Zeitraum gelten sollen, wird meist in dem Vertrage der Tag und die Stunde des Beginns sowie der Beendigung festgesetzt. Fehlt es an einer solchen Abrede über den Beginn, so würde an sich der Zeitpunkt des Vertragsabschlusses dafür entscheidend sein; da indessen eine genaue Feststellung dieses Zeitpunkts nachträglich oft nur schwer zu ermöglichen ist, so sieht der Entwurf vor, daß die Versicherung in dem bezeichneten Falle am Mittage des Tages beginnt, an welchem der Vertrag geschlossen wird. Ebenso läßt der Entwurf in Ermangelung einer besonderen Vereinbarung die Versicherung am Mittage des letzten Tages ihr Ende finden. Hiernach wird beispielsweise eine am 1. April 1910 für ein Jahr abgeschlossene Versicherung an diesem Tage um 12 Uhr Mittags beginnen und am Mittage des 1. April 1911 erlöschen. Die Mittagsstunde und nicht der Beginn des Tages ist für maßgebend erklärt, weil die Feststellung, ob ein Versicherungsfall vor oder nach 12 Uhr Mittags eingetreten ist, in der Regel leichter sein wird als die Ermittelung, ob er sich vor oder nach Mitternacht ereignet hat. Auch die Praxis stimmt im allgemeinen mit der Regelung des Entwurfs überein.

Bezüglich der abweichenden Vorschriften, welche das Handelsgesetzbuch für die Seeversicherung enthält, und der Zweckmäßigkeit einer Umgestaltung dieser Vorschriften ist auf die Begründung zu Artikel 1 Nr. VIII des Entwurfs eines Gesetzes, betreffend Änderung der Vorschriften des Handelsgesetzbuchs über die Seeversicherung, zu verweisen.

In den Versicherungsverträgen findet sich häufig die Bestimmung, daß der Vertrag nach dem Ablaufe der Versicherungszeit als stillschweigend verlängert gilt, wenn er nicht vorher von der einen oder der anderen Partei gekündigt wird. Eine derartige Vereinbarung liegt an sich im Interesse beider Parteien. Bedenken ergeben sich jedoch dann, wenn einem auf geraume Zeit, etwa auf fünf oder zehn Jahre, abgeschlossenen Vertrage die Bestimmung beigefügt wird, daß im Falle unterbliebener Kündigung das Versicherungsverhältnis für die gleiche Zeit, also wiederum für fünf oder zehn Jahre, fortbestehen soll. Mit Recht wird aus der Mitte der beteiligten Kreise die Beschwerde erhoben, daß es gegen den Versicherungsnehmer, der den Zeitpunkt der Kündigung übersieht, eine unbillige Härte ist, ihn lediglich wegen dieser Versäumung an ein Versicherungsverhältnis von solcher Dauer, vielleicht unter wesentlich veränderten Umständen aufs neue zu binden. Der § 8 sieht deshalb vor, daß eine Vereinbarung, nach welcher ein Versicherungsverhältnis als stillschweigend verlängert gilt, wenn es nicht vor dem Ablaufe der Versicherungszeit gekündigt wird, insoweit nichtig ist, als sich die jedesmalige Verlängerung auf mehr als ein Jahr erstrecken soll. Die Vorschrift gilt, wie ihre Fassung ergibt, namentlich auch für Vertragsbestimmungen, die eine mehrmalige stillschweigende Verlängerung vorsehen; ihre Anwendung beschränkt sich aber nicht auf Vereinbarungen dieses Inhalts, vielmehr greift sie in jedem Falle Platz, in welchem nach dem Vertrag auf Grund des Stillschweigens der Beteiligten eine Verlängerung des Versicherungsverhältnisses eintritt, ohne Unterschied, ob die Verlängerung sich gegebenenfalls wiederholen soll oder nicht. Der Grundsatz, daß die stillschweigende Verlängerung nicht über den Zeitraum eines Jahres hinausreicht, findet schon jetzt in der Praxis vielfach Anwendung. Namentlich ist dies bei den Hagelversicherungsgesellschaften zufolge eines von dem Deutschen Landwirtschaftsrat ausgesprochenen Wunsches seit längerer Zeit der Fall, und die unter Mitwirkung des Landwirtschaftsrats ausgearbeiteten Normalversicherungsbedingungen für die Viehversicherung stehen auf dem gleichen Standpunkte. Auch die Aufsichtsbehörden sind den Klauseln der allgemeinen Versicherungsbedingungen, durch welche eine stillschweigende Verlängerung von mehr als einem Jhre vorgesehen wird, entgegengetreten; insbesondere hat das Aufsichtsamt für Privatversicherung bei der Genehmigung neuer Bedingungen darauf gehalten, daß sich die Verlängerung auf ein Jahr beschränkt. Die Stetigkeit der Versicherungsverhältnisse wird durch die vom Entwurfe vorgeschlagene Regelung zur Genüge gewahrt. Denn es bleibt zulässig, von vornherein zu bestimmen, daß jedesmal nach Ablauf eines Jahres in Ermangelung einer vorgängigen Kündigung eine stillschweigende Verlängerung auf ein weiteres Jahr erfolgt; auch wird es dem Versicherer, wenn das Interesse des Versicherungsnehmers nicht entgegensteht, leicht werden, eine Verlängerung des Versicherungsverhältnisses auf mehr als ein Jahr dadurch herbeizuführen, daß er, wie dies schon jetzt vielfach geschieht, rechtzeitig bei dem Versicherungsnehmer den Abschluß einer neuen Vereinbarung in Anregung bringt.

§ 9.

Nach dem Entwurf ist vielfach für die Beendigung des Versicherungsverhältnisses oder für die Begrenzung von Ansprüchen der Beteiligten der Ablauf einer Versicherungsperiode maßgebend, namentlich wird in Fällen, in denen das Versicherungsverhältnis durch Rücktritt oder Kündigung oder infolge des Wegfalls des versicherten Interesses vor dem Schlusse der vertragsmäßigen Zeit endigt, dem Versicherer ein Recht auf die Prämie bis zum Ablaufe der zur Zeit der Beendigung laufenden Versicherungsperiode gewährt (§ 40, § 68 Abs. 2). Auch das Gesetz vom 12. Mai 1901 (§ 43 Abs. 4) gebraucht den bezeichneten Ausdruck. Er bedarf indessen, soweit es sich um die Vorschriften des Entwurfs handelt, einer näheren Feststellung, und hierzu dient die Bestimmung des § 9. An sich versteht der Entwurf ebenso wie das erwähnte Gesetz unter Versicherungsperiode den Zeitraum, nach welchem die Bemessung der Prämie erfolgt, mag es sich dabei um einen kalendermäßig berechneten oder, wie bei der Transportversicherung für eine einzelne Reise, um einen in anderer Weise bestimmten Zeitraum handeln. Da in den weitaus meisten

Fällen die Prämie nach einjährigen Zeitabschnitten bemessen wird, so geht der Entwurf von der Regel aus, daß im Sinne seiner Vorschriften unter Versicherungsperiode der Zeitraum eines Jahres zu verstehen ist. Falls die Prämie nach kürzeren Zeitabschnitten bemessen ist, soll der kürzere Zeitabschnitt maßgebend sein; ist dagegen die Prämie nach längeren Zeitabschnitten berechnet, so soll die Versicherungsperiode im Sinne der Vorschriften des Entwurfs dennoch nicht mehr als ein Jahr betragen. Die Festsetzung einer solchen Grenze ist unabweislich, weil überall da, wo es nach dem Entwurf auf die Dauer der Versicherungsperiode ankommt, eine weitere Erstreckung des maßgebenden Zeitraums die Lage des Versicherungsnehmers zu ungünstig gestalten würde.

Einer ausdrücklichen Bestimmung darüber, inwieweit der § 9 zwingendes Recht enthält, bedarf es nicht. Ist in einer Vorschrift, von der nach dem Entwurfe durch Vereinbarung der Parteien zum Nachteile des Versicherungsnehmers nicht abgewichen werden kann, die Rechtsstellung des letzteren durch eine nach der Versicherungsperiode bestimmte Zeitgrenze gewahrt, so ergibt sich von selbst, daß die Versicherungsbedingungen, soweit es sich um diese Vorschrift handelt, auch den durch § 9 festgestellten gesetzlichen Begriff der Versicherungsperiode nicht zu Ungunsten des Versicherungsnehmers ändern können. Wird beispielsweise wegen einer im Laufe der Versicherungszeit eingetretenen Gefahrerhöhung das Versicherungsverhältnis von dem Versicherer gekündigt, so ist dieser nicht befugt, sich gegenüber der Vorschrift des § 40, derzufolge ihm in einem solchen Falle die Prämie bis zum Schlusse der zur Zeit der Beendigung des Versicherungsverhältnisses laufenden Versicherungsperiode zusteht, darauf zu berufen, daß nach den Bestimmungen des Vertrags die Versicherungsperiode mehr als ein Jahr betrage (zu vergl. § 42). Dagegen ist der § 9 in der Anwendung auf Vorschriften, denen gegenüber abweichende Vertragsbestimmungen zulässig sind, auch seinerseits nicht zwingender Natur.

§ 10.

Ist der Aufenthalt einer Person, der gegenüber eine Willenserklärung abgegeben werden soll, unbekannt, so kann nach § 132 des Bürgerlichen Gesetzbuchs die Erklärung dadurch bewirkt werden, daß sie in Gemäßheit der für die öffentliche Zustellung einer Ladung geltenden Vorschriften der Zivilprozeßordnung zugestellt wird. Dieser Weg steht auch den Versicherern offen, wenn der Aufenthalt des Versicherungsnehmers unbekannt ist. Der Betrieb des Versicherungsgeschäfts würde aber bedeutend erschwert werden, wenn die Versicherer in allen Fällen der bezeichneten Art für die mannigfachen Willenserklärungen, die dem anderen Teile gegenüber erforderlich werden können, insbesondere für die Bestimmung einer Zahlungsfrist, den Rücktritt oder die Kündigung, ausschließlich auf die öffentliche Zustellung angewiesen wäre. Der Versicherer kann billigerweise erwarten, daß ihm der Versicherungsnehmer, nachdem er mit ihm in Verbindung getreten ist, von einem etwaigen Wechsel der Wohnung Mitteilung macht; das Unterbleiben einer solchen Mitteilung darf dem Versicherer nicht zum Nachteile gereichen. Der Entwurf bestimmt demgemäß im § 10 Satz 1, daß für eine dem Versicherungsnehmer gegenüber abzugebende Willenserklärung, falls der Versicherungsnehmer seine Wohnung geändert, die Änderung aber dem Versicherer nicht angezeigt hat, die Absendung eines eingeschriebenen Briefes nach der letzten dem Versicherer bekannten Wohnung genügt. Macht der Versicherer von diesem Mittel Gebrauch, so wird nach § 10 Satz 2 die Erklärung in dem Zeitpunkte wirksam, in welchem sie ohne die Wohnungsänderung bei regelmäßiger Beförderung dem Versicherungsnehmer zugegangen sein würde. Die Wirksamkeit der Willenserklärung schon mit der Absendung des Briefes eintreten zu lassen, wäre nicht gerechtfertigt, da auch dann, wenn der Versicherungsnehmer seine Wohnung beibehalten oder von seiner neuen Wohnung den Versicherer benachrichtigt hätte, die Erklärung nicht mit der Absendung, sondern erst mit dem Zugehen wirksam geworden wäre.

§ 11.

Der § 11 entzieht dem Versicherer das Recht, sich auf eine Vereinbarung zu berufen, nach welcher die Leistung des Versicherers erst mit der Feststellung des Anspruchs durch Anerkenntnis, Vergleich oder rechtskräftiges Urteil fällig werden soll. Gegenwärtig machen die allgemeinen Versicherungsbedingungen vielfach die Fälligkeit des Versicherungsanspruchs von einer solchen Feststellung abhängig. Ein Bedürfnis für derartige Vertragsbestimmungen besteht indessen nicht, und sie können zum Nachteile der Versicherungsnehmer ausgenutzt werden; es ist deshalb angezeigt, ihnen durch eine zwingende Vorschrift entgegenzutreten.

Von dieser Beschränkung und von der im § 151 für die Haftpflichtversicherung getroffenen Bestimmung abgesehen, überläßt es der Entwurf der Vereinbarung der Parteien, den Termin für die Fälligkeit der Leistung des Versicherers näher zu regeln. Sind besondere Vereinbarungen in dieser Hinsicht nicht getroffen, so ergibt sich aus allgemeinen Grundsätzen, daß mit dem Eintritte des Versicherungsfalls der Versicherungsnehmer die Leistung vom Versicherer verlangen kann. Die aus § 34 sich ergebende Befugnis des Versicherers, vor der Beibringung der erforderlichen Belege die Zahlung zu verweigern (zu vergl. S. 44), wird hierdurch nicht berührt. Für die Feuerversicherung und die Viehversicherung sind in den §§ 94, 122 besondere Vorschriften über die Verzinsung der Entschädigung und über die Leistung von Abschlagszahlungen getroffen.

§ 12.

In Ermangelung besonderer Vorschriften würden die Ansprüche aus dem Versicherungsvertrage, soweit nicht wiederkehrende Leistungen im Sinne des § 197 des Bürgerlichen Gesetzbuchs in Frage stehen, einer Verjährung von dreißig Jahren unterliegen. Es bedarf keiner näheren Begründung, daß hier eine erhebliche Abkürzung der Verjährung am Platze ist. Dies trifft nicht nur für die Ansprüche des Versicherers gegen den Versicherungsnehmer, sondern auch die Ansprüche des letzteren gegen den Versicherer zu; denn schon mit Rücksicht auf den ordnungsmäßigen Geschäftsbetrieb und auf die notwendige Übersichtlichkeit der Vermögenslage des Versicherers erscheint es geboten, daß ihn das Gesetz nach dem Ablauf einer angemessenen Zeit gegen die nachträgliche Erhebung von Ansprüchen aus der Vergangenheit schützt. Dementsprechend sollen, wie § 12 Abs. 1 bestimmt, die Ansprüche aus dem Versicherungsvertrag in zwei Jahren, bei der Lebensversicherung in fünf Jahren verjähren; der Lauf der Frist beginnt mit dem Schlusse des Jahres, in welchem die Leistung verlangt werden kann, also mit dem Schlusse des Jahres, in welchem die Leistung dem Vertrage gemäß fällig wird, oder, soweit es sich um gestundete Leistung, insbesondere um gestundete Prämien, handelt, mit dem Schlusse des Jahres, in welchem die Stundungsfrist abläuft.

Die Verjährungsfrist noch mehr herabzusetzen, als es im Entwurfe geschehen ist, empfiehlt sich nicht, da durch eine solche Herabsetzung die Rechte der Versicherungsnehmer gefährdet werden würden. Was die Lebensversicherung betrifft, so ist eine Erweiterung der Verjährungsfrist auf fünf Jahre durch die besonderen Verhältnisse geboten, die bei diesem Versicherungszweige obwalten. Namentlich kommt in Betracht, daß der Bezugsberechtigte hier unter Umständen erst spät von dem Eintritte des Versicherungsfalls oder von dem Bestehen seines Anspruchs Kenntnis erhält. Insbesondere vergeht oft geraume Zeit, bis der Tod desjenigen, auf dessen Person die Versicherung genommen war, festgestellt oder die letztwillige Verfügung, in welcher der Versicherungsnehmer den Bezugsberechtigten bestimmt hatte, ermittelt ist. Die vorstehenden Erwägungen rechtfertigen es zugleich, daß der Entwurf (§ 12 Abs. 3) im Interesse des Versicherungsnehmers eine vertragsmäßige Abkürzung der Verjährungsfrist für die Ansprüche gegen den Versicherer nicht zuläßt.

Die allgemeinen Versicherungsbedingungen sehen vielfach vor, daß der Versicherungsnehmer seiner Ansprüche verlustig gehen soll, falls er nicht binnen einer kurzen Frist, beispielsweise innerhalb einer Frist von sechs Monaten seit dem Eintritte des Versicherungsfalls oder innerhalb einer Frist von zwei Monaten seit dem ablehnenden Bescheide des Versicherers, Klage erhebt. Ebenso wie eine übermäßige Verkürzung der Verjährungsfristen können auch derartige Bestimmungen, falls sie sich nicht innerhalb der richtigen Grenzen halten, zu Härten gegen den Versicherungsnehmer führen. Gegenüber dem Vorentwurf ist indessen mit Recht geltend gemacht worden, daß es zu weit geht, wenn der Versicherer durch das unbedingte Verbot solcher Vereinbarungen außer stand gesetzt wird, auch einen Versicherungsnehmer, der bereits einen Anspruch erhoben hat, zu nötigen, sein angebliches Recht schon vor dem Ablaufe der gesetzlichen Verjährungsfrist gerichtlich geltend zu machen. Denn durch jede Verzögerung in der Erledigung zweifelhafter Ansprüche wird die zuverlässige Feststellung der maßgebenden Tatsachen erschwert und zugleich die Übersicht über den wahren Stand des Vermögens des Versicherers beeinträchtigt. Die vertragsmäßige Festsetzung von Ausschlußfristen kann unbedenklich gestattet werden, sofern nur die Frist ausreichend bemessen ist und der Versicherungsnehmer auf die Folgen der Fristversäumnis nachdrücklich hingewiesen wird. Der Entwurf (§ 12 Abs. 2, 3) läßt demgemäß derartige Fristen mit der Maßgabe zu, daß ihre Dauer wenigstens sechs Monate betragen muß und ihr Lauf erst beginnt, wenn der Versicherer dem Versicherungsnehmer gegenüber den erhobenen Anspruch unter Angabe der mit dem Ablaufe der Frist verbundenen Rechtsfolge in schriftlicher Form abgelehnt hat. Sind nach dem Versicherungsvertrag etwaige Streitigkeiten durch ein Schiedsgericht zu erledigen, so unterliegt auch eine Vereinbarung, nach welcher die verspätete Beschreitung des schiedsgerichtlichen Weges den Verlust der Ansprüche zur Folge haben soll, den bezeichneten Beschränkungen.

§ 13.

In Ansehung der Lebensversicherung bestimmt der § 61 Abs. 2 des Gesetzes über die privaten Versicherungsunternehmungen vom 12. Mai 1901, daß durch die Eröffnung des Konkurses über das Vermögen des Versicherers die Versicherungsverhältnisse erlöschen; das Gleiche gilt nach § 63 des bezeichneten Gesetzes bei der Kranken- oder Unfallversicherung, falls sie nach Art der Lebensversicherung unter Zugrundelegung bestimmter Wahrscheinlichkeitstafeln betrieben wird. Für die übrigen Arten der Versicherung, also namentlich für die Schadensversicherung, sind in dem Gesetze vom 12. Mai 1901 keine Bestimmungen über die Wirkungen des Konkurses des Versicherers auf die bestehenden Versicherungsverhältnisse getroffen. Indessen weist auch hier das Interesse der Beteiligten auf eine ähnliche Regelung hin, wie sie jenes Gesetz für die Lebensversicherung vorsieht. Die Fortdauer der Versicherung bis zum Ablaufe der im Vertrage bestimmten Zeit kann nicht in Frage kommen; sie würde die Abwickelung des Konkurses über Gebühr verzögern und erschweren, auch kann dem Versicherungsnehmer eine solche Fortsetzung des Vertragsverhältnisses nach der Konkurseröffnung nicht zugemutet werden. Demgegenüber reichen die konkursrechtlichen Vorschriften über den Einfluß des Konkurses auf laufende Vertragsverhältnisse nicht aus. Die Bestimmung, die der § 17 der Konkursordnung für Verträge trifft, die zur Zeit der Konkurseröffnung von keinem Teile vollständig erfüllt sind, eignet sich nicht zur Anwendung auf Versicherungsverhältnisse; denn danach würde es gegebenenfalls von der Entschließung des Konkursverwalters abhängen, ob die Versicherung fortgesetzt werden soll oder nicht. In eine solche Lage darf der Versicherungsnehmer jedenfalls nicht versetzt werden. Ebensowenig kann es aber dem Belieben des Versicherungsnehmers überlassen bleiben, ob er die Versicherung mit der Konkursmasse fortsetzen will. Vielmehr wird auch bei der Schadensversicherung davon auszugehen sein, daß der Konkurs des Versicherers, unabhängig von dem Willen der Beteiligten, kraft Gesetzes zur Beendigung des Versicherungsverhältnisses führen muß. Bei den Erörterungen, zu welchen die Veröffentlichung des Vorentwurfs Anlaß gegeben hat, ist jedoch von verschiedenen Seiten geltend gemacht worden, daß bei der Schadensversicherung ein sofort mit der Konkurseröffnung eintretendes Erlöschen des Versicherungsverhältnisses die Interessen der Versicherungsnehmer erheblich gefährden würde und daß es hier unbedingt geboten erscheine, die Versicherung wenigstens noch während eines Zeitraums bestehen zu lassen, der es dem Versicherungsnehmer ermöglicht, eine neue Versicherung zu schließen. Die praktischen Erwägungen, welche für eine solche Regelung sprechen, sind als durchschlagend anzuerkennen. Eine Frist von einem Monate wird zu dem gedachten Zwecke in der Regel ausreichen; davon geht auch das Gesetz vom 12. Mai 1901 aus, wenn es im § 43 Abs. 4 bestimmt, daß im Falle der Auflösung eines Versicherungsvereins auf Gegenseitigkeit die zwischen den Mitgliedern und dem Vereine bestehenden Versicherungsverhältnisse mit dem in dem Auflösungsbeschlusse vorgesehenen Zeitpunkte, frühestens aber mit dem Ablaufe von vier Wochen erlöschen. Der § 13 des Entwurfs sieht demgemäß vor, daß bei den Versicherungsarten, die nicht unter den § 61 Abs. 2 oder den § 63 des Gesetzes vom 12. Mai 1901 fallen, das Versicherungsverhältnis mit dem Ablauf eines Monats seit der Eröffnung des Konkurses endigt, bis zu diesem Zeitpunkt dagegen der Konkursmasse gegenüber wirksam bleibt. Der Versicherungsnehmer kann demnach, wenn innerhalb des Monats ein Versicherungsfall eintritt, von dem Konkursverwalter Zahlung der Entschädigung verlangen, und zwar mit der Maßgabe, daß der Anspruch, da er aus einem zweiseitigen Vertrag entspringt, der für die Zeit nach der Konkurseröffnung erfüllt werden muß, gemäß § 59 Nr. 2 der Konkursordnung als Masseschuld zu gelten hat. Die übrigen Gläubiger des Versicherers, insbesondere diejenigen Versicherungsnehmer, welche aus einem vor der Konkurseröffnung eingetretenen Versicherungsfall Ansprüche erworben haben und diese Ansprüche nach den Grundsätzen des Konkursrechts nur als Konkursforderungen geltend machen können, werden durch die bezeichnete Regelung trotz der Ungleichheit ihrer Rechtsstellung nicht benachteiligt; denn wenn die Konkursmasse die Entschädigungen für die während des ersten Monats nach der Konkurseröffnung eintretenden Versicherungsfälle als Masseschulden voll zu bezahlen hat, so erhält sie dafür auf der anderen Seite die Prämien für diesen Monat von den sämtlichen Versicherungsnehmern. Sie wird dadurch zweifellos besser gestellt, als wenn sie jene Entschädigungen nur als Konkursforderungen zu befriedigen hätte, dafür aber auch bloß von dem einzelnen Entschädigungsberechtigten eine Prämie mittels Anrechnung auf die Entschädigung erhielte.

Den auf die Zeit nach der Beendigung des Versicherungsverhältnisses entfallenden Teil der Prämie kann der Versicherungsnehmer zurückfordern; dies gilt sowohl für solche Versicherungsverhältnisse, die gemäß § 61 Abs. 2 und § 63 des Gesetzes vom 12. Mai 1901 schon mit der Konkurseröffnung erlöschen, wie auch für diejenigen, deren Beendigung nach § 13 des Entwurfs erst einen Monat später eintritt. Das Nähere hierüber ist im § 40 Abs. 3 vorgesehen. Den Anspruch auf Rückzahlung der Prämie hat der Versicherungsnehmer als Konkursgläubiger geltend zu machen. Die Rechte, welche dem Versicherungsnehmer bei der Lebensversicherung sowie bei der nach Art der Lebensversicherung betriebenen Unfall- oder Krankenversicherung nach § 61 Abs. 2, 3 und nach § 63 des Gesetzes vom 12. Mai 1901 in Ansehung der Prämienreserve zustehen, bleiben selbstverständlich unberührt.

Inwieweit die Vorschrift, daß im Falle des Konkurses des Versicherers das Versicherungsverhältnis mit dem Ablauf eines Monats endigt, zwingender Natur ist, bestimmt sich nach den allgemeinen Grundsätzen des Konkursrechts. Aus diesen ergibt sich, daß die Konkursmasse durch die Versicherungsbedingungen nicht über den Monat hinaus an das Versicherungsverhältnis gebunden werden kann, wogegen an sich nichts entgegensteht, eine frühere Beendigung vorzusehen. Daß die rechtliche Zulässigkeit von Vertragsbedingungen der letztgedachten Art ohne praktische Bedeutung ist, liegt in der Natur der Sache. Es bedarf deshalb hier keiner besonderen Vorschrift, welche die Vertragsfreiheit ausschließt.

§ 14.

Der § 14 bezieht sich auf den Konkurs des Versicherungsnehmers. Im Interesse der Konkursmasse und der Gläubiger des Versicherungsnehmers erscheint es geboten, daß der Konkursverwalter gegenüber etwaigen Vertragsabreden, nach welchen die Eröffnung des Konkurses über das Vermögen des Versicherungsnehmers die Beendigung des Versicherungsverhältnisses zur Folge haben soll, in der Lage bleibt, die Versicherung wenigstens während eines Zeitraums aufrecht zu erhalten, der notwendig ist, um für eine neue Versicherung zu sorgen. Im Entwurf ist demgemäß bestimmt, daß sich der Versicherer nicht auf eine Vereinbarung berufen kann, nach welcher im Falle der Eröffnung des Konkurses über das Vermögen des Versicherungsnehmers das Versicherungsverhältnis erlöschen oder der Versicherer befugt sein soll, das Versicherungsverhältnis ohne Einhaltung einer Kündigungsfrist oder unter Einhaltung einer Kündigungsfrist von weniger als einem Monat zu kündigen. Macht der Versicherer von dem hiernach nur innerhalb gewisser Grenzen zulässigen Kündigungsrechte Gebrauch, so steht ihm ein Anspruch auf die Prämie lediglich für die Zeit bis zur Beendigung des Versicherungsverhältnisses zu; hat er schon die volle Prämie erhalten, so muß er den Mehrbetrag zurückerstatten. Einer ausdrücklichen Hervorhebung im Gesetze bedarf dies nicht. Auch im übrigen sind neben der Bestimmung des § 14 weitere Vorschriften für den Fall des Konkurses des Versicherungsnehmers nicht erforderlich, vielmehr kann es, unbeschadet des etwa vereinbarten Kündigungsrechts, bei den Vorschriften der Konkursordnung über den Einfluß des Konkurses auf laufende Vertragsverhältnisse bewenden. Das Versicherungsverhältnis dauert hiernach, wenn der Versicherungsnehmer die Prämie schon gezahlt hat, auch nach der Konkurseröffnung fort. Ist dagegen der Vertrag noch von keiner Seite erfüllt, so hat der Konkursverwalter gemäß § 17 der Konkursordnung zu bestimmen, ob die Erfüllung erfolgen soll oder nicht. Entscheidet er sich für das letztere, so fällt damit die Verpflichtung des Versicherers zur Leistung weg; wählt er die Erfüllung, so findet in bezug auf die Prämie die Vorschrift des § 59 Nr. 2 der Konkursordnung Anwendung, wonach ein Anspruch aus einem zweiseitigen Vertrage, dessen Erfüllung zur Konkursmasse verlangt wird, eine Masseschuld bildet.

§ 15.

Nach dem geltenden Rechte können die Gläubiger des Versicherungsnehmers die diesem gegen den Versicherer zustehenden Entschädigungsforderungen auch dann im Wege der Zwangsvollstreckung pfänden, wenn es sich um Ersatzansprüche für unpfändbare Gegenstände (zu vergl. Zivilprozeßordnung § 811), beispielsweise für unpfändbares Hausgerät oder für ein unpfändbares Stück Vieh, handelt. Es erscheint indessen nicht gerechtfertigt, den Gläubigern des Versicherungsnehmers nach dem Eintritte des Versicherungsfalls hinsichtlich der Zwangsvollstreckung in die Entschädigungsforderungen weitergehende Befugnisse einzuräumen als diejenigen, welche ihnen in bezug auf die Befriedigung aus den versicherten Sachen selbst zustehen würden. Die Gründe, aus denen die Zivilprozeßordnung gewisse unentbehrliche Gegenstände für unpfändbar erklärt hat, führen vielmehr dazu, die Ansprüche gegen den Versicherer, welche dem Versicherungsnehmer die Wiederbeschaffung solcher Gegenstände ermöglichen sollen, dem Zugriffe der Gläubiger gleichfalls zu entziehen. Im § 15 des Entwurfs ist deshalb bestimmt, daß die Forderung aus der Versicherung insoweit der Pfändung nicht unterworfen ist, als sich die Versicherung auf unpfändbare Gegenstände bezieht.

Zweiter Titel.
Anzeigepflicht. Gefahrerhöhung.

§§ 16 bis 22.

Der Versicherer muß, wenn er das Versicherungsgeschäft sachgemäß betreiben will, bei dem Abschlusse von Versicherungsverträgen es sich angelegen sein lassen, über die Art und die Größe der Gefahr, die er übernehmen soll, möglichst genaue Kenntnis zu erhalten. Da er diese Kenntnis in der Regel nur durch die Mitwirkung des Versicherungsnehmers gewinnen kann, so gehört es, wie in der Gesetzgebung und in der Praxis anerkannt ist, zu den Obliegenheiten des letzteren, bei dem Abschlusse des Vertrags über die Gefahrumstände dem Versicherer Aufschluß zu geben. Der Entwurf bestimmt demgemäß im § 16 Abs. 1, daß der Versicherungsnehmer bei der Schließung des Vertrags alle ihm bekannten Umstände, die für die Übernahme der Gefahr erheblich sind, dem Versicherer anzuzeigen hat. Ist die Anzeige eines dem Versicherungsnehmer bekannten erheblichen Umstandes unterblieben oder über einen erheblichen Umstand eine unrichtige Anzeige gemacht, so kann der Versicherer von dem Vertrage zurücktreten (§ 16 Abs. 2 Satz 1, § 17 Abs. 1); dieses Recht steht ihm auch dann zu, wenn inzwischen der Versicherungsfall schon eingetreten ist.

Ob ein Umstand für die Übernahme der Gefahr erheblich ist und demgemäß den Entschluß des Versicherers, die Versicherung überhaupt oder unter den in Frage stehenden Bedingungen anzunehmen, beeinflussen kann, hat der Richter unter Berücksichtigung der gesamten Sachlage, gegebenfalls nach Einholung des Gutachtens sachkundiger Personen, zu entscheiden (zu vergl. Preuß. A. L. R. II, 8 § 2026). Bei der Feuerversicherung wird die Bauart des Gebäudes, für welches die Versicherung genommen wird oder in welchem sich die versicherten Gegenstände befinden, ferner die Lage des Gebäudes sowie die Art seiner Benutzung, insbesondere der Umstand, daß in dem Hause oder in dessen Nähe ein feuergefährliches Gewerbe betrieben wird, in Betracht kommen. Bei der Lebensversicherung gehört hierher namentlich der Gesundheitszustand desjenigen, auf dessen Person die Versicherung genommen wird, ebenso die Verhältnisse, welche, wie der Beruf, für die künftige Gestaltung dieses Zustandes von Bedeutung sind. Das Gesetz selbst kann die einzelnen Gefahrumstände, die von Erheblichkeit sind, nicht genauer bezeichnen. Für die meisten Versicherungszweige ist es üblich geworden, daß der Versicherer bei der Schließung des Vertrags dem anderen Teile in dem Antragsformulare oder in einem besonderen Fragebogen eine Reihe bestimmter auf die Gefahrumstände bezüglicher Fragen zur Beantwortung vorlegt. Auch gegenüber jeder derartigen Frage bleibt allerdings zu prüfen, ob der Umstand, auf den sie sich bezieht, tatsächlich für die Übernahme der Gefahr von Erheblichkeit ist; der Versicherer kann durch seine Frage einen Umstand, auf den es an sich nicht ankommt, keineswegs zu einem erheblichen machen. Immerhin darf, wenn der Versicherer, der sich über den Umfang der von ihm zu tragenden Gefahr unterrichten will, diesen Weg wählt, seinem Verlangen nicht jede Bedeutung versagt bleiben, und der Entwurf bestimmt deshalb (§ 18 Abs. 1), daß Umstände, nach denen der Versicherer ausdrücklich und schriftlich gefragt hat, im Zweifel als erheblich gelten. Eine solche Regelung kommt dem berechtigten Interesse des Versicherers an Erlangung zuverlässiger Auskunft entgegen, ohne die Lagen des Versicherungsnehmers in unbilliger Weise zu erschweren.

Die Verpflichtung zur Anzeige betrifft nach dem Entwurfe (zu vergl. § 16 Abs. 1) an sich nur diejenigen erheblichen Umstände, welche dem Versicherungsnehmer bei der Schließung des Vertrags bekannt sind. Dadurch, daß der Antragsteller diese Umstände sämtlich angibt, genügt er dem, was Treu und Glauben fordern. Das Gesetz würde zu weit gehen, wenn es ihm allgemein die Pflicht auferlegen wollte, vor dem Abschlusse des Vertrags Nachforschungen darüber anzustellen, ob besondere die Gefahr erhöhende Umstände vorhanden sind. Nur dann darf er mit der Berufung auf seine Unkenntnis nicht gehört werden, wenn er sich der Kenntnis des Umstandes arglistig entzogen hat. Eine dahingehende Bestimmung ist im § 16 Abs. 2 Satz 2 des Entwurfs getroffen; sie wird beispielsweise zur Anwendung kommen, wenn der Antragsteller im Falle der Versicherung eines auswärts befindlichen Schiffes oder einer auswärts lagernden Ware das Schreiben eines Korrespondenten, das erhebliche Mitteilungen enthielt, absichtlich nicht gelesen hat, um in Unkenntnis über die auf das Schiff oder die Ware bezüglichen Gefahrumstände zu bleiben. Auf der anderen Seite läßt sich die Anzeigepflicht auch nicht für alle den Antragsteller bekannten Umstände unbedingt festhalten, vielmehr ist für den praktisch wichtigen Fall, daß der Versicherungsnehmer die Gefahrumstände an der Hand schriftlicher, von dem Versicherer gestellter Fragen anzuzeigen hat, eine abweichende Regelung erforderlich. Wie der § 18 Abs. 2 bestimmt, soll unter der bezeichneten Voraussetzung dem Versicherungsnehmer die unterlassene Anzeige eines Umstandes, nach welchem nicht besonders gefragt ist, nur bei arglistiger Verschweigung, also nicht schon deshalb, weil er Kenntnis von dem Umstande hat, zum Nachteile gereichen. Denn der Versicherungsnehmer darf hier von der Annahme ausgehen, daß der Versicherer selbst auf den Umstand kein wesentliches Gewicht legt; demgegenüber kann nicht schon der Einwand durchgreifen, daß der Versicherungsnehmer bei der Unterlassung der Anzeige fahrlässig gehandelt habe; auch die grobe Fahrlässigkeit ist hier der Arglist nicht gleichzustellen. Aus den Kreisen der Versicherer ist hiergegen eingewendet worden, daß bei den Schwierigkeiten, die der Nachweis eines arglistigen Verhaltens des Versicherungsnehmers regelmäßig biete, der Entwurf die Anzeigepflicht zu sehr abschwäche und damit die wesentlichste Grundlage des Versicherungsbetriebs gefährde. Diese Einwendungen rechtfertigen es jedoch nicht, den Grundsatz des Entwurfs aufzugeben. Bei der vervollkommneten Technik des Versicherungsbetriebes und den reichen Erfahrungen, die den Unternehmern zu Gebote stehen, darf davon ausgegangen werden, daß die Versicherer in der Lage sind, die dem Versicherungsnehmer vorzulegenden Fragen so einzurichten, daß darin alle für sie erheblichen Gefahrumstände genügende Berücksichtigung finden. Demgegenüber geht es keineswegs zu weit, in Ansehung von Umständen, auf welche sich die Fragen des Versicherers nicht beziehen, den Schutz desselben auf den Fall eines arglistigen Verschweigens des Versicherungsnehmers zu beschränken.

Von der unterbliebenen Anzeige ist die Erteilung einer unrichtigen Anzeige über einen für die Übernahme der Gefahr erheblichen Umstand zu unterscheiden. Wird dem Versicherer, sei es auf seine Frage, sei es ohne eine solche, über einen Gefahrumstand von dem Antragsteller eine Mitteilung gemacht, so darf der Versicherer im allgemeinen voraussetzen, daß sie richtig ist, und es kann daher für das Rücktrittsrecht des Versicherers nicht darauf ankommen, ob sich der Versicherungsnehmer der Unrichtigkeit der Anzeige bewußt war.

Auf der anderen Seite kann das an die Verletzung der Anzeigepflicht geknüpfte Rücktrittsrecht der Natur der Sache nach einem Versicherer nicht zugute kommen, der den vom Versicherungsnehmer nicht angezeigten Umstand oder die Unrichtigkeit der erstatteten Anzeige kannte. Der Entwurf schließt deshalb durch § 16 Abs. 3 und § 17 Abs. 2 das Rücktrittsrecht für diese Fälle aus.

Die genannten Vorschriften versagen weiterhin dem Versicherer das Rücktrittsrecht auch dann, wenn die Anzeige ohne Verschulden des Versicherungsnehmers unterblieben oder ohne sein Verschulden unrichtig gemacht ist. Dies ist eine wesentliche Abweichung von den gegenwärtig für die Seeversicherung geltenden Grundsätzen. Das Handelsgesetzbuch (§§ 808, 809) legt der Verletzung der Anzeigepflicht schlechthin die Wirkung bei, daß der Versicherungsvertrag für den Versicherer unverbindlich ist; darauf, ob den Versicherungsnehmer ein Verschulden trifft oder nicht, kommt es nicht an, und eine Ausnahme greift nur in der Richtung Platz, daß bei unterlassener Anzeige eines für die Übernahme der Gefahr erheblichen Umstandes der Versicherungsvertrag wirksam bleibt, wenn der nicht angezeigte Umstand als dem Versicherer bekannt vorausgesetzt werden durfte. Die Rechtsprechung hat es indessen schon bisher abgelehnt, sich der strengen Auffassung, die nach dem Handelsgesetzbuche bei der Seeversicherung maßgebend ist, für die anderen Versicherungszweige anzuschließen; sie erkennt an, daß hinsichtlich der Folgen einer Verletzung der Anzeigepflicht zu unterscheiden ist, ob dem Versicherungsnehmer ein Verschulden zur Last fällt oder nicht. In der Tat erfüllt die Versicherung ihren Zweck nur unvollständig, wenn sie nicht jedem Versicherungsnehmer, den kein Verschulden trifft, gerecht wird. Die Versicherungsnehmer sind vielfach geschäftsunkundige Personen, und auch soweit sie geschäftliche Erfahrungen besitzen, bleiben ihnen häufig die Gesichtspunkte fremd, unter denen der Versicherer die Tragweite der durch den Vertrag zu übernehmenden Gefahr würdigen muß. Mehr als die Anwendung pflichtmäßiger Sorgfalt kann dem Versicherungsnehmer nicht angesonnen werden; ergibt sich auch bei Anwendung dieser Sorgfalt ein Mangel der Anzeige, so darf er darin ein zufälliges Ereignis erblicken, das er nicht zu vertreten hat und das ihm die Deckung aus der Versicherung nicht zu entziehen vermag. Übrigens liegt nach dem Entwurfe dem Versicherungsnehmer die Beweislast dafür ob, daß ihn ein Verschulden nicht trifft. Der Versicherer wird dadurch gegen eine unberechtigte und mißbräuchliche Ausnutzung der dem Versicherungsnehmer gewährten Erleichterung zur Genüge geschützt. Außerdem ist es Sache des Versicherers, den Versicherungsnehmer bei dem Abschlusse des Vertrags durch eine klare und unzweideutige Fragestellung zu ausreichender und richtiger Auskunft über die in Betracht kommenden Punkte zu veranlassen. Je sorgfältiger der Versicherer in dieser Beziehung verfährt, um so schwieriger wird dem Versicherungsnehmer der Nachweis werden, daß sein Verhalten frei von Fahrlässigkeit sei, insbesondere daß er sich in einem entschuldbaren Irrtum über die Erheblichkeit des nicht angezeigten Umstandes oder über den Sinn und die Tragweite einer Frage des Versicherers befunden habe. Übrigens kann der Versicherer, wenn ihm trotz unterbliebener oder unrichtiger Anzeige eines erheblichen Gefahrumstandes ein Rücktrittsrecht nicht zusteht, gemäß § 41 eine höhere Prämie verlangen oder statt dessen unter bestimmten Voraussetzungen das Versicherungsverhältnis für die Zukunft durch Kündigung aufheben. Erlangt der Versicherungsnehmer nach der Schließung des Vertrags Kenntnis von einem Umstande, über den er bei der Schließung des Vertrags wegen mangelnder Kenntnis keine oder eine unrichtige Angabe gemacht hat, so trifft ihn nach dem Entwurfe keine Verpflichtung zu einer Ergänzung oder Berichtigung. Denn wenn bei dem Vertragsabschlusse von dem Versicherungsnehmer die gehörige Sorgfalt angewendet worden ist, kann ihm nicht zugemutet werden, während der gesamten Dauer des Versicherungsverhältnisses, sobald er nachträglich von irgend einem Gefahrumstand unterrichtet wird, auf die früher abgegebenen Erklärungen zurückzukommen. Eine ausdrückliche Vorschrift hierüber ist nicht erforderlich; denn es ergibt sich von selbst, daß die Obliegenheiten, die der Versicherungsnehmer in bezug auf die Schließung des Vertrags zu erfüllen hat, ihre Erledigung finden, nachdem der Vertrag zustande gekommen ist.

Dem Entwurf eines Gesetzes, betreffend Änderung der Vorschriften des Handelsgesetzbuchs, bleibt vorbehalten, den Grundsatz, daß die Folgen einer Verletzung der Anzeigepflicht nicht eintreten, wenn dem Versicherungsnehmer kein Verschulden zur Last fällt, auch auf die Seeversicherung zu übertragen.

Einer besonderen Entscheidung bedarf die Frage, wie es sich mit der Anzeigepflicht verhält, wenn der Versicherungsvertrag nicht von dem Versicherungsnehmer selbst, sondern von einem Bevollmächtigten oder einem Vertreter ohne Vertretungsmacht geschlossen wird. Ohne weiteres versteht sich, daß die für die Übernahme der Gefahr erheblichen Umstände jedenfalls insoweit anzuzeigen sind, als der Vertreter von ihnen Kenntnis hat. Anderseits können Umstände, von denen der Versicherungsnehmer Kenntnis hat, nicht schon deshalb außer Betracht bleiben, weil sie dem Vertreter unbekannt sind, da sonst der Versicherer gegen eine unredliche Handlungsweise des Versicherungsnehmers schutzlos wäre. Ebenso kann es, soweit nach den §§ 16, 18 das Rücktrittsrecht des Versicherers voraussetzt, daß dem anderen Teile eine arglistige Handlungsweise zur Last fällt, keinen Unterschied begründen, ob sich der Vertreter oder der Versicherungsnehmer eines solchen Verhaltens schuldig gemacht hat. Der § 19 Satz 1 des Entwurfs bestimmt demgemäß, daß für das Rücktrittsrecht des Versicherers, wenn der Vertrag von einem Bevollmächtigten oder einem Vertreter ohne Vertretungsmacht abgeschlossen wird, nicht nur die Kenntnis und die Arglist des Vertreters, sondern auch die Kenntnis und die Arglist des Versicherungsnehmers in Betracht kommt. Die Interessen des Versicherungsnehmers sind dadurch gewahrt, daß der Rücktritt des Versicherers nach § 16 Abs. 3 und § 17 Abs. 2 ausgeschlossen ist, wenn die Anzeige ohne Verschulden unterblieben oder unrichtig gemacht ist. Dabei kann aber das Rücktrittsrecht des Versicherers nicht schon dann wegfallen, wenn nur der Vertreter oder nur der Versicherungsnehmer frei von Verschulden ist, vielmehr läßt sich die Versagung des Rücktrittsrechts nur unter der Voraussetzung rechtfertigen, daß weder der Person, deren sich der Versicherungsnehmer zum Abschlusse des Vertrags bedient, noch ihm selbst ein Verschulden zur Last fällt. Dies ist im Satz 2 des § 19 ausdrücklich hervorgehoben. Die Frage, ob den Versicherungsnehmer ein Verschulden trifft oder nicht, wird namentlich dann praktisch werden, wenn er eine ihm bekannte, dem Vertreter aber unbekannte Tatsache, die für die Übernahme der Gefahr erheblich war, seinem Vertreter nicht mitgeteilt hat; in einem solchen Falle wird sich der Versicherungsnehmer zu seiner Entlastung insbesondere darauf berufen können, daß der Vertrag ohne sein Wissen geschlossen worden oder die Tatsache so spät zu seiner Kenntnis gekommen ist, daß eine rechtzeitige Benachrichtigung des Vertreters nicht mehr möglich war.

Was die Geltendmachung des dem Versicherer bei einer Verletzung der Anzeigepflicht zustehenden Rücktrittsrechts betrifft, so sieht der § 20 Abs. 1 hierfür die Frist von einem Monate vor, die mit dem Zeitpunkte beginnt, in welchem der Versicherer von der Verletzung der Anzeigepflicht Kenntnis erlangt. Da der Versicherungsnehmer, solange das Rücktrittsrecht des Versicherers besteht, der Deckung gegen den Versicherungsfall entbehrt, so hat er ein berechtigtes Interesse, daß der Versicherer das Rücktrittsrecht, falls er es überhaupt geltend machen will, sobald als möglich ausübt und ihm so Anlaß gibt, noch rechtzeitig einen neuen Versicherungsvertrag abzuschließen. Anderseits ist aber die Frist auch derart bemessen, daß dem Versicherer ausreichende Zeit bleibt, die Gefahrumstände einer erneuten Prüfung zu unterziehen und auf diese Weise seine Entschließung über die Ausübung des Rücktrittsrechts vorzubereiten. Der Lauf der einmonatigen Frist beginnt erst mit dem Zeitpunkt, in welchem der Versicherer zuverlässige Kunde von den Umständen erhält, aus denen sich die Verletzung der Anzeigepflicht ergibt; eine bloße Vermutung des Versicherers genügt noch nicht, um die bezeichnete Wirkung herbeizuführen. Selbstverständlich kann das Rücktrittsrecht auch schon vor dem Ablaufe der Frist dadurch wegfallen, daß der Versicherer ausdrücklich oder stillschweigend darauf verzichtet.

Der Abs. 2 des § 20 bestimmt im Anschluß an die Vorschriften des Bürgerlichen Gesetzbuchs über das vertragsmäßige Rücktrittsrecht (§§ 346, 347, 349), daß der Rücktritt durch Erklärung gegenüber dem Versicherungsnehmer erfolgt und daß beide Teile im Falle des Rücktritts verpflichtet sind, einander die empfangenen Leistungen zurückzugewähren sowie Geldsummen von der Zeit des Empfanges an zu verzinsen; damit ist von selbst gegeben, daß die Parteien, soweit die ihnen obliegenden Leistungen zur Zeit des Rücktritts noch nicht gemacht haben, von der Verpflichtung zur Leistung frei werden. Eine Ausnahme erscheint jedoch für den Anspruch auf Prämie geboten, der dem Versicherer auch im Falle seines Rücktritts nicht einfach entzogen werden kann. Das in dieser Hinsicht Erforderliche sieht der § 40 Abs. 1 vor.

Einer besonderen Regelung unterzieht der § 21 den Fall, daß der Rücktritt des Versicherers erst nach dem Eintritte des Versicherungsfalls erfolgt ist, der Umstand aber, in Ansehung dessen die Anzeigepflicht verletzt worden ist, keinen

Einfluß auf den Eintritt des Versicherungsfalls und auf den Umfang der dem Versicherer obliegenden Leistung gehabt hat. Sind diese Voraussetzungen gegeben, fehlt es also an einem Kausalzusammenhange zwischen dem gar nicht oder unrichtig angezeigten Umstand und dem Eintritte des Versicherungsfalls, so soll der Versicherer, trotz des Rücktritts, für den schon eingetretenen Versicherungsfall zur Leistung verpflichtet bleiben. Die Vorschrift wird beispielsweise zur Anwendung kommen, wenn bei der Feuerversicherung der Versicherungsnehmer die Entfernung des Hauses von den Nachbarhäusern falsch angegeben hat, das Feuer aber in dem versicherten Hause ausgekommen und auf dieses beschränkt geblieben ist oder wenn bei der Lebensversicherung der Versicherungsnehmer eine Krankheit verschwiegen hat und der Tod durch einen äußeren Unfall herbeigeführt wird, auf dessen Eintritt und Wirkungen die Krankheit ohne jeden Einfluß gewesen ist. Dem Versicherer legt die Bestimmung des § 21 keine unbillige Last auf; denn er bleibt hiernach nur für die Folgen derjenigen Umstände haftbar, deren Gefahr er bei dem Abschlusse des Vertrags wirklich hat übernehmen wollen; er haftet nicht anders, als er gehaftet haben würde, wenn die Sachlage in allen Stücken der ihm gemachten Anzeige entsprochen hätte. Im übrigen wird sein Interesse dadurch gewahrt, daß der Versicherungsnehmer das Fehlen eines ursächlichen Zusammenhangs zwischen dem Eintritte des Versicherungsfalls und dem Gefahrumstand, in Ansehung dessen die Anzeigepflicht verletzt ist, zu beweisen hat, bei zweifelhafter Sachlage also zu Gunsten des Versicherers zu entscheiden ist.

Die Vorschrift des § 21 darf jedoch nicht dazu führen, daß der Versicherer bei mangelndem Kausalzusammenhanges zwischen der Verletzung der Anzeigepflicht und dem Eintritte des Versicherungsfalls auch dann zur Leistung verpflichtet wird, wenn der Versicherungsnehmer ihn durch seine falsche Angaben arglistig getäuscht und dadurch zum Abschlusse des Versicherungsvertrags bestimmt hat. In diesem Falle muß es dem Versicherer unbenommen sein, geltend zu machen, daß er ohne solche Täuschung den Vertrag überhaupt nicht geschlossen hätte. Dieses Recht wahrt ihm der § 22, demzufolge das Recht des Versicherers, den Vertrag wegen arglistiger Täuschung anzufechten, unberührt bleibt (Bürgerliches Gesetzbuch §§ 123, 124). Macht der Versicherer von dem Anfechtungsrechte Gebrauch, so ist der Vertrag als von Anfang an nichtig anzusehen (Bürgerliches Gesetzbuch § 142 Abs. 1) und der Versicherer mithin, einerlei ob zur Zeit der Anfechtung der Versicherungsfall schon eingetreten war und der Eintritt des Versicherungsfalls mit dem Umstand, auf den sich die arglistige Täuschung bezog, in ursächlichem Zusammenhange gestanden hat oder nicht, zu einer Leistung nicht verpflichtet. Das Anfechtungsrecht wegen Arglist ist übrigens nicht nur für die Fälle des § 21, sondern auch sonst neben dem Rücktrittsrechte für den Versicherer von praktischer Bedeutung. Denn während der Rücktritt nach § 20 des Entwurfs nur innerhalb eines Monats, nachdem der Versicherer von der Verletzung der Anzeigepflicht Kenntnis erlangt hat, erfolgen kann, ist die Anfechtung innerhalb eines Jahres seit dem Zeitpunkte zulässig, in welchem die Täuschung entdeckt wird. Der Versicherer kann sich daher, wenn er durch arglistige Täuschung zum Vertragsschlusse bestimmt worden ist, nach dem Ablaufe der Rücktrittsfrist noch im Wege der Anfechtung von seinen Verpflichtungen befreien. Dagegen kann eine Befugnis des Versicherers, den Versicherungsvertrag wegen Irrtums über die Gefahrumstände nach den Vorschriften des Bürgerlichen Gesetzbuchs anzufechten, neben dem im Entwurfe vorgesehenen Rücktrittsrechte nicht in Frage kommen. Nur in bezug auf die rechtlichen Folgen eines nicht die Gefahrumstände betreffenden Irrtums des Versicherers bleiben die Grundsätze des bürgerlichen Rechtes maßgebend. Inwieweit der Versicherungsnehmer seinerseits zu einer Anfechtung des Vertrags wegen arglistiger Täuschung oder wegen Irrtums berechtigt ist, bestimmt sich, da der Entwurf hierüber keine Bestimmungen enthält, gleichfalls nach den Vorschriften des Bürgerlichen Gesetzbuchs.

Für die Lebensversicherung werden die Vorschriften über die Anzeigepflicht noch durch einzelne besondere Bestimmungen ergänzt, die sich namentlich auf die sogenannte Unanfechtbarkeit der Versicherung (§ 160) und auf die Herausgabe der Prämienreserve (§§ 170, 173 bis 175) beziehen.

§§ 23 bis 29.

Wenn nach dem Abschlusse des Versicherungsvertrags die Gefahr, der die versicherten Sachen oder Personen ausgesetzt sind, sich erhöht, wenn beispielsweise bei der Versicherung eines Hauses gegen Feuer der Zustand des Hauses Änderungen erfährt, welche geeignet sind, die Entstehung oder Ausbreitung eines Brandes zu fördern, oder wenn bei der Lebensversicherung der Versicherungsnehmer zu einem Beruf übergeht, der das Leben oder die Gesundheit in höherem Grade bedroht als der bisherige, so ist dies für die Haftung des Versicherers und den Bestand des Versicherungsvertrags von erheblicher Bedeutung. Der Entwurf behandelt in den §§ 23 bis 26 zunächst die Wirkungen einer durch den Versicherungsnehmer oder mit seiner Zustimmung herbeigeführten Gefahrerhöhung. In den §§ 27, 28 regelt er sodann die Folgen einer Gefahrerhöhung, die sich unabhängig von dem Willen des Versicherungsnehmers vollzogen hat. Endlich wird im § 29 der Kreis derjenigen Gefahrerhöhungen, welche auf das Verhältnis zwischen dem Versicherer und dem Versicherungsnehmer überhaupt Einfluß zu üben vermögen, näher begrenzt.

Daß der Versicherungsnehmer selbst nicht ohne die Einwilligung des Versicherers eine Erhöhung der Gefahr vornehmen oder deren Vornahme durch einen Dritten gestatten darf (§ 23 des Entwurfs), entspricht der billigen Rücksichtnahme auf den Versicherer. Ist ungeachtet des Fehlens dieser Einwilligung eine Gefahrerhöhung in der bezeichneten Weise herbeigeführt, so kann dem Versicherer nicht zugemutet werden, die von ihm übernommene Haftung auch unter den geänderten Verhältnissen einfach weiter zu tragen. Ebensowenig läßt sich aber eine Regelung in dem Sinne rechtfertigen, daß nunmehr der Versicherer sich seiner Haftung zu jedem ihm passenden Zeitpunkt entledigen kann. Eine so weitgehende Befugnis des Versicherers würde einen Schwebezustand von unbestimmter, möglicher Weise sehr langer Dauer schaffen und damit die Lage des Versicherungsnehmers über Gebühr erschweren. Der Gesetzgebung erwächst deshalb die Aufgabe, dahin zu wirken, daß die Frage, ob der Bestand des Versicherungsverhältnisses durch die Gefahrerhöhung berührt wird, unter allen Umständen mit möglichster Beschleunigung zum Austrage gelangt.

Von diesen Gesichtspunkten aus gibt der Entwurf zunächst im § 24 dem Versicherer gegen den Versicherungsnehmer, welcher ohne Einwilligung des Versicherers eine Erhöhung der Gefahr vornimmt oder deren Vornahme durch einen Dritten gestattet, ein Kündigungsrecht. Die Kündigung seitens des Versicherers kann, wenn ihre Voraussetzung gegeben ist, in der Regel ohne Einhaltung einer Kündigungsfrist erfolgen (§ 24 Abs. 1 Satz 1). Eine Abweichung von der Regel erscheint aber dann geboten, wenn das Verhalten des Versicherungsnehmers kein schuldhaftes ist, insbesondere wenn dieser, ohne gegen die im Verkehr erforderliche Sorgfalt zu verstoßen, annehmen konnte, daß die von ihm veranlaßte Änderung eine Gefahrerhöhung nicht enthalte. Hier entspricht es der Billigkeit, daß dem Versicherungsnehmer die Möglichkeit eröffnet wird, vor der Beendigung des Versicherungsverhältnisses einen neuen Versicherungsvertrag zu schließen; er braucht deshalb, wie der Entwurf im § 24 Abs. 1 Satz 2 vorsieht, bei solcher Sachlage die Kündigung erst mit Ablauf eines Monats gegen sich gelten zu lassen. Das Kündigungsrecht erlischt nach § 24 Abs. 2 des Entwurfs, wenn es nicht innerhalb eines Monats von dem Zeitpunkt an ausgeübt wird, in welchem der Versicherer von der Erhöhung der Gefahr Kenntnis erlangt. Der Versicherer wird auf diese Weise genötigt, sich rechtzeitig darüber schlüssig zu machen, ob er seine Beziehungen zu dem Versicherungsnehmer lösen will. Läßt er die Frist verstreichen, ohne das Kündigungsrecht auszuüben, so gibt er damit zu erkennen, daß er gegen die Gefahrerhöhung nichts einzuwenden hat, und bleibt deshalb an die Versicherung gebunden. Im übrigen schließt der § 24 Abs. 2 des Entwurfs eine Kündigung auch von dem Zeitpunkt an aus, in welchem der Zustand wieder hergestellt ist, der vor der Erhöhung bestanden hat. Daß diese Voraussetzung zutrifft, hat der Versicherungsnehmer zu beweisen. Hierzu genügt es aber nicht, wenn dargetan wird, daß der tatsächliche Zustand, welcher die Gefahrerhöhung herbeigeführt hat, wieder beseitigt ist, vielmehr muß auch die Möglichkeit ausgeschlossen sein, daß jener Zustand noch über den Zeitpunkt seiner Beendigung hinaus Einfluß auf den Eintritt des Versicherungsfalls übt. Hat also ein Viehbesitzer ein versichertes Tier während des Laufes der Versicherung in einem verseuchten Orte untergebracht, so ist die Gefahrerhöhung noch nicht wieder beseitigt, wenn das Tier von diesem Orte entfernt ist, sondern erst dann, wenn die Zeit verstrichen ist, innerhalb deren nach den Erfahrungen der tierärztlichen Wissenschaft eine an dem verseuchten Orte erfolgte Ansteckung die Erkrankung des Tieres zur Folge haben konnte.

Die Ausübung des Kündigungsrechts wirkt nur für die Zukunft. Daher bedarf, wenn der Versicherungsfall eintritt, bevor das Versicherungsverhältnis durch Ausübung jenes Rechtes beendigt ist, der Versicherer eines anderweitigen Schutzes. Der § 25 Abs. 1 des Entwurfs bestimmt demgemäß, daß der Versicherer von der Verpflichtung zur Leistung frei ist, wenn der Versicherungsfall nach einer vom Versicherungsnehmer ohne Einwilligung des Versicherers herbeigeführten Erhöhung der Gefahr eintritt. Auch hier kann sich jedoch der Versicherungsnehmer den Anspruch auf die Leistung durch den Nachweis erhalten, daß ihm hinsichtlich der Erhöhung kein Verschulden zur Last fällt (§ 25 Abs. 2 Satz 1). Nicht minder fordert das Bedürfnis eines geordneten Rechtsverkehrs, daß der Befugnis des Versicherers, seine Befreiung von der Leistung geltend zu machen, die gleiche zeitliche Schranke gezogen wird wie dem Kündigungsrechte. Der § 25 Abs. 2 Satz 2 des Entwurfs bestimmt deshalb, daß die Leistungspflicht des Versicherers bestehen bleibt, wenn zur Zeit des Eintritts des Versicherungsfalls die Frist für die Ausübung des Kündigungsrechts des Versicherers abgelaufen und eine Kündigung nicht erfolgt ist. Den gleichen Grundsatz bringt der Entwurf in Übereinstimmung mit der im § 21 für die Verletzung der Anzeigepflicht gegebenen Vorschrift da zur Anwendung, wo die Erhöhung der Gefahr ohne Einfluß auf den Eintritt des Versicherungsfalls und auf den Umfang der Leistung des Versicherers gewesen ist. Hierher gehört der Fall, daß der Versicherungsnehmer in der Nähe des versicherten Hauses einen feuergefährlichen Fabrikbetrieb eingerichtet hat, demnächst aber das Haus einen Brandschaden erleidet, der durch den Fabrikbetrieb weder verursacht noch vergrößert, sondern lediglich durch eine in dem Hause entstandene und ihrer Wirkung nach auf das Haus sich beschränkende Gasexplosion herbeigeführt worden ist. Der Nachweis des Mangels des ursächlichen Zusammenhanges liegt auch hier ebenso wie in den Fällen des

§ 21 dem Versicherungsnehmer ob. Für die Seeversicherung hat schon das Handelsgesetzbuch im § 814 Abs. 2 Nr. 1 eine entsprechende Vorschrift getroffen.

Nach § 26 kann der Versicherer ungeachtet einer vom Versicherungsnehmer herbeigeführten Gefahrerhöhung das Versicherungsverhältnis nicht kündigen und seine Haftung nicht ablehnen, wenn dieser zu der Erhöhung der Gefahr durch das Interesse des Versicherers oder durch ein Ereignis, für welches der Versicherer haftet, oder durch ein Gebot der Menschlichkeit veranlaßt wird. Die Vorschrift schließt sich im wesentlichen dem Handelsgesetzbuche (§ 814 Abs. 2 Nr. 2, 3) an. Der § 26 greift unter anderem Platz, wenn bei der Viehversicherung der Eigentümer ein krankheitsverdächtiges Tier, um die übrigen Tiere der versicherten Herde vor Ansteckung zu bewahren, von diesen trennt und es in einem weniger gesunden Raume unterbringt, oder wenn das versicherte Schiff infolge eines Unfalls, für den der Versicherer haftet, leck wird und der Versicherungsnehmer es absichtlich festfährt, um das Sinken abzuwenden, sowie wenn der Schiffseigner, um Menschenleben zu retten, von dem gewöhnlichen Wege abweicht und das Schiff dadurch einer höheren Gefahr aussetzt.

Einer gesonderten Regelung bedürfen die Fälle, in denen die Erhöhung der Gefahr unabhängig von dem Willen des Versicherungsnehmers eintritt. Dabei muß der Umstand, daß der Versicherungsnehmer eine solche Änderung der Verhältnisse nicht abzuwenden vermag, von vornherein zu dessen Gunsten ins Gewicht fallen. Gleichwohl erscheint es auch hier nicht angängig, den Versicherer dauernd an den Vertrag zu binden. Der Entwurf erstrebt eine angemessene Ausgleichung, indem er einerseits bestimmt, daß der Versicherungsnehmer, wenn er von der Gefahrerhöhung Kenntnis erhält, dem Versicherer unverzüglich Anzeige zu machen hat (§ 27 Abs. 2), und indem er anderseits dem Versicherer die Befugnis zur Kündigung des Versicherungsverhältnisses nur mit der Maßgabe gewährt, daß stets eine Kündigungsfrist von einem Monat einzuhalten ist (§ 27 Abs. 1 Satz 1). Daneben bedarf dieses Kündigungsrecht ebenso wie dasjenige des § 24 noch der Einschränkung, daß es erlischt, wenn es nicht innerhalb eines Monats von dem Zeitpunkt an ausgeübt wird, in welchem der Versicherer von der Erhöhung der Gefahr Kenntnis erlangt, oder wenn der Zustand wiederhergestellt ist, der vor der Erhöhung bestanden hat (§ 27 Abs. 1 Satz 2). Die dem Versicherungsnehmer obliegende Anzeige der Gefahrerhöhung soll den Versicherer in den Stand setzen, sein Kündigungsrecht auszuüben und sich so mit dem Ablauf eines Monats von seiner Haftung zu befreien. Dementsprechend knüpft der Entwurf an die Verletzung der gedachten Anzeigepflicht die Folge, daß der Versicherer, wenn der Versicherungsfall später als einen Monat nach dem Zeitpunkt eintritt, in welchem ihm die Anzeige hätte zugehen müssen, von der Verpflichtung zur Leistung frei ist (§ 28 Abs. 1). Zu einer solchen Befreiung kommt es aber nicht, wenn die Erstattung der Anzeige ohne Verschulden des Versicherungsnehmers unterblieben ist; dies ergibt sich von selbst daraus, daß nach dem Entwurfe die Anzeige unverzüglich, also (§ 121 Abs. 1 des Bürgerlichen Gesetzbuches) ohne schuldhaftes Zögern zu erfolgen hat. Im übrigen erscheint es gerechtfertigt, die Fortdauer der Haftung auch dem Versicherer aufzuerlegen, der in dem Zeitpunkt, in welchem ihm die Anzeige hätte zugehen müssen, schon anderweit von der Gefahrerhöhung Kenntnis erlangt hatte (§ 28 Abs. 2 Satz 1). Weiterhin ist in Übereinstimmung mit den Vorschriften des § 25 Abs. 2 die Befreiung von der Leistungspflicht dem Versicherer dann zu versagen, wenn zur Zeit des Eintritts des Versicherungsfalls die Frist für die Kündigung abgelaufen und eine Kündigung nicht erfolgt ist oder wenn die Erhöhung der Gefahr ohne Einfluß auf den Eintritt des Versicherungsfalls und auf den Umfang der Leistung des Versicherers gewesen ist (§ 28 Abs. 2 Satz 2).

Wie die Änderung der bei dem Vertragsabschlusse vorhandenen Umstände beschaffen sein muß, um als Gefahrerhöhung zu gelten, kann das Gesetz im einzelnen nicht näher feststellen. Begrifflich genügt an sich jede tatsächliche Änderung, welche die Möglichkeit des Eintritts des Versicherungsfalls in irgend einer Richtung näher rückt. Es liegt jedoch auf der Hand, daß der Zweck der Versicherung ganz erheblich beeinträchtigt wäre, wenn in dieser Beziehung nicht gewisse Schranken gezogen würden. Zunächst muß jedenfalls eine Gefahrerhöhung dann außer Betracht bleiben, wenn sie objektiv nicht so erheblich ist, daß sie einem Versicherer vernünftigerweise Anlaß geben kann, das Versicherungsverhältnis aufzuheben oder seinen Fortbestand von einer Änderung der Vertragsbedingungen, insbesondere von der Zahlung einer höheren Prämie, abhängig zu machen. Eine dahingehende Bestimmung ist im § 29 Satz 1 getroffen. Im Satz 2 des § 29 ist weiterhin vorgesehen, daß eine Gefahrerhöhung ohne Rücksicht auf ihre objektive Erheblichkeit auch dann außer Betracht bleibt, wenn nach den Umständen als vereinbart anzusehen ist, daß das Versicherungsverhältnis dadurch nicht berührt werden soll. Eine stillschweigende Vereinbarung dieses Inhalts wird in vielen Fällen angenommen werden müssen. So unterliegt es bei der Viehversicherung keinem Zweifel, daß der Versicherer, falls in der Nähe des Aufenthaltsortes der versicherten Tiere eine Seuche ausbricht, an das Versicherungsverhältnis gebunden bleibt; denn wenngleich durch die Seuche die Gefahr erheblich erhöht wird und der Versicherer, falls die Seuche schon vor dem Vertragsabschlusse bestanden hätte, die Versicherung nicht oder doch nicht unter denselben Bedingungen übernommen haben würde, so erscheint es doch mit Rücksicht auf den Zweck des Vertrags als selbstverständlich, daß dem Versicherungsnehmer wegen des Ausbruchs der Seuche die Deckung nicht entzogen werden darf. Bei der Unfallversicherung wird in den Versicherungsbedingungen regelmäßig nur einzelnen bestimmten Erkrankungen des Versicherungsnehmers, wie dem Eintritt einer Geisteskrankheit, einer Erblindung und dergleichen mehr, eine Wirkung auf den Fortbestand des Vertrags eingeräumt, während andere Erkrankungen, auch wenn durch sie die Gefahr erheblich vermehrt wird, ohne Einfluß bleiben. Wo die Versicherungsbedingungen eine solche Abgrenzung der in Betracht kommenden Krankheiten enthalten, ist diese für das Verhältnis zwischen dem Versicherer und dem Versicherungsnehmer unmittelbar maßgebend. Aber auch gegenüber solchen Versicherungsbedingungen, in welchen eine besondere Vorschrift hierüber fehlen sollte, kann die Übung, die sich in den sonst gebräuchlichen Bedingungen ausprägt, nicht unberücksichtigt bleiben, vielmehr wird in Ermangelung einer ausdrücklichen gegenteiligen Bestimmung davon auszugehen sein, daß sich der Versicherer in bezug auf die Frage, inwieweit eine Erkrankung dem Versicherungsnehmer die Deckung zu entziehen vermag, dem sonst Üblichen hat anschließen wollen. Ein ähnliches Verhältnis ergibt sich bei der Versicherung von Haushaltsgegenständen gegen Brandschaden, namentlich in den großen Städten, da bei solchen Versicherungen die Versicherer, falls sich die Feuersgefahr auf dem Grundstück, auf welchem sich die versicherten Gegenstände befinden, oder in der Nachbarschaft erhöht, nur in Ausnahmefällen die Prämie heraufzusetzen oder die Fortdauer der Versicherung von besonderen Bedingungen abhängig zu machen pflegen. Auch hier lassen sich die Grenzen, innerhalb deren eine Gefahrerhöhung auf die Haftung des Versicherers von Einfluß ist, im Gesetz nicht näher festlegen, vielmehr kann die Frage, soweit sie nicht schon durch die

Versicherungsbedingungen ihre Erledigung findet, nur auf Grund einer Würdigung der gesamten Sachlage im einzelnen Falle entschieden werden.

Der Vorentwurf suchte die notwendige Begrenzung für die Anwendung der Vorschriften über die Gefahrerhöhung auf einem anderen Wege zu erreichen, indem er den Grundsatz aufstellte, daß der Gefahrerhöhung nur dann eine rechtliche Bedeutung zukomme, wenn sie auf der Änderung eines Umstandes beruht, dessen unveränderte Fortdauer der Versicherer bei der Schließung des Vertrags voraussetzen durfte. Hiergegen ist jedoch in der Kritik geltend gemacht worden, daß jenes Merkmal das, worauf es in Wahrheit ankomme, nicht treffe, da der Umstand, daß eine bestimmte Gefahrerhöhung zum voraus in Betracht oder nicht in Betracht gezogen werden konnte, für ihren Einfluß auf den unveränderten Fortbestand der Versicherung keineswegs entscheidend sei. Der Versicherer werde überdies bei dem Abschlusse des Vertrags nur verhältnismäßig selten mit der unveränderten Fortdauer des bestehenden Zustandes rechnen können, er werde deshalb durch den bezeichneten Grundsatz zum Nachteile der Versicherungsnehmer dahin gedrängt werden, die Prämie von vornherein so zu bemessen, als wenn die Gefahrerhöhung, deren zukünftiger Eintritt bei dem Abschlusse des Vertrags möglich erscheint, bereits eingetreten wäre. Diesen Bedenken konnte die Berechtigung nicht versagt werden. Für die Lebensversicherung ist übrigens im § 161 Abs. 1 eine besondere Vorschrift über den Begriff der Gefahrerhöhung getroffen.

§ 30.

Der § 30 bezieht sich auf die Fälle, in denen eine Verletzung der die Anzeige der Gefahrumstände betreffenden Vorschriften oder eine Gefahrerhöhung lediglich bei einem Teile der Gegenstände oder Personen vorliegt, auf welche sich die Versicherung bezieht. Entsprechend der durch § 810 des Handelsgesetzbuchs für die Seeversicherung getroffenen Regelung, welche die berechtigten Interessen des Versicherers wie des Versicherungsnehmers in geeigneter Weise wahrt, bestimmt der Abs. 1 des § 30, daß in Ansehung desjenigen Teiles der Gegenstände oder Personen, auf welche sich die Verletzung der Anzeigepflicht oder die Gefahrerhöhung nicht erstreckt, dem Versicherer das Recht des Rücktritts oder der Kündigung nur zusteht, wenn anzunehmen ist, daß für diesen Teil allein der Versicherer den Vertrag unter den gleichen Bestimmungen nicht geschlossen haben würde. Der Abs. 3 des § 30 bringt denselben Grundsatz gegenüber dem Versicherer zur Anwendung, der gemäß §§ 25, 28 von der Verpflichtung zur Leistung frei ist.

Macht der Versicherer von dem Rechte des Rücktritts oder der Kündigung nur in Ansehung desjenigen Teiles der Gegenstände oder Personen Gebrauch, bei welchem die Verletzung der Anzeigepflicht oder die Gefahrerhöhung stattgefunden hat, so wird der Versicherungsnehmer unter Umständen für diesen in der Regel bedenklichsten Teil des Ganzen anderweitige Deckung mit annehmbarer Prämie nicht finden können, während er keine Schwierigkeiten haben würde, mit Bezug auf die Gesamtheit einen neuen Versicherungsvertrag ohne übermäßig hohen Preis abzuschließen. Mit Rücksicht hierauf räumt der § 30 Abs. 2 dem Versicherungsnehmer bei teilweisem Rücktritt oder teilweiser Kündigung des Versicherers das Recht ein, seinerseits bis zum Schlusse der laufenden Versicherungsperiode das Versicherungsverhältnis auch in Ansehung des übrigen Teiles durch Kündigung aufzuheben; eine Kündigungsfrist braucht der Versicherungsnehmer hierbei nicht einzuhalten, soweit sich nicht aus dem Vertrag ein anderes ergibt. Die Interessen des Versicherers werden dadurch gewahrt, daß er nach § 40 Abs. 1 unter allen Umständen bis zum Ablaufe der laufenden Versicherungsperiode die volle Prämie beanspruchen kann.

Handelt es sich um einen Gefahrumstand, der zwar zunächst nur in Ansehung eines Teiles der versicherten Personen oder Sachen vorliegt, mittelbar aber die Gefahr auch in Ansehung des übrigen Teiles erhöht, so ist für die Anwendung des § 30 kein Raum. So wird der Versicherer in der Regel von dem ganzen Vertrage zurücktreten können, falls bei der Versicherung zweier nebeneinander gelegener Häuser der Versicherungsnehmer verschwiegen hat, daß in dem einen Hause ein feuergefährliches Gewerbe betrieben wird.

§ 31.

Der § 31 Satz 1 entzieht dem Versicherer die Möglichkeit, sich auf eine Vereinbarung zu berufen, durch welche von den Vorschriften der §§ 16 bis 29 über die dem Versicherungsnehmer bei dem Abschlusse des Vertrags obliegende Anzeigepflicht oder über die Gefahrerhöhung zum Nachteile des Versicherungsnehmers abgewichen wird. Der Satz 2 des § 31 stellt es jedoch dem Versicherer frei, für die dem Versicherungsnehmer obliegenden Anzeigen die schriftliche Form auszubedingen. Zur Erreichung dieses Zweckes läßt sich auch das Formular verwerten, das bei der Stellung des Versicherungsantrags zu benutzen ist. Wird in das Formular die Bestimmung aufgenommen, daß die Anzeigen schriftlich erfolgen müssen, und wird dann auf Grund des nach Maßgabe eines solchen Formulars gestellten Antrags der Vertrag vom Versicherer abgeschlossen, so ist die schriftliche Form gültig vereinbart, und es sind daher, soweit diese Form nicht beobachtet ist, nicht nur die in den Lauf der Versicherung fallenden, eine Erhöhung der Gefahr betreffenden Anzeigen, sondern schon die bei der Schließung des Vertrags in bezug auf die Gefahrumstände gemachten Anzeigen unwirksam. Die schriftliche Erstattung ist namentlich in dem Falle, daß die Anzeigen an einen Agenten gehen (§ 43), von Wichtigkeit, da auf diese Weise die ordnungsmäßige Übermittelung der Anzeigen an den Versicherer gewährleistet wird. Soweit die Anzeigen an den Versicherer selbst oder an seinen gesetzlichen Vertreter, insbesondere an den Vorstand einer Versicherungsgesellschaft, zu richten sind, besteht allerdings ein solches Interesse nicht oder doch nicht in gleichem Maße. Hier wird aber die Vereinbarung einer besonderen Form in der Regel auch keine praktische Bedeutung erlangen; denn nach den Vorschriften des Entwurfs hat das Unterlassen der Anzeige für den Versicherungsnehmer keinen Nachteil zur Folge, wenn der Versicherer oder sein gesetzlicher Vertreter die anzuzeigende Tatsache kennt; und zu einer solchen Kenntnis führt schon die formlose Mitteilung, wenngleich sie als Anzeige unwirksam ist.

Die Vorschrift des § 31 Satz 2 bezieht sich dem Zusammenhange nach nur auf diejenigen Anzeigen, welche dem Versicherungsnehmer bei der Schließung des Vertrags oder im Falle einer Gefahrerhöhung obliegen. Sie ist auch nur hier erforderlich; denn wenn für jene Anzeigen die Vereinbarung der schriftlichen Form zugelassen werden soll, so bedarf es gegenüber dem § 31 Satz 1, der jede Abweichung von den Vorschriften der §§ 16 bis 29 zum Nachteile des Versicherungsnehmers verbietet, also an sich auch jede Erschwerung seiner Obliegenheiten untersagt, einer ausdrücklichen gesetzlichen Bestimmung. Für solche Anzeigen und Erklärungen dagegen, für welche der Entwurf eine dem § 31 Satz 1 entsprechende Vorschrift nicht enthält, namentlich für die Anzeige vom Eintritte des Versicherungsfalls (§ 33), versteht es sich von selbst, daß sich der Versicherer die schriftliche Form ausbedingen kann.

§ 32.

Dem Versicherungsnehmer werden bei der Schließung des Vertrags nicht selten besondere Verpflichtungen auferlegt, durch welche die Gefahr für den Versicherer gemindert oder der Eintritt einer Gefahrerhöhung verhütet werden soll. Dahin gehört es, wenn der Versicherungsnehmer verspricht, in dem gegen Brandschaden versicherten Hause gewisse feuergefährliche Einrichtungen binnen bestimmter Frist zu beseitigen oder bestimmte Sicherheitsvorrichtungen anzubringen oder die schon vorhandenen Sicherheitsvorrichtungen regelmäßig einer Prüfung zu unterziehen und sie dauernd in gutem Zustande zu erhalten. Derartige Vereinbarungen bleiben neben den gesetzlichen Vorschriften über die Gefahrerhöhung auch künftig zulässig. Der Entwurf hebt dies im § 32 zur Vermeidung von Zweifeln ausdrücklich hervor. Zugleich aber bringt er gegenüber einer Vertragsbestimmung, nach welcher bei Verletzung der vom Versicherungsnehmer übernommenen Obliegenheit der Versicherer zum Rücktritte berechtigt oder von der Verpflichtung zur Leistung frei sein soll, entsprechend den Vorschriften des § 25 Abs. 2 und des § 28 Abs. 2 den Grundsatz zur Anwendung, daß der Rechtsnachteil nicht eintritt, wenn die Verletzung keinen Einfluß auf den Eintritt des Versicherungsfalls und auf den Umfang der Leistung des Versicherers gehabt hat. Aus § 6 Abs. 1, 3 ergibt sich ferner, daß sich der Versicherer auf eine solche Vertragsbestimmung auch dann nicht berufen kann, wenn den Versicherungsnehmer kein Verschulden trifft.

§ 33.

Der Versicherer hat ein dringendes Interesse daran, daß er von dem Eintritt eines Versicherungsfalls alsbald Nachricht erhält und so in die Lage versetzt wird, die Umstände, unter denen dieses Ereignis sich vollzogen hat, zu prüfen, für die Feststellung des Tatbestandes zu sorgen und nötigenfalls Maßregeln zur Abwendung und Minderung des Schadens einzuleiten (zu vergl. § 62). Der § 33 Abs. 1 des Entwurfs legt deshalb dem Versicherungsnehmer die Verpflichtung auf, sobald er von dem Versicherungsfalle Kenntnis erlangt, dem Versicherer unverzüglich Anzeige zu machen. Nähere Vorschriften über die Zeit, welche dem Versicherungsnehmer für die Erstattung der Anzeige freisteht, sind für die Feuer- und die Hagelversicherung sowie für die Haftpflicht- und die Lebensversicherung in den §§ 92, 108, 150, 168 gegeben. Die §§ 168, 179 enthalten für die Lebensversicherung und die Unfallversicherung besondere Vorschriften über die Person des Anzeigepflichtigen in bezug auf Fälle, in denen das Recht auf die Leistung nicht dem Versicherungsnehmer zusteht. Bei der Schadensversicherung besteht kein praktisches Bedürfnis zur besonderen gesetzlichen Regelung dieser Frage; selbstverständlich bleibt es aber den Parteien unverwehrt, im Versicherungsvertrage nähere Bestimmungen darüber zu treffen, wer in einem solchen Falle zur Anzeige verpflichtet sein soll.

Ist durch eine schuldhafte Verletzung der Pflicht zur Anzeige des Versicherungsfalls der Versicherer benachteiligt, insbesondere durch eine schuldhaft verspätete Anzeige gehindert worden, dem Umfange der ihm nach dem Versicherungsvertrag obliegenden Leistung mittels geeigneter Maßregeln engere Grenzen zu ziehen, so erwirbt er seinerseits einen Entschädigungsanspruch gegen den Anzeigepflichtigen und kann daher gegebenenfalls seine Leistung im Wege der Aufrechnung entsprechend kürzen. Der bezeichnete Anspruch ergibt sich schon aus allgemeinen Rechtsgrundsätzen und bedarf daher einer besonderen Anerkennung an dieser Stelle nicht. Weitergehende Rechtsfolgen an die Verletzung der fraglichen Anzeigepflicht zu knüpfen, ist Sache der Parteien. Doch ist deren Vertragsfreiheit durch die allgemeinen Vorschriften des § 6 Abs. 2, 3 insofern beschränkt, als gegenüber einer Vertragsabrede, nach welcher der Versicherungsnehmer im Falle der Verletzung der Anzeigepflicht seiner Ansprüche verlustig geht, stets der Nachweis zulässig bleibt, daß die Verletzung weder auf Vorsatz noch auf grober Fahrlässigkeit beruht. Außerdem ist im § 33 Abs. 2 bestimmt, daß sich der Versicherer auf eine Vereinbarung, nach welcher er von der Verpflichtung zur Leistung frei sein soll, wenn die Anzeigepflicht verletzt wird, nicht berufen kann, sofern er in anderer Weise von dem Eintritte des Versicherungsfalls rechtzeitig Kenntnis erlangt hat. Voraussetzung dieser Vorschrift ist, daß der Versicherer eine zuverlässige Nachricht von dem Versicherungsfall erhalten hat; es genügt nicht, daß Umstände vorliegen, welche die Vermutung vom Eintritte des Versicherungsfalls nahelegen, namentlich ist die Bestimmung bei der Hagelversicherung nicht schon dann anwendbar, wenn der Versicherer erfahren hat, daß in dem Bezirk, in welchem die Felder des Versicherungsnehmers liegen, ein Hagelschlag stattgefunden hat. Neben der Anzeige des Versicherungsfalls kann in den Versicherungsbedingungen dem Versicherungsnehmer noch die Verpflichtung auferlegt werden, bestimmte nähere Angaben zu machen, z. B. bei der Hagelversicherung dem Versicherer sofort eine Mitteilung über die mutmaßliche Höhe der Beschädigung zugehen zu lassen. Diese Verpflichtung besteht dann selbständig neben der Pflicht zur Anzeige des Versicherungsfalls und die betreffenden Angaben werden durch die Kenntnis des Versicherers vom Eintritte des Versicherungsfalls nicht ersetzt. Die Vorschriften des § 6 Abs. 2, 3 finden aber auch hier Anwendung.

§ 34.

Im § 34 Abs. 1 wird die Befugnis des Versicherers anerkannt, von dem Versicherungsnehmer jede Auskunft zu verlangen, die zur Feststellung des Versicherungsfalls oder des Umfangs der Leistungspflicht des Versicherers erforderlich erscheint.

Neben einer solchen Auskunft darf der Versicherer der Natur der Sache nach, bevor er die Leistung bewirkt, zugleich geeignete Belege über den Eintritt des Versicherungsfalls und, soweit der Betrag der Leistung zweifelhaft sein kann, also insbesondere bei der Schadensversicherung, auch über den Umfang der Leistungspflicht erwarten. Anderseits besteht aber die Gefahr, daß an den Versicherungsnehmer in dieser Beziehung zu strenge Anforderungen gestellt werden. Für das Gebiet der Seeversicherung bezeichnet das Handelsgesetzbuch (§ 884) im allgemeinen die Beibringung solcher Belege als ausreichend, welche im Handelsverkehre, namentlich wegen der Schwierigkeit der Beschaffung anderer Beweise, nicht beanstandet zu werden pflegen. Der Entwurf kann bei seinem umfassenden Anwendungsgebiete die Frage mit einem Hinweis auf das, was im Handelsverkehr üblich ist, nicht erledigen. Er bestimmt vielmehr im § 34 Abs. 2 Satz 1, daß der Versicherer Belege insoweit fordern darf, als ihre Beschaffung billigerweise dem Versicherungsnehmer zugemutet werden kann. Zugleich entzieht der § 34 Abs. 2 Satz 2 dem Versicherer die Möglichkeit, sich auf eine Vereinbarung zu berufen, durch welche von dieser Vorschrift zum Nachteile des Versicherungsnehmers abgewichen wird. Ist in den von der Aufsichtsbehörde genehmigten Versicherungsbedingungen die Beibringung bestimmter Belege vorgesehen, so wird selbstverständlich nur unter besonderen Umständen ein Zweifel darüber entstehen können, ob ihre Beschaffung dem Versicherungsnehmer billigerweise zugemutet werden kann.

Übrigens wird durch die Einschränkung, die nach § 34 Abs. 2 das Recht des Versicherers, Belege zu verlangen, erleidet, der Versicherungsnehmer nicht von der Beweislast entbunden, die ihm in einem Rechtsstreite mit dem Versicherer obliegt; im Prozesse muß der Versicherungsnehmer, wenn er obsiegen will, den Eintritt des Versicherungsfalls und bei der Schadensversicherung den Umfang des Schadens nach Maßgabe der Vorschriften der Zivilprozeßordnung dartun. Dagegen begründet die Vorschrift des § 34 Abs. 2 über die Beibringung von Belegen eine selbständige, vom Prozeß unabhängige Rechtspflicht des Versicherungsnehmers gegen den Versicherer. Solange dieser Pflicht nicht genügt ist, kann der Versicherer die Zahlung ablehnen; auch braucht er bis dahin, selbst wenn sich später herausstellt, daß er zur Leistung verbunden ist, keine Verzugszinsen zu zahlen. Auf der anderen Seite wird derjenige, welcher einen Anspruch gegen den Versicherer erhebt, bei seinen Verhandlungen mit diesem nicht immer schon dadurch zum Ziele kommen, daß er die im § 34 Abs. 2 geforderten Belege über den Eintritt des Versicherungsfalls und den Umfang der Leistungspflicht des Versicherers liefert. Vielmehr muß er daneben unter Umständen noch sein persönliches Recht auf die Leistung nachweisen, beispielsweise bei einer zu Gunsten des Erben genommenen Lebensversicherung seine Eigenschaft als Erbe darlegen.

Inwieweit der Versicherer und der Versicherungsnehmer befugt sind, nach dem Eintritte des Versicherungsfalls eine sofortige gerichtliche Beweisaufnahme zur Sicherung des Beweises zu beantragen, bestimmt sich nach den allgemeinen Vorschriften der Zivilprozeßordnung. Gemäß § 485 der Zivilprozeßordnung kann die Einnahme des Augenscheins sowie die Vernehmung von Zeugen und Sachverständigen zur Sicherung des Beweises beantragt werden, wenn zu besorgen ist, daß das Beweismittel verloren oder dessen Benutzung erschwert werde, und nach § 489 ist eine solche Beweisaufnahme mit Zustimmung des Gegners auch ohne die Voraussetzungen des § 485 zulässig. Das Interesse des Versicherers und des Versicherungsnehmers an einer sofortigen gerichtlichen Beweisaufnahme über den Eintritt des Versicherungsfalls erscheint hierdurch in ausreichendem Maße gewahrt. Die Vorschrift des Vorentwurfs, derzufolge jeder Teil auch ohne die Gefahr eines Verlustes des Beweismittels oder der Erschwerung seiner Benutzung befugt sein sollte, eine solche Beweisaufnahme zu beantragen, ist deshalb nicht beibehalten worden. Die in der Kritik mehrfach ausgesprochene Befürchtung, daß eine derartige Vorschrift zur Störung der ordnungsmäßigen Schadensregulierung führen könne, läßt sich nicht ohne weiteres zurückweisen.

Dritter Titel.

Prämie.

§§ 35 bis 37.

Die §§ 35 bis 37 handeln von dem Zeitpunkt, in welchem die Prämie fällig wird, und von dem Orte, an welchem sie zu entrichten ist.

In Ermangelung anderweitiger Vereinbarungen hat der Versicherungsnehmer nach § 35 die Prämie oder, wenn laufende Prämien bedungen sind, die erste Prämie sofort nach dem Abschlusse des Vertrags zu zahlen; jedoch ist er zur Zahlung nur gegen Aushändigung des Versicherungsscheins verpflichtet, es sei denn, daß die Ausstellung eines Versicherungsscheins ausgeschlossen ist. Diese Regelung entspricht der bestehenden Übung und der im § 812 Abs. 1 des Handelsgesetzbuchs für die Seeversicherung getroffenen Bestimmung. Auch andere vertragsmäßige Leistungen des Versicherers, z. B. ein vereinbartes Eintrittsgeld, sind selbstverständlich, soweit ihre Fälligkeit durch den Vertrag nicht hinausgeschoben ist, sofort zu entrichten.

Was den Ort der Prämienzahlung betrifft, so hat nach § 269 des Bürgerlichen Gesetzbuchs der Schuldner im Zweifel an dem Orte zu leisten, an welchem er zur Zeit der Entstehung des Schuldverhältnisses seinen Wohnsitz oder, falls die Verbindlichkeit im Gewerbebetriebe des Schuldners entstanden ist, seine gewerbliche Niederlassung hatte. Nach § 270 Abs. 1, 2 des Bürgerlichen Gesetzbuchs muß indessen der Schuldner Geld im Zweifel auf seine Gefahr und seine Kosten dem Gläubiger an dessen Wohnsitz oder gewerbliche Niederlassung übermitteln. Durch diese Übermittelungspflicht werden aber die Vorschriften über den Leistungsort, namentlich auch in Ansehung des Gerichtsstandes nicht berührt. Für die Klage auf Zahlung ist daher ein Gerichtsstand im Sinne des § 29 der Zivilprozeßordnung nicht bei dem Gerichte des Ortes begründet, an welchem der Gläubiger wohnt, sondern nur bei dem Gerichte des Ortes, an welchem der Schuldner zur Zeit der Entstehung des Schuldverhältnisses seinen Wohnsitz hatte. Dieser Ort bleibt nach dem Bürgerlichen Gesetzbuch auch dann Leistungsort und als solcher für den Gerichtsstand maßgebend, wenn der Schuldner seinen Wohnsitz später verlegt hat.

Es fragt sich, inwieweit die vorstehend bezeichneten Grundsätze auch zur Anwendung auf die Prämienzahlung geeignet sind. Durchaus gerechtfertigt erscheint es, daß der Versicherungsnehmer die Prämie dem Versicherer zu übermitteln hat. Der § 36 des Entwurfs bringt daher diese Verpflichtung in gleichem Sinne wie der § 270 Abs. 1, 2 des Bürgerlichen Gesetzbuchs ausdrücklich zur Anerkennung. Dagegen sieht er, abweichend von dem § 269 des Bürgerlichen Gesetzbuchs, vor, daß als Leistungsort für die Entrichtung der Prämie der jeweilige Wohnsitz des Versicherungsnehmers oder, wenn der Versicherungsnehmer die Versicherung in seinem Gewerbebetriebe genommen hat, der Ort gilt, an welchen sich jeweils die gewerbliche Niederlassung befindet. Eine solche Regelung liegt im Interesse des Versicherungsnehmers, anderseits werden die Versicherungsanstalten dadurch nicht beschwert, da sich ihre Organisation meist auf ein größeres Gebiet erstreckt und es daher für sie nicht von entscheidender Bedeutung ist, ob der alte oder der neue Wohnsitz des Versicherungsnehmers den Leistungsort für die Prämienschuld bildet. Im § 270 Abs. 3 des Bürgerlichen Gesetzbuchs ist noch bestimmt, daß, wenn sich infolge einer nach der Entstehung des Schuldverhältnisses eintretenden Änderung des Wohnsitzes oder der gewerblichen Niederlassung des Gläubigers die Kosten oder die Gefahr der dem Schuldner obliegenden Übermittelung des Geldes erhöhen, der Gläubiger im ersteren Falle die Mehrkosten, im letzteren Falle die Gefahr zu tragen hat. Der Entwurf hat davon abgesehen, diese Frage besonders zu regeln, weil ihr wegen der eigenartigen Verhältnisse des Versicherungsgewerbes nur eine geringe praktische Bedeutung zukommt. Inwieweit der Versicherungsnehmer befugt ist, die Prämie an den Agenten des Versicherers zu zahlen, ergibt sich aus den §§ 43, 46, 47.

Eine Verpflichtung, die Prämie bei dem Versicherungsnehmer zu erheben, wird von den Versicherern in der Regel nicht übernommen. Dagegen besteht vielfach die tatsächliche Übung, daß der Versicherer oder sein Agent die Prämie abholen läßt. Den Anlaß hierzu gibt nicht lediglich die Rücksichtnahme auf den Versicherungsnehmer, sondern zugleich das Interesse des Versicherers an dem pünktlichen Eingange der Prämie und an dem unveränderten Fortbestande des

Versicherungsverhältnisses. Selbstverständlich kann der Versicherer oder der Agent nicht gehindert werden, jene Übung nach seinem Ermessen wieder aufzuheben. Demgegenüber ist aber der Versicherungsnehmer, bis er von der veränderten Entschließung bestimmte Nachricht erhalten hat, zu der Erwartung berechtigt, die Prämie werde auch fernerhin bei ihm abgeholt werden. Es widerspricht deshalb, wie schon jetzt in der Literatur und Rechtsprechung anerkannt ist, den Grundsätzen von Treu und Glauben, wenn der Versicherer zum Nachteil eines Versicherungsnehmers, der es unter solchen Umständen unterlassen hat, seinerseits die fällige Prämie zu übersenden, Rechtsfolgen aus dieser Unterlassung ableiten will. Der § 37 des Entwurfs sieht dementsprechend vor, daß dem Versicherungsnehmer, wenn die Prämie bei ihm, sei es von dem Versicherer, sei es von dem Agenten, regelmäßig eingezogen worden ist, eine Verpflichtung zur Übermittelung der Prämie erst dann obliegt, wenn ihm schriftlich angezeigt wird, daß die Übermittelung verlangt werde.

§§ 38, 39.

Die §§ 38, 39 regeln die Folgen einer nicht rechtzeitigen Zahlung der Prämie. Der pünktliche Eingang der fälligen Prämien ist wesentliche Bedingung für einen ordnungsmäßigen Geschäftsbetrieb. Der Versicherer bedarf der Gesamtheit dieser Prämien, um jeweils an diejenigen Versicherungsnehmer, welchen aus dem Eintritte des Versicherungsfalls Ansprüche erwachsen sind, die erforderlichen Leistungen machen zu können. Die gerichtliche Verfolgung von Prämienrückständen ist gegenüber der großen Zahl der Versicherungsnehmer und dem oft geringfügigen Betrage der einzelnen Prämie mit unverhältnismäßigen Weiterungen verbunden, und häufig wird sie nicht einmal zur Befriedigung des Versicherers führen. Schon pflegen deshalb jetzt die Versicherungsbedingungen festzusetzen, daß das Unterbleiben der Prämienzahlung die Haftung des Versicherers beseitigt, und zwar lassen sie diese Wirkung zum Teil erst nach vorausgegangener Mahnung, zum Teil aber auch unabhängig von einer solchen eintreten. Es ist Sache des Gesetzes, dem Versicherer die in dieser Hinsicht erforderlichen Schutzmittel an die Hand zu geben, gleichzeitig aber dafür Sorge zu tragen, daß daraus dem Versicherungsnehmer keine unbilligen Nachteile entstehen; die allgemeinen Grundsätze des Bürgerlichen Gesetzbuchs (§§ 326, 327) über die Folgen des Verzugs bei gegenseitigen Verträgen reichen für die Verhältnisse des Versicherungsvertrags nicht aus.

Der Entwurf unterscheidet bei seiner Regelung der Frage zwischen Prämienzahlungen, die vor oder bei dem Beginne der Versicherung zu erfolgen haben (§ 38), und solchen, welche später zu bewirken sind (§ 39). Vor oder bei dem Beginne der Versicherung zahlbar ist nach § 35 in der Regel die einmalige Prämie und, wenn laufende Prämien bedungen sind, die erste Prämie; selbstverständlich gilt dies, soweit bei einer solchen Prämie Zahlung in Teilbeträgen gestattet ist, nur von dem ersten Teilbetrage. Zu den nach dem Beginne der Versicherung zahlbaren Prämien gehören die einmalige und die erste laufende Prämie dann, wenn ausnahmsweise durch Vereinbarung der Parteien oder durch Stundung des Versicherers die Zahlung entsprechend hinausgeschoben ist, vor allem aber kommen hier die späteren laufenden Prämien in Betracht.

Die gegenwärtig bestehende Übung macht die Haftung des Versicherers gewöhnlich von der Zahlung der ersten Prämie oder, wie der im Verkehre gebräuchliche Ausdruck lautet, von der Einlösung der Police abhängig. Daneben findet sich nicht selten, insbesondere bei der Lebensversicherung, die Einrichtung, daß die Einlösung des Versicherungsscheins innerhalb einer bestimmten Frist zu erfolgen hat, mit deren fruchtlosem Ablauf einerseits das Versicherungsverhältnis endigt, anderseits den Versicherungsnehmer die Verpflichtung trifft, dem Versicherer eine mehr oder weniger hoch bemessene Entschädigung zu zahlen. Durch eine derartige Gestaltung des Verhältnisses wird der Versicherungsnehmer, vorausgesetzt, daß ihm die nötige Zeit gelassen wird und die Entschädigung sich innerhalb angemessener Grenzen hält, nicht beschwert. Ein Versicherungsnehmer, der weder die erste Prämie bezahlt noch Stundung erlangt hat, kann billigerweise nicht verlangen, daß die Versicherung zu seinen Gunsten wirken soll. Es erscheint auch richtig, wenn dem Versicherungsnehmer, der die Prämie nicht rechtzeitig zahlt, schließlich die Möglichkeit entzogen wird, der Versicherung durch nachträgliche Einlösung des Versicherungsscheins Geltung zu verschaffen. Denn sonst besteht die Gefahr, daß sich der Versicherungsnehmer zur Zahlung der Prämie erst dann entschließt, wenn er besondere Gründe dazu hat, beispielsweise wenn im Falle der Lebensversicherung eine erhebliche Verschlechterung seines Gesundheitszustandes eingetreten ist. Übrigens ist es zum Schutze des Versicherers nicht erforderlich, daß bei nicht rechtzeitiger Zahlung der Prämie die Versicherung ohne sein Zutun, sei es sofort, sei es nach dem Ablauf einer bestimmten Zeit, hinfällig wird; es genügt, wenn der Versicherer die Befugnis erhält, durch eine dem Versicherungsnehmer gegenüber abzugebende Erklärung den Erfolg herbeizuführen, daß nach dem Ablauf einer bestimmten Frist das Versicherungsverhältnis erlischt. Eine von selbst eintretende Beendigung des Versicherungsverhältnisses ist nicht nur geeignet, den Versicherungsnehmer zu schädigen, sondern beeinträchtigt unter Umständen auch das Interesse des Versicherers, da sie ihm die Möglichkeit nimmt, den Versicherungsnehmer an dem Vertrage festzuhalten und die Prämie einzuklagen.

Auf den vorstehenden Erwägungen beruhen die Vorschriften des § 38. Wird eine Prämienzahlung, die vor oder bei dem Beginne der Versicherung zu erfolgen hat, nicht in dem Zeitpunkte bewirkt, in welchem sie geschehen soll, so ist zufolge der Vorschrift des Abs. 1 der Versicherer, wenn der Versicherungsfall vor der Zahlung eintritt, von der Verpflichtung zur Leistung frei. Nach Abs. 2 gibt das Unterbleiben einer solchen Zahlung dem Versicherer weiterhin die Befugnis, das Versicherungsverhältnis zu kündigen. Jedoch ist er hierbei an die Kündigungsfrist von einem Monate gebunden. Bis zum Ablaufe dieser Frist kann der Versicherungsnehmer die Zahlung mit der Wirkung nachholen, daß die Kündigung hinfällig wird und der Versicherer von der Zahlung an haftet. Wird innerhalb der einmonatigen Frist die Prämie nicht gezahlt und erreicht demgemäß das Versicherungsverhältnis auf Grund der Kündigung sein Ende, so gebührt dem Versicherer gemäß § 40 Abs. 2 an Stelle der Prämie eine angemessene Geschäftsgebühr.

Der Vorentwurf sah eine Ausnahme von der Vorschrift des § 38 für den Fall vor, daß der Versicherer oder der Agent dem Versicherungsnehmer den Versicherungsschein schon vor der Entrichtung der Prämie aushändigt; die Aushändigung des Scheins sollte den Versicherer in Ansehung eines später eintretenden Versicherungsfalls ohne Rücksicht auf die Zahlung oder Nichtzahlung der Prämie haftbar machen. Es läßt sich jedoch nicht verkennen, daß der ordnungsmäßige Eingang der Prämien gefährdet werden kann, wenn die Agenten, auf deren Mitwirkung bei der Zustellung der Versicherungsscheine der Versicherer angewiesen ist, in der Lage sind, durch die bloße Aushändigung des Scheines die Versicherung, auch wenn eine Gegenleistung noch nicht entrichtet ist, in Kraft zu setzen. Die nachträgliche Einziehung der Prämie kann auf Schwierigkeiten stoßen, und der Versicherer muß dann den säumigen Versicherungsnehmern gegenüber die Gefahr tragen, ohne seinerseits darauf rechnen zu können, auch nur die erste Prämie von ihnen zu erhalten. Den Agenten würde auf diese Weise mittelbar die Befugnis zur Stundung der Prämie gewährt, obgleich der Entwurf in den Vorschriften, welche die Vollmacht der Agenten regeln, eine solche Befugnis nicht anerkennt. Anderseits würde die in Frage stehende Bestimmung den Versicherer in vielen Fällen zum Nachteile des Versicherungsnehmers hindern, diesem den Versicherungsschein schon vor der Zahlung der Prämie zur Prüfung seines Inhalts zu übergeben. In dem vorliegenden Entwurf ist deshalb von einer Vorschrift der bezeichneten Art Abstand genommen worden.

Der § 39 enthält die Vorschriften über Prämienzahlung, die nach dem Beginne der Versicherung zu bewirken sind. Wie sich aus diesen Vorschriften ergibt, kann das Unterbleiben einer solchen Prämienzahlung niemals dahin führen, daß ohne weiteres eine Befreiung des Versicherers von seiner Haftung eintritt. Der Versicherer, welcher mit der gerichtlichen Geltendmachung des Prämienanspruchs sich nicht begnügen, sondern die Befreiung erreichen will, hat zunächst (§ 39 Abs. 1 Satz 1) dem Versicherungsnehmer auf dessen Kosten eine Nachfrist von mindestens zwei Wochen (§ 39 Abs. 2 Satz 2) für die Zahlung der Prämie zu setzen. Tritt nach dem Ablaufe dieser Frist der Versicherungsfall ein und ist zur Zeit des Eintritts der Versicherungsnehmer mit der Zahlung der Prämie oder der geschuldeten Zinsen oder Kosten im Verzuge, so ist (§ 39 Abs. 1 Satz 2) der Versicherer zur Leistung nicht verpflichtet; auch steht ihm (§ 39 Abs. 1 Satz 3) nach dem Ablaufe der Frist, wenn sich der Versicherungsnehmer mit der Zahlung im Verzuge befindet, das Recht zu, das Versicherungsverhältnis ohne Einhaltung einer Kündigungsfrist zu kündigen. Der Entwurf geht hier von der Erwägung aus, daß bei den laufenden Prämien der Versicherungsnehmer den Zeitpunkt für die jeweilige Zahlung leicht übersieht und daß deshalb an die bloße Unterlassung der Zahlung keine zu strengen Rechtsfolgen geknüpft werden dürfen. Es erscheint demnach gerechtfertigt, daß dem Versicherungsnehmer, der an die Zahlung nicht gedacht und die dazu erforderlichen Mittel nicht bereit gehalten hat, eine angemessene Frist zur Nachholung der Zahlung gewährt wird und daß selbst der fruchtlose Ablauf dieser Nachfrist dem Versicherer die Möglichkeit, sich seiner Haftung zu entledigen, erst dann eröffnet, wenn sich der Versicherungsnehmer mit der Zahlung im Verzuge befindet, das heißt, wenn die Zahlung der Prämie oder der entstandenen Zinsen oder Kosten infolge eines Umstandes unterblieben ist, den der Versicherungsnehmer zu vertreten hat (zu vergl. Bürgerliches Gesetzbuch § 285, §§ 276 ff.). Auch nach den Vorschriften des Bürgerlichen Gesetzbuchs (§ 326) würde sich der Versicherer wegen unterbliebener Prämienzahlung nur dann von seiner Haftung befreien können, wenn der Versicherungsnehmer in Verzug ist. Ein Unterschied gegenüber dem Bürgerlichen Gesetzbuche besteht aber rücksichtlich des Zeitpunkts, in welchem der Verzug vorliegen muß. Denn während das Bürgerliche Gesetzbuch im Falle der nicht rechtzeitigen Erfüllung eines Vertrags schon die Befugnis zur Setzung einer Nachfrist an die Voraussetzung des Verzugs knüpft, sieht der Entwurf, um die Wirksamkeit der Fristbestimmung sicherzustellen, hiervon ab, trifft dafür aber die Vorschrift, daß der Eintritt der mit dem fruchtlosen Ablaufe der Frist verbundenen Rechtsfolgen so lange ausgeschlossen ist, als sich der Versicherungsnehmer nicht im Verzuge befindet. Wird nach dem Ablaufe der Frist, aber vor dem Eintritte des Versicherungsfalls oder vor der Ausübung des Kündigungsrechts die Zahlung der Prämie, mit Einschluß der geschuldeten

Zinsen und Kosten, nachgeholt, so muß natürlich die Haftung des Versicherers gleichfalls bleiben und sein Kündigungsrecht wegfallen.

Mit Rücksicht auf die wichtigen Rechtsfolgen, die sich aus der Setzung einer Zahlungsfrist für den Versicherungsnehmer ergeben, sieht der Entwurf (§ 39 Abs. 2 Satz 1) noch vor, daß die Fristbestimmung schriftlich zu geschehen und die Rechtsfolgen anzugeben hat, welche mit dem Ablaufe der Frist verbunden sind; eine Fristbestimmung, bei welcher die gesetzlichen Vorschriften nicht gewahrt sind, ist nach § 39 Abs. 2 Satz 3 unwirksam. Übrigens kann es auch dem Versicherer im Interesse eines ordnungsmäßigen Geschäftsbetriebs nur erwünscht sein, wenn die Mahnung stets in der nachdrücklichen Form geschieht, wie sie der Entwurf fordert. Schon gegenwärtig fällt nach den allgemeinen Versicherungsbedingungen der deutschen Privat-Feuerversicherungsgesellschaften die Entschädigungsverpflichtung des Versicherers erst weg, wenn der Versicherungsnehmer zur Einlösung der Prämienquittung schriftlich aufgefordert ist und seitdem zwei Wochen verstrichen sind. Auch in anderen Versicherungszweigen findet die schriftliche Mahnung unter Gewährung einer zweiwöchigen Nachfrist immer mehr Eingang.

Im Abs. 3 des § 39 ist noch eine besondere Vorschrift hinsichtlich der dem Versicherer geschuldeten Zinsen und Kosten getroffen. Der Versicherungsnehmer wird meist nicht in der Lage sein, die dem Versicherer entstandenen Kosten genau festzustellen, auch kann ihm die Berechnung der geschuldeten Zinsen Schwierigkeiten bereiten. Mit Rücksicht hierauf sieht der Entwurf vor, daß die unterbliebene Zahlung von Zinsen oder Kosten nur dann für den Versicherer eine Befreiung von der Haftung oder ein Kündigungsrecht begründet, wenn bei der Bestimmung der Nachfrist die Höhe der Zinsen und der Betrag der Kosten angegeben worden ist.

§ 40.

Die Praxis des heutigen Versicherungswesens hat aus den technischen Unterlagen, deren sie sich bedient, die Regel abgeleitet, daß dem Versicherer, wenn nach dem Beginne der Gefahr die Versicherung im Laufe einer Versicherungsperiode ihr Ende findet, für die fragliche Versicherungsperiode gleichwohl die volle Prämie zukommt, daß die Prämie in diesem Sinne unteilbar ist. Auch in der Wissenschaft und in der Gesetzgebung hat die Unteilbarkeit der Prämie Anerkennung gefunden. Der Entwurf sieht jedoch davon ab, eine entsprechende Vorschrift für jede Art der Beendigung zu treffen. Es kommen unzweifelhaft Verhältnisse vor, bei denen es in keiner Weise zu rechtfertigen wäre, wenn dem Versicherer ein Anspruch auf die ganze Prämie für die laufende Versicherungsperiode gegeben würde. Die Unteilbarkeit der Prämie kann daher gesetzlich nicht als allgemeiner Grundsatz ausgesprochen, sondern nur insoweit, als sie am Platze erscheint, durch Einzelbestimmungen zur Geltung gebracht werden.

Solche Bestimmungen trifft der § 40 des Entwurfs mit bezug auf gewisse Fälle, in denen das Versicherungsverhältnis nach Maßgabe der vorausgehenden Vorschriften im Laufe der Versicherungsperiode endigt. Weitere hier einschlagende Bestimmungen finden sich an anderen Stellen des Entwurfs (zu vergl. § 2 Abs. 2, § 51 Abs. 2, § 59 Abs. 3, § 68 Abs. 2, § 70 Abs. 3, § 95, § 96 Abs. 3, §§ 111, 117, § 155 Abs. 3).

Im § 40 Abs. 1 wird dem Versicherer ein Anspruch auf die Prämie bis zum Schlusse der laufenden Versicherungsperiode zunächst für den Fall gegeben, daß er wegen einer Verletzung der dem Versicherungsnehmer bei der Schließung des Vertrags obliegenden Anzeigepflicht von dem Vertrage zurücktritt. Würden hier lediglich die allgemeinen Grundsätze (zu vergl. § 20 Abs. 2) zur Anwendung gebracht, so erhielte der Versicherer eine Prämie überhaupt nicht; es bedarf aber keiner Ausführung, daß dies eine unbillige Verkürzung seiner Rechte bedeuten würde. Auch dann, wenn das Versicherungsverhältnis dadurch vorzeitig beendigt wird, daß der Versicherer wegen einer Gefahrerhöhung oder wegen unterbliebener Zahlung einer nach dem Beginne der Versicherung zahlbaren Prämie kündigt, erscheint der volle Bezug der zur Zeit der Beendigung laufenden Prämie als entsprechende Ausgleichung, und der Entwurf läßt daher gegenüber einer solchen Kündigung den Grundsatz des § 40 Abs. 1 gleichfalls Platz greifen. Eine abweichende Regelung ist dagegen geboten, wenn die Kündigung des Versicherers sich darauf stützt, daß der Versicherungsnehmer die vor oder bei dem Beginne der Versicherung fällige Prämie nicht gezahlt hat (§ 38 Abs. 2). Hier erreicht das Versicherungsverhältnis sein Ende, ohne daß die Haftung des Versicherers zur Entstehung gelangt ist, und es liegt keine Veranlassung vor, dem Versicherer, der eine Gefahr überhaupt nicht getragen hat, den Anspruch auf die Prämie zu belassen. Es genügt, wenn er als Entschädigung für seine Mühewaltung und für seine Kosten eine angemessene Geschäftsgebühr erhält (§ 40 Abs. 2 Satz 2). Der Betrag dieser Gebühr läßt sich im Gesetze nicht festlegen; er wird je nach der Art der Versicherung und der Höhe der dem Versicherer entstehenden Kosten verschieden sein. Um jedoch Streitigkeiten über die Höhe der Gebühr tunlichst zu vermeiden, empfiehlt es sich, einen Weg zu eröffnen, auf dem ohne die Gefahr der Benachteiligung des Versicherungsnehmers ein bestimmter Betrag zum voraus festgesetzt werden kann. Der Entwurf sieht deshalb im § 40 Abs. 2 Satz 3 vor, daß, wenn mit Genehmigung der Aufsichtsbehörde in den Versicherungsbedingungen ein Betrag für die Geschäftsgebühr bestimmt ist, dieser als angemessen zu gelten hat. Da der Versicherer sich auf eine Vereinbarung, durch welche von dieser Vorschrift zum Nachteile des Versicherungsnehmers abgewichen wird, nicht berufen kann (§ 42), so folgt von selbst, daß ein ohne Genehmigung der Aufsichtsbehörde zum voraus getroffenes Abkommen über die Höhe der Geschäftsgebühr für den Versicherungsnehmer nicht bindend ist und den Versicherer nicht von dem Nachweise der Angemessenheit des geforderten Betrags befreit. Nur für solche Versicherungen, auf welche die im Entwurfe vorgesehenen Beschränkungen der Vertragsfreiheit keine Anwendung finden, steht auch der Wirksamkeit eines derartigen ohne Genehmigung der Aufsichtsbehörde getroffenen Abkommens nichts im Wege; bei diesen Versicherungen kommt daher der Vorschrift des § 40 Abs. 2 Satz 3 ebenso wie den sonstigen Vorschriften des Entwurfs, welche eine Abweichung von den die Vertragsfreiheit beschränkenden Bestimmungen nur mit Genehmigung der Aufsichtsbehörde gestatten, keine Bedeutung zu.

Der Abs. 3 des § 40 behandelt die Frage, welchen Einfluß es auf die Prämie hat, wenn das Versicherungsverhältnis nach § 13 infolge der Eröffnung des Konkurses über das Vermögen des Versicherers endigt. Hier kann dem Versicherungsnehmer billigerweise nicht das Recht versagt werden, den auf die Zeit nach der Beendigung entfallenden Teil der Prämie zurückzufordern; doch muß er sich dabei, wenn dem Versicherer für diese Zeit in bezug auf die Versicherung bereits Kosten entstanden, insbesondere Abschluß- oder Einkassierungsprovisionen an den Agenten bezahlt sind, einen entsprechenden Teil dieser Kosten in Abzug bringen lassen (zu vergl. § 43 Abs. 4 des Gesetzes vom 12. Mai 1901).

§ 41.

Das Rücktrittsrecht des Versicherers wegen einer Verletzung der dem anderen Teile bei der Eingehung des Vertrags obliegenden Anzeigepflicht ist gemäß § 16 Abs. 3 und § 17 Abs. 2 ausgeschlossen, wenn die Anzeige eines dem Versicherungsnehmer bekannten, für die Übernahme der Gefahr erheblichen Umstandes ohne Verschulden unterblieben oder wenn von dem Versicherungsnehmer ohne Verschulden eine unrichtige Anzeige über einen erheblichen Umstand gemacht ist. Außerdem ist nach § 16 dem Versicherer das Recht, vom Vertrage zurückzutreten, versagt, wenn ihm ein für die Übernahme der Gefahr erheblicher Umstand deshalb nicht angezeigt worden ist, weil der Umstand dem anderen Teile unbekannt war. An sich bleibt daher in den bezeichneten Fällen dem Versicherer gegenüber der Vertrag so, wie er eingegangen ist, auch für die Zukunft maßgebend. Hierdurch wird aber der Versicherer benachteiligt, wenn er bei dem Vertragsschlusse, entsprechend der Gefahr, wie er sie damals voraussetzen durfte, eine Prämie bewilligt hat, die niedriger ist, als diejenige, welche sich aus der wirklichen Sachlage ergibt. Die Billigkeit verlangt, daß hier dem Versicherer Gelegenheit geboten wird, die Prämie für die weitere Dauer des Versicherungsverhältnisses zu erhöhen. Der Entwurf (§ 41 Abs. 1) bestimmt deshalb, daß der Versicherer, falls mit Rücksicht auf die höhere Gefahr eine höhere Prämie angemessen ist, von dem Beginne der laufenden Versicherungsperiode an einen Anspruch auf die höhere Prämie hat. Die Angemessenheit der von ihm geforderten Prämienerhöhung hat der Versicherer gegebenenfalls näher zu begründen. Soweit der Vertrag auf Grund eines bestimmten Tarifs abgeschlossen ist und in dem Tarife die einzelnen Gefahrenklassen und die ihnen entsprechenden Prämien genau festgesetzt sind, wird sich der Anspruch auf eine höhere Prämie der Natur der Sache nach auf den Tarif stützen müssen, allgemein kann dies jedoch nicht zur Voraussetzung des Anspruchs gemacht werden, da derartige feste Tarife keineswegs in allen Versicherungszweigen bestehen.

Ist der Versicherer nach den für seinen Geschäftsbetrieb maßgebenden Grundsätzen selbst gegen eine höhere Prämie nicht in der Lage, mit der erhöhten Gefahr, wie sie aus dem bei Eingehung des Vertrags unberücksichtigt gebliebenen Umstand erwächst, sich zu befassen, so erfordert die Rücksicht auf den ordnungsmäßigen Gang seines Unternehmens, daß er die Möglichkeit erhält, sich von der Haftung zu befreien. Durch § 41 Abs. 2 des Entwurfs wird deshalb die Befugnis des Versicherers anerkannt, ein solches Versicherungsverhältnis unter Einhaltung einer Kündigungsfrist von einem Monate zu kündigen.

Der Abs. 3 des § 41 gewährt im Anschluß an verwandte Bestimmungen des Entwurfs (zu vergl. § 20 Abs. 1, § 24 Abs. 2, § 27 Abs. 1) dem Versicherer für die Geltendmachung des Anspruchs auf die höhere Prämie sowie für die Ausübung des Kündigungsrechts die Frist von einem Monate; die Frist beginnt mit dem Zeitpunkt, in welchem der Versicherer von der Verletzung der Anzeigepflicht oder von dem nicht angezeigten Umstande Kenntnis erlangt.

Soweit es sich um eine während der Dauer der Versicherung eintretende Gefahrerhöhung handelt, sind die Vorschriften über die Änderung der Prämie nicht erforderlich, da der Versicherer nach den §§ 23 ff. in diesem Falle zur Kündigung befugt ist.

§ 42.

Zum Schutze des Versicherungsnehmers werden hier die Vorschriften über die Prämie, abgesehen von denjenigen, welche die Zeit und den Ort der Prämienzahlung betreffen (§§ 35, 36), mit zwingender Kraft ausgestattet.

Vierter Titel.

Versicherungsagenten.

§ 43.

Ein Gesetz über den Versicherungsvertrag kann sich der Aufgabe nicht entziehen, die rechtliche Stellung der Versicherungsagenten insoweit zu regeln, als die Handlungen und Unterlassungen der Agenten auf das Verhältnis zwischen dem Versicherungsnehmer und dem Versicherer unmittelbaren Einfluß haben. Die Vorschriften der §§ 43 bis 48 bestimmen demgemäß die Grenzen, innerhalb deren die Versicherungsagenten im rechtsgeschäftlichen Verkehre mit dritten Personen als Vertreter der Versicherer zu gelten haben.

Der Begriff des Versicherungsagenten braucht von dem Gesetze nicht besonders erläutert zu werden; schon aus der Feststellung, die der umfassendere Begriff des Handlungsagenten im § 84 des Handelsgesetzbuchs erfahren hat, ergibt sich, daß die Eigenschaft des Versicherungsagenten demjenigen zukommt, welcher, ohne im Geschäftsbetriebe des Versicherers als Gehilfe angestellt zu sein, ständig damit betraut ist, für den Versicherer Versicherungsverträge zu vermitteln oder in dessen Namen abzuschließen. Das innere Verhältnis zwischen dem Versicherungsagenten und dem Versicherungsunternehmer bestimmt sich zunächst nach dem Agenturvertrag; im übrigen greifen, wenn der Unternehmer eine Aktiengesellschaft oder sonst ein Kaufmann ist, oder wenn das Geschäft von einem Gegenseitigkeitsvereine betrieben wird, auf welchen gemäß §§ 16, 53 des Gesetzes vom 12. Mai 1901 die in betreff der Kaufleute im ersten und dritten Buche des Handelsgesetzbuchs gegebenen Vorschriften entsprechende Anwendung finden, die Vorschriften Platz, welche das Handelsgesetzbuch für das innere Verhältnis zwischen dem Handlungsagenten und dem Geschäftsherrn gibt. Soweit das Handelsgesetzbuch unanwendbar ist oder eine Regelung nicht bietet, steht das Verhältnis unter den Grundsätzen des bürgerlichen Rechtes, insbesondere den Vorschriften über den Dienstvertrag sowie einzelnen Vorschriften über den Auftrag (Bürgerliches Gesetzbuch § 675, §§ 611 ff.).

Was die für den Entwurf allein in Betracht kommende Frage betrifft, welche Stellung die Versicheiungsagenten im Verkehre mit Dritten einnehmen, so gehen hier die Anschauungen und Interessen der Versicherer und der ihnen gegenüberstehenden Kreise erheblich auseinander. Während diese Kreise vielfach die Auffassung hegen, daß den Versicherungsagenten im weitesten Umfange die Vertretung der Versicherer zukomme und daß demgemäß ihre Handlungen und Unterlassungen von selbst den Versicherern zuzurechnen seien, suchen die letzteren umgekehrt eine Verantwortlichkeit für ihre Agenten tunlichst abzulehnen, indem sie davon ausgehen, daß der Agent als selbständiger Vermittler zwischen den Beteiligten stehe und nur in dieser Eigenschaft um seine Dienste angegangen werde, daß folgeweise die Erklärungen und Rechtshandlungen des Agenten den Versicherer überhaupt nicht binden. Auch in der Wissenschaft ist noch keine Übereinstimmung der Meinungen erzielt worden; doch geht die überwiegende Ansicht dahin, daß die Versicherer eine allgemeine Verantwortlichkeit für ihre Agenten nicht treffe, daß sie vielmehr die Erklärungen und Handlungen dieser Agenten nur insoweit gegen sich gelten lassen müssen, als die einzelnen den Agenten übertragenen Aufgaben ein solches Ergebnis unabweislich machen. Von der Rechtsprechung wird im allgemeinen diese Auffassung geteilt, und sie liegt auch den Vorschriften des Entwurfs zugrunde. Jedenfalls geht es nicht an, den Versicherungsunternehmungen eine unbeschränkte Verantwortung für die Agenten in der Weise aufzuerlegen, daß alle ein bestimmtes Versicherungsverhältnis betreffenden Handlungen, Unterlassungen oder Wahrnehmungen des Agenten schlechthin dieselbe Bedeutung haben, wie diejenigen des Versicherers selbst. Eine derartige Regelung wäre mit den berechtigten Interessen der Versicherer und mit der tatsächlichen Stellung der Agenten unvereinbar. Die Versicherungsunternehmungen bedürfen, um ihrem Geschäftsbetriebe die erforderliche Ausdehnung zu geben, der Mitwirkung zahlreicher, räumlich weit zerstreuter Hilfspersonen, die vielfach mit den Unternehmungen nur in loser Verbindung stehen; das Verhalten solcher Personen kann nicht ohne weiteres dem Verhalten der leitenden Organe der Unternehmungen gleichgeachtet werden. Auf der anderen Seite kommt in Betracht, daß die Versicherer es sind, welche die Agenten zur Vermittelung des Verkehrs mit dem Publikum bestellen, und daß dieses darauf angewiesen ist, sich an die ihm bezeichneten Mittelspersonen zu wenden. Hieraus folgt, daß die Agenten jedenfalls mit demjenigen Maße von Befugnissen zu versehen sind, ohne welches der Zweck, dem ihre Bestellung dient, sich nicht oder doch nicht in genügender Weise erreichen läßt, und daß dem Versicherer die Einschränkung dieser Befugnisse mit Wirksamkeit gegen einen Dritten insoweit nicht gestattet werden darf, als damit eine unbillige Erschwerung der Lage des Dritten verbunden sein würde. Dem entspricht die Regelung, wie sie der Entwurf vorschlägt. Sie führt in Verbindung mit denjenigen Bestimmungen des Entwurfs, welche den Versicherungsnehmer bei dem Mangel eigenen Verschuldens gegen die nachteiligen Folgen einer ungenügenden Erfüllung gesetzlicher oder vertragsmäßiger Obliegenheiten schützen, zu einem Ergebnisse, das als angemessener Ausgleich der entgegenstehenden Interessen zu betrachten sein wird. Dem Wunsche, daß das Gesetz auch die Befugnisse aller sonstigen in dem Betriebe des Versicherers verwendeten Hilfspersonen begrenze und feststelle, kann nicht entsprochen werden; bei der Verschiedenheit der Verhältnisse ist dies unmöglich. Soweit der Versicherer Personen, die in seinem Geschäftsbetrieb als Gehilfen angestellt sind, also nicht zu den Agenten im Rechtssinne gehören, in derselben Weise wie die Agenten verwendet, werden auf sie die Vorschriften des Entwurfs über die Agenten zur entsprechenden Anwendung gebracht werden müssen.

In Übereinstimmung mit den bestehenden Verhältnissen unterscheidet der Entwurf zwischen solchen Versicherungsagenten, welche nur mit der Vermittelung von Versicherungsgeschäften betraut sind, und solchen, welchen die Vollmacht zum Abschlusse der Verträge erteilt ist; den Vermittlungsagenten weist er die aus den §§ 43, 44 sich ergebende Stellung zu, den Abschlußagenten legt er die in den §§ 43, 45 bezeichneten Befugnisse bei. Tatsächlich sind die Versicherungsagenten der großen Mehrzahl nach lediglich Vermittelungsagenten. Auf dem Gebiete der Transportversicherung pflegen allerdings die meisten Agenten nicht nur für die Vermittelung, sondern zugleich für den Abschluß der Geschäfte bestellt zu werden, da hier das Bedürfnis der Deckung in der Regel keinen Aufschub duldet. Dagegen bleibt die Erledigung der Lebensversicherungsanträge fast immer der Leitung des Unternehmens vorbehalten, und im Bereiche der Feuer- und Hagelversicherung steht regelmäßig nur den sogenannten Haupt- und Generalagenten eine bald unbeschränkte, bald mehr oder weniger beschränkte Abschlußvollmacht zu.

Nach § 43 Nr. 1 gilt ein Agent, auch wenn er nur mit der Vermittelung von Versicherungsgeschäften betraut ist, als bevollmächtigt, in dem Versicherungszweige, für den er bestellt ist, Anträge auf Schließung, Verlängerung oder

Änderung eines Versicherungsvertrags, sowie den Widerruf solcher Anträge entgegenzunehmen. Die hiermit bezeichnete Obliegenheit gehört zu den wesentlichsten Aufgaben eines jeden Versicherungsagenten. Sie erstreckt sich zugleich auf die Entgegennahme der von dem Antragsteller bei dem Abschlusse des Vertrags zu bewirkenden Anzeige der Gefahrumstände. Aus der Befugnis des Agenten zur Entgegennahme eines Antrags ergibt sich ferner ohne weiteres, daß der dem Agenten ordnungsmäßig zugegangene Antrag so angesehen wird, wie wenn er dem Versicherer selbst zugegangen wäre, daß also auch die Fristen, während welcher der Antragsteller nach den §§ 145 ff. des Bürgerlichen Gesetzbuchs oder bei der Feuerversicherung nach dem § 81 des Entwurfs an den Antrag auf Schließung des Versicherungsvertrags gebunden ist, schon mit der Stellung des Antrags bei dem Agenten und nicht erst mit der Übermittelung an den Versicherer zu laufen beginnen. Die Entscheidung über den Antrag auf Schließung oder Änderung eines Vertrags sowie über den Widerruf eines solchen Antrags steht dagegen dem Vermittelungsagenten nicht zu. Auch ist aus der Vorschrift des § 43 Nr. 1, die den Agenten zur Entgegennahme des Widerrufs von Anträgen ermächtigt, nicht etwa zu folgern, daß dem Versicherungsnehmer das Recht zustehe, einen von ihm gestellten Antrag beliebig zu widerrufen; vielmehr geht die Bestimmung nur dahin, daß der Widerruf, soweit ein solcher überhaupt zulässig ist, insbesondere also, wenn der Antragsteller sich die Befugnis dazu vorbehalten hat, gültig dem Agenten gegenüber erklärt werden kann.

Die Nr. 2 des § 43 erteilt jedem Agenten die Ermächtigung zur Entgegennahme von Anzeigen, welche während der Versicherung zu machen sind, sowie von Kündigungs- und Rücktrittserklärungen oder sonstigen das Versicherungsverhältnis betreffenden Erklärungen des Versicherungsnehmers. Die damit gewährte Ermächtigung, die den Verkehr zwischen dem Versicherer und dem Versicherungsnehmer wesentlich erleichtert, ist durchaus geeignet, auch auf denjenigen Agenten, welcher nur der Vermittelung dieses Verkehrs dient, Anwendung zu finden. Zu den hier in Betracht kommenden Mitteilungen gehören namentlich die Anzeigen über Gefahrerhöhung und über den Eintritt des Versicherungsfalls. Im übrigen entspricht die Vorschrift der Nr. 2, was ihre Tragweite betrifft, genau der Vorschrift der Nr. 1; auch die Ermächtigung der Nr. 2 hat nur die Bedeutung, daß die bezüglichen Anzeigen und Erklärungen des Versicherungsnehmers in dem Augenblick, in welchem sie dem Agenten zugehen, Rechtswirksamkeit gegen den Versicherer erlangen.

Selbst in solcher Beschränkung können freilich die bezeichneten Vorschriften, wenn sie von einem unzuverlässigen Agenten gehandhabt werden, dem Versicherer Nachteile bereiten. Der Versicherer ist jedoch in der Lage, diese Gefahr dadurch wesentlich zu mindern, daß er für die Anzeigen und Erklärungen die schriftliche Form ausbedingt. Damit erreicht er zunächst, daß ihm gegenüber Mitteilungen, welche dem Agenten in anderer Form gemacht sind, nicht wirksam werden. Die Möglichkeit, daß der Agent es unterläßt, eine schriftliche Mitteilung dem Versicherer zu übermitteln, wird allerdings durch die Vereinbarung der Schriftlichkeit nicht ausgeschlossen, wohl aber bietet die Vereinbarung eine Gewähr dafür, daß in der Mitteilung, wenn sie an den Versicherer gelangt, die Erklärung des anderen Teiles vollständig und richtig wiedergegeben ist.

Im § 43 Nr. 3 legt der Entwurf den Versicherungsagenten, ihrer Stellung entsprechend, die Befugnis bei, dem Versicherungsnehmer die von dem Versicherer ausgefertigten Versicherungsscheine oder Verlängerungsscheine auszuhändigen. Endlich bestimmt die Nr. 4 des § 43, daß der Versicherungsagent als bevollmächtigt gilt, Prämien nebst Zinsen und Kosten anzunehmen, sofern er sich im Besitz einer Prämienrechnung befindet, die mit der eigenhändigen oder einer im Wege der mechanischen Vervielfältigung hergestellten Namensunterschrift des Versicherers versehen ist. Diese Vorschrift schließt sich im wesentlichen der bestehenden Praxis an. Der Vorentwurf wollte den Agenten ohne Rücksicht auf den Besitz einer Prämienrechnung die Befugnis zur Prämieneinziehung erteilen. Durch eine derartige Regelung wird jedoch den Versicherern die Aufsicht über die Agenten erschwert und der ordnungsmäßige Eingang der Prämien gefährdet. Anderseits werden die Interessen der Versicherungsnehmer auch durch die Bestimmung des vorliegenden Entwurfs ausreichend gewahrt, da es der Auffassung der Beteiligten entspricht, daß die Prämien an den Agenten nur gezahlt werden dürfen, wenn der Agent sich über seine Empfangsbefugnis auszuweisen vermag. Dieser Ausweis wird durch die Vorschrift des Entwurfs erheblich vereinfacht. Nach dem Vorentwurfe sollte der Agent nur zur Annahme fälliger Prämien berechtigt sein; für eine solche Beschränkung liegt jedoch, wenn die Befugnis zur Prämieneinziehung von dem Besitz einer Prämienrechnung abhängig gemacht wird, kein Grund vor und es empfiehlt sich umsomehr von ihr abzusehen, als der Versicherungsnehmer unter Umständen berechtigten Anlaß haben kann, die Prämie schon vor der Fälligkeit zu zahlen.

Soweit der Agent zur Annahme der Prämien befugt ist, hat er auch das Recht, über den Empfang Quittung zu erteilen. Zu einer Stundung der Prämie ist er dagegen nicht berechtigt.

Neben den Vorschriften des § 43 kommt für diejenigen Versicherungsagenten, welche Handlungsagenten sind oder nach den §§ 16, 53 des Gesetzes vom 12. Mai 1901 den Handlungsagenten gleichstehen, der § 85 des Handelsgesetzbuchs in Betracht. Danach gilt das Geschäft, welches ein nur mit der Vermittelung von Geschäften betrauter Handlungsagent im Namen des Geschäftsherrn mit einem Dritten abgeschlossen hat, als von dem Geschäftsherrn genehmigt, wenn dieser nicht unverzüglich, nachdem er von dem Abschlusse Kenntnis erlangt hat, dem Dritten gegenüber erklärt, daß er das Geschäft ablehne. Diese Bestimmung hat bisher auf dem Gebiete des Versicherungsrechts zu Bedenken keinen Anlaß gegeben und bedarf daher auch jetzt einer Einschränkung nicht.

§ 44.

Das Rücktrittsrecht, das dem Versicherer wegen unterbliebener Anzeige eines für die Übernahme der Gefahr erheblichen Umstandes (§ 16 Abs. 1, 2) oder wegen Unrichtigkeit der über einen Gefahrumstand gemachten Anzeige (§ 17 Abs. 1) zusteht, ist nach § 16 Abs. 3, § 17 Abs. 2 des Entwurfs ausgeschlossen, wenn der Versicherer den nicht angezeigten Umstand oder die Unrichtigkeit der Anzeige erkannte. Die einmonatige Frist, an welche die Ausübung dieses Rücktrittsrechts gebunden ist, beginnt nach § 20 mit dem Zeitpunkte, in welchem der Versicherer von der Verletzung der Anzeigepflicht Kenntnis erlangt. Ebenso ist für die Rechtslage des Versicherers gegenüber einer im Laufe des Versicherungsverhältnisses eintretenden Gefahrerhöhung nach mehrfachen Richtungen die Frage maßgebend, ob und wann der Versicherer von dieser Erhöhung Kenntnis erhalten hat (zu vergl. § 24 Abs. 2, § 25 Abs. 2 Satz 2, § 27 Abs. 1 Satz 2, § 28 Abs. 2).

In diesen und ähnlichen Fällen die Kenntnis des Agenten derjenigen des Versicherers gleichzustellen, erscheint nur insoweit angängig, als es sich um den Abschlußagenten handelt. Der Stellung der Vermittelungsagenten dagegen, die außerstande sind, ihrerseits Entschließungen für den Versicherer zu treffen, entspricht es nicht, daß ihre Kenntnis von einer für den Versicherer erheblichen Tatsache dieselbe Bedeutung beigelegt wird, wie der Kenntnis des Versicherers selbst. Eine derartige Regelung würde den ordnungsmäßigen Betrieb des Versicherungsunternehmens ernstlich gefährden. Die Versicherer sind bei der Auswahl ihrer Vermittelungsagenten auf Personenkreise angewiesen, in denen vielfach nicht das volle Maß der erforderlichen Geschäftskenntnisse und Erfahrungen zu treffen ist, und sie können sich daher keineswegs mit der Annahme abfinden, daß der Agent erhebliche Tatsachen, welche zu seiner Kenntnis gelangen, der zur Entscheidung berufenen Stelle jedesmal rechtzeitig und vollständig mitteilen werde. Im § 44 ist demgemäß bestimmt, daß, soweit nach den Vorschriften des Entwurfs die Kenntnis des Versicherers von Erheblichkeit ist, die Kenntnis eines nur mit der Vermittelung von Versicherungsgeschäften betrauten Agenten der Kenntnis des Versicherers nicht gleichsteht. Übrigens wird durch die Art, wie der § 44 und die anderen hierher gehörigen Vorschriften des Entwurfs die Stellung des Vermittelungsagenten gestaltet haben, nicht der Frage vorgegriffen, inwiefern der Versicherungsnehmer, um Rechtsnachteile von sich abzuwenden, sich auf das Verhalten des Agenten berufen kann. Der Versicherungsnehmer, welchen kein Verschulden trifft, genießt nach dem Entwurfe (zu vergl. §§ 6, 16, 17, 24, 25, 27, 39) einen weitreichenden Schutz gegen die Folgen, die sonst regelwäßig an die Verletzung einer ihm obliegenden Verpflichtung geknüpft sind. Ob ein Verschulden vorliegt oder nicht, hat der Richter auf Grund der jeweiligen Sachlage festzustellen, und hierbei kann das von dem Agenten gegenüber dem Versicherungsnehmer betätigte Verhalten von wesentlicher Bedeutung sein. So können die Umstände des Falles es rechtfertigen, den Versicherungsnehmer in bezug auf eine nicht ordnungsmäßig gemachte Anzeige als entschuldigt anzusehen, wenn er den Fragebogen unter der Anleitung des Agenten ausfüllt oder die Ausfüllung diesem überläßt[1]), oder wenn der Agent eine an ihn von dem Versicherungsnehmer erstattete Anzeige ohne Widerspruch entgegennimmt, obwohl ihm die Befugnis zur Entgegennahme von Anzeigen der betreffenden Art entzogen ist. Ebenso wird der Versicherungsnehmer sich unter Umständen auf das Verhalten des Agenten berufen können, wenn er den Eintritt des Versicherungsfalls anzuzeigen unterlassen hat, weil er wußte, daß der Agent bei dem betreffenden Ereignisse selbst zur Stelle war, oder wenn er bei den Maßregeln zur Abwendung oder Minderung des Schadens einer Anordnung des Agenten gefolgt ist, die sich dann als unzweckmäßig erwies. Auch sonst ist es nicht ausgeschlossen, daß Erklärungen, die der Agent dem Versicherungsnehmer gegenüber abgegeben hat, bei der Entscheidung der Frage in Betracht gezogen werden, ob die Verletzung einer dem Versicherungsnehmer obliegenden Pflicht entschuldbar ist. Namentlich wird dies insoweit der Fall sein, als der Inhalt der allgemeinen Versicherungsbedingungen oder des bei dem Abschlusse des Versicherungsvertrags auszufüllenden Fragebogens zu Zweifeln Anlaß gibt.

§ 45.

Gegenüber dem Versicherer, der einem Versicherungsagenten Vollmacht zum Abschlusse von Versicherungsverträgen erteilt, erscheint von vornherein die Annahme begründet, daß er damit den Agenten zugleich ermächtigt habe, die Änderung oder Verlängerung solcher Verträge zu vereinbaren sowie Kündigungs- und Rücktrittserklärungen abzugeben. Um Zweifeln zu begegnen, spricht der Entwurf die bezeichnete Folgerung besonders aus. Durch diese

---

[1]) Zu vergl. Entscheidungen des Reichsgerichts in Zivilsachen Bd. 46 S. 190.

Hervorhebung gibt er andererseits einen Hinweis darauf, daß zur Anerkennung der von dem Versicherten erhobenen Ansprüche, zum Verzicht auf Einreden und zu Vergleichen sowie zu Rechtshandlungen der im § 54 Abs. 2 des Handelsgesetzbuchs bezeichneten Art, insbesondere zur Eingehung von Wechselverbindlichkeiten und zur Prozeßführung, auch der Abschlußagent nicht ohne weiteres befugt ist.

Wenn es von manchen Seiten als wünschenswert bezeichnet worden ist, daß das Gesetz auf eine äußerliche erkennbare Unterscheidung der Abschlußagenten und der Vermittelungsagenten hinwirke und zu diesem Zwecke mit der Führung gewisser Bezeichnungen, wie „Hauptagent", „Generalagent", ohne weiteres die Wirkung verbinde, daß der betreffende Agent als zum Abschlusse von Versicherungsverträgen ermächtigt gelte, so sind hierbei die tatsächlichen Verhältnisse nicht genügend berücksichtigt. Eine Regelung in dem bezeichneten Sinne würde voraussetzen, daß die Verkehrssitte in der fraglichen Richtung bei den verschiedenen Versicherungszweigen im wesentlichen übereinstimmt. Dies ist aber keineswegs der Fall. Denn während z. B. bei der Feuerversicherung und einigen anderen Versicherungszweigen die Haupt- oder Generalagenten in der Tat zum Abschlusse der Verträge ermächtigt zu sein pflegen, trifft dies bei der Lebensversicherung durchaus nicht zu. Das Gesetz kann aber nicht eine Anordnung treffen, die sich in weitem Umfange zu der bestehenden Verkehrssitte in Gegensatz setzt. Ebensowenig ist eine verschiedene Regelung für die einzelnen Versicherungszweige angängig; sie würde voraussichtlich mehr Verwirrung als Klarheit zur Folge haben.

§ 46.

Die Versicherungsagenten werden in den meisten Versicherungszweigen nicht für das gesamte Gebiet, innerhalb dessen der Versicherer sein Geschäft betreibt, sondern nur für einen einzelnen Bezirk bestellt. Diese der Natur der Sache entsprechende räumliche Begrenzung des Geschäftskreises der Agenten kann der Entwurf nicht unberücksichtigt lassen, und der § 46 Satz 1 sieht demgemäß vor, daß sich die Vertretungsmacht des Agenten, falls ihm ausdrücklich ein bestimmter Bezirk zugewiesen ist, auf Geschäfte und Rechtshandlungen beschränkt, welche sich auf Versicherungsverträge über die in dem Bezirke befindlichen Sachen oder mit den im Bezirke gewöhnlich sich aufhaltenden Personen beziehen. Daneben ist jedoch im Interesse des Versicherungsnehmers bestimmt (§ 46 Satz 2), daß der Agent in Ansehung der von ihm vermittelten oder abgeschlossenen Geschäfte ohne Rücksicht auf diese Beschränkung zur Vornahme von Geschäften und Rechtshandlungen ermächtigt ist. Hieraus ergibt sich insbesondere, daß sich der Versicherungsnehmer, wenn er seinen Wohnsitz verlegt, so lange an den Agenten, der seine Versicherung vermittelt oder abgeschlossen hat, wenden kann, bis ihn der Versicherer an den für den neuen Wohnort zuständigen Agenten verweist; anderseits steht es aber dem Versicherungsnehmer frei, auch bevor er eine solche Mitteilung erhalten hat, sofort mit diesem Agenten in Verbindung zu treten.

§ 47.

Bei der Verschiedenheit der im einzelnen obwaltenden Verhältnisse kann den Versicherern das Recht nicht entzogen werden, die den Agenten durch das Gesetz beigelegten Befugnisse sachlich einzuschränken. Anderseits darf aber jeder Dritte, insbesondere der Versicherungsnehmer, zunächst davon ausgehen, daß dem Agenten die ihm durch das Gesetz eingeräumten Rechte voll zustehen; er braucht daher Beschränkungen dieser Rechte nur dann gegen sich gelten zu lassen, wenn er sie kannte oder kennen mußte (zu vergl. Handelsgesetzbuch § 54 Abs. 3). Der § 47 spricht im Satz 1 diesen Grundsatz aus und schließt hieran im Satz 2 die Vorschrift, daß sich der Versicherer auf eine Vereinbarung, durch welche von dem Grundsatz abgewichen wird, nicht berufen kann. Der Versicherungsnehmer ist damit in ausreichender Weise vor der Gefahr geschützt, jede Beschränkung, welcher die Befugnisse des Agenten von seiten des Versicherers unterworfen werden, ohne weiteres gegen sich gelten lassen zu müssen. Ob der Versicherungsnehmer eine Beschränkung hat kennen müssen oder nicht, ist Tatfrage. Es wird Sache der Versicherer sein, der Entstehung von Streitigkeiten hierüber dadurch vorzubeugen, daß sie in den Papieren, die sie den Versicherungsnehmern aushändigen, insbesondere in den Antragsformularen und in dem Abdrucke der allgemeinen Versicherungsbedingungen, die Beschränkungen der Vertretungsbefugnis des Agenten mit voller Deutlichkeit hervorheben.

Eine Vereinbarung, nach welcher die dem Versicherungsnehmer gegenüber dem Versicherer obliegenden Anzeigen in schriftlicher Form zu erfolgen haben, wird durch die Vorschrift des § 47 Satz 2 nicht berührt. Ist eine solche Vereinbarung getroffen, so hat allerdings eine Mitteilung an den Agenten, die nur mündlich geschieht, keine Wirkung. Hierin liegt aber keine Beschränkung der Vertretungsbefugnis des Agenten, vielmehr handelt es sich lediglich um eine Folge der für die Anzeigen des Versicherungsnehmers vorgeschriebenen Form. Der Versicherungsnehmer, der bei einer dem Agenten erstatteten Anzeige die Wahrung der Form versäumt hat, kann daher nicht etwa auf Grund des § 47 Satz 2 geltend machen, daß er bei der Erstattung der Anzeige die Notwendigkeit der Beobachtung der schriftlichen Form nicht gekannt habe.

Die Vorschriften des § 47 finden ferner, wie schon ihre Fassung ergibt, auf die aus dem § 46 sich ergebende Beschränkung der Vertretungsmacht des Agenten keine Anwendung. Dagegen greifen sie Platz, wenn der Versicherer die Grenzen der Vertretungsbefugnis enger ziehen will, als es durch den § 46 geschieht, namentlich also dann, wenn bezüglich einer schon bestehenden Versicherung dem Agenten, welcher die Versicherung abgeschlossen oder vermittelt hat, die Vertretungsbefugnis genommen werden soll.

§ 48.

Wenngleich der Versicherer zufolge § 270 Abs. 1, 2 des Bürgerlichen Gesetzbuchs verpflichtet ist, das, was er nach dem Eintritte des Versicherungsfalls zu zahlen hat, auf seine Gefahr und Kosten dem Versicherungsnehmer an dessen Wohnsitz oder gewerbliche Niederlassung zu übermitteln, so gilt doch gemäß § 269 und § 270 Abs. 3 des Bürgerlichen Gesetzbuchs als Leistungsort für die Verbindlichkeit des Versicherers der Ort, an welchem er selbst seine Niederlassung hat. Der Versicherungsnehmer ist daher nicht in der Lage, auf Grund des § 29 der Zivilprozeßordnung bei dem Gerichte des Ortes seines eigenen Wohnsitzes oder seiner eigenen Niederlassung Klage auf die Leistung des Versicherers zu erheben, vielmehr ist er regelmäßig darauf angewiesen, in dem Gerichtsstande des Versicherers zu klagen. Dieser Rechtszustand trägt den Besonderheiten des Geschäftsbetriebs der Versicherungsanstalten und den Interessen der Versicherungsnehmer nicht genügend Rechnung. Wenn die Versicherer an zahlreichen, von dem Sitze des Unternehmens oft weit entfernten Orten Agenten anstellen und mit ihrer Hilfe Verträge abschließen, so entspricht es der Billigkeit, daß in bezug auf die so zustande gekommenen Geschäfte den Versicherungsnehmern die Möglichkeit gegeben wird, bei den Gerichten dieser Orte auch ihre Ansprüche geltend zu machen. Der § 48 Abs. 1 des Entwurfs bestimmt deshalb, daß in allen Fällen, in denen ein Versicherungsagent den Vertrag vermittelt oder abgeschlossen hat, für Klagen, die aus dem Versicherungsverhältnisse gegen den Versicherer erhoben werden, das Gericht des Ortes zuständig ist, wo der Agent zur Zeit der Vermittelung oder Schließung seine gewerbliche Niederlassung oder in Ermangelung einer gewerblichen Niederlassung seinen Wohnsitz hatte. Dieses Gericht wird auch in der Regel den bei der Entscheidung des Rechtsstreits in Betracht kommenden tatsächlichen Verhältnissen näher stehen und die erforderlichen Beweise leichter und schneller erheben können als die nach dem gegenwärtigen Rechte zuständigen Gerichte.

Bei der erheblichen Bedeutung, welche die Frage des Gerichtsstandes für den Versicherungsnehmer hat, erscheint es geboten, den Versicherungsnehmer dagegen zu schützen, daß die nach § 48 Abs. 1 begründete Zuständigkeit durch Vereinbarung ausgeschlossen wird. Eine entsprechende Vorschrift ist im Abs. 2 des § 48 getroffen. Für den Versicherungsnehmer besteht selbstverständlich kein Zwang, bei dem Gerichte des Wohnsitzes oder der Niederlassung des Agenten Klage zu erheben, vielmehr bleibt die aus der Zivilprozeßordnung und § 115 Abs. 3 des Gesetzes vom 12. Mai 1901 sich ergebende Zuständigkeit der Gerichte für Klagen gegen den Versicherer unberührt.

Zweiter Abschnitt.

Schadensversicherung.

Erster Titel.

Vorschriften für die gesamte Schadensversicherung.

I. Inhalt des Vertrags.

§ 49.

In dem Titel, welcher die für alle Arten der Schadensversicherung gemeinsamen Vorschriften enthält, ist der Stoff so geordnet, daß zunächst unter der Überschrift „Inhalt des Vertrags“ die wesentlichen Rechte und Pflichten der Parteien, soweit sie sich nicht schon aus dem ersten, allgemeinen Teile des Entwurfs ergeben, geregelt sind (§§ 49 bis 68), sodann Bestimmungen über die Wirkungen einer Veräußerung der versicherten Sache folgen (§§ 69 bis 73) und zum Schlusse die Versicherung für fremde Rechnung behandelt wird (§§ 74 bis 80).

Während nach § 249 des Bürgerlichen Gesetzbuchs der Ersatz eines Schadens grundsätzlich nicht in Geld, sondern durch Wiederherstellung des früheren Zustandes erfolgt, stellt der § 49 des Entwurfs übereinstimmend mit der in fast allen Versicherungszweigen befolgten Übung die Regel auf, daß der Versicherer den Schadensersatz in Geld zu leisten hat. Abweichende Vereinbarungen sind selbstverständlich zulässig. Es kann daher, wie dies gegenwärtig namentlich bei der Glasversicherung und der Versicherung gegen Wasserleitungsschäden vorkommt, bestimmt werden, daß der Versicherer nicht zu einer Geldleistung an den Versicherungsnehmer verpflichtet ist, sondern die entstandenen Schäden auf seine Kosten zu beseitigen hat oder daß er zwischen Herstellung und Entschädigung in Geld zu wählen berechtigt ist.

§ 50.

Die Bestimmung, daß der Versicherer nur bis zur Höhe der Versicherungssumme haftet, gibt einen allgemein anerkannten Grundsatz des Versicherungsrechts wieder. Das Wesen der Versicherungssumme besteht darin, daß sie den Höchstbetrag der Leistung, die den Versicherer treffen kann, bezeichnet und so der Verpflichtung des Versicherers eine äußerste Grenze zieht. Nur in einzelnen Beziehungen sind Ausnahmen von dem in Frage stehenden Grundsatz im Entwurfe vorgesehen (zu vergl. § 63 Abs. 1 Satz 2, § 142, § 147 Abs. 2, 3). Das Bürgerliche Gesetzbuch gebraucht in den §§ 1046, 1128, 1130 das Wort „Versicherungssumme" in einem mit der Sprachweise des Entwurfs nicht völlig übereinstimmenden Sinne, indem es darunter den Betrag versteht, den der Versicherer nach dem Eintritt eines Schadens im einzelnen Falle zu zahlen hat. Ein Mißverständnis ist von dieser Verschiedenheit des Ausdrucks nicht zu besorgen.

§ 51.

Der § 51 regelt die Überversicherung. Eine solche liegt nach dem Entwurfe vor, wenn die Versicherungssumme den Versicherungswert, das heißt den Wert des versicherten Interesses, also bei der Versicherung von Sachen den Wert der Sachen, erheblich übersteigt. Die Überversicherung kann ihren Grund entweder darin haben, daß schon bei der Schließung des Vertrags die Versicherungssumme auf eine Höhe gebracht worden ist, welche über das Maß hinausging, das nach den zu jener Zeit obwaltenden Verhältnissen gerechtfertigt war, oder darin, daß während der Dauer der Versicherung der Versicherungswert unter die Versicherungssumme herabsinkt. Der § 51 Abs. 1 gibt in beiden Fällen dem Versicherer wie dem Versicherungsnehmer das Recht, zu verlangen, daß zur Beseitigung der Überversicherung die Versicherungssumme unter verhältnismäßiger Minderung der Prämie für die künftigen Versicherungsperioden herabgesetzt wird. Vorausgesetzt ist aber dabei, daß der Unterschied zwischen der Versicherungssumme und dem Versicherungswert ein erheblicher ist; diese Einschränkung des Rechtes, die Minderung der Versicherungssumme zu verlangen, empfiehlt sich aus praktischen Gründen; sie steht auch im Einklange mit den Bestimmungen, die der Entwurf (§ 57 Satz 2), ebenso wie das Handelsgesetzbuch (§ 793 Abs. 2), über die Herabsetzung einer Taxe trifft.

Die auf die Überversicherung bezüglichen Vorschriften des Handelsgesetzbuchs (§§ 786, 895) weichen von dem § 51 Abs. 1 des Entwurfs insofern ab, als nach dem Handelsgesetzbuche die Versicherung, soweit die Versicherungssumme den Versicherungswert übersteigt, kraft Gesetzes ungültig ist; der Versicherungsnehmer kann daher, vorbehaltlich des Anspruchs des Versicherers auf Ristornogebühr, einen entsprechenden Teil der Prämie für die ganze Versicherungszeit zurückfordern oder, falls die Zahlung noch nicht erfolgt ist, diese verweigern. Bei der Seeversicherung, die in der Regel nur für eine einzelne Reise genommen wird und sich nicht über eine Reihe von Versicherungsperioden erstreckt, erscheint eine solche Regelung angängig. Auf die sonstigen Zweige der Schadensversicherung aber, bei denen der Vertrag für längere Zeit eingegangen zu werden pflegt, läßt sie sich schon aus diesem Grunde nicht übertragen. Zudem versagt sie, wenn die Überversicherung erst während des Laufes der Versicherung durch ein Herabsinken des Versicherungswerts unter die Versicherungssumme eintritt, ein Fall, von dem die Seeversicherung absehen kann, weil hier in Ermangelung besonderer Vereinbarungen der Wert, den das Schiff oder die Ladung bei dem Beginne der Versicherung hat, für die ganze Dauer der Versicherungszeit als Versicherungswert gilt (§§ 795, 799). Der vom Entwurfe gewählte Weg beugt der Überversicherung in wirksamer Weise vor und wahrt so auch das in dieser Hinsicht bestehende öffentliche Interesse am besten. Denn wenn der Versicherungsnehmer bis zum Ablaufe der Versicherungsperiode, in welcher die Herabsetzung der Versicherungssumme verlangt wird, die volle Prämie zu entrichten hat, anderseits aber den Versicherer, selbst bevor die Herabsetzung erfolgt ist, keinesfalls über den Betrag des Schadens hinaus in Anspruch nehmen kann, so hat er dringende Veranlassung, die Versicherungssumme bei dem Abschlusse des Vertrags in den richtigen Grenzen zu halten und, sobald sich der Versicherungswert mindert, eine Herabsetzung dieser Summe herbeizuführen.

Gegen Überversicherungen, bei denen eine unredliche Absicht obwaltet, sind im Abs. 2 des § 51 noch besondere Vorschriften getroffen. Danach ist, falls der Versicherungsnehmer den Vertrag zu dem Zwecke schließt, sich aus der Überversicherung einen rechtswidrigen Vermögensvorteil zu verschaffen, der ganze Vertrag nichtig, der Versicherer aber, sofern er nicht bei der Schließung des Vertrags von der Nichtigkeit Kenntnis hatte, gleichwohl berechtigt, die Prämie bis zum Schlusse der Versicherungsperiode zu fordern, in welcher er diese Kenntnis erlangt.

Der Begriff des Versicherungswerts, der nicht nur für die Überversicherung, sondern auch für zahlreiche andere Fragen Bedeutung hat, wird vom Entwurfe dahin bestimmt, daß unter diesem Werte der Wert des versicherten Interesses zu verstehen ist. Die hier in Frage kommenden Interessen können sehr verschiedener Art sein; sie sind entweder, wie bei der Feuerversicherung und der Hagelversicherung, an eine bestimmte Sache geknüpft, durch deren Vernichtung oder Beschädigung der Versicherungsnehmer eine Einbuße erleidet, oder, wie bei der Haftpflichtversicherung, von der Beziehung zu einer Sache unabhängig. Soweit sich das Interesse auf eine Sache bezieht, kann entweder der gemeine Wert oder der Wert, den sie für den Versicherungsnehmer hat, den Gegenstand des Vertrags bilden; ebenso ist es möglich, den durch die Vernichtung oder Beschädigung der Sache entstehenden Vermögensnachteil ohne oder mit Einschluß des entgehenden Gewinns zu versichern. Welches Interesse im einzelnen Falle versichert ist und welcher Wert daher als Versicherungswert zu gelten hat, richtet sich zunächst nach dem Inhalt des Vertrags; in manchen Beziehungen hat der Entwurf ergänzende Vorschriften hierüber getroffen (zu vergl. §§ 52, 53, 54, 85, 86, 88, 138, 139, 148). Was insbesondere den für die Berechnung des Versicherungswerts maßgebenden Zeitpunkt betrifft, so ist, wenn es sich darum handelt, ob auf Grund des § 51 das Verlangen einer Herabsetzung gerechtfertigt erscheint, der Versicherungswert maßgebend, wie er zu der Zeit gestaltet ist, in welcher das Verlangen erfolgt. Dabei ist, soweit die Versicherung ein Interesse umfaßt, das erst im Laufe der Versicherungszeit zur Entstehung gelangt, selbstverständlich der Wert dieses Interesses in Betracht zu ziehen. So muß, wenn ein Warenlager in der Weise versichert ist, daß die neu hinzukommenden Waren von selbst unter die Versicherung fallen, auch auf den voraussichtlichen Wert solcher Waren Rücksicht genommen werden, und in gleicher Weise ist, wenn die Versicherung eine im Laufe der Versicherungszeit eintretende Preissteigerung zu decken bestimmt ist, die zu erwartende Preiserhöhung mit in Ansatz zu bringen. Daß die Möglichkeit einer derartigen Erweiterung des vorhandenen Interesses eine Überversicherung nur insoweit ausschließt, als nach den gegebenen Verhältnissen mit dem Eintritte der Erweiterung überhaupt zu rechnen ist, folgt aus der Natur der Sache; Änderungen, die während der Dauer der Versicherungszeit nach vernünftigem Ermessen nicht erwartet werden können, bleiben unberücksichtigt. Ist also bei der Versicherung eines Warenlagers der Versicherungssumme ein Bestand oder ein Preis zugrunde gelegt, der im Laufe des Versicherungsvertrags bei verständiger Würdigung der gegebenen Verhältnisse niemals erreicht werden wird, so kann jeder Teil eine Ermäßigung der Versicherungssumme für die künftigen Versicherungsperioden verlangen.

§§ 52, 53.

Übereinstimmend mit der in der Praxis und in der Wissenschaft herrschenden Auffassung geht der Entwurf davon aus, daß bei denjenigen Versicherungen, welche sich auf eine Sache beziehen, im Zweifel der Wert der Sache als Versicherungswert zu gelten hat (§ 52). Regelmäßig wird hiernach das Interesse maßgebend sein, welches ein Eigentümer an der Sache hat. Der Grundsatz des § 52 wird deshalb vielfach auch in der Weise ausgedrückt, daß das Eigentumsinteresse als versichert anzusehen sei. Die leichter verständliche Fassung des § 52 wird jedoch den Vorzug verdienen.

Die Bestimmung des § 53, derzufolge die Versicherung den durch den Eintritt des Versicherungsfalls entgehenden Gewinn nur deckt, soweit dies besonders vereinbart ist, schließt sich gleichfalls der bestehenden Übung an. Sie steht auch mit den Vorschriften des Handelsgesetzbuchs über die Seeversicherung (zu vergl. § 779 Abs. 2) im Einklange.

§ 54.

Die Vorschrift des § 54, wonach die für einen Inbegriff von Sachen genommene Versicherung die jeweils zu dem Inbegriffe gehörenden Sachen umfaßt, entspricht einem praktischen Bedürfnisse und der mutmaßlichen Absicht der Beteiligten. Sie ist namentlich für die Feuerversicherung, die Diebstahlsversicherung und die Viehversicherung von Bedeutung. Was den letzteren Versicherungszweig betrifft, so ergibt sich aus dem § 54 insbesondere, daß in den Fällen, in denen die Versicherung für einen nur der Gattung nach bezeichneten Viehbestand genommen ist, die neugeborenen Tiere von selbst in die Versicherung einbezogen sind.

§§ 55, 56.

Wie schon im § 1 ausgesprochen ist, besteht bei der Schadensversicherung die Leistung des Versicherers in dem Ersatze des Vermögensschadens, der dem Versicherungsnehmer durch den Eintritt des Versicherungsfalls verursacht wird (zu vergl. S. 11). In Ergänzung dieser Bestimmung hebt der § 55 noch besonders hervor, daß auch dann, wenn die Versicherungssumme den Versicherungswert zur Zeit des Eintritts des Versicherungsfalls übersteigt, mithin in diesem Zeitpunkt eine Überversicherung vorliegt, der Versicherer nicht verpflichtet ist, dem Versicherungsnehmer mehr als den Betrag des Schadens zu ersetzen.

Auf die Frage, wie sich die Verpflichtung des Versicherers gestaltet, wenn umgekehrt die Versicherungssumme hinter dem Versicherungswerte zurückbleibt, also eine Unterversicherung vorliegt, bezieht sich der § 56. Zufolge dieser Vorschrift haftet, wenn die Versicherungssumme niedriger ist als der Versicherungswert zur Zeit des Eintritts des Versicherungsfalls, der Versicherer für den Schaden nur nach dem Verhältnisse der Versicherungssumme zu diesem

Werte. Die Bestimmung gibt einen schon jetzt allgemein anerkannten Grundsatz wieder und entspricht dem Wesen der Versicherungssumme. Wenn der Versicherer bei gänzlicher Zerstörung der versicherten Sache nur die Versicherungssumme und nicht den darüber hinausgehenden Versicherungswert zu zahlen hat, so muß sich auch im Falle eines Teilschadens seine Haftung nach Maßgabe des Verhältnisses zwischen Versicherungssumme und Versicherungswert beschränken. Will der Versicherungsnehmer ungeachtet der Unterversicherung für Teilschäden bis zur vollen Höhe der Versicherungssumme gedeckt sein, so bedarf es einer besonderen Vereinbarung (sogenannte Versicherung au premier risque); der Versicherer wird eine solche Haftung in der Regel nur gegen eine höhere Prämie übernehmen.

In der Literatur wird, namentlich auf Grund der Vorschriften des Handelsgesetzbuchs über die Seeversicherung, zum Teil die Auffassung vertreten, daß für die Frage, ob eine Unterversicherung vorliegt, nicht der Versicherungswert zur Zeit des Eintritts des Versicherungsfalls, sondern der Versicherungswert zur Zeit der Schließung des Vertrags maßgebend sein. Die vom Entwurf vorgesehene Regelung stimmt jedoch mit der herrschenden Übung, insbesondere mit der für die vorliegende Frage hauptsächlich in Betracht kommenden Praxis der Feuerversicherungsunternehmungen, überein. Sie entspricht auch dem Standpunkte, den der § 51 in bezug auf die Herabsetzung der Versicherungssumme wegen Überversicherung einnimmt, und führt zu richtigen Ergebnissen. Wird beispielsweise durch Feuer in einem Warenlager, welches zu 160000 Mark versichert ist und zur Zeit der Schließung des Vertrags 200000 Mark wert war, bei Ausbruch des Brandes aber nur einen Wert von 180000 Mark hat, ein Schaden von 45000 Mark verursacht, so muß der Versicherer nach dem Entwurfe diesen Schaden im Verhältnisse von 160000 zu 180000, also im Verhältnisse von 8 zu 9 ersetzen, folglich 40000 Mark zahlen. Dagegen hat er nach der Berechnung, welche von dem Werte zur Zeit des Vertragsschlusses ausgeht, für den Schaden nur im Verhältnisse von 160000 zu 200000, also im Verhältnisse von 4 zu 5 aufzukommen, mithin 36000 Mark zu entrichten. Hierin liegt eine Unbilligkeit gegen den Versicherungsnehmer; es läßt sich nicht rechtfertigen, daß dann, wenn die versicherte Sache während der Dauer der Versicherung durch Alter, Abnutzung oder aus sonstigen Gründen in ihrem Versicherungswerte gemindert wird, zu Ungunsten des Versicherungsnehmers für die Haftung des Versicherers das Verhältnis der Versicherungssumme zu dem früheren Versicherungswert entscheidet. Ist umgekehrt der Wert des Warenlagers seit der Schließung des Vertrags von 200000 auf 240000 Mark gestiegen und entsteht nun durch Feuer ein Schaden von 200000 Mark, so hat zufolge § 56 der Versicherungsnehmer einen Anspruch auf Ersatz des Schadens im Verhältnisse von 160000 zu 240000 oder von 2 zu 3, er erhält daher 133333 Mark 33 Pfennig. Nach der andern Berechnungsweise ist das Verhältnis von 160000 zu 200000 oder von 4 zu 5 maßgebend, der vom Versicherer zu zahlende Betrag beläuft sich also auf 160000 Mark. Der Versicherungsnehmer erhält hier, da der Versicherer auch im Falle der völligen Vernichtung des Warenlagers nicht mehr als die Versicherungssumme von 160000 Mark zu entrichten hat, für einen Teilverlust ebensoviel wie für den gänzlichen Verlust. Das Ergebnis, das in diesem Falle sich gegen den Versicherer wendet, ist wiederum unhaltbar. Nach dem Entwurfe muß allerdings der Versicherungsnehmer damit rechnen, daß sich bei einem Steigen des Versicherungswerts der Teil des Schadens, für welchen der Versicherer einzustehen hat, verhältnismäßig mindert, diesem Nachteile kann er aber durch eine Nachversicherung vorbeugen.

Für die Transportversicherung ist die erörterte Frage ohne Bedeutung. Die Eigenart dieser Versicherung bringt es mit sich, daß der Versicherungswert ein für allemal nach dem Werte bestimmt wird, den die versicherten Gegenstände bei dem Beginne der Reise am Abgangsorte gehabt haben; eine Änderung des Versicherungswerts ist daher hier überhaupt ausgeschlossen (zu vergl. §§ 138, 139 und die zugehörige Begründung).

§ 57.

Die Vorschriften des § 57 über die Versicherung mit Taxe schließen sich im allgemeinen den nach § 793 des Handelsgesetzbuchs für die Seeversicherung geltenden Grundsätzen an. Die taxierten Policen, wie sie namentlich bei der Transportversicherung gebräuchlich sind, verfolgen den Zweck, die Feststellung der Höhe des vom Versicherer zu leistenden Schadenersatzes zu erleichtern. An sich ist es nach dem Eintritt eines Schadens Sache des Versicherungsnehmers, behufs Feststellung des Umfangs des Schadens darzutun, wie hoch sich der Wert des versicherten Interesses belaufen hat, beispielsweise also, wenn versicherte Waren ganz oder zum Teil vernichtet oder beschädigt sind, welchen Wert die Waren im unbeschädigten Zustande gehabt haben. Die Versicherungssumme ist für den Versicherungswert nicht maßgebend, sondern dient nur dazu, die Haftung des Versicherers zu begrenzen; der Versicherungsnehmer kann daher, selbst wenn ein völliger Verlust eintritt, vom Versicherer nicht ohne weiteres die Zahlung der Versicherungssumme verlangen, sondern muß im Streitfalle beweisen, daß der Versicherungswert die Versicherungssumme wirklich erreicht hat. Die Beweislast ändert sich jedoch, wenn die Parteien den Versicherungswert durch Vereinbarung auf eine bestimmte Summe (Taxe) festsetzen. Ist dies geschehen, so gilt nach § 57 Satz 2 die Taxe im Verhältnisse der Parteien zueinander auch bei dem Eintritte des Versicherungsfalls als Versicherungswert, der Versicherer muß sie der Regelung des Schadens zugrunde legen, und es bleibt ihm nur der Gegenbeweis vorbehalten, daß die Taxe den Wert, den das versicherte Interesse zur Zeit des Eintritts des Versicherungsfalls tatsächlich hat, erheblich übersteigt. Voraussetzung für die Anwendung der Vorschriften über die Taxe ist aber, daß nach dem Willen der Parteien es sich wirklich um eine Vereinbarung handelt, durch welche der Versicherungswert für ihre rechtlichen Beziehungen zueinander auf eine bestimmte Summe festgesetzt wird (§ 57 Satz 1). Eine Schätzung der versicherten Gegenstände, die bei der Schließung des Vertrags erfolgt, um danach die Höhe der Versicherungssumme und der Prämie zu bemessen, enthält noch nicht die Vereinbarung einer Taxe; insbesondere liegt eine Taxe im Sinne des Entwurfs auch dann nicht vor, wenn verschiedene Sachen zu einer Gesamtsumme versichert und in dem Versicherungsscheine bei den einzelnen Gegenständen als rechnerische Unterlage für die Gesamtsumme bestimmte Beträge ausgeworfen werden.

Der § 57 Satz 3 bezieht sich auf solche Versicherungsverträge, bei welchen die Versicherungssumme niedriger ist als die Taxe. In einem derartigen Falle soll selbst dann, wenn die Taxe den wirklichen Versicherungswert erheblich übersteigt und daher gemäß § 57 Satz 2 nicht als Versicherungswert gilt, für die Frage, ob und inwieweit eine Unterversicherung vorliegt, das Verhältnis der Taxe zur Versicherungssumme und nicht das Verhältnis des wirklichen Versicherungswerts zur Versicherungssumme entscheiden. Eine entsprechende Vorschrift findet sich in den Hamburger Allgemeinen Seeversicherungsbedingungen und auch das Handelsgesetzbuch wird in gleichem Sinne ausgelegt. Die Bestimmung erscheint gerechtfertigt, weil in der Vereinbarung einer Taxe, die höher ist als die Versicherungssumme, jedenfalls die Absicht der Parteien zum Ausdrucke kommt, daß der Versicherungsnehmer nach dem Verhältnisse des nicht gedeckten Teiles des Wertes Selbstversicherer sein soll; hierbei muß es verbleiben, auch wenn sich die Taxe als übersetzt erweist und deshalb im übrigen für den Versicherungswert nicht maßgebend ist.

Für die Feuerversicherung sind hinsichtlich der Taxe in den §§ 87, 89 besondere Vorschriften getroffen.

§ 58.

Der § 58 bezieht sich auf den Fall der mehrfachen Versicherung desselben Interesses bei verschiedenen Versicherern. Eine solche Versicherung kann sowohl in der Art vorkommen, daß der Gesamtbetrag der Versicherungssummen sich innerhalb der Grenze des Versicherungswerts hält, bei den einzelnen Versicherern also nur der bei den übrigen nicht gedeckte Teil des Versicherungswerts versichert ist, als auch so, daß die Versicherungssummen zusammen den Wert, den das versicherte Interesse zur Zeit des Eintritts des Versicherungsfalls hat, übersteigen; das letztere Verhältnis bezeichnet der Entwurf als Doppelversicherung.

Die innerhalb der Grenze des Versicherungswerts sich haltende Versicherung desselben Gegenstandes bei mehreren Unternehmern muß selbstverständlich unbeschränkt zulässig sein; denn ohne eine Verteilung der Gefahr auf verschiedene Versicherer kann der Versicherungsnehmer in vielen Fällen eine vollständige Deckung überhaupt nicht erlangen. Aber selbst der Weg der Doppelversicherung läßt sich nicht ohne weiteres verschließen (zu vergl. S. 66 ff).

Mit bezug auf beide Arten der mehrfachen Versicherung bestimmt der Entwurf (§ 58 Abs. 1), daß der Versicherungsnehmer, wenn er ein Interesse gegen dieselbe Gefahr bei mehreren Versicherern versichert, jedem Versicherer unverzüglich von der anderen Versicherung Mitteilung zu machen hat; in der Mitteilung ist (§ 58 Abs. 2) der Versicherer, bei welchem die andere Versicherung genommen worden ist, zu bezeichnen und die Versicherungssumme anzugeben. Diese Vorschriften gelten sowohl, wenn die betreffenden Verträge nacheinander, als wenn sie gleichzeitig geschlossen werden. In allen Fällen einer mehrfachen Versicherung äußern die Beziehungen des Versicherungsnehmers zu dem einen Versicherer meist auch ihre Wirkung gegenüber dem anderen, und jeder der beteiligten Versicherer wird daher vor die Frage gestellt, ob er sich dauernd auf ein solches Verhältnis einlassen will. Beide haben somit ein Interesse daran, alsbald über die für ihre Entschließung in Betracht kommenden Umstände Mitteilung zu erhalten. Handelt es sich um eine Doppelversicherung, so ist diese Mitteilung wegen des dem Versicherer gegen den Mitversicherer zustehenden Rückgriffs (§ 59 Abs. 2) von erhöhter Bedeutung. An die Verletzung der Pflicht zur Mitteilung knüpft der Entwurf keine besondere Folge, es bewendet daher bei den allgemeinen Grundsätzen, nach denen der Versicherungsnehmer, sofern die Verletzung sich als eine schuldhafte darstellt, dem Versicherer zum Ersatze des Schadens verbunden ist. Dem Versicherer bleibt, soweit er es für erforderlich erachtet, überlassen, in den Versicherungsbedingungen mit der Verletzung weitergehende Wirkungen zu verbinden. Eine Schranke gegenüber solchen Bestimmungen zieht der Entwurf nur insofern, als vermöge der Vorschrift des § 6 Abs. 1, 3 der Versicherer sich auf eine Vereinbarung, nach welcher die Verletzung der in Frage stehenden Pflicht die Verwirkung der Ansprüche des Versicherungsnehmers zur Folge haben soll, nicht berufen kann, wenn dem Versicherungsnehmer kein Verschulden zur Last fällt.

Von mehreren Seiten ist, hauptsächlich mit bezug auf die Feuerversicherung, befürwortet worden, Vereinbarungen zu verbieten, durch die dem Versicherungsnehmer die Verpflichtung auferlegt wird, zu einem bestimmten Teile Selbstversicherer zu bleiben oder sich nur mit Genehmigung des Versicherers noch durch eine andere Versicherung zu decken; dabei wird namentlich darauf hingewiesen, daß die bestehenden Versicherungsunternehmungen solche Vertragsbestimmungen dazu mißbrauchen könnten, das Aufkommen neuer Gesellschaften zu verhindern, indem sie den Versicherten die Genehmigung zum Abschlusse des Vertrags mit der neuen Gesellschaft versagen. Bei Versicherungen besonders gefährlicher Art bietet indessen der Zwang zu einer teilweisen Selbstversicherung das wirksamste Mittel, um den Versicherungsnehmer zur Beobachtung der erforderlichen Vorsicht anzuhalten, und auch sonst erscheint es bei der wesentlichen Bedeutung, die für den Versicherer die mehrfache Versicherung desselben Gegenstandes haben kann, nicht angängig, dem Versicherer gesetzlich die Befugnis zu entziehen, sich die Entschließung darüber vorzubehalten, ob die Beteiligung eines anderen Versicherers mit seinem Interesse vereinbar ist. Etwaigen Mißbräuchen entgegenzutreten, wird Sache der Aufsichtsbehörde sein. Soweit den Versicherungsnehmer in bezug auf die Verletzung der übernommenen Verpflichtung ein Verschulden nicht trifft, greifen außerdem die Vorschriften des § 6 Abs. 1, 3 Platz.

§§ 59, 60.

Liegt eine Doppelversicherung vor, übersteigt also im Falle mehrfacher Versicherung die Gesamtheit der Versicherungssummen den Versicherungswert, so müssen, da die Versicherung niemals zu einer Bereicherung des Versicherungsnehmers führen darf, dessen Rechte so beschränkt werden, daß er nicht mehr als den Ersatz seines Schadens beanspruchen kann. Um dies zu erreichen, ist es aber nicht erforderlich, daß die Doppelversicherung für unzulässig erklärt, insbesondere etwa der späteren Versicherung insoweit, als die erste Versicherung den Versicherungswert schon deckt, die Wirksamkeit entzogen wird, und ebensowenig ist Anlaß, gegenüber dem Versicherungsnehmer, im Widerspruche mit dem Inhalte des Vertrags, die Haftung jedes einzelnen Versicherers auf einen Teilbetrag der von ihm übernommenen Versicherungssumme zu mindern. Vielmehr ergibt sich eine einfache und sachgemäße Regelung des Verhältnisses, wenn die Vorschriften über die Gesamtschuld zugrunde gelegt werden.

Von diesem Standpunkte geht der Entwurf aus. Ist ein Interesse gegen dieselbe Gefahr bei mehreren Versicherern versichert und übersteigen die Versicherungssummen zusammen den Versicherungswert, so sind nach § 59 Abs. 1 die Versicherer in der Weise als Gesamtschuldner verpflichtet, daß dem Versicherungsnehmer jeder Versicherer für den Betrag haftet, dessen Zahlung ihm nach seinem Vertrag obliegt, der Versicherungsnehmer aber im ganzen nicht mehr als den Betrag des Schadens verlangen kann; dabei ergibt sich von selbst, daß bei Anwendung dieser Vorschrift für die Frage, ob die Versicherungssummen den Versicherungswert übersteigen, die Zeit des Eintritts des Versicherungsfalls maßgebend ist. Der Abs. 2 des § 59 räumt sodann den Versicherern ein gegenseitiges Rückgriffsrecht ein, indem er vorsieht, daß die Versicherer im Verhältnisse zueinander zu Anteilen nach Maßgabe der Beträge verpflichtet sind, deren Zahlung ihnen dem Versicherungsnehmer gegenüber vertragsmäßig obliegt. Die Vorschrift des § 426 Abs. 1 Satz 1 des Bürgerlichen Gesetzbuchs, derzufolge die Gesamtschuldner, soweit nicht ein anderes bestimmt ist, im Verhältnisse zueinander zu gleichen Teilen verpflichtet sind, findet sonach keine Anwendung. Dagegen greifen die weiteren Vorschriften, die der § 426 des Bürgerlichen

Gesetzbuchs über das gegenseitige Verhältnis der Gesamtschuldner gibt, auch bei der Doppelversicherung Platz, insbesondere ist, wenn ein Versicherer zahlungsunfähig geworden ist und den auf ihn treffenden Betrag nicht entrichten kann, der Ausfall von den übrigen zur Ausgleichung verpflichteten Versicherern zu tragen. Vermöge des Rückgriffsrechts, welches den Versicherern untereinander zusteht, führen schließlich die Bestimmungen des Entwurfs im allgemeinen zu demselben Ergebnisse, wie wenn jeder Versicherer dem Versicherungsnehmer nur für einen entsprechenden Teil der Versicherungssumme haftete. Der Versicherungsnehmer hat aber nach dem Entwurfe den Vorteil, daß er die Teilung nicht selbst vorzunehmen braucht, sondern sich, bis er vollen Ersatz erlangt hat, an jeden Versicherer wegen des ganzen durch dessen Versicherungssumme gedeckten Betrags halten kann; er erlangt so auf leichtere und schnellere Weise Befriedigung und erleidet durch Zahlungsunfähigkeit des einen Versicherers, soweit ihm der andere Versicherer gleichfalls verpflichtet ist, keinen Verlust. Wie sich demgemäß die Sachlage gestaltet, läßt sich am besten mit Hilfe eines Beispiels zeigen. Angenommen, daß ein Warenlager, welches zur Zeit des Eintritts des Brandschadens 10000 Mark wert ist, bei A zu 8000, bei B und C zu je 4000 Mark versichert ist, und daß der Schaden 5000 Mark beträgt, so haftet A dem Versicherungsnehmer für 4000, B für 2000 und C gleichfalls für 2000 Mark. Der Versicherungsnehmer ist hier, wenn er von A 4000 und von B 1000 Mark erhalten hat, voll befriedigt und vermag daher weitere Forderungen nicht mehr geltend zu machen. Da jedoch die Versicherer im Verhältnisse zueinander nach Maßgabe der Beträge verpflichtet sind, deren Zahlung ihnen dem Versicherungsnehmer gegenüber obliegt, also hier nach Maßgabe der Beträge von 4000, 2000 und 2000, so hat zwischen A, B und C eine Ausgleichung in der Weise zu erfolgen, daß von dem Schaden A 2500, B und C je 1250 Mark tragen. A hat daher von B 250 und von C 1250 Mark zu fordern. Gerät C in Konkurs und kann A von ihm nur 950 Mark erhalten, so haben A und B den Ausfall von 300 Mark im Verhältnisse von 4000 zu 2000 zu tragen. A darf daher von B noch 100 Mark verlangen.

Vertragsmäßige Festsetzungen, durch welche das Verhältnis abweichend von den Vorschriften des Entwurfs geordnet wird, sind nicht ausgeschlossen. Insbesondere ist die Vereinbarung zulässig, daß bei einer Doppelversicherung nur der erste Versicherer haftet oder daß jeder Versicherer auch dem Versicherungsnehmer gegenüber nur für einen verhältnismäßigen Teil des Schadens aufzukommen hat. Selbstverständlich kann aber, soweit eine Gesamthaftung besteht, durch eine Vereinbarung zwischen dem Versicherungsnehmer und dem einen Versicherer das Rückgriffsrecht, das dem anderen Versicherer nach § 59 Abs. 2 zusteht, nicht ausgeschlossen werden.

Eine besondere Vorschrift gibt der Entwurf für solche Fälle, in denen auf eine der Versicherungen ausländisches Recht Anwendung findet. Um zu verhindern, daß hier die Vorschriften über das Rückgriffsrecht zu einer Benachteiligung derjenigen Versicherer führen, deren Verträge dem deutschen Rechte unterstehen, sieht der § 59 Abs. 2 Satz 2 vor, daß in einem solchen Falle der Versicherer, für den das ausländische Recht gilt, gegen den anderen Versicherer einen Anspruch auf Ausgleichung nur geltend machen kann, wenn er selbst nach dem für ihn maßgebenden Rechte zur Ausgleichung verpflichtet ist.

Wird eine Doppelversicherung von dem Versicherungsnehmer in unredlicher Absicht genommen, so ist nach § 59 Abs. 3 jeder in dieser Absicht geschlossene Vertrag nichtig. Der Versicherungsnehmer kann daher, wenn er schon bei dem Abschlusse des ersten Vertrags die unredliche Absicht hatte, aus keinem der Ver-

5*

träge Rechte herleiten. Lag dagegen die unredliche Absicht nur bei der Schließung des zweiten Vertrags vor, so bleibt die Gültigkeit der ersten Versicherung unberührt. Für die nichtigen Versicherungen hat der Versicherungsnehmer, sofern nicht der Versicherer bei der Schließung des Vertrags von der Nichtigkeit Kenntnis hatte, die Prämie bis zum Schlusse der Versicherungsperiode zu zahlen, in welcher der Versicherer diese Kenntnis erlangt.

Die Behandlung der Doppelversicherung als Gesamtschuldverhältnis entspricht den allgemeinen Grundsätzen des bürgerlichen Rechtes. Auch die Rechtsprechung des Reichsgerichts hat anerkannt, daß bei der Doppelversicherung in Ermangelung entgegenstehender gesetzlicher Bestimmungen die Versicherer dem Versicherungsnehmer als Gesamtschuldner verpflichtet sind. Das Handelsgesetzbuch nimmt in den für die Seeversicherung geltenden Vorschriften (§§ 787 bis 791) einen abweichenden Standpunkt ein. Es läßt zwar die mehreren Versicherungen, wenn sie gleichzeitig genommen sind, in der Weise zu Recht bestehen, daß jeder Versicherer nach dem Verhältnisse der einzelnen Versicherungssummen für einen entsprechenden Teil des Schadens haftet. Dagegen erklärt es, wenn ein bereits versicherter Gegenstand nochmals unter Versicherung gebracht wird, die spätere Versicherung, soweit sie sich auf den schon gedeckten Betrag bezieht, für unwirksam. Auch die Landesgesetze haben auf dem Gebiete der Feuerversicherung zum Teil die Doppelversicherung verboten, einzelne die mehrfache Versicherung sogar für Fälle untersagt, in denen die Versicherungssummen zusammen den Versicherungswert nicht übersteigen.[1])

Der Zweck aller hierher gehörigen Landesgesetze geht dahin, zu verhüten, daß sich der Versicherungsnehmer mittels Doppelversicherung eine mehrfache Vergütung für denselben Schaden verschaffe. Dieses Ziel wird aber durch die Regelung des Entwurfs, nach welcher der Versicherungsnehmer gleichfalls nicht mehr als den Betrag seines wirklichen Schadens erhält, in ebenso wirksamer Weise erreicht. Die Möglichkeit, aus der Doppelversicherung eine mehrfache Entschädigung zu erlangen, bietet sich dem Versicherungsnehmer nur unter der Voraussetzung, daß die beteiligten Versicherer bei der Regelung des Schadens keine Kenntnis von der anderweitigen Versicherung besitzen. Gegen eine solche Gefahr kann aber auch die Unwirksamkeit der einen oder der anderen Versicherung nichts helfen, da die Geltendmachung dieser Unwirksamkeit ebenfalls die Kenntnis des Sachverhalts voraussetzt. Dem Versicherer, den der Versicherungsnehmer unberechtigterweise zur Zahlung veranlaßt hat, bleibt nur die Rückforderung des Geleisteten, und dieses Mittel steht ihm auch nach dem Entwurfe zu Gebote. Außerdem gewähren die Vorschriften über die Pflicht zur Anzeige einer anderweit genommenen Versicherung (§ 58) und über die Folgen einer in rechtswidriger Absicht herbeigeführten Doppelversicherung (§ 59 Abs. 3) noch besonderen Schutz gegen ein unlauteres Verhalten des Versicherungsnehmers. Auf strafrechtlichem Gebiete kommen die Vorschriften über den Betrug zur Anwendung. Auch bleibt es selbstverständlich der Landesgesetzgebung unbenommen, das Unterlassen der im § 58 vorgeschriebenen Anzeige mit Strafe zu bedrohen.

---

[1]) Zu vergl. Preußisches Gesetz über das Mobiliar-Feuer-Versicherungswesen vom 8. Mai 1837 § 2; Bayerische Verordnung, die Mobiliar-Feuerversicherungen betreffend, vom 11. September 1872 § 9; Sächsisches Gesetz, das Mobiliar- und Privat-Feuerversicherungswesen betreffend, vom 28. August 1876 § 12; Württembergisches Gesetz vom 19. Mai 1852, betreffend Abänderung des Gesetzes vom 25. Mai 1830 über die polizeilichen Beschränkungen der Versicherung des beweglichen Vermögens gegen Feuersgefahr, Art. 7, 22; Badisches Fahrnisversicherungsgesetz vom 30. Juli 1840 § 5 u. a. m.

Die Interessen, denen die Doppelversicherung dient, sind unter Umständen durchaus berechtigt. Ergeben sich Zweifel über die Leistungsfähigkeit des Versicherers oder läßt sein Verhalten Schwierigkeiten für den Fall des Eintritts eines Schadens besorgen, so wird der Versicherungsnehmer häufig dringenden Anlaß haben, neben der bestehenden Versicherung noch eine anderweitige Versicherung zu beschaffen. Eine Doppelversicherung kann aber auch eintreten, ohne daß sie von den Beteiligten beabsichtigt ist, und gerade in solchen Fällen führen die Vorschriften des Handelsgesetzbuchs trotz der mannigfachen Ausnahmen und Einschränkungen, die dort vorgesehen sind, nicht immer zu befriedigenden Ergebnissen. Hat beispielsweise der Empfänger einer zur See ankommenden Warenladung am Bestimmungsort einen Versicherungsvertrag gegen die bei der Leichterung der Güter vorkommenden Unfälle abgeschlossen, so muß die wegen eines solchen Unfalls auf Grund des genannten Vertrags erhobene Klage nach dem Handelsgesetzbuch abgewiesen werden, wenn sich herausstellt, daß bereits am Abgangsorte von dem Vertreter des Empfängers eine auch die Leichtergefahr deckende Versicherung für den Seetransport genommen war.[1]) Versichert ein Schiffseigentümer einen Schlepper in der Weise, daß die Versicherung zugleich die jeweiligen Hinterhangsfahrzeuge umfaßt, und stößt einem Hinterhangsfahrzeuge, das vorher bereits bei einem anderen Unternehmer versichert worden war, ein Unfall zu, so kann wegen dieses Unfalls wiederum der Versicherer des Schleppers nicht in Anspruch genommen werden, obwohl er alle Hinterhangsfahrzeuge decken wollte und demgemäß auch die Prämien berechnet hat.[2]) Doppelversicherungen entstehen ferner nicht selten bei sogenannten Generalpolicen, namentlich wenn bei einer Güterversendung die Gefahr der Lagerung der Güter am Abgangs- oder Bestimmungshafen sowohl durch eine Feuerversicherungs- wie durch eine Seeversicherungspolice gedeckt ist. In derartigen Fällen je nach dem Alter der Versicherungen entweder nur die Feuerversicherungsgesellschaft oder nur den Seeversicherer haften zu lassen, erscheint durchaus willkürlich, ganz abgesehen davon, daß die Frage, welcher Zeitpunkt bei solchen Generalpolicen für das Alter der Versicherung entscheidet, keineswegs unzweifelhaft ist.

Die bezeichneten Schwierigkeiten werden durch die Vorschrift, daß die Versicherer als Gesamtschuldner haften, vermieden. Diese Regelung entspricht auch, was gerade für die Seeversicherung von Bedeutung ist, im wesentlichen dem englischen Rechte; sie ist deshalb in den Entwurf eines Gesetzes, betreffend die Änderung der Vorschriften des Handelsgesetzbuchs über die Seeversicherung, gleichfalls übernommen.

Wird durch das Vorliegen einer Doppelversicherung die Gültigkeit der Versicherungsverträge nicht berührt, so hat, soweit nicht das Gesetz ein anderes bestimmt, der Versicherungsnehmer jedem Versicherer die volle vereinbarte Prämie zu entrichten. Hierin liegt für den Versicherungsnehmer, wenn er den zweiten Vertrag geschlossen hat, obwohl ihm das Bestehen der ersten Versicherung bekannt war, keine unbillige Beschwerung. Eine besondere Berücksichtigung erfordert jedoch der schon oben berührte Fall, daß die Versicherung, durch welche die Doppelversicherung entsteht, ohne Kenntnis von der anderen Versicherung genommen wird. Solche unbeabsichtigte Doppelversicherungen treten namentlich ein, wenn die Schließung der Verträge mit den Versicherern durch verschiedene Personen erfolgt, insbesondere auf Grund einer Vollmacht oder im Wege

---

[1]) Zu vergl. Voigt, Das deutsche Seeversicherungsrecht S. 91.
[2]) Zu vergl. Entscheidungen des Reichsgerichts in Zivilsachen Bd. 47 S. 168.

des Abschlusses der Versicherung für fremde Rechnung. Namentlich kommt es im Handelsverkehr und vor allem bei Güterversendungen nach oder von dem Auslande nicht selten vor, daß die Beteiligten, da sie nicht immer in der Lage sind, einander von jeder geschäftlichen Maßnahme rechtzeitig in Kenntnis zu setzen, die Waren mehrfach unter Versicherung bringen. Blieben in solchen Fällen die Interessenten jedem Versicherer unbedingt zur Zahlung der vertragsmäßigen Prämie verpflichtet, so würde die Versicherung in unwirtschaftlicher Weise verteuert werden. Dies läßt sich dadurch vermeiden, daß den Beteiligten die Möglichkeit gegeben wird, die Doppelversicherung durch eine Herabsetzung der Versicherungssumme, für welche die einzelnen Versicherer haften, zu beseitigen. Der § 60 Abs. 1 des Entwurfs räumt deshalb dem Versicherungsnehmer, wenn die Versicherung, die zu der Doppelversicherung geführt hat, ohne Kenntnis von der anderen Versicherung genommen ist, das Recht ein, von jedem Versicherer zu verlangen, daß die Versicherungssumme, unter verhältnismäßiger Minderung der Prämie, auf den Betrag des Anteils herabgesetzt wird, den der Versicherer gemäß § 59 Abs. 2 im Verhältnisse zu dem anderen Versicherer zu tragen hat. Was den Zeitpunkt betrifft, nach welchem hierbei der Wert der versicherten Gegenstände zu berechnen ist, so ist, ebenso wie bei der Herabsetzung der Versicherungssumme wegen Überversicherung (§ 51 Abs. 1), der Versicherungswert maßgebend, wie er zu der Zeit gestaltet ist, in welcher die Herabsetzung verlangt wird (zu vergl. S. 61). Macht der Versicherungsnehmer von dem Rechte, die Herabsetzung zu verlangen, Gebrauch, so hat er zufolge der Vorschrift des § 60 Abs. 3 den beteiligten Versicherern als Entschädigung für die teilweise Aufhebung der Verträge eine angemessene Geschäftsgebühr zu zahlen. Auf den ersten Blick scheint es näher zu liegen, die Beseitigung der Doppelversicherung dadurch herbeizuführen, daß zwar die zuerst genommene Versicherung unberührt bleibt, die spätere dagegen in der vollen Höhe des doppelt versicherten Betrags der Aufhebung unterliegt. Bei näherer Betrachtung erweist sich jedoch dieser Weg als nicht gangbar; denn da der zweite Versicherer bis zu der Aufhebung die Gefahr mitgetragen hat, so kann ihm die Prämie für den doppelt versichert gewesenen Betrag nicht völlig entzogen werden.

Was den Zeitpunkt anlangt, in dem die Herabsetzung der Versicherungssumme und der Prämie wirksam wird, so weist der Zweck der Herabsetzung darauf hin, ihr rückwirkende Kraft beizulegen. Die Versicherer werden durch eine solche Regelung in ihren berechtigten Ansprüchen nicht verletzt, da sie sich in ihrem Verhältnisse zueinander schon vor der Herabsetzung in die Haftung teilten und daher in dem ihnen verbleibenden Prämienbetrage und in der Geschäftsgebühr ein ausreichendes Entgelt finden. Auf der anderen Seite würde es zu weit gehen, wenn dem Versicherer die Prämienansprüche, die er für eine schon abgeschlossene Versicherungsperiode erworben hat, im Wege des Ristorno nachträglich wieder genommen würden. Der Entwurf sieht deshalb im § 60 Abs. 2 Satz 1 vor, daß die Herabsetzung der Versicherungssumme und der Prämie von dem Beginne der Versicherungsperiode an wirkt, in welcher sie verlangt wird. Für die Gütertransportversicherung ist übrigens die Beschränkung der rückwirkenden Kraft auf die laufende Versicherungsperiode ohne praktische Bedeutung, da hier die Versicherungszeit nicht in mehrere Versicherungsperioden zerfällt, die Herabsetzung also stets auf den Beginn der Versicherung zurückwirkt.

Hatte die Gefahr für den einen Versicherer schon zu laufen begonnen, bevor der Vertrag mit dem anderen Versicherer geschlossen wurde, ist zum Beispiel eine schon vor dem Beginne der Beförderung versicherte Gütersendung während der Reise nochmals unter Versicherung gebracht, so soll nach dem Satz 2 des Abs. 2, abweichend von der Regel des Satz 1, die Herabsetzung der Versicherungssumme und der Prämie dem ersten Versicherer gegenüber erst mit dem Zeitpunkte wirksam werden, in welchem sie verlangt wird. Die Vorschrift rechtfertigt sich durch die Erwägung, daß in Fällen dieser Art der erste Versicherer die Gefahr bis zum Abschlusse des zweiten Vertrags allein getragen hat, ohne die Möglichkeit zu haben, einen Teil der Haftpflicht im Wege des Rückgriffs auf einen anderen Versicherer abzuwälzen, und daß ihm deshalb für die Vergangenheit auch der Anspruch auf die volle Prämie gewahrt bleiben muß.

Im letzten Absatze des § 60 ist bestimmt, daß das Recht, die Herabsetzung der Versicherungssumme und der Prämie zu verlangen, erlischt, wenn der Versicherungsnehmer es nicht unverzüglich geltend macht, nachdem er von der Doppelversicherung Kenntnis erlangt hat. Dem Versicherungsnehmer darf nicht gestattet werden, vor seiner Entschließung die weitere Entwickelung der Verhältnisse abzuwarten, um danach zu beurteilen, ob es für ihn vorteilhafter ist, die Doppelversicherung beizubehalten oder nicht, vielmehr erfordert die billige Rücksichtnahme auf den Versicherer, daß der Versicherungsnehmer sich alsbald über die Ausübung seines Rechtes erklärt.

§ 61.

Während nach § 821 Nr. 4 des Handelsgesetzbuchs im Bereiche der Seeversicherung jedes Verschulden des Versicherungsnehmers, sofern sich darauf der Schaden gründet, den Versicherer von der Ersatzpflicht befreit, ist bei den sonstigen Zweigen der Schadensversicherung der Versicherungsnehmer gegenwärtig vielfach günstiger gestellt. Dies gilt namentlich für die Feuerversicherung. Sowohl die gesetzlichen und statutarischen Vorschriften vieler öffentlicher Anstalten als die allgemeinen Versicherungsbedingungen des Verbandes deutscher Privat-Feuerversicherungsgesellschaften versagen dem Versicherungsnehmer das Recht auf Entschädigung nur, wenn er den Brand absichtlich oder durch grobe Fahrlässigkeit verursacht hat. Die Regel, die der Entwurf im § 61 für die Schadensversicherung über den Wegfall der Leistungspflicht des Versicherers aufstellt, stimmt hiermit überein. Daß die Haftung des Versicherers bestehen bleibt, wenn der Versicherungsnehmer den Eintritt des Versicherungsfalls durch eine Fahrlässigkeit herbeiführt, die nicht als eine grobe angesehen werden kann, braucht im Gesetze nicht besonders hervorgehoben zu werden. Denn dies ergibt sich schon daraus, daß der Versicherer an sich für jeden durch den Eintritt eines Versicherungsfalls entstehenden Schaden einzustehen hat. Durch die Grundsätze, die hiernach in Ansehung der Haftung des Versicherers bei Verschulden des Versicherungsnehmers gelten, wird zugleich die Anwendbarkeit des § 254 des Bürgerlichen Gesetzbuchs ausgeschlossen, demzufolge in dem Falle, daß bei der Entstehung des Schadens ein Verschulden des Beschädigten mitgewirkt hat, die Verpflichtung zum Ersatze sowie der Umfang des zu leistenden Ersatzes von den Umständen, insbesondere davon abhängt, inwieweit der Schaden vorwiegend von dem einen oder dem anderen Teile verursacht ist. Übrigens enthält der § 61 kein zwingendes Recht. Vereinbarungen, durch welche die Haftung des Versicherers ausgedehnt oder beschränkt wird, bleiben daher zulässig. Auch sind im Entwurfe selbst für die Transport- und die Haftpflichtversicherung mit Rücksicht auf die hier obwaltenden besonderen Verhältnisse abweichende Vorschriften getroffen (§§ 128, 149).

§ 62.

Treu und Glauben sowie die den Interessen des Versicherers gebührende Rücksicht erfordern, daß der Versicherungsnehmer bei dem Eintritte des schädigenden Ereignisses nach Kräften für die Abwendung und Minderung des Schadens sorgt und sich dabei nach den Anordnungen des Versicherers, der ihm den Schaden ersetzen soll, richtet. Eine solche Verpflichtung ist schon im Preußischen Allgemeinen Landrechte (II, 8 §§ 2164 ff.) dem Versicherungsnehmer ausdrücklich auferlegt worden. Der Entwurf trifft (§ 62 Satz 1) gleichfalls eine dahingehende Bestimmung. Die Weisungen des Versicherers, die der Versicherungsnehmer nach Möglichkeit zu befolgen verpflichtet ist, brauchen von dem Versicherer nicht erst nach dem Eintritte des Versicherungsfalls erteilt zu werden, sondern können auch schon vorher, namentlich in den allgemeinen Versicherungsbedingungen, festgestellt sein. Damit aber der Versicherer bei dem Eintritte des Versicherungsfalls Gelegenheit erhält, die geeigneten Anordnungen zu geben, schreibt der Entwurf ausdrücklich vor, daß der Versicherungsnehmer, soweit die Umstände es gestatten, solche Weisungen einholen soll. Hat der Versicherungsnehmer Weisungen nicht erhalten und kann er sie nach Lage der Sache nicht abwarten, so bleiben die zu ergreifenden Maßregeln seinem eigenen pflichtmäßigen Ermessen überlassen. Das Gleiche gilt, wenn mehrere Versicherer beteiligt sind und von ihnen entgegenstehende Weisungen gegeben werden (§ 62 Satz 2).

Eine besondere Rechtsfolge an die Verletzung der dem Versicherungsnehmer nach § 62 obliegenden Pflichten zu knüpfen, ist nicht erforderlich. Schon aus allgemeinen Grundsätzen ergibt sich, daß dem Versicherer, wenn der Versicherungsnehmer diese Pflichten schuldhafterweise nicht erfüllt, ein Schadensanspruch zusteht, den er im Wege der Aufrechnung geltend machen kann. Vereinbarungen, nach welchen der Versicherungsnehmer im Falle einer Zuwiderhandlung gegen die Vorschriften des § 62 seiner Ansprüche verlustig gehen soll, unterliegen den durch den § 6 Abs. 2, 3 vorgesehenen Beschränkungen.

§ 63.

Im Anschluß an die für die Seeversicherung geltende Vorschrift des Handelsgesetzbuchs (§ 834 Nr. 3) geht der Entwurf davon aus, daß der Versicherer in Ermangelung abweichender Vereinbarungen die Aufwendungen, die der Versicherungsnehmer bei dem Eintritte des Versicherungsfalls zur Abwendung oder Minderung des Schadens macht, auch wenn sie erfolglos bleiben, insoweit zu tragen hat, als der Versicherungsnehmer sie den Umständen nach für geboten halten durfte (§§ 63 Abs. 1 Satz 1). Aus der Beschränkung, die hier für die Verpflichtung des Versicherers zur Erstattung der Kosten vorgesehen ist, ergibt sich insbesondere, daß der Versicherungsnehmer den Ersatz von Kosten, die zu dem abzuwendenden Schaden außer Verhältnis stehen, regelmäßig nicht beanspruchen kann. Liegt eine Unterversicherung vor, so können selbstverständlich dem Versicherer die Kosten nur zu einem verhältnismäßigen Teile zur Last gelegt werden (§ 63 Abs. 2). Anderseits entspricht es der Billigkeit, daß der Versicherer, soweit er für die Aufwendungen haftet, dem Versicherungsnehmer auf dessen Verlangen den erforderlichen Betrag vorzuschießen hat (§ 63 Abs. 1 Satz 3).

Nach § 840 Abs. 2 des Handelsgesetzbuchs hat der Versicherer die Rettungskosten selbst dann zu erstatten, wenn sie zusammen mit der übrigen Entschädigung die Versicherungssumme übersteigen; die Vorschrift ist durch die Praxis auf die Binnentransportversicherung übertragen worden und für diesen Versicherungszweig auch im Entwurf anerkannt. Bei anderen Versicherungszweigen, namentlich bei der Feuerversicherung, bildet es dagegen die Regel, daß der Versicherer die Aufwendungen zur Abwendung und Minderung des Schadens nur insoweit erstattet, als dadurch die Versicherungssumme nicht überschritten wird. Eine ausreichende Veranlassung, auch hier den Grundsatz, daß die Versicherungssumme die Grenze der Haftung des Versicherers bildet, in Ansehung der Rettungskosten vollständig aufzugeben, liegt nicht vor; vielmehr genügt es, wenn über jene Grenze hinsichtlich des Ersatzes derjenigen Aufwendungen hinausgegangen wird, welche in Gemäßheit der von dem Versicherer gegebenen Weisungen (§ 62) gemacht worden sind. Eine dahingehende Vorschrift ist im § 63 Abs. 1 Satz 2 getroffen. Dem Versicherungsnehmer, der für die Rettungskosten unbedingt gedeckt sein will, kann es überlassen werden, diese Kosten gegen einen Zuschlag zur Prämie mitzuversichern. Übrigens ist auch nach dem Handelsgesetzbuche die fragliche Verbindlichkeit des Versicherers in Wirklichkeit keine unbedingte, vielmehr kann er sich gemäß § 841 durch Zahlung der vollen Versicherungssumme von der Verpflichtung befreien, die noch entstehenden Kosten zu ersetzen.

Die Vorschriften des § 63 greifen nur Platz, wenn es sich um Aufwendungen handelt, die der Versicherungsnehmer macht. Die Frage, wer die Kosten der von der Polizei ergriffenen Rettungsmaßregeln zu tragen hat, wird durch die Bestimmungen des Entwurfs nicht berührt.

§ 64.

In den Versicherungsbedingungen findet sich häufig die Bestimmung, daß die Höhe des vom Versicherer zu erstattenden Schadens mit verbindlicher Kraft für beide Teile im Wege eines Abschätzungsverfahrens durch Sachverständige festgesetzt werden soll. Schon bisher ist in der Wissenschaft und Rechtsprechung angenommen worden, daß die auf Grund einer solchen Vereinbarung von den Sachverständigen getroffene Festsetzung nicht ohne jede Einschränkung maßgebend ist, sondern wegen offenbarer Unrichtigkeit selbst dann vor Gericht angefochten werden kann, wenn der Wortlaut der Versicherungsbedingungen den Rechtsweg ausschließt. Im Anschlusse hieran sieht der § 64 Abs. 1 Satz 1 des Entwurfs vor, daß die Bestimmung, welche von den vertragsmäßig dazu berufenen Sachverständigen über die Höhe des Schadens getroffen wird, nicht verbindlich ist, wenn die Bestimmung offenbar von der wirklichen Sachlage erheblich abweicht. Entgegenstehenden Vereinbarungen wird durch den Abs. 3 des § 64 die Anerkennung versagt. Soweit hiernach die Parteien an den Ausspruch der Sachverständigen nicht gebunden sind, erfolgt die Bestimmung der Höhe des Schadens durch gerichtliches Urteil, gerade so, wie wenn im Vertrag eine Festsetzung durch Sachverständige überhaupt nicht vorgesehen wäre (§ 64 Abs. 1 Satz 2); die Befugnis der Landesgesetzgebung, diese Entscheidung anderen Behörden als den ordentlichen Gerichten zu übertragen (Gerichtsverfassungsgesetz § 13), bleibt unberührt. Auch sind die Parteien nicht gehindert, eine sonstige Art der Erledigung zu vereinbaren, namentlich dahin, daß zunächst eine neue Abschätzung durch Sachverständige vorgenommen oder daß die Entscheidung durch einen Schiedsspruch nach Maßgabe der §§ 1025 ff. der Zivilprozeßordnung herbeigeführt werden soll.

Wenn die Sachverständigen die Bestimmung über die Höhe des Schadens nicht treffen können oder wollen oder sie verzögern, so soll nach dem Entwurfe (§ 64 Abs. 1 Satz 3) die Festsetzung gleichfalls durch Urteil erfolgen (zu vergl. Bürgerliches Gesetzbuch § 319 Abs. 1).

In welcher Weise und von wem die Sachverständigen auszuwählen sind, bleibt der Abmachung der Parteien überlassen. Für den Fall, daß im Vertrag eine gerichtliche Ernennung vorgesehen ist, gibt der Abs. 2 des § 64 im Anschluß an den § 164 des Gesetzes über die Angelegenheiten der freiwilligen Gerichtsbarkeit die erforderlichen Bestimmungen hinsichtlich des zuständigen Gerichts und des Verfahrens. In betreff der dem Versicherungsnehmer durch das Abschätzungsverfahren entstehenden Kosten gelten in Ermangelung besonderer Vereinbarungen die Vorschriften des § 66.

§ 65.

Die Versicherungsverträge enthalten nicht selten die Bestimmung, daß der Versicherer nicht verbunden ist, sich auf Verhandlungen über den Schaden und die Entschädigung mit anderen Personen als dem Versicherungsnehmer einzulassen. Ein ausreichender Grund, der es rechtfertigen könnte, die Befugnis des Versicherungsnehmers zur Bestellung eines Bevollmächtigten in dieser Weise zu beschränken, liegt nicht vor. Zweifellos können aber durch eine derartige Beschränkung die Interessen des Versicherungsnehmers, falls dieser die erforderliche Geschäftserfahrung nicht besitzt oder aus anderen Gründen nicht in der Lage ist, seine Rechte persönlich wahrzunehmen, gefährdet werden. Im § 65 des Entwurfs ist deshalb verordnet, daß sich der Versicherer auf eine Vereinbarung, nach welcher der Versicherungsnehmer bei den Verhandlungen zur Ermittelung und Feststellung des Schadens sich nicht durch einen Bevollmächtigten vertreten lassen darf, nicht berufen kann.

§ 66.

Die Frage, in welchem Umfange der Versicherer dem Versicherungsnehmer die Kosten zu ersetzen hat, welche durch die Ermittelung und Feststellung des dem Versicherer zur Last fallenden Schadens entstehen, wird durch die Versicherungsbedingungen auf verschiedene Weise erledigt. Im allgemeinen geht bei den unter die Vorschriften des Entwurfs fallenden Versicherungszweigen die Praxis nicht so weit wie das Handelsgesetzbuch, welches (§ 840 Abs. 2), von der Unterversicherung abgesehen, die gesamten Kosten, und zwar ohne Rücksicht darauf, ob die hiernach im ganzen zu zahlende Vergütung die Versicherungssumme übersteigt, dem Versicherer auferlegt. Der Entwurf hat die Regel des Handelsgesetzbuchs, die übrigens auch für das Gebiet der Seeversicherung durch die Hamburger Seeversicherungsbedingungen (§ 69 Abs. 3) erheblich eingeschränkt worden ist, gleichfalls nicht übernommen. Gemäß § 66 Abs. 1 ist zwar der Versicherer in Ermangelung abweichender Vereinbarungen verpflichtet, dem Versicherungsnehmer die Kosten, welche durch die Ermittelung und Feststellung des Schadens entstehen, insoweit zu erstatten, als ihre Aufwendung den Umständen nach geboten ist; der allgemeine Grundsatz, daß der Versicherer nur bis zur Höhe der Versicherungssumme haftet (§ 50), bleibt aber auch hier maßgebend. Der Versicherer hat daher dem Versicherungsnehmer nur für denjenigen Betrag der in Frage stehenden Kosten aufzukommen, welcher zusammen mit der sonstigen Entschädigung über die Versicherungssumme nicht hinausgeht.

Im Abs. 2 des § 66 ist ferner bestimmt, daß der Versicherer die Kosten, welche dem Versicherungsnehmer durch die Zuziehung eines Sachverständigen oder eines Beistandes entstehen, nur zu erstatten hat, wenn der Versicherungsnehmer nach dem Vertrage zu der Zuziehung verpflichtet war. Bedient sich der Versicherungsnehmer bei der Schadensfeststellung aus freien Stücken der Hilfe eines Dritten, so fehlt es an einem zureichenden Grunde, dem Versicherer die Kosten aufzuerlegen. Auch die Kosten, die dem Versicherungsnehmer dadurch entstehen, daß er, statt die Verhandlungen selbst zu führen, von dem Rechte zur Bestellung eines Bevollmächtigten Gebrauch macht, fallen, wie keiner besonderen Hervorhebung im Gesetze bedarf, dem Versicherer nicht zur Last.

Die Vorschrift des § 66 Abs. 3, nach welcher im Falle einer Unterversicherung der Versicherer die Kosten der Ermittelung und Feststellung des Schadens nur verhältnismäßig zu erstatten hat, schließt sich dem § 843 des Handelsgesetzbuchs sowie der im § 63 Abs. 2 des Entwurfs hinsichtlich des Ersatzes der Rettungskosten getroffenen Bestimmung an.

§ 67.

Die Verbindlichkeit des Versicherers zur Leistung wird nicht dadurch ausgeschlossen, daß ein Dritter, sei es weil er den Schaden vorsätzlich oder fahrlässig verursacht hat, sei es aus einem anderen Grunde, dem Versicherungsnehmer ersatzpflichtig ist. Da aber weder der Dritte infolge der Leistung des Versicherers von seiner Verbindlichkeit befreit werden noch die Versicherung zu einer Bereicherung des Versicherungsnehmers führen darf, so ergibt sich von selbst die Folgerung, daß der Versicherer, nachdem er den Schaden ersetzt hat, in die Lage gebracht werden muß, die Rechte des Versicherungsnehmers gegen den Dritten geltend zu machen. Dieses Ziel läßt sich entweder dadurch erreichen, daß der Versicherungsnehmer verpflichtet wird, seine Ansprüche gegen den Dritten dem Versicherer abzutreten (zu vergl. Bürgerliches Gesetzbuch § 255) oder in der Weise, daß der Übergang von Rechts wegen eintritt. Der letztere Weg entspricht der schon gegenwärtig in den beteiligten Kreisen herrschenden Auffassung, auch ist er vom Handelsgesetzbuche (§ 804 Abs. 1) für die Seeversicherung, von der Landesgesetzgebung in Ansehung der öffentlichen Anstalten gewählt. Mit Rücksicht hierauf bestimmt der Entwurf im § 67 Abs. 1 Satz 1 gleichfalls, daß der Ersatzanspruch, welcher dem Versicherungsnehmer gegen einen Dritten zusteht, auf den Versicherer insoweit übergeht, als dieser dem Versicherungsnehmer den Schaden ersetzt. Daß in diesem Falle der Versicherungsnehmer dem Versicherer auf Verlangen eine öffentlich beglaubigte Urkunde über den Eintritt in die Rechte gegen den Dritten zu erteilen hat (zu vergl. Handelsgesetzbuch § 804 Abs. 2), ergibt sich ohne weiteres aus den §§ 403, 412 des Bürgerlichen Gesetzbuchs.

Übereinstimmend mit den im Bürgerlichen Gesetzbuche für ähnliche Fälle getroffenen Bestimmungen (§§ 268, 426, 774) schreibt der § 67 Abs. 1 Satz 2 vor, daß der Übergang des Anspruchs auf den Versicherer nicht zum Nachteile des Versicherungsnehmers geltend gemacht werden kann; danach hat, wenn ein nur zur Hälfte seines Wertes versichertes Haus infolge der Fahrlässigkeit eines Dritten abbrennt und das Vermögen dieses Dritten nicht ausreicht, um sowohl den Versicherungsnehmer wie den Versicherer schadlos zu halten, der dem ersteren wegen der nicht versicherten Hälfte verbleibende Ersatzanspruch den Vorrang vor dem auf den letzteren übergegangenen Ersatzanspruch. Eine Unbilligkeit gegen den Versicherer liegt hierin nicht. Denn der Übergang des Ersatzanspruchs findet seinen Grund nur darin, daß weder der Dritte von seiner Verbindlichkeit befreit noch der Versicherungsnehmer durch die Versicherung bereichert werden soll; soweit diese Folge ausgeschlossen ist, hat der Versicherer auch kein Recht, zu verlangen, daß der dem Versicherungsnehmer zustehende Ersatzanspruch ihm zugute komme.

Sind mehrere Versicherer beteiligt, so erwerben sie die Ersatzansprüche gegen Dritte in demselben Verhältnisse, in welchem sie den Versicherungsnehmer den Schaden ersetzen. Es möge z. B. der Fall gesetzt werden, daß ein Schiff im Werte von 200 000 Mark, welches bei zwei Versicherern je zur Hälfte seines Wertes versichert war, durch einen Schiffszusammenstoß verloren geht und dem Versicherungsnehmer gegen den Eigentümer des anderen Schiffes, dessen Mannschaft fahrlässig gehandelt hat, ein Ersatzanspruch zusteht, dieser Anspruch jedoch, weil die Besatzung des versicherten Schiffes gleichfalls ein Verschulden trifft, auf die Hälfte des Schadens beschränkt ist. In einem solchen Falle geht der Ersatzanspruch auf die beiden Versicherer in Höhe von je 50 000 Mark über, ohne Rücksicht darauf, wer von ihnen zuerst den auf ihn fallenden Teil der Entschädigung dem Versicherungsnehmer gezahlt hat. Ebenso werden die beiden Versicherer, wenn der Eigentümer des anderen Schiffes deshalb nicht für den vollen durch den Zusammenstoß verursachten Schaden aufzukommen hat, weil er nur mit Schiff und Fracht haftet und deren Wert hinter dem Schaden zurückbleibt, zu gleichen Teilen aus Schiff und Fracht befriedigt; denn die Versicherer erwerben, soweit sie in die Forderung des Versicherungsnehmers gegen den Eigentümer des anderen Schiffes eintreten, auch das zugehörige Schiffspfandrecht (Binnenschiffahrtsgesetz § 4 Abs. 1 Nr. 3, Abs. 2, § 102 Nr. 5, § 103 Abs. 1; Bürgerliches Gesetzbuch § 401 Abs. 1; zu vergl. Handelsgesetzbuch § 486 Abs. 1 Nr. 3, § 754 Nr. 9, § 755).

Daß die Rechtsstellung, welche dem Versicherer mit bezug auf die gegen Dritte begründeten Ersatzansprüche gewährt ist, durch den Versicherungsnehmer nicht willkürlich beeinträchtigt werden darf, ergibt sich aus der Natur der Sache und ist für die Seeversicherung bereits im § 804 Abs. 3 des Handelsgesetzbuchs anerkannt. Demgemäß bestimmt auch der § 67 Abs. 1 Satz 3, daß der Versicherer, wenn der Versicherungsnehmer seinen Anspruch gegen den Dritten oder ein zur Sicherung des Anspruchs dienendes Recht aufgibt, von seiner Ersatzpflicht insoweit frei wird, als er aus dem Anspruch oder dem Rechte hätte Ersatz erlangen können.

Eine besondere Vorschrift ist im § 67 Abs. 2 für den Fall getroffen, daß der Schaden von einem mit dem Versicherungsnehmer in häuslicher Gemeinschaft lebenden Familienangehörigen verursacht ist. Da ein solches Verhältnis in der Regel auch einen engen wirtschaftlichen Zusammenhang zwischen dem Versicherungsnehmer und den betreffenden Familienangehörigen begründet, so wird durch den Rückgriff, den der Versicherer gegen einen solchen Angehörigen wegen dessen Verantwortlichkeit für die Entstehung des Schadens nimmt, meist der Versicherungsnehmer selbst in Mitleidenschaft gezogen. Hier ist eine Abhilfe durch Beschränkung des Rückgriffs geboten. Fällt dem Versicherungsnehmer selbst ein die Haftung des Versicherers ausschließendes Verschulden nicht zur Last, so muß er, soweit möglich, auch dagegen geschützt werden, daß er infolge des Verschuldens eines Familienangehörigen der ihm zustehenden Entschädigung tatsächlich wieder verlustig geht. Nach dem § 67 Abs. 2 des Entwurfs soll deshalb der Ersatzanspruch des Versicherungsnehmers gegen einen Familienangehörigen nur dann auf den Versicherer übergehen, wenn der Angehörige den Schaden vorsätzlich herbeigeführt hat. Auch in dem letzteren Falle den Übergang des Ersatzanspruchs auszuschließen, erscheint nicht angängig; denn hier muß die Möglichkeit eines Einverständnisses zwischen dem Versicherungsnehmer und dem Familienangehörigen in Betracht gezogen werden, und da der Beweis dieses Einverständnisses oft nur schwer zu erbringen sein wird, so wäre bei einer solchen Regelung der Gefahr eines betrügerischen Verhaltens des Versicherungsnehmers nicht genügend vorgebeugt. Daß in den Fällen, in denen nach § 67 Abs. 2 der Übergang des Ersatzanspruchs auf den Versicherer ausgeschlossen ist, der Versicherungsnehmer, nachdem er von dem Versicherer Zahlung erlangt hat, nicht berechtigt ist, von dem Familienangehörigen nochmals Schadensersatz zu fordern, braucht im Gesetze nicht besonders ausgesprochen zu werden; denn wenn der Versicherungsnehmer von dem Versicherer befriedigt ist, besteht für ihn ein Schaden, dessen Ersatz er verlangen könnte, nicht mehr. Aus dem gleichen Grunde ist der Versicherungsnehmer, nachdem ihm der Familienangehörige oder ein sonstiger ersatzpflichtiger Dritter Ersatz geleistet hat, nicht mehr in der Lage, sich an den Versicherer zu halten.

§ 68.

Bei der Regelung der Frage, inwieweit der Versicherungsnehmer von der Verpflichtung zur Zahlung der Prämie frei sein soll, wenn das Interesse, für welches die Versicherung genommen ist, nicht besteht, unterscheidet der Entwurf im Anschluß an die §§ 894, 895, 897 des Handelsgesetzbuchs (zu vergl. Preuß. A.L.R. II, 8 § 2333 ff.) zwischen denjenigen Fällen, in welchen das versicherte Interesse während der ganzen Versicherungszeit niemals bestanden, der Versicherer also die Gefahr überhaupt nicht getragen hat, und denjenigen, in welchen das Interesse erst während der Dauer der Versicherung weggefallen ist.

Auf die Fälle der ersteren Art bezieht sich der Abs. 1 des § 68. Daß der Versicherer eine Gefahr von Anfang an nicht trägt, kommt namentlich dann vor, wenn bei einer Versicherung, die nicht schon mit der Schließung des Vertrags, sondern erst in einem späteren Zeitpunkte beginnen soll, das Interesse vor diesem Zeitpunkte wegfällt, wenn beispielsweise ein Warenlager, das vom Beginne des nächsten Jahres an gegen Feuer versichert wird, noch während des laufenden Jahres zugrunde geht. Sodann gehört hierher der Fall, daß die Versicherung für ein künftiges Unternehmen oder sonst für ein künftiges Interesse genommen ist und das Interesse nicht zur Entstehung gelangt, was unter anderem zutrifft, wenn ein Schiff für eine bevorstehende Reise versichert ist und die Reise aufgegeben wird oder wenn Sachen für die Dauer einer Ausstellung gegen einen Brandschaden, den sie im Ausstellungsgebäude erleiden könnten, versichert werden, die Ausstellung aber nicht zustande kommt oder der Versicherungsnehmer von der Beteiligung an der Ausstellung absieht. Hat der Versicherer auf die eine oder andere Art eine Gefahr überhaupt nicht getragen, so kann er billigerweise die Gegenleistung nicht beanspruchen, vielmehr genügt es, wenn er statt der Prämie eine angemessene Geschäftsgebühr erhält. Die Höhe der Gebühr läßt sich gesetzlich nicht fest bestimmen. Es muß den Parteien überlassen bleiben, den Betrag der Gebühr, soweit sie es für erforderlich erachten, im Vertrage zu regeln. Einer Vorschrift, wie sie der § 40 Abs. 2 gibt, wonach der mit Genehmigung der Aufsichtsbehörde in den Versicherungsbedingungen festgesetzte Betrag als angemessen gilt, bedarf es hier nicht. Denn der § 68 enthält, im Gegensatze zu den Bestimmungen des § 40, die nach § 42 durch Vereinbarung nicht zum Nachteile des Versicherungsnehmers geändert werden können, kein zwingendes Recht; die Parteien sind daher hier an die über die Höhe der Gebühr getroffenen Abmachungen gebunden.

Fällt das versicherte Interesse erst weg, nachdem die Gefahr für den Versicherer begonnen hat, so erscheint die Anwendung des Grundsatzes sachgemäß, daß die für die einzelne Versicherungsperiode geschuldete Prämie nicht geteilt wird. Der § 68 Abs. 2 räumt daher dem Versicherer einen Anspruch auf die Prämie für die ganze laufende Periode ein. Zur Gewährung noch weiter gehender Rechte an den Versicherer liegt kein Anlaß vor.

Für den Fall, daß vor oder nach dem Beginne der Versicherung nur ein Teil des versicherten Interesses wegfällt, während ein anderer Teil bestehen bleibt, bedarf es keiner besonderen Vorschrift, da hier die allgemeine Bestimmung des § 51 Abs. 1 Platz greift. Geht beispielsweise ein für einen späteren Zeitpunkt versichertes Warenlager vor dem Beginne der Versicherung teilweise zu Grunde, so kann gemäß § 51 Abs. 1 der Versicherer wie der Versicherungsnehmer verlangen, daß die Versicherungssumme, soweit sie den Versicherungswert übersteigt, herabgesetzt und die Prämie verhältnismäßig gemindert wird. Ebenso kann, wenn während des Laufes der Versicherung ein Teil des Interesses wegfällt, auf Grund jener Vorschrift eine Herabsetzung der Versicherungssumme und eine Ermäßigung der Prämie für die künftigen Versicherungsperioden gefordert werden.

II. Veräußerung der versicherten Sache.

§§ 69 bis 73.

Aus § 398 des Bürgerlichen Gesetzbuchs ergibt sich, daß der Versicherungsnehmer seine Ansprüche aus dem Versicherungsvertrag, und zwar ohne Unterschied, ob der Versicherungsfall schon eingetreten ist oder nicht, einem Dritten abtreten kann. Eine ausdrückliche Bestimmung hierüber, wie sie für die Seeversicherung der § 891 des Handelsgesetzbuchs enthält, ist daher nicht erforderlich.

Der besonderen Regelung bedarf dagegen die Frage, welche Wirkungen die Veräußerung der versicherten Sache auf das Versicherungsverhältnis ausübt.

An und für sich würde die Veräußerung die Beendigung des Versicherungsverhältnisses zur Folge haben, da das Interesse des Versicherungsnehmers aufhört und ein Vertragsverhältnis zwischen dem Erwerber und dem Versicherer nicht besteht. Dem praktischen Bedürfnis entspricht ein derartiger Rechtszustand nicht. Schon das Preußische Allgemeine Landrecht bestimmt deshalb, daß eine Veränderung in der Person des Eigentümers der versicherten Sache nichts in der Versicherung ändert, wenn nicht damit zugleich eine Veränderung des Ortes, der Aufsicht, der Art der Aufbewahrung oder der Nachbarschaft verbunden ist (II, 8 § 2163). Zufolge der für die Seeversicherung geltenden Regel (§ 899 Abs. 1 des Handelsgesetzbuchs) tritt allerdings der Erwerber des versicherten Gegenstandes nicht von Rechts wegen in das Verhältnis ein, es können aber durch eine Vereinbarung zwischen dem Erwerber und dem Veräußerer ohne Mitwirkung des Versicherers die dem Versicherungsnehmer nach dem Versicherungsvertrage zustehenden Rechte mit der Wirkung abgetreten werden, daß der Erwerber den Versicherer ebenso in Anspruch zu nehmen befugt ist, als wenn die Veräußerung nicht stattgefunden hätte und der Versicherungsnehmer selbst den Anspruch erhöbe. Auf einem abweichenden Standpunkte steht dagegen vielfach die Versicherungspraxis, insbesondere knüpfen die allgemeinen Versicherungsbedingungen der deutschen Privat-Feuerversicherungsgesellschaften an die Veräußerung der versicherten Sache die Wirkung, daß die Versicherung so lange ruht, bis die Gesellschaft den Eigentumswechsel schriftlich genehmigt. Eine derartige Gestaltung der Rechtslage ist für den Erwerber in hohem Grade bedenklich; denn sie führt einen Schwebezustand herbei, während dessen er einerseits von dem Versicherungsverhältnisse nicht loskommen kann, anderseits aber darauf gefaßt sein muß, bei Eintritt des Versicherungsfalls leer auszugehen. Angesichts solcher Unzuträglichkeiten erscheint es geboten, die Frage in dem Sinne zu regeln, daß die Versicherung wie nach dem Preußischen Allgemeinen Landrechte von selbst auf den Erwerber übergeht und daß dieser in der sich hieraus ergebenden Rechtsstellung auch dann geschützt wird, wenn der Versicherungsvertrag abweichende Bestimmungen enthält. Der gesetzliche Übergang verdient vor der im Handelsgesetzbuche getroffenen Regelung den Vorzug, weil er die Interessen des Erwerbers der versicherten Sache auch dann wahrt, wenn dieser, was nicht selten vorkommen wird, es versäumt, bei dem Erwerbe den Eintritt in die Versicherung besonders mit dem Veräußerer zu vereinbaren.

Im Anschluß an die Vorschriften des Bürgerlichen Gesetzbuchs über die Fortdauer des Mietverhältnisses nach einer Veräußerung des vermieteten Grundstücks (§ 571 Abs. 1) bestimmt der § 69 Abs. 1 des Entwurfs zunächst, daß, falls die versicherte Sache von dem Versicherungsnehmer veräußert wird, der Erwerber in die sich während der Dauer seines Eigentums aus dem Versicherungsverhältnis ergebenden Rechte und Pflichten des Versicherungsnehmers eintritt. Nach diesem Grundsatze würde an sich dem Versicherer für denjenigen Teil der Prämie, welcher auf die Zeit bis zu dem Eigentumswechsel entfällt, nur der Veräußerer, dagegen für die Prämie der späteren Zeit nur der Erwerber haften. Da aber hierdurch der Eingang der Prämie zum Nachteile des Versicherers Störungen erfahren könnte, so verpflichtet der Abs. 2 des § 69 den Veräußerer und den Erwerber als Gesamtschuldner zur Zahlung der Prämie, welche auf die zur Zeit der Veräußerung laufende Versicherungsperiode entfällt (zu vergl. Bürgerliches Gesetzbuch § 571 Abs. 2). Daß dem Versicherer für die spätere Zeit, vorbehaltlich der besonderen Bestimmung des § 70 Abs. 3, das Recht versagt bleibt, sich wegen der Prämie an den Veräußerer zu halten, entspricht dem Grundsatze des § 68 Abs. 2.

Tritt nach der Veräußerung der Versicherungsfall ein, so befindet sich der Versicherer, solange ihm der Eigentumswechsel nicht bekannt ist, hinsichtlich des Rechtes des Erwerbers auf die Entschädigungssumme in einer ähnlichen Lage, wie bei der Abtretung einer Forderung der Schuldner, der von der Abtretung noch keine Kenntnis erlangt hat. Hierdurch rechtfertigt es sich, wenn der Entwurf (§ 69 Abs. 3) auf den Fall der Veräußerung der versicherten Sache die Vorschriften überträgt, die im Bürgerlichen Gesetzbuche für den Fall der Abtretung einer Forderung zum Schutze des Schuldners hinsichtlich seiner Aufrechnungs- und Zahlungsbefugnis sowie hinsichtlich der Wirksamkeit eines zwischen ihm und dem bisherigen Gläubiger vorgenommenen Rechtsgeschäfts oder eines zwischen beiden geführten Rechtsstreits getroffen sind.

Durch den unmittelbaren Übergang des Versicherungsverhältnisses, wie ihn der Entwurf vorsieht, soll der Erwerber gegen die Gefahr geschützt werden, daß die Veräußerung einen Zwischenzustand herbeiführt, während dessen er ohne Deckung ist. Daraus folgt aber keineswegs, daß der Versicherer auch gegenüber dem Erwerber bis zu dem Zeitpunkte gebunden bleiben muß, mit dem das Versicherungsverhältnis nach dem Vertrag endigt. Eine Haftung von solcher Dauer kann dem Versicherer nicht zugemutet werden, wenn er hinsichtlich der Persönlichkeit des neuen Versicherten Bedenken hat, namentlich, wenn er bei Versicherungen besonders gefährlicher Art in betreff seiner Zuverlässigkeit Zweifel hegt. Der § 70 Abs. 1 Satz 1 gibt deshalb dem Versicherer die Befugnis, dem Erwerber das Versicherungsverhältnis zu kündigen, sieht jedoch, damit der Erwerber rechtzeitig eine andere Versicherung nehmen kann, zugleich vor, daß bei Ausübung dieser Befugnis eine Kündigungsfrist von mindestens einem Monat einzuhalten ist. Um den aus dem Kündigungsrecht entspringenden Zustand der Ungewißheit möglichst abzukürzen, bestimmt sodann der § 70 Abs. 1 Satz 2, daß das bezeichnete Recht erlischt, wenn der Versicherer es nicht innerhalb eines Monats von dem Zeitpunkt an ausübt, in welchem er von der Veräußerung Kenntnis erhält.

Auch der Erwerber der versicherten Sache hat unter Umständen ein berechtigtes Interesse, nicht an den vom Veräußerer geschlossenen Versicherungsvertrag gebunden zu sein. Dies gilt insbesondere dann, wenn er Anlaß zu der Besorgnis hat, daß sich zwischen ihm und dem Versicherer ein befriedigendes Verhältnis nicht bilden werde. Im § 70 Abs. 2 ist deshalb dem Erwerber die Befugnis eingeräumt, das Versicherungsverhältnis ohne Einhaltung einer Kündigungsfrist zu kündigen. Auch dieses Kündigungsrecht bedarf einer zeitlichen Beschränkung. Es erlischt nach dem Entwurfe, wenn es nicht innerhalb eines Monats seit dem Erwerb ausgeübt wird; hatte der Erwerber von der Versicherung keine Kenntnis, so bleibt es bis zum Ablauf eines Monats von dem Zeitpunkt an bestehen, in welchem der Erwerber diese Kenntnis erlangt.

Wird das Versicherungsverhältnis auf Grund des § 70 Abs. 1, 2 gekündigt, so darf dem Versicherer, da die vorzeitige Aufhebung der Versicherung die Folge eines von dem anderen Teile herbeigeführten Ereignisses ist, die Prämie für die zur Zeit der Beendigung des Versicherungsverhältnisses laufende Versicherungsperiode nicht versagt werden. Jedoch kann in diesen Fällen den Erwerber keine Haftung für die Prämie treffen, da die Kündigung, mag sie von dem Versicherer oder von dem Erwerber ausgehen, stets den Zweck hat, der Fortdauer des Versicherungsverhältnisses zwischen dem Versicherer und dem Erwerber ein Ziel zu setzen. Die Verpflichtung zur Zahlung der Prämie kann deshalb hier nur dem Veräußerer auferlegt werden. Im Abs. 3 des § 70 ist demgemäß, abweichend von der Regel des § 69 Abs. 2, bestimmt, daß im Falle der Kündigung des Versicherungsverhältnisses der Erwerber nicht für die Prämie haftet, der Veräußerer aber die Prämie bis zum Schlusse der Versicherungsperiode, in welcher das Versicherungsverhältnis infolge der Kündigung endigt, zu entrichten hat.

Da der Versicherer, solange er von dem Eigentumswechsel keine Kenntnis erhält, außer stande ist, im Wege der Kündigung das Erlöschen seiner Verbindlichkeiten herbeizuführen, und er daher ein berechtigtes Interesse daran hat, möglichst bald diese Kenntnis zu erlangen, so bestimmt der § 71 Abs. 1, daß die Veräußerung dem Versicherer unverzüglich anzuzeigen ist. Wird die Anzeige weder von dem Erwerber noch von dem Veräußerer unverzüglich gemacht, so hat dies, entsprechend der für die Gefahrerhöhung im § 28 Abs. 1 getroffenen Bestimmung, zur Folge, daß der Versicherer nicht für einen Versicherungsfall haftet, der später als einen Monat nach dem Zeitpunkt eintritt, in welchem die Anzeige dem Versicherer hätte zugehen müssen. Jedoch bleibt nach den Vorschriften des § 71 Abs. 2, die sich gleichfalls an Bestimmungen des § 28 anschließen, die Haftung des Versicherers bestehen, wenn er in dem Zeitpunkt, in welchem ihm die Anzeige hätte zugehen müssen, von der Veräußerung Kenntnis hatte oder wenn der Versicherungsfall erst eintritt, nachdem auf Grund einer dem Versicherer nachträglich gewordenen Kenntnis die Frist zur Ausübung des Kündigungsrechts abgelaufen ist, ohne daß der Versicherer gekündigt hat.

Der § 72 Satz 1 entzieht dem Versicherer das Recht, durch den Versicherungsvertrag die Vorschriften der §§ 69 bis 71 über die Wirkungen der Veräußerung der versicherten Sache zum Nachteile des Erwerbers abzuändern. Der Versicherer kann sich deshalb namentlich nicht ausbedingen, daß die Versicherung ruht, bis er über die Genehmigung der Veräußerung entschieden hat, oder daß die Versicherung mit der Veräußerung erlischt. Gegen eine ihn über Gebühr belastende Fortdauer seiner Haftung ist der Versicherer durch die Vorschriften der §§ 70, 71 genügend geschützt. Die Vorschrift des § 72 Satz 2, wonach es zulässig sein soll, für die Kündigung, zu der nach § 70 Abs. 2 der Erwerber berechtigt ist, sowie für die Anzeige der Veräußerung die schriftliche Form zu bedingen, beruht auf denselben Erwägungen wie die Bestimmung des § 31 Satz 2. Für Versicherungen, auf welche die im Entwurfe vorgesehenen Beschränkungen der Vertragsfreiheit keine Anwendung finden, gilt auch die im § 72 Satz 1 enthaltene Beschränkung nicht; besondere Bestimmungen des Versicherungsvertrags über die Folgen der Veräußerung sind daher hier ohne Rücksicht darauf wirksam, ob sie für den Erwerber günstiger sind als die gesetzlichen Vorschriften oder nicht.

Die in betreff des Überganges der Versicherung bei der Veräußerung geltenden Vorschriften finden nach § 73 auch in dem Falle der Zwangsversteigerung Anwendung.

Tritt infolge einer mit der Veräußerung oder der Zwangsversteigerung verbundenen Änderung eine Erhöhung der Gefahr ein, etwa dadurch, daß die versicherten Gegenstände von dem Erwerber in anderer Weise verwendet oder aufbewahrt werden, so bestimmen sich die Wirkungen einer solchen Gefahrerhöhung nach den Vorschriften des ersten Abschnitts (§§ 23 ff.). Auf vertragsmäßige Beschränkungen der Versicherung, die dem Veräußerer gegenüber wirksam sind, kann sich der Versicherer selbstverständlich auch gegenüber dem Erwerber berufen. Das gilt namentlich von Vereinbarungen, nach welchen der Versicherer bei der Versicherung beweglicher Sachen nur für solche Schäden haftet, von welchen die Sachen an bestimmten Orten betroffen werden, ebenso von etwaigen Bestimmungen, durch welche bei Versicherungsvereinen auf Gegenseitigkeit der Bestand der Versicherung von der Zugehörigkeit zu einem näher begrenzten Personenkreise, zum Beispiel zu einem bestimmten Berufsstande, abhängig gemacht wird.

Gegen die Vorschriften des Entwurfs über die Wirkung der Veräußerung der versicherten Sache ist von verschiedenen Seiten eingewendet worden, daß sie sich nur für die Versicherung unbeweglicher Sachen rechtfertigen ließen, bei der Versicherung beweglicher Gegenstände dagegen, namentlich wenn aus einem versicherten Sachinbegriff ein einzelner Gegenstand veräußert werde, nicht durchführbar seien. Eine verschiedene Behandlung der Frage bei der Mobiliar- und der Immobiliarversicherung ist jedoch nicht angängig. Wenn eine Fabrik mit Einschluß der Maschinen, des Inventars und des Warenlagers versichert ist, so kann im Falle der Veräußerung des Unternehmens die Versicherung nicht bezüglich des Fabrikgebäudes auf den Erwerber übergehen, bezüglich der übrigen Gegenstände aber erlöschen. Die erhobenen Bedenken sind auch nicht begründet. Ist die Versicherung für einen Inbegriff von Sachen genommen und wird eine zu dem Inbegriffe gehörige Sache veräußert, so dauert nach dem Entwurfe die Versicherung zu Gunsten des Erwerbers nur so lange fort, als die Sache noch zu dem Inbegriffe gehört; sobald sie aus diesem durch räumliche Entfernung ausscheidet, wird sie auch von der Versicherung nicht mehr umfaßt. Ebensowenig kommt sie von diesem Zeitpunkt an noch für die Frage in Betracht, ob eine Unterversicherung vorliegt, vielmehr ist hierfür, was in der Kritik nicht immer beachtet worden ist, lediglich das Verhältnis der vereinbarten Versicherungssumme zu dem Werte der jeweils zu dem Inbegriffe gehörigen Sachen maßgebend. Auch wenn eine einzelne bewegliche Sache versichert ist, wird im Falle der Veräußerung die Haftung des Versicherers meistens durch die an den Eigentumswechsel sich anschließende Ortsveränderung nach kurzer Zeit erlöschen. Und selbst da, wo die Haftung des Versicherers weder durch ein Ausscheiden der Sache aus dem versicherten Sachinbegriffe noch durch eine sonstige Ortsveränderung ihr Ende erreicht, gewähren die Vorschriften der §§ 70, 71 dem Versicherer immer noch ausreichenden Schutz. Auf der anderen Seite entspricht es in Fällen der bezeichneten Art nicht weniger als bei der Veräußerung eines Gebäudes oder eines ganzen Warenlagers einem praktischen Bedürfnisse, daß die Versicherung nicht schon sofort mit dem Eigentumsrecht endet. Läßt der Käufer die gekaufte und ihm zu Eigentum übertragene Sache, weil er sie nicht sogleich wegschaffen kann, einstweilen noch im Gewahrsam des Verkäufers und wird sie bald nachher bei diesem durch Feuer zerstört, so wäre es nicht gerechtfertigt, wenn der Versicherer, bei dem der Verkäufer die Sache versichert hatte, ohne weiteres befugt wäre, die Entschädigung zu verweigern.

III. Versicherung für fremde Rechnung.

§ 74.

Wie auf dem Gebiete der Seeversicherung erweist sich auch bei anderen Versicherungszweigen die Versicherung für fremde Rechnung als ein Bedürfnis des Verkehrs. Eine Versicherung für fremde Rechnung liegt vor, wenn derjenige, welcher den Vertrag mit dem Versicherer im eigenen Namen abschließt, durch diesen Vertrag das Interesse eines anderen versichert. In solcher Weise versichern namentlich die Spediteure und Lagerhalter die ihnen zur Beförderung oder Aufbewahrung anvertrauten Gegenstände gegen Transportgefahr und Brandschaden, desgleichen die Kommissionäre die Waren, die ihnen zum Verkauf übergeben oder von ihnen für die Kommittenten eingekauft sind. Ebenso kommt in den Betrieben der Färberei, der Kürschner, der Goldschmiede und anderer Gewerbe, welche Sachen, die den Kunden gehören, bearbeiten oder verwahren, die Feuerversicherung für fremde Rechnung vor. Nicht minder gehört hierher der Fall, daß die Dienstherrschaft zugleich mit ihrem Eigentume die Habe des Gesindes versichert. Verträge über Haftpflichtversicherung werden von Betriebsunternehmern für ihre Angestellten, von Körperschaften für ihre Vertreter geschlossen. Endlich ist auch im Bereiche der Unfallversicherung die Rechtsform der Versicherung für fremde Rechnung von Bedeutung.

Die Gesichtspunkte, nach denen die Regelung der Versicherung für fremde Rechnung zu erfolgen hat, sind im allgemeinen bei sämtlichen Versicherungszweigen dieselben. Der Entwurf schließt sich denn auch zu einem großen Teile den jetzt für die Seeversicherung geltenden Vorschriften an; soweit er wesentliche Abweichungen für geboten erachtet, ist zugleich eine entsprechende Änderung des Handelsgesetzbuchs in Aussicht genommen.

Der Abs. 1 des § 74 spricht im Anschluß an den § 781 Abs. 1 des Handelsgesetzbuchs den Grundsatz aus, daß die Versicherung von demjenigen, welcher den Vertrag mit dem Versicherer schließt (dem Versicherungsnehmer), im eigenen Namen für einen anderen (den Versicherten), und zwar mit oder ohne Benennung der Person des letzteren, genommen werden kann. Das Handelsgesetzbuch hebt im § 783 Abs. 1 noch besonders hervor, daß eine Versicherung für fremde Rechnung nicht vorliegt, wenn derjenige, welcher durch den Vertrag mit dem Versicherer das Interesse eines andern versichert, den Vertrag im Namen dieses anderen als dessen Vertreter, insbesondere als Bevollmächtigter oder Geschäftsführer ohne Auftrag, schließt. Dieser Satz ist aber selbstverständlich und daher vom Entwurfe nicht wiederholt. Dagegen bestimmt der § 74 Abs. 2 des Entwurfs, entsprechend dem § 783 Abs. 2 des Handelsgesetzbuchs, daß die für einen anderen genommene Versicherung, selbst wenn der andere benannt ist, im Zweifel nicht als im Namen des anderen, sondern als im eigenen Namen für fremde Rechnung geschlossen gilt.

§§ 75, 76.

Da der Vertrag von dem Versicherungsnehmer im eigenen Namen abgeschlossen wird, so ergibt sich von selbst, daß dieser dem Versicherer die Prämie zu entrichten hat. Einer besonderen Vorschrift hierüber, wie sie der § 812 Abs. 2 des Handelsgesetzbuchs enthält, bedarf es nicht. Die Bestimmung des § 812 Abs. 3 des Handelsgesetzbuchs, wonach der Versicherer auch den Versicherten auf Zahlung der Prämie in Anspruch nehmen kann, wenn der Versicherungsnehmer zahlungsunfähig geworden ist und die Prämie von dem Versicherten noch nicht erhalten hat, ist in den Entwurf nicht übertragen und soll auch im Handelsgesetzbuche beseitigt werden. Schließt jemand für Rechnung eines Dritten, aber im eigenen Namen einen Vertrag ab, so entsteht dadurch nach den allgemeinen Grundsätzen des Bürgerlichen Rechtes eine Haftung des Dritten gegenüber dem anderen Vertragsteile nicht, und es liegt keine genügende Veranlassung vor, bei der Versicherung für fremde Rechnung von diesen Grundsätzen abzuweichen.

Anders als mit den Ansprüchen des Versicherers verhält es sich mit den Ansprüchen, die gegen ihn aus dem Versicherungsvertrag erhoben werden. Schon das Handelsgesetzbuch geht davon aus, daß die Rechte gegen den Versicherer nicht dem Versicherungsnehmer zustehen, sondern von demjenigen, dessen Interesse versichert ist, unmittelbar erworben werden. Dabei ist aber dem Versicherungsnehmer nicht nur der Anspruch auf Aushändigung des Versicherungsscheins, sondern in weitem Umfang auch das Recht der Verfügung über die Entschädigungsforderung des Versicherten eingeräumt, während der Versicherte selbst in dieser Hinsicht wesentlichen Beschränkungen unterliegt (Handelsgesetzbuch § 784, §§ 886 ff.). Der Entwurf steht im wesentlichen auf demselben Standpunkte.

Der § 75 Abs. 1 stellt zunächst den allgemeinen Grundsatz auf, daß die Rechte aus dem Versicherungsvertrag als solche dem Versicherten zustehen, verbindet aber hiermit den Vorbehalt, daß die Aushändigung eines Versicherungsscheins nur der Versicherungsnehmer verlangen kann.

Was die Verfügung über die Ansprüche aus der Versicherung, insbesondere die Einziehung der Entschädigung, betrifft, so weist schon Art und Umfang der Geschäftsbetriebe, in welchen die Versicherung für fremde Rechnung üblich ist, darauf hin, daß diese Verfügung der Regel nach dem Versicherungsnehmer zufallen muß. Beispielsweise wäre bei der Versicherung, die eine Speicher- oder Lagerhausanstalt für die in ihrer Verwahrung befindlichen Waren nimmt, die Geltendmachung der Entschädigungsforderungen überhaupt nicht durchführbar, wenn sie von der großen Reihe der einzelnen Beteiligten, auf deren Rechnung die Versicherung geht, unmittelbar betrieben würde. Dem Versicherungsnehmer aber gewährt erst die Beschränkung der Verfügungsbefugnis des Versicherten ausreichenden Schutz für die zahlreichen Fälle, in denen er sich wegen des von ihm als Prämie im Interesse des Versicherten bezahlten Betrags oder wegen sonstiger Forderungen aus seinem Geschäftsverhältnisse zu dem Versicherten an die in seinem Besitze befindlichen, den Gegenstand der Versicherung bildenden Sachen halten kann. Denn das Recht des Versicherungsnehmers, sich aus diesen Sachen zu befriedigen, verliert jede Bedeutung, wenn nach dem Eintritte des Versicherungsfalles die an Stelle der Sachen tretende Entschädigung ohne sein Wissen und Zutun dem Versicherten ausbezahlt werden darf. Endlich ist es auch gegenüber dem Versicherer, der bis dahin nur mit dem Versicherungsnehmer zu tun hatte, eine unbillige Zumutung, daß er ohne weiteres auf das Ansinnen des Dritten eingehen soll, der behauptet, ein Recht aus der Versicherung zu besitzen; er kann vielmehr erwarten, daß dieses Recht in einer Weise dargetan wird, die jeden Zweifel darüber beseitigt, ob derjenige, mit welchem er den Vertrag geschlossen hat, es gleichfalls anerkennt. Aus diesen Gründen sieht der § 75 Abs. 2 des Entwurfs vor, daß der Versicherte zur Verfügung über die Rechte aus dem Versicherungsvertrage sowie zu ihrer gerichtlichen Geltendmachung nur dann befugt ist, wenn entweder der Versicherungsnehmer seine Zustimmung erteilt hat oder der Versicherte im Besitz eines Versicherungsscheins ist. Der Besitz des Scheines darf unbedenklich der Zustimmung des Versicherungsnehmers gleichgestellt werden, da der Schein stets zunächst diesem ausgehändigt wird, also regelmäßig nur durch ihn oder mit seiner Einwilligung an den Versicherten gelangen kann. Eine ausdrückliche Vorschrift darüber, inwieweit der Versicherer ein einseitiges Rechtsgeschäft, das sich auf die Versicherung bezieht, zum Beispiel eine Kündigung, dem Versicherten gegenüber wirksam vornehmen kann, ist nicht erforderlich. Denn aus der rechtlichen Bedeutung, welche der Entgegennahme einer Willenserklärung des Versicherers zukommt, ergibt sich, daß die Befugnis des Versicherten zu ihrer Entgegennahme nicht weiter reicht als sein Verfügungsrecht.

Der Versicherungsnehmer seinerseits ist nach § 76 Abs. 1 des Entwurfs befugt, über die Rechte aus dem Versicherungsvertrag im eigenen Namen, wenn auch für Rechnung des Versicherten, zu verfügen. Diese Regelung entspricht dem Verhältnis, in dem der Versicherungsnehmer zu den beiden anderen Beteiligten steht, und führt sachlich zu einer richtigen Ausgleichung. Für die Fälle, in denen ein Versicherungsschein ausgestellt ist, macht das Handelsgesetzbuch (§ 886 Abs. 1 Satz 2) das Verfügungsrecht des Versicherungsnehmers allgemein davon abhängig, daß er im Besitze des Scheines ist. Der Entwurf (§ 76 Abs. 2) begnügt sich dagegen, um einer übermäßigen Erschwerung des Verkehrs zwischen dem Versicherer und dem Versicherungsnehmer vorzubeugen, mit der Bestimmung, daß der Versicherungsnehmer zur Annahme der Zahlung sowie zur Übertragung der Rechte des Versicherten ohne Zustimmung des Versicherten nur befugt ist, wenn er sich im Besitze des Versicherungsscheins befindet. Im übrigen soll der Versicherungsnehmer in der selbständigen Verfügungsbefugnis nicht beschränkt sein. Der Entwurf geht hierin etwas weiter als der Vorentwurf, gegen welchen in diesem Punkte berechtigte Ausstellungen erhoben worden sind. Durch die Vorschrift des § 76 Abs. 2 wird der Versicherte gegen die Gefahr, daß der Versicherungsnehmer sein Verfügungsrecht mißbraucht, um sich in unredlicher Weise zu bereichern, ausreichend geschützt; auf der anderen Seite liegt es im Interesse des Versicherten selbst, daß der Versicherungsnehmer, ohne die Zustimmung des Versicherten nachzuweisen oder den Versicherungsschein vorzulegen Verhandlungen mit dem Versicherer, die im Laufe der Versicherung erforderlich werden, zum Beispiel über die Folgen einer Gefahrerhöhung oder über die Ermittelung und Feststellung der Höhe eines Schadens, führen und die Rechte des Versicherten nötigenfalls im Wege der Klage geltend machen kann. Muß der Versicherungsnehmer, falls er aus irgend einem Grunde den Schein nicht vorzulegen vermag, jedesmal die Zustimmung der Versicherten einholen, so kann, namentlich wenn eine größere Zahl von Versicherten beteiligt ist oder die Versicherten schwer zu erreichen sind, die ordnungsmäßige Wahrnehmung ihrer Interessen ungebührlich verzögert oder überhaupt unmöglich werden. Die Versicherung für fremde Rechnung setzt voraus, daß der Versicherte dem Versicherungsnehmer Vertrauen entgegenbringt. Glaubt er ihm ein so ausgedehntes Verfügungsrecht nicht einräumen zu können, so mag er die Versicherung im eigenen Namen abschließen oder in seinem Namen abschließen lassen. Daß nach dem Entwurf unter Umständen sowohl der Versicherungsnehmer wie der Versicherte verfügungsberechtigt ist, kann nicht zu Schwierigkeiten führen; das Verhältnis ist in dieser Beziehung kein anderes, als wenn ein Versicherter einen Bevollmächtigten bestellt.

Von einzelnen Seiten sind mit Rücksicht auf die Stellung eines etwaigen dritten Besitzers des Versicherungsscheins, insbesondere des Kreditgebers, welchem der Schein ausgehändigt worden ist, Bedenken dagegen erhoben worden, daß die Zahlung seitens des Versicherers an den Versicherungsnehmer oder den Versicherten ohne Vorlegung des Scheines erfolgen kann, wenn der andere Beteiligte zustimmt. Diese Bedenken wären indessen nur begründet, wenn der Besitz des Versicherungsscheins selbständige Rechte gewährte. Mit solchen Rechten wären freilich Verfügungen, die von dem Versicherungsnehmer oder dem Versicherten ohne den Besitz des Scheines getroffen werden, nicht vereinbar. Der Inhaber des Versicherungsscheins als solcher hat indessen bei der Versicherung für fremde Rechnung ebensowenig wie bei der Versicherung für eigene Rechnung ein selbständiges Recht auf die Leistung. Die im Entwurfe vorgesehene Regelung kann daher nicht zu einer Beeinträchtigung der Rechte Dritter führen. Auch nach dem Handelsgesetzbuch ist der Versicherungsnehmer mit Zustimmung des Versicherten und ebenso der Versicherte mit Zustimmung des Versicherungsnehmers ohne Beibringung der Police zu jeder Verfügung über die Rechte gegen den Versicherer befugt. Übrigens bleibt es den Beteiligten unbenommen, durch den Versicherungsvertrag dem Versicherungsschein eine gesteigerte Bedeutung beizulegen, namentlich zu bestimmen, daß der Versicherer unter allen Umständen nur gegen Rückgabe des Scheines zu leisten braucht. Denn die Vorschriften des Entwurfs über die Rechte und Befugnisse, die bei der Versicherung für fremde Rechnung dem Versicherten und dem Versicherungsnehmer gegen den Versicherer zustehen, enthalten kein zwingendes Recht; vielmehr sind abweichende Vereinbarungen zulässig, sofern dadurch nicht der Grundsatz verletzt wird, daß die Versicherung nicht zu einer Bereicherung der Beteiligten führen darf.

Nach § 76 Abs. 3 ist der Versicherer zur Zahlung der Entschädigung an den Versicherungsnehmer nur verpflichtet, wenn dieser ihm gegenüber nachweist, daß der Versicherte der Versicherung zugestimmt, also zu ihr entweder vorher, insbesondere etwa durch Auftrag, die Einwilligung oder nachträglich die Genehmigung erteilt hat. Die Befugnis des Versicherers, diesen Nachweis zu verlangen, folgt aus der Natur der Sache, da die Vorteile der Versicherung nicht dem Versicherungsnehmer zugute kommen dürfen, eine Pflicht zur Leistung mithin ohne den Willen desjenigen, für dessen Rechnung die Versicherung genommen ist, nicht bestehen kann. Daneben bleibt selbstverständlich, wie bei jeder Versicherung, so auch bei derjenigen für fremde Rechnung der Versicherer befugt, zugleich den Nachweis zu fordern, daß das Interesse, für welches die Versicherung genommen wurde, in der Person des Versicherten tatsächlich vorhanden ist.

§ 77.

Um den Versicherungsnehmer für die ihm gegen den Versicherten zustehenden Forderungen, insbesondere für seinen Anspruch auf Erstattung der Prämie, Deckung zu gewähren und ihn namentlich im Konkurse des Versicherten zu schützen, bestimmt das Handelsgesetzbuch im § 888, daß der Versicherungsnehmer die Police dem Versicherten oder den Gläubigern oder der Konkursmasse des Versicherten nicht auszuliefern braucht, bevor er wegen der gegen den Versicherten in bezug auf den versicherten Gegenstand ihm zustehenden Ansprüche befriedigt ist, und daß er im Falle eines Schadens sich wegen der bezeichneten Ansprüche aus der Forderung gegen den Versicherer und nach der Einziehung der Entschädigungsgelder aus den letzteren vor dem Versicherten und dessen Gläubigern befriedigen kann. Diese Vorschriften sind in den § 77 des Entwurfs übernommen. Zwar mag die Annahme nicht unberechtigt sein, daß die Rechtsprechung schon auf Grund der Bestimmungen des Bürgerlichen Gesetzbuchs und des Konkursrechts im wesentlichen zu den gleichen Ergebnissen gelangen würde; zur Vermeidung von Zweifeln und um die Übereinstimmung mit dem Handelsgesetzbuche zu wahren, empfiehlt es sich jedoch, die in Frage stehenden Befugnisse des Versicherungsnehmers ausdrücklich anzuerkennen. Was das Recht auf Zurückbehaltung des Versicherungsscheins betrifft, so beschränkt sich der Entwurf darauf, hervorzuheben, daß dieses Recht gegenüber dem Versicherten und der Konkursmasse besteht. Daß es außerhalb des Konkurses gegenüber den Gläubigern des Versicherten in der gleichen Weise geltend gemacht werden kann wie gegenüber dem Versicherten, ergibt sich von selbst. Im § 889 Abs. 1 des Handelsgesetzbuchs ist noch bestimmt, daß sich der Versicherer dem Versicherungsnehmer verantwortlich macht, wenn er, während sich dieser noch im Besitze der Police befindet, durch Zahlungen, die er dem Versicherten oder dessen Gläubigern oder der Konkursmasse leistet, oder durch Verträge, die er mit ihnen schließt, die dem Versicherungsnehmer nach § 888 zustehenden Rechte beeinträchtigt. In dieser Beziehung bedarf es indessen neben dem § 77 und dem Abs. 2 des § 75, demzufolge der Versicherte ohne Zustimmung des Versicherungsnehmers über die Rechte aus der Versicherung nur verfügen kann, wenn er im Besitz eines Versicherungsscheins ist, besonderer Vorschriften nicht. Auch der § 889 Abs. 2 des Handelsgesetzbuchs braucht in den Entwurf nicht übernommen zu werden, denn er enthält keine selbständige Vorschrift, sondern nur einen Hinweis auf die Grundsätze des bürgerlichen Rechtes.

Gegenüber der Frage, wie sich die Rechte des Versicherten im Konkurse des Versicherungsnehmers gestalten, genügen die Vorschriften der Konkursordnung. Der Versicherte hat, weil die Entschädigungsforderung nach § 75 ihm zusteht, in Ansehung dieser Forderung ein Recht der Aussonderung; zieht der Konkursverwalter die Entschädigungsforderung ein, so kann der Versicherte den eingezogenen Betrag aus der Masse beanspruchen (Konkursordnung § 46 Satz 2).

§ 78.

Wird der Versicherer auf Zahlung der Versicherungsgelder in Anspruch genommen, so ist er nach § 890 des Handelsgesetzbuchs nicht befugt, Forderungen, die ihm gegen den Versicherungsnehmer zustehen, aufzurechnen. Die Vorschrift des § 75 Abs. 1, wonach die Entschädigungsforderung nicht dem Versicherungsnehmer, sondern dem Versicherten zusteht, führt, wenn sie ohne Einschränkung festgehalten wird, von selbst zu dem gleichen Ergebnisse, und zwar ohne Unterschied, ob der Versicherungsnehmer oder der Versicherte die Entschädigungsforderung geltend macht. Dieses Ergebnis ist befriedigend in bezug auf Forderungen des Versicherers, die nicht durch das Versicherungsverhältnis begründet sind. Der Ausschluß der Aufrechnung erscheint ferner angemessen, wenn durch ein Versicherungsverhältnis die Interessen mehrerer Personen versichert sind und Forderungen in Frage stehen, die sich nicht auf die Versicherung desjenigen Versicherten beziehen, für dessen Entschädigungsanspruch Befriedigung verlangt wird. Dagegen wird der Versicherer in unbilliger Weise benachteiligt, wenn ihm auch die Befugnis versagt wird, gegen den Entschädigungsanspruch eine Forderung, die auf der für den Versicherten genommenen Versicherung beruht, insbesondere die Prämienforderung, die durch diese Versicherung begründet ist, zur Aufrechnung zu bringen. Abweichend vom Handelsgesetzbuch und dem Grundsatze des § 75 Abs. 1 legt deshalb der § 78 des Entwurfs dem Versicherer die zuletzt bezeichnete Befugnis ausdrücklich bei. Für das Handelsgesetzbuch ist eine entsprechende Vorschrift in Aussicht genommen.

§ 79.

Die Vorschrift des § 79 Abs. 1 Satz 1, derzufolge für das dem Versicherer im Falle der Verschweigung oder der unrichtigen Anzeige eines Gefahrumstandes zustehende Rücktrittsrecht nicht nur die Kenntnis und die Arglist des Versicherungsnehmers, sondern auch die Kenntnis und die Arglist des Versicherten in Betracht kommt, entspricht der Bestimmung, die im § 19 Satz 1 des Entwurfs für den Fall getroffen ist, daß der Versicherungsvertrag durch einen Vertreter geschlossen wird. Ebenso schließt sich die Vorschrift des § 79 Abs. 1 Satz 2, die sich auf den Wegfall des Rücktrittsrechts des Versicherers bei mangelndem Verschulden des anderen Teiles bezieht, dem § 19 Satz 2 an.

Auch der Abs. 2 des § 79, nach welchem bei einer für fremde Rechnung genommenen Versicherung, die in einem vor der Schließung des Vertrags liegenden Zeitpunkte beginnen soll, der Versicherer von der Verpflichtung zur Leistung frei ist, wenn der Versicherungsnehmer oder der Versicherte bei der Schließung weiß, daß der Versicherungsfall schon eingetreten ist, gibt einen Grundsatz wieder, der an anderer Stelle (§ 2 Abs. 3) in bezug auf den Abschluß des Versicherungsvertrags durch einen Vertreter ausgesprochen ist.

Der Abs. 3 des § 79 bestimmt im Anschluß an den § 785 Abs. 4 und den § 807 Abs. 2, 3 des Handelsgesetzbuchs, daß es auf die Kenntnis des Versicherten nicht ankommt, wenn der Vertrag ohne sein Wissen geschlossen worden ist oder eine rechtzeitige Benachrichtigung des Versicherungsnehmers nicht tunlich war. Soweit es sich um die Folgen einer Verschweigung oder einer unrichtigen Anzeige eines Gefahrumstandes handelt, führt allerdings schon der Grundsatz, daß der Rücktritt des Versicherers ausgeschlossen ist, wenn weder den Versicherungsnehmer noch den Versicherten ein Verschulden trifft, zu dem gleichen Ergebnisse. Die Vorschrift entbehrt aber doch nicht der selbständigen Bedeutung; sie kommt namentlich in dem Falle in Betracht, daß zur Zeit des Abschlusses des Vertrags der Versicherte, nicht aber der Versicherungsnehmer von dem schon erfolgten Eintritte des Versicherungsfalls Kenntnis hatte.

Die Versicherung für fremde Rechnung kann entweder im Auftrage desjenigen, dessen Interesse versichert wird, oder ohne einen solchen Auftrag genommen werden. Nach § 782 Abs. 1, 2 des Handelsgesetzbuchs muß der Versicherungsnehmer, wenn er ohne Auftrag handelt, den Mangel des Auftrags bei dem Abschlusse des Vertrags dem Versicherer anzeigen; unterbleibt die Anzeige, so ist die Versicherung für den Versicherer unverbindlich und wird selbst dadurch nicht gültig, daß der Versicherte der Versicherung nachträglich zustimmt. Von verschiedenen Seiten ist empfohlen worden, diese Vorschrift auch in den Entwurf zu übernehmen. Zur Begründung wird angeführt, daß die Stellung des Versicherers bei einer vom Versicherungsnehmer ohne Auftrag genommene Versicherung in bezug auf die Verpflichtung zur Anzeige der Gefahrumstände sowie in bezug auf die Haftung für einen zur Zeit des Vertragsschlusses schon eingetretenen Versicherungsfall eine ungünstigere sei als bei einer Versicherung, zu welcher der Versicherte einen Auftrag erteilt hat. Ein derartiger Unterschied zwischen den beiden Arten der Versicherung besteht in der Tat; denn bei einer im Auftrag, also mit Wissen des Versicherten abgeschlossenen Versicherung hat der Versicherte von allen ihm bekannten Umständen den Versicherungsnehmer rechtzeitig zu benachrichtigen, um diesen zur Erfüllung der Anzeigepflicht in den Stand zu setzen; bei einer ohne Wissen des Versicherten abgeschlossenen Versicherung fällt dagegen diese Verpflichtung weg (Handelsgesetzbuch § 807 Abs. 3, Entwurf § 79 Abs. 3). Der Versicherer hat daher ein Interesse daran, daß ihm der Versicherungsnehmer, falls er eine Versicherung für fremde Rechnung ohne Auftrag nimmt, den Mangel des Auftrags anzeigt. Anderseits geht es aber offenbar zu weit, die Versicherung, falls diese Anzeige unterlassen wird, schlechthin für ungültig zu erklären, vielmehr ist das Interesse des Versicherers völlig gewahrt, wenn im Falle des Unterbleibens der Anzeige die Sachlage hinsichtlich der Folgen einer nicht ordnungsmäßigen Anzeige der Gefahrumstände sowie hinsichtlich der Haftung des Versicherers für eine zur Zeit des Vertragsschlusses schon eingetretenen Schaden so beurteilt wird, als wenn der Versicherte von dem Abschlusse des Vertrags Kenntnis gehabt hätte. Hierdurch rechtfertigt sich die Vorschrift des § 79 Abs. 4, derzufolge der Versicherer, wenn der Versicherungsnehmer den Vertrag ohne Auftrag des Versicherten geschlossen und bei der Schließung den Mangel des Auftrags dem Versicherer nicht angezeigt hat, den Einwand, daß der Vertrag ohne Wissen des Versicherten geschlossen ist, nicht gegen sich gelten zu lassen braucht.

Die Vorschriften des § 79 beschränken sich auf die Regelung der bei dem Abschlusse des Vertrags dem Versicherungsnehmer und dem Versicherten obliegenden Verpflichtungen. Inwieweit dagegen die Obliegenheiten, welche bei der Versicherung für eigene Rechnung nach dem Abschlusse des Vertrags von dem Versicherungsnehmer zu erfüllen sind, also namentlich die Pflicht, den Eintritt des Versicherungsfalls dem Versicherer anzuzeigen oder für die Abwendung und Minderung des Schadens Sorge zu tragen, bei der Versicherung für fremde Rechnung den Versicherten oder den Versicherungsnehmer treffen, kann nicht durch eine einheitliche gesetzliche Regel entschieden werden. Vielmehr muß die Beantwortung der Frage hier unter Berücksichtigung des Inhalts der betreffenden Obliegenheiten nach den Umständen des einzelnen Falles erfolgen. Sie bleibt deshalb der Rechtsprechung überlassen. Was den Wegfall der Haftung des Versicherers für einen Versicherungsfall betrifft, dessen Eintritt der Beteiligte selbst verursacht hat (§ 61), so ist bei der Versicherung für fremde Rechnung, da hier die Rechte aus der Versicherung dem Versicherten zustehen, der Versicherer zur Leistung jedenfalls dann nicht verpflichtet, wenn der Versicherungsfall von dem Versicherten selbst vorsätzlich oder durch grobe Fahrlässigkeit herbeigeführt ist.

§ 80.

Der § 80 Abs. 1 des Entwurfs bietet behufs Abschneidung von Streitigkeiten, übereinstimmend mit § 781 Abs. 3 des Handelsgesetzbuchs, eine Auslegungsregel für Fälle, in denen es zweifelhaft erscheint, ob der Vertrag für ein eigenes Interesse des Versicherungsnehmers oder für ein fremdes Interesse geschlossen ist. Die Versicherung soll danach als Versicherung für eigene Rechnung gelten, wenn sich nicht aus den Umständen ergibt, daß sie für fremde Rechnung genommen ist. Nach dem Eintritte des Versicherungsfalls kann dann nur derjenige auf die Entschädigung Anspruch machen, welcher den Vertrag geschlossen hat, es ist aber, wenn er ein eigenes Interesse nicht nachzuweisen vermag, der Versicherer zur Zahlung nicht verpflichtet.

Der Versicherungsvertrag wird häufig in der Weise geschlossen, daß die Parteien übereinkommen, es zunächst unbestimmt zu lassen, ob die Versicherung für eigene oder fremde Rechnung genommen wird (Versicherung für Rechnung „wen es angeht“). Auf ein solches Versicherungsverhältnis finden, wenn sich später ergibt, daß fremdes Interesse versichert ist, die Vorschriften über die Versicherung für fremde Rechnung Anwendung, während andernfalls die Bestimmungen über die Versicherung für eigene Rechnung Platz greifen. Nach dem Vorbilde des Handelsgesetzbuchs § 781 Abs. 2 bringt der Entwurf diese Regel im § 80 Abs. 2 zum Ausdrucke. Zur Bezeichnung einer Versicherung der in Frage stehenden Art sind im Verkehre neben der Formel „für Rechnung wen es angeht" namentlich die Worte „für eigene und oder fremde Rechnung" üblich. Der Gebrauch einer derartigen Wendung beim Abschlusse des Vertrags ist aber nicht unbedingt erforderlich. Es genügt, daß aus dem Vertrag in zweifelsfreier Weise zu entnehmen ist, daß die Parteien beabsichtigt haben, die Person des Versicherten unbestimmt zu lassen. Ergibt sich eine solche Absicht aus dem Vertrage nicht, so gilt die Versicherung nach Abs. 1 als für eigenes Interesse genommen.

Zweiter Titel.

Feuerversicherung.

§ 81.

Nach dem Bürgerlichen Gesetzbuche (§ 147) kann der einem Anwesenden gemachte Vertragsantrag nur sofort, der einem Abwesenden gemachte Antrag nur bis zu dem Zeitpunkte angenommen werden, bis zu welchem der Antragende den Eingang der Antwort unter regelmäßigen Umständen erwarten darf. In dieser allgemeinen Fassung entspricht die Vorschrift den Bedürfnissen der meisten Versicherungszweige; sie durch genauere Bestimmungen zu ersetzen, verbietet sich schon dadurch, daß selbst innerhalb der einzelnen Zweige die Verhältnisse sehr verschiedenartig sind.

Anders liegt die Sache bei der Feuerversicherung. Der Versicherungsvertrag wird meist unter Abwesenden geschlossen, indem derjenige, welcher eine Versicherung nehmen will, den Antrag bei dem Versicherungsagenten einreicht und dieser ihm dem Versicherer zur Entscheidung übermittelt. Wann unter regelmäßigen Umständen auf eine Antwort des Versicherers zu rechnen ist, wird der Antragsteller in der Regel nicht beurteilen können, weil ihm die geschäftlichen und technischen Einrichtungen des Versicherungsbetriebes unbekannt sind. Wer eine Feuerversicherung nehmen will, hat aber ein dringendes Interesse, genau zu wissen, wie lange Zeit er an seinen Antrag gebunden ist, damit er, falls von dem Versicherer innerhalb dieser Zeit keine Antwort eingeht, sofort für die anderweitige Versicherung Sorge tragen kann, ohne sich der Gefahr auszusetzen, schließlich eine doppelte Prämie zahlen zu müssen. In der gleichen Lage befindet sich der Antragsteller selbst dann, wenn er ausnahmsweise den Antrag an einen anwesenden, zum Abschlusse berechtigten Vertreter der Versicherungsunternehmung richtet; denn dieser Vertreter muß gleichfalls Zeit zur Prüfung des Antrags und der in Betracht kommenden tatsächlichen Verhältnisse haben. Der § 81 Abs. 1 Satz 1 schreibt demgemäß vor, daß bei der Feuerversicherung ein dem Versicherer gemachter Antrag auf Schließung, Verlängerung oder Änderung des Vertrags erlischt, wenn er nicht binnen zwei Wochen angenommen wird.

Ist eine dem Antragenden verspätet zugegangene Annahmeerklärung dergestalt abgesendet worden, daß sie bei regelmäßiger Beförderung ihm rechtzeitig zugegangen sein würde, und mußte der Antragende dies erkennen, so hat er gemäß § 149 des Bürgerlichen Gesetzbuchs die Verspätung dem Annehmenden unverzüglich nach dem Empfange der Erklärung anzuzeigen, sofern es nicht schon vorher geschehen ist; verzögert er die Absendung der Anzeige, so gilt die Annahme als nicht verspätet. Dieser Schutz darf bei der Feuerversicherung auch gegenüber dem Ablaufe der für das Erlöschen des Antrags maßgebenden Frist von zwei Wochen dem Versicherer nicht versagt werden, und der Entwurf (§ 81 Abs. 1 Satz 2) erklärt deshalb die Vorschrift ausdrücklich für anwendbar.

Wird der Versicherungsantrag, wie das die Regel bildet, einem Abwesenden gemacht, so ist der Antragsteller nur dann imstande, das Ende der Frist, bis zu deren Ablauf er gebunden ist, genau zu berechnen, wenn die Frist nicht von dem Eingange des Antrags bei dem anderen Teile, sondern von dem Zeitpunkte der Absendung des Antrags an läuft. Im § 81 Abs. 2 ist demgemäß bestimmt, daß die zweiwöchige Frist schon mit diesem Zeitpunkte beginnt. Wird der Antrag an einen Agenten gerichtet, so ist, wie aus § 43 folgt, der Zeitpunkt maßgebend, in welchem der Antragsteller den Antrag an den Agenten absendet oder bei ihm abgibt.

Damit das Interesse des Antragstellers vollständig gewahrt wird, ist es erforderlich, den Vorschriften des § 81 im allgemeinen die Bedeutung zwingenden Rechtes beizulegen. Nur bezüglich der Dauer der Frist ist dies nicht angängig. Wenngleich der Zeitraum von zwei Wochen der Regel nach zur Untersuchung der Gefahrumstände und zur Erledigung des Antrags ausreichen wird, so kann doch in manchen Fällen, namentlich bei der Versicherung gewerblicher Unternehmungen, der Versicherer einer längeren Zeit bedürfen. Indessen wird auch für eine vertragsmäßige Erweiterung der Frist nur in der Weise Raum zu lassen sein, daß es stets möglich bleibt, Dauer und Endpunkt der Frist ohne weiteres aus dem Kalender zu entnehmen. Aus diesen Gründen sieht der § 81 Abs. 3 vor, daß eine Bestimmung, durch welche von den Vorschriften der Abs. 1, 2 abgewichen wird, nichtig ist, daß jedoch an Stelle der Frist von zwei Wochen eine andere festbestimmte Frist gesetzt werden kann.

§§ 82 bis 84.

Die Vorschriften des Entwurfs über den Umfang der Gefahr, für welche der Versicherer bei der Feuerversicherung haftet, schließen sich zum Teil den jetzt maßgebenden Bestimmungen an, zum Teil gehen sie über die bestehende Praxis hinaus. Zwingende Wirkung läßt sich den Vorschriften über den Umfang der von dem Versicherer zu tragenden Gefahr hier so wenig wie bei anderen Arten der Versicherung beilegen. Den Versicherungsunternehmungen kann es nicht verwehrt werden, durch ihre Verträge die Haftung für eine Gefahr, die sie nicht übernehmen wollen, abzulehnen, und ebenso muß dem Versicherungsnehmer die Wahl frei bleiben, ob er dadurch, daß er auf eine Deckung gegen bestimmte Gefahren verzichtet, eine niedrigere Prämie oder durch Zahlung einer höheren Prämie die Deckung auch gegen jene Gefahren sich verschaffen will.

Nach § 82 des Entwurfs umfaßt die Feuerversicherung auch den Schaden, der durch Blitzschlag oder Explosion verursacht wird, ohne Rücksicht darauf, ob dadurch ein Feuer entstanden ist oder nicht. Abweichend hiervon wird nach den allgemeinen Versicherungsbedingungen des Verbandes der deutschen Privat-Feuerversicherungsgesellschaften in Erwangelung besonderer Vereinbarung ein Explosionsschaden, der nicht zugleich ein Feuerschaden ist, nur ersetzt, wenn eine Explosion von Leuchtgas in Frage steht. Die Entwicklung geht aber dahin, die Haftung der Feuerversicherungsunternehmungen für Explosionsschäden zu erweitern. In der Praxis werden zum Teil schon jetzt außer den Leuchtgasexplosionen auch gewisse Explosionen anderer Art in die Versicherung einbezogen, bisweilen sogar alle Explosionsschäden mitgedeckt. Das Gesetz kann jedenfalls zwischen den einzelnen Explosionsgefahren nicht unterscheiden; vielmehr ist es Sache der Versicherungsbedingungen, der Haftung für Explosionsschäden, soweit es für erforderlich erachtet wird, engere Grenzen zu ziehen oder die Übernahme dieser Haftung von einem besonderen Prämienzuschlag abhängig zu machen.

Gegenwärtig beschränken die Versicherer die ihnen bei einem Brande obliegende Ersatzpflicht der Regel nach auf den Schaden, den der Versicherungsnehmer durch die auf der Einwirkung des Feuers beruhende Zerstörung oder Beschädigung der versicherten Sache erleidet. Außerdem wird noch der Schaden vergütet, der bei einem Brande durch das Löschen, Niederreißen oder Ausräumen oder durch das Abhandenkommen einer versicherten Sache entsteht, und diese Erweiterung hält selbstverständlich auch der Entwurf (§ 83 Abs. 1 Satz 2) fest. Sonstige Schäden aber, welche die versicherte Sache als Folge des Brandereignisses treffen, werden zur Zeit im allgemeinen nicht ersetzt. Nur ausnahmsweise findet sich eine Erstreckung der Haftung auf mittelbare Schäden; insbesondere wird den Brauereibesitzern Deckung gewährt gegen den Schaden, welchen die Gerste oder das Bier infolge der durch einen Brand verursachten Betriebsunfähigkeit der Darr- oder Kühlanlagen erfährt, ebenso kommt eine Versicherung gegen den Schaden vor, welcher in Zuckerfabriken an den Zwischenprodukten der Rüben dadurch entsteht, daß sie infolge einer durch ein Brandereignis herbeigeführten Betriebsstörung verderben.

Es besteht jedenfalls keine Veranlassung, die Ersatzpflicht der Versicherungsunternehmungen grundsätzlich auf den unmittelbaren Schaden zu beschränken, vielmehr kann es auch hier den Versicherern überlassen werden, durch die Versicherungsbedingungen die Haftung gegenüber denjenigen Schäden, für welche sie nicht einstehen wollen, besonders auszuschließen. Der § 83 Abs. 1 Satz 1 bestimmt demgemäß, daß der Versicherer im Falle eines Brandes den durch die Zerstörung oder die Beschädigung der versicherten Sachen entstehenden Schaden zu ersetzen hat, soweit die Zerstörung oder Beschädigung auf der Einwirkung des Feuers beruht oder die unvermeidliche Folge des Brandereignisses ist. Über den eigentlichen Sachschaden geht aber auch die Haftung, die nach dem Entwurf in Ermangelung abweichender Vertragsbestimmungen eintritt, nicht hinaus. Namentlich bleibt die Regel, daß die Versicherung den durch den Eintritt des Versicherungsfalls entgehenden Gewinn nur umfaßt, wenn dies besonders vereinbart ist (§ 53), unberührt. Verdirbt also die gegen Feuerschaden versicherte Gerste infolge einer durch den Brand verursachten Betriebsunfähigkeit der Darranlagen, so ist der Versicherer lediglich zur Erstattung des Wertes verpflichtet, den die Gerste zur Zeit des Eintritts des Versicherungsfalls hat; soll daneben noch der Gewinn ersetzt werden, den der Versicherungsnehmer durch die weitere Verarbeitung der Gerste und den Verkauf des aus der Gerste gewonnenen Bieres erzielt haben würde, so bedarf es einer besonderen Festsetzung im Versicherungsvertrage. Übrigens setzt die Haftung des Versicherers für einen Feuerschaden immer voraus, daß es sich um einen durch ein Brandereignis verursachten Schaden handelt. Solche Schäden, welche die versicherten Gegenstände durch ein Feuer erleiden, dem sie ihrer Bestimmung gemäß ausgesetzt werden, hat der Versicherer nicht zu ersetzen. Eine ausdrückliche Vorschrift hierüber ist entbehrlich, der Begriff des Brandereignisses führt von selbst zu diesem Ergebnisse.

Der Abs. 2 des § 83 bezieht sich auf die Haftung des Versicherers für Blitz- und Explosionsschäden. Diese Haftung bedarf ebenso wie die Ersatzpflicht des

Versicherers bei eigentlichen Brandschäden einer näheren Begrenzung und der Entwurf sieht deshalb eine entsprechende Anwendung der im Abs. 1 für den Fall eines Brandes gegebenen Bestimmungen vor.

Die Vorschrift des § 84, nach welcher der Versicherer nicht haftet, wenn der Brand oder die Explosion durch Maßregeln verursacht wird, die im Kriege oder nach der Erklärung des Kriegszustandes von einem militärischen Befehlshaber angeordnet worden sind, schließt sich der herrschenden Praxis an. Gegenwärtig werden meist auch solche Schäden von der Versicherung ausgeschlossen, welche die Folge eines Aufruhrs oder eines Landfriedensbruchs sind; zu einer gesetzlichen Bestimmung dieser Art liegt indessen kein genügender Grund vor.

Bei der Versicherung beweglicher Sachen pflegt die Haftung des Versicherers meist auf solche Schäden beschränkt zu werden, welche die Sachen an dem Orte betreffen, der im Vertrag als ihr Aufbewahrungsort angegeben ist. Der Entwurf sieht davon ab, eine Vorschrift dieses Inhalts zu geben; es liegt im Interesse des Versicherungsnehmers, daß der Versicherer, welcher eine solche Beschränkung will, genötigt ist, eine Bestimmung darüber in die allgemeinen Versicherungsbedingungen oder in den Vertrag aufzunehmen. Anderseits ist es nicht angängig, den Versicherern gesetzlich die Befugnis zu entziehen, ihre Haftung in der bezeichneten Weise zu beschränken. Es besteht auch kein ausreichender Anlaß, hier durch besondere Vorschriften einzugreifen, da die Versicherungsunternehmungen durch die Einrichtung der sogenannten Außenversicherung dem Bedürfnisse der Versicherungsnehmer nach einer örtlich unbeschränkten Deckung in immer weiterem Maße entgegenkommen.

§ 85.

Der § 85 Satz 1 sieht, dem mutmaßlichen Willen der Beteiligten entsprechend, vor, daß sich in Ermangelung einer abweichenden Vereinbarung die für einen Inbegriff von Sachen genommene Feuerversicherung auf die Sachen derjenigen Familienangehörigen und Bediensteten des Versicherungsnehmers erstreckt, welche mit ihm in häuslicher Gemeinschaft leben. Der Satz 2 stellt fest, daß, ungeachtet der Vorschriften des § 80 Abs. 1, die Versicherung insoweit als für fremde Rechnung genommen zu gelten hat.

§ 86.

Bezieht sich die Versicherung auf eine Sache, so gilt nach der Regel des § 52 der Wert der Sache als Versicherungswert. Diese Regel erfährt für die Feuerversicherung eine Ergänzung durch den § 86, demzufolge bei Haushalts- und sonstigen Gebrauchsgegenständen, bei Arbeitsgerätschaften und Maschinen als Versicherungswert derjenige Betrag gilt, welcher erforderlich ist, um Sachen gleicher Art anzuschaffen, unter Abzug eines dem Unterschiede zwischen alt und neu entsprechenden Betrags. Werden die versicherten Sachen durch Brand zerstört, so soll die Entschädigung dem Versicherungsnehmer die Mittel gewähren, an ihrer Stelle andere zu erwerben. Sein berechtigtes Interesse wird nicht gewahrt, wenn er als Ersatz nur den Verkaufswert erhält, den die Sachen zur Zeit des Eintritts des Versicherungsfalls hatten. Allerdings kann er auch nicht beanspruchen, daß ihm die volle Summe vergütet werde, die zur Anschaffung neuer Sachen gleicher Art erforderlich ist. Vielmehr muß er sich gefallen lassen, daß dieser Betrag entsprechend dem Wertverluste, den die versicherten Sachen durch die Zeit erfahren haben, gekürzt wird. Hierbei kommt namentlich auch die Preisminderung in Betracht, die sich für solche Sachen daraus ergibt, daß sie gegenüber den Fortschritten der Technik oder den Änderungen der Mode veraltet sind. Der Abzug des Unterschieds zwischen alt und neu nötigt zwar den Versicherungsnehmer, der sich nach dem Brande neue Sachen gleicher Art anschaffen will, zu einer Geldaufwendung, die ihm ohne den Brand zur Zeit vielleicht erspart geblieben wäre, diese Folge läßt sich aber, da die Versicherung nicht zu einer Bereicherung führen darf, nicht vermeiden. Wie der Unterschied zwischen alt und neu zu berechnen ist, hat im einzelnen Falle der Richter, soweit nötig, nach Anhörung von Sachverständigen, zu entscheiden. Dabei wird auch zu prüfen sein, inwieweit der Wertverlust, den die Sachen im Laufe der Zeit erfahren haben, durch Reparaturen wieder ausgeglichen war; ebenso müssen die besonderen Verhältnisse des Versicherungsnehmers, zum Beispiel der Umstand, daß für seinen Betrieb die technischen Verbesserungen der neuen Maschinen keine erhebliche Bedeutung haben, berücksichtigt werden. Die berechtigten Interessen der Versicherungsnehmer sind daher durch den § 86 ausreichend gewahrt.

Gegenstände, welche zum Gebrauche dienen, deren Wert aber im wesentlichen auf ihrem Alter und Kunstwerte beruht, werden von der Vorschrift des § 86 selbstverständlich nicht betroffen.

§ 87.

Nach § 57 Satz 2 des Entwurfs gilt eine von den Parteien vereinbarte Taxe als der Wert, den das versicherte Interesse zur Zeit des Eintritts des Versicherungsfalls hat, es sei denn, daß sie den wirklichen Versicherungswert, den sie in diesem Zeitpunkte hat, erheblich übersteigt. Bei der Feuerversicherung beweglicher Sachen ist indessen innerhalb des längeren Zeitraums, für welchen der Vertrag meist abgeschlossen wird, der Versicherungswert vielfachen Änderungen ausgesetzt, die der Versicherer nicht im einzelnen verfolgen und die er deshalb erforderlichenfalls auch kaum nachweisen kann. Es ist deshalb im öffentlichen Interesse nicht angängig, der Taxe, wie dies von manchen Seiten, namentlich aus den Kreisen der Industrie, gewünscht worden ist, auch hier die ihr nach § 57 zukommende Bedeutung beizulegen. Eine solche Regelung würde die Gefahr eines Mißbrauchs der Versicherung zu unredlichen Zwecken mit sich bringen. Das bezeichnete Bedenken erledigt sich aber, wenn die Vereinbarung einer Taxe in ihrer Wirkung dahin eingeschränkt wird, daß sie nur den Versicherungswert zur Zeit der Schließung des Vertrags feststellt. Der § 87 Satz 1 bestimmt deshalb, daß die Taxe bei der Versicherung beweglicher Sachen gegen Brandschaden nur diese Bedeutung hat; zugleich werden im Satz 2 des § 87 Vereinbarungen für nichtig erklärt, nach denen die Taxe als der Wert zur Zeit des Eintritts des Versicherungsfalls gelten soll. Welchen Wert die Sachen zur Zeit der Übernahme der Versicherung besitzen, kann der Versicherer ohne Schwierigkeit prüfen, und schon das eigene Interesse wird ihn, wenn er eine Versicherung mit Taxe gewährt, veranlassen, durch sorgfältige Prüfung einer Überversicherung vorzubeugen.

Liegt eine solche Taxe vor, so ist bei der Berechnung der Entschädigung von der Taxe als dem Werte, den die versicherten Gegenstände zur Zeit des Abschlusses der Versicherung hatten, auszugehen. Demgegenüber sind dann Veränderungen, welche die versicherten Sachen seitdem, sei es durch Abnutzung, sei es durch besondere Umstände, erfahren haben, sowie Abweichungen, welche der Preis für Sachen der betreffenden Art bei Vergleichung des jetzigen und des früheren Standes zeigt, in vollem Umfange zu berücksichtigen. Der auf solche Weise zum Zwecke der Schadensberechnung ermittelte Versicherungswert wird sich häufig von der Taxe erheblich entfernen. Entsteht Streit darüber, ob eine Änderung stattgefunden hat, so liegt dem Versicherungsnehmer der Nachweis ob, daß die Verhältnisse bei dem Eintritte des Versicherungsfalls noch dieselben waren wie zur Zeit des Vertragsschlusses. Der Versicherer seinerseits kann geltend machen, daß die Taxe schon den Wert, den die Sachen zur Zeit des Vertragsabschlusses hatten, erheblich überstiegen habe; für diese Behauptung trifft aber ihn die Beweislast. Diese Grundsätze kommen auch zur Anwendung, wenn für Gebrauchsgegenstände, Arbeitsgerätschaften und Maschinen eine Taxe vereinbart ist; es bleibt aber daneben für die Frage, ob die Taxe dem Versicherungswert entspricht oder als unrichtig angefochten werden kann, die Vorschrift des § 86 maßgebend, derzufolge unter dem Versicherungswerte — hier also unter dem taxierten Werte — nicht etwa der Verkaufswert, sondern der Anschaffungswert abzüglich eines dem Unterschiede zwischen alt und neu entsprechenden Betrags zu verstehen ist. Ist für einen Gegenstand der im § 86 bezeichneten Art eine Taxe vereinbart, so ist bei der Entschädigungsberechnung von der Taxe auszugehen. Es ist auch hier, vorbehaltlich des Gegenbeweises des Versicherers, anzunehmen, daß die Taxe dem Versicherungswerte zur Zeit des Abschlusses des Vertrags entspricht. Will der Versicherer demgegenüber die Taxe als erheblich übersetzt anfechten, so genügt es nicht, daß er nachweist, daß die Taxe höher ist als der Verkaufswert zur Zeit des Abschlusses des Vertrags, vielmehr hat er, da nach § 86 als Versicherungswert der Anschaffungswert abzüglich eines dem Unterschiede zwischen alt und neu entsprechenden Betrags anzusehen ist und anderseits die Taxe als Versicherungswert zur Zeit des Abschlusses des Vertrags gilt, darzutun, daß die Taxe den Betrag erheblich übersteigt, der sich ergibt, wenn der Preis, welcher zur Zeit der Schließung des Vertrags für neue Sachen gleicher Art bezahlt werden mußte, durch eine Abschreibung vermindert wird, wie sie dem damals bei den versicherten Sachen vorhandenen Unterschiede zwischen alt und neu entspricht. Wird beispielsweise eine Maschine, die schon zwei Jahre im Gebrauch ist, zu einer Taxe von 10000 Mark versichert und geht die Maschine ein Jahr nach dem Abschlusse des Versicherungsvertrags durch einen Brand verloren, so wird der Versicherer unter regelmäßigen Umständen den Betrag der Taxe, abzüglich einer Abnutzungsquote für das inzwischen abgelaufene weitere Jahr, zu entrichten haben. Es ist ihm aber unbenommen, die Richtigkeit der Taxe anzufechten, zum Beispiel nachzuweisen, daß der Preis, der zur Zeit der Schließung des Vertrags für eine Maschine gleicher Art aufzuwenden war, nur 10000 Mark betrug und hiervon schon für die zwei ersten Jahre eine Abnutzungsquote von 2000 Mark abzuziehen sei.

Ist die Versicherungssumme niedriger als die Taxe, so kommt auch bei der Feuerversicherung beweglicher Sachen die Bestimmung des § 57 Satz 3 zur Anwendung, derzufolge in einem solchen Falle, selbst wenn die Taxe erheblich übersetzt ist, der Versicherer für den Schaden nur nach dem Verhältnisse der Versicherungssumme zur Taxe haftet.

Was die Versicherung unbeweglicher Sachen gegen Brandschaden betrifft, so liegt kein ausreichender Grund vor, der Taxe die ihr nach der allgemeinen Vorschrift des § 57 zukommende Bedeutung zu entziehen. Selbstverständlich kann im Versicherungsvertrag auch hier eine dem § 87 entsprechende Bestimmung getroffen werden.

§ 88.

Der § 88 ergänzt im Satz 1 die allgemeine Regel des § 52, wonach bei der Sachversicherung im Zweifel der Wert der Sache als Versicherungswert gilt, durch die Vorschrift, daß bei Gebäuden als Versicherungswert der ortsübliche

Bauwert, d. h. der Betrag, für welchen nach den ortsüblichen Preisen ein Bauwerk gleicher Art errichtet werden kann, unter Abzug eines dem Zustande des Gebäudes, insbesondere dem Alter und der Abnutzung, entsprechenden Betrags anzusehen ist. Die Praxis der Feuerversicherung geht von diesem Grundsatze schon jetzt aus. Er läßt sich jedoch nicht ohne Ausnahme durchführen. Ist das versicherte Gebäude durch besondere Umstände entwertet, handelt es sich etwa um ein zum Zwecke eines industriellen Betriebs errichtetes Bauwerk, das, weil die Fortsetzung des Betriebs unmöglich geworden ist, nicht mehr seiner Bestimmung gemäß verwendet und auch sonst nicht in einer seinen Herstellungskosten entsprechenden Weise nutzbar gemacht werden kann, so würde der Versicherungsnehmer, wenn er nach einem Brande eine auf der Grundlage des Bauwerts berechnete Entschädigung verlangen könnte, sich bereichern. Der Satz 2 des § 88 sieht deshalb vor, daß in Fällen, in denen aus besonderen Gründen der Wert des versicherten Gebäudes geringer ist als der ortsübliche Bauwert abzüglich der Abnutzungsquote, dieser geringere Wert maßgebend ist. Für den Versicherungswert von Maschinen gilt, auch wenn sie als wesentliche Bestandteile eines Gebäudes anzusehen sind, die Vorschrift des § 86. Unter der bezeichneten Voraussetzung werden sie im Zweifel bei der Versicherung des Gebäudes als mitversichert gelten müssen. Es bleibt den Versicherungsbedingungen überlassen, hier wie in anderen Fällen Bestimmung darüber zu treffen, ob einzelne an sich zu dem Gebäude gehörige Gegenstände von der Versicherung ausgeschlossen sein sollen.

§§ 89, 90.

Für den Gewinn, welcher dem Versicherungsnehmer infolge des Brandschadens entgeht, gewähren die deutschen Versicherungsunternehmungen regelmäßig keine Deckung; in mehreren Bundesstaaten ist sogar die Erstreckung der Feuerversicherung auf diesen Gewinn grundsätzlich untersagt. Der hiermit bezeichnete Standpunkt läßt sich indessen nicht festhalten, wie er auch im Auslande, wo die sogenannte Chomageversicherung zum Teil einen größeren Umfang erreicht hat, überwiegend abgelehnt wird. Die Versicherung entgehenden Gewinns kommt einem wirtschaftlichen Bedürfnis entgegen, da die Deckung des einfachen Sachwerts keineswegs in allen Fällen genügt, um die Vermögensnachteile auszugleichen, die ein Feuerschaden dem Versicherungsnehmer bringt. Aus den Kreisen der Hausbesitzer ist wiederholt der Wunsch geltend gemacht worden, daß eine Versicherung gegen den mit einem Brande verbundenen Mietausfall ermöglicht werde. Auch der Versicherung gewerblicher Unternehmungen gegen die Verluste, die sie infolge der durch einen Brand verursachten Betriebseinstellung erleiden, läßt sich die Berechtigung nicht absprechen. Hierzu kommt, daß der wirkliche Wert mancher Sachen überhaupt nicht festzustellen ist, wenn von dem aus ihrer Benutzung zu erzielenden Gewinn abgesehen wird. So ist der Photograph nur unter der Voraussetzung imstande, seine Negativplatten zu einer angemessenen Versicherungssumme zu versichern, daß er den Gewinn in Rechnung ziehen darf, den ihm der Verkauf von Abzügen verspricht; dies gilt insbesondere dann, wenn im Falle des Verlustes der Platten ein Ersatz durch neue nach Lage der Sache nicht möglich ist. Auch technische Modelle, Zeichnungen und Pläne werden vielfach nur bei Berücksichtigung des Gewinns, der von ihrer Verwertung zu erwarten ist, in befriedigender Weise abgeschätzt werden können. Gegen Mißbräuche einzuschreiten, wird Sache der Aufsichtsbehörden sein.

Der Grundsatz, daß die Versicherung nicht zu einer Bereicherung des Versicherten führen darf, steht der Zulassung derartiger Versicherungen keineswegs entgegen. Denn es handelt sich dabei nicht um einen Gewinn, der dem Versicherungsnehmer aus der Versicherung erwächst, sondern um den Ersatz des Vermögensnachteils, den er dadurch erleidet, daß ihm eine Einnahme entgeht. Der Ersatz darf allerdings nur dann erfolgen, wenn nach Lage der Verhältnisse der Schluß gerechtfertigt ist, daß ohne das Brandereignis der Gewinn erzielt worden wäre. Wird dieses Erfordernis nicht festgehalten, so kann die Versicherung des entgehenden Gewinns in der Tat ein Anreiz zur Herbeiführung von Bränden werden. Aus diesem Grunde muß namentlich die Vereinbarung einer Taxe gemäß §§ 57, 87 hier ausgeschlossen bleiben; denn die Höhe des dem Versicherungsnehmer durch einen Brandschaden möglicherweise entgehenden Gewinns läßt sich beim Abschlusse des Vertrags nicht zuverlässig abschätzen, vielmehr kann erst aus den Verhältnissen zur Zeit des Brandes ermittelt werden, welchen Gewinn der Versicherungsnehmer ohne dieses Ereignis erzielt haben würde. Der Abs. 1 des § 89 ordnet deshalb an, daß bei der Versicherung des entgehenden Gewinns eine Taxe nicht vereinbart werden kann. Indessen würde sich das Gesetz, wie aus industriellen Kreisen hervorgehoben worden ist, mit den praktischen Bedürfnissen in Widerspruch setzen, wenn es den Beteiligten auch die Möglichkeit nehmen wollte, im voraus Vereinbarungen über die Art und Weise zu treffen, in der nach dem Eintritt eines Brandes der entsprechende Gewinn berechnet werden soll. In Betracht zu ziehen sind hier beispielsweise Festsetzungen darüber, in welcher Weise bei der Berechnung des durch den Stillstand einer Fabrik verursachten Schadens das bis zum Brande erzielte Geschäftsergebnis, die Zahl der zur Zeit des Brandes beschäftigten Arbeiter, die Marktpreise der Fabrikate, die Höhe der vorliegenden Aufträge berücksichtigt werden und in welchem Umfange für die Ermittelung der erheblichen Tatsachen die Geschäftsbücher maßgebend sein sollen. Die Frage, inwieweit solche Vereinbarungen zuzulassen sind, läßt sich freilich im Gesetze nicht entscheiden, sie muß vielmehr der Prüfung der Aufsichtsbehörden überlassen werden. Demgemäß sieht der Abs. 2 Satz 1 des § 89 vor, daß in den Versicherungsbedingungen mit Genehmigung der Aufsichtsbehörde Bestimmungen über die Berechnung des entgehenden Gewinns getroffen werden können. Dabei bleibt dem Versicherer gemäß § 89 Abs. 2 Satz 2, falls er nachweist, daß das Ergebnis der Berechnung den der wirklichen Sachlage entsprechenden Betrag übersteigt, die Berechtigung, den Ersatz des Mehrbetrags zu verweigern.

Wer für ein Interesse gegen dieselbe Gefahr bei mehreren Versicherern Versicherung nimmt, hat nach § 58 jedem Versicherer von der anderen Versicherung unverzüglich Mitteilung zu machen. Für die Feuerversicherung erweitert, um eine rechtzeitige Offenlegung der Verhältnisse herbeizuführen, der § 90 die bezeichnete Verpflichtung dahin, daß der Versicherungsnehmer entsprechende Anzeigen auch dann zu erstatten hat, wenn bei dem einen Versicherer eine Feuerversicherung unter Ausschluß des entgehenden Gewinns genommen und bei einem anderen Versicherer in Ansehung derselben Sache der entgehende Gewinn versichert wird.

§ 91.

Wird eine Prämienzahlung, die nach dem Beginne der Versicherung zu erfolgen hat, nicht rechtzeitig bewirkt, so kann sich gemäß § 39 der Versicherer von der Verpflichtung zur Leistung in der Weise befreien, daß er dem Versicherungsnehmer eine Zahlungsfrist von mindestens zwei Wochen bestimmt; ist diese Frist abgelaufen und der Versicherungsnehmer mit der Zahlung im Verzuge, so haftet der Versicherer nicht mehr, auch ist er zur Kündigung des Versicherungsverhältnisses befugt. Bei der Gebäudeversicherung reicht jedoch eine Frist von zwei Wochen nicht aus, da hier zugleich die dinglich Berechtigten Gelegenheit haben müssen, ihrerseits die Prämie zu zahlen und dadurch die Versicherung aufrecht zu erhalten (zu vergl. §§ 102, 104). Der § 91 setzt deshalb hier die Dauer der Nachfrist auf mindestens einen Monat fest. Wie eine vertragsmäßige Kürzung der zweiwöchigen Frist des § 39 nicht zulässig ist, so kann auch die Frist von einem Monate, die bei der Gebäudeversicherung an die Stelle jener Frist tritt, durch die Versicherungsbedingungen nicht abgekürzt werden.

§ 92.

Nach § 33 des Entwurfs hat die dem Versicherungsnehmer obliegende Anzeige über den Eintritt des Versicherungsfalls unverzüglich zu erfolgen. Bei der Feuerversicherung gewähren aber die Versicherungsbedingungen hierfür in der Regel eine Frist von einem Tage oder von mehreren Tagen, und im Anschlusse hieran bestimmt der § 92 Abs. 1 Satz 1, daß der Pflicht zur Anzeige des Versicherungsfalls genügt wird, wenn die Anzeige binnen zwei Tagen erfolgt. Dabei wird nach der ausdrücklichen Vorschrift des Abs. 1 Satz 2 die Frist schon durch die Absendung der Anzeige gewahrt; wäre erforderlich, daß die Anzeige innerhalb des zweitägigen Zeitraums dem Versicherer zugeht, so würde die Gewährung der Frist einen großen Teil ihrer praktischen Bedeutung verlieren. Wird die Anzeige vor dem Ablaufe des zweiten Tages abgesendet, so ist es unerheblich, ob die Absendung vielleicht noch früher hätte erfolgen können; nur wenn die Frist überschritten wird, muß der Versicherungsnehmer, um sich gegen die Folgen der Versäumung zu schützen, nach der allgemeinen Vorschrift des § 33 dartun, daß ihm eine schuldhafte Verzögerung nicht zur Last fällt. Soweit die Verletzung der Anzeigepflicht nach den Versicherungsbedingungen den Verlust der Ansprüche des Versicherungsnehmers nach sich ziehen soll, bleibt dieser Rechtsnachteil zufolge § 6 Abs. 2 schon dann ausgeschlossen, wenn der Versicherungsnehmer nachweist, daß die Verletzung weder auf Vorsatz noch auf grober Fahrlässigkeit beruht.

Im Abs. 2 des § 92 trifft der Entwurf Vorsorge, daß die im Abs. 1 vorgesehene Erleichterung der Anzeigepflicht dem Versicherungsnehmer nicht vertragsmäßig entzogen werden kann.

§ 93.

Nach der Vorschrift des § 93 darf der Versicherungsnehmer bis zur Feststellung des an einem Gebäude entstandenen Brandschadens ohne Einwilligung des Versicherers nur solche Änderungen vornehmen, welche zur Erfüllung der ihm gemäß § 62 obliegenden Rettungspflicht oder im öffentlichen Interesse geboten sind. Der Versicherer ist damit gegen die Gefahr geschützt, daß ihm eine vorzeitige Beseitigung des durch den Brandfall geschaffenen Zustandes die Prüfung des Sachverhältnisses und die richtige Abschätzung des Schadens erschwert oder unmöglich macht. Ähnliche Bestimmungen finden sich in den für die öffentlichen Feuerversicherungsanstalten maßgebenden Landesgesetzen und Statuten.

§ 94.

Es liegt in der Natur der Sache, daß die Entschädigungssumme der Regel nach dem Versicherungsnehmer nicht gezahlt wird, bevor der Umfang des Schadens festgestellt ist (zu vergl. oben S. 26, 44). Die Lage des Versicherungsnehmers kann sich jedoch hierdurch sehr ungünstig gestalten und es bedarf daher eines Ausgleichs. Erfordert die Feststellung der Entschädigung einen längeren Zeitraum, so wird der Versicherungsnehmer geschädigt, wenn er nicht nur den Nutzen entbehrt, den ihm die zerstörte oder beschädigte Sache gewährte, sondern auch die Zinsen der ihm gebührenden Ersatzsumme verliert. Einem vielfach geäußerten Wunsche entgegenkommend bestimmt demgemäß der § 94 Abs. 1, daß die Entschädigung nach dem Ablauf eines Monats seit der Anzeige des Versicherungsfalls zu verzinsen ist. Der Zinsfuß richtet sich nach den allgemeinen Grundsätzen; die Zinsen betragen daher regelmäßig vier und, wenn der Versicherungsvertrag ein beiderseitiges Handelsgeschäft ist, fünf vom Hundert für das Jahr (Bürgerliches Gesetzbuch § 246, Handelsgesetzbuch § 352 Abs. 1 Satz 1). Der Versicherer wird durch die bezeichnete Bestimmung nicht beschwert; er kann nicht verlangen, Nutzen daraus zu ziehen, daß die Festsetzung der Entschädigung nicht alsbald erfolgen kann. Weitergehende gesetzliche Zinsansprüche, wie sie namentlich durch den Verzug des Versicherers begründet werden können (Bürgerliches Gesetzbuch § 288), bleiben unberührt. Übrigens hat der Versicherer die ihm nach § 94 Abs. 1 zur Last fallenden Zinsen, ebenso wie Verzugszinsen, da es sich lediglich um einen Ausgleich für die Verspätung der Zahlung handelt, auch dann zu entrichten, wenn ihr Betrag zusammen mit der Hauptleistung die Versicherungssumme übersteigt.

Auf ähnlichen Erwägungen, wie die Vorschrift des § 94 Abs. 1, beruht auch die Bestimmung des Abs. 2, derzufolge der Versicherungsnehmer, wenn der Schaden bis zum Ablauf eines Monats seit der Anzeige des Versicherungsfalls noch nicht vollständig festgestellt ist, in Anrechnung auf die Gesamtforderung die Zahlung des Betrags verlangen kann, den der Versicherer nach Lage der Sache mindestens zu zahlen hat. Eine Ausnahme von der Verpflichtung des Versicherers zur Entrichtung von Zinsen sowie zur Leistung einer Abschlagszahlung ist jedoch für den Fall geboten, daß sich infolge eines Verschuldens des Versicherungsnehmers die Feststellung des Schadens verzögert; eine hierauf bezügliche Bestimmung ist im letzten Absatze des § 94 getroffen.

§§ 95, 96.

Die Vorschrift des § 95 Satz 1, derzufolge der Versicherer nach dem Eintritt eines Versicherungsfalls weiterhin nur bis zur Höhe des Restbetrags der Versicherungssumme haftet, schließt sich der herrschenden Praxis an; sie findet ihre Rechtfertigung in dem Grundsatze, daß durch die Versicherungssumme die Grenze der Leistungspflicht des Versicherers bezeichnet wird (§ 50). Will der Versicherungsnehmer, nachdem der Schaden, den die versicherten Gegenstände erlitten haben, beseitigt ist, die Versicherung in der alten Höhe wieder herstellen, so muß er eine Nachversicherung nehmen. Abweichende Vereinbarungen sind zulässig, insbesondere kann für die Gebäudeversicherung, entsprechend den bei einem Teile der öffentlichen Versicherungsanstalten geltenden Vorschriften, bestimmt werden, daß sich mit der Wiederherstellung des Gebäudes die Versicherungssumme von selbst wieder auf den früheren Betrag erhöht. Die geminderte Haftung des Versicherers, wie sie aus dem Eintritt eines Versicherungsfalls sich ergibt, hat der Natur der Sache nach auch eine entsprechende Herabsetzung der Prämie zur Folge; doch kann die Herabsetzung, da der Versicherungsnehmer während der laufenden Versicherungsperiode die Gefahr in der vollen Höhe der Versicherungssumme getragen hat, erst für die künftigen Versicherungsperioden Platz greifen (§ 95 Satz 2).

Die Wahrnehmungen, zu welchen die Ermittelung und Feststellung des Schadens Anlaß gibt, rufen häufig bei dem einen oder andern Teile den begründeten Wunsch hervor, an den Vertrag nicht weiter gebunden zu bleiben, und die Versicherungsbedingungen des Verbandes deutscher Privat-Feuerversicherungsgesellschaften gewähren deshalb den Parteien schon jetzt die Möglichkeit einseitiger Lösung. Dementsprechend sieht auch der § 96 Abs. 1 des Entwurfs vor, daß, soweit das Versicherungsverhältnis gemäß § 95 nach dem Eintritt eines Versicherungsfalls fortbesteht, jeder Teil berechtigt ist, es zu kündigen. Nach § 96 Abs. 2 erlischt dieses Kündigungsrecht aber, wenn es nicht innerhalb eines Monats seit dem Abschlusse der Verhandlungen über die Entschädigung ausgeübt wird; die durch das Kündigungsrecht gegebene Ungewißheit über den Fortbestand des Versicherungsverhältnisses kann infolgedessen stets nur von beschränkter Dauer sein. Um dem Versicherungsnehmer Gelegenheit zu geben, rechtzeitig für eine anderweitige Deckung zu sorgen, schreibt der Entwurf vor, daß der Versicherer bei seiner Kündigung eine Kündigungsfrist von einem Monat einzuhalten hat. Der Versicherungsnehmer ist dagegen zur Einhaltung einer Kündigungsfrist nicht verpflichtet; doch steht es ihm frei, die Wirkung seiner Kündigung bis zum Schlusse der laufenden Versicherungsperiode hinauszuschieben und sich so die Deckung bis zu dem Zeitpunkte zu sichern, bis zu welchem er die Prämie zu entrichten hat.

Die Frage, welchen Einfluß die Kündigung auf die Verpflichtung zur Zahlung der Prämie ausübt, ist im Abs. 3 des § 96 geregelt. Danach gebührt dem Versicherer, wenn das Versicherungsverhältnis von Seiten des Versicherungsnehmers gekündigt wird, die volle Prämie für die laufende Versicherungsperiode; der Versicherungsnehmer wird hierdurch nicht beschwert, da es lediglich von seiner Entschließung abhängt, ob er das Versicherungsverhältnis erst für den Schluß der Versicherungsperiode oder schon für einen früheren Zeitpunkt zum Erlöschen bringen will. Der Kündigung des Versicherers kann dagegen die gleiche Wirkung nicht beigelegt werden. Es würde eine Unbilligkeit gegenüber dem Versicherungsnehmer und einen bedenklichen Anreiz zum Mißbrauche der Kündigungsbefugnis bedeuten, wenn der Versicherer durch deren Ausübung in die Lage käme, die Prämie unverkürzt auch für einen Zeitraum zu beziehen, während dessen er überhaupt nicht mehr haftet. Der Entwurf bestimmt deshalb, daß der Versicherer, welcher kündigt, für die ganze Dauer der laufenden Versicherungsperiode die Prämie insoweit erhält, als sie auf den dem Schaden entsprechenden Teil der Versicherungssumme entfällt, daß er dagegen von der für den Restbetrag der Versicherungssumme geschuldeten Prämie nur denjenigen Teil beanspruchen kann, welcher der schon abgelaufenen Versicherungszeit entspricht. Wie sich bei einer Kündigung des Versicherers der Prämienanspruch gestaltet, erhellt im einzelnen aus nachstehendem Beispiele. Wird ein Haus im Werte von 100 000 Mark, das für die Zeit vom 1. Januar 1910 an zu einer Jahresprämie von 100 Mark versichert ist, am 14. Juli 1910 von einem auf 60 000 Mark sich belaufenden Brandschaden betroffen und wird das Versicherungsverhältnis zum 1. Oktber 1910 durch Kündigung des Versicherers aufgelöst, so hat der Versicherungsnehmer für 60 000 Mark die volle Jahresprämie mit 60 Mark und daneben für 40 000 Mark drei Viertel der Jahresprämie, also 30 Mark, zu zahlen. Wird das bezeichnete Versicherungsverhältnis erst am 1. Februar 1911 durch Kündigung des Versicherers beendigt, so erhält der Versicherer, außer dem Betrage von 100 Mark, der ihm nach § 95 als volle Jahresprämie für das Jahr 1910 gebührt, ein Zwölftel der auf die Versicherungssumme von 40 000 Mark entfallenden Jahresprämie, also 3 Mark 30 Pf.

§§ 97, 98.

Die Landesgesetze und nicht minder die allgemeinen Bedingungen der Versicherungsunternehmungen sehen für die Fälle, in denen ein versichertes Gebäude durch Brand beschädigt wird, vielfach vor, daß die Zahlung der Entschädigungssumme nur zur Wiederherstellung des Gebäudes erfolgt. Da die eine solche Wiederherstellung betreffenden Fragen im wesentlichen nach öffentlich rechtlichen Gesichtspunkten zu entscheiden sind, so muß der Landesgesetzgebung auch künftig die Möglichkeit bleiben, darüber Bestimmungen zu treffen, ob und inwieweit die Zahlung des Geldes nur zu dem bezeichneten Zwecke zu geschehen hat. In die Schlußvorschriften (§ 190 Abs. 1) ist ein dahingehender Vorbehalt aufgenommen. Selbstverständlich sind die öffentlichen und privaten Versicherungsanstalten nach wie vor befugt, auch durch die Versicherungsbedingungen die Leistungspflicht des Versicherers an die Verwendung des Geldes zur Wiederherstellung zu binden.

Darf nach landesgesetzlicher oder vertragsmäßiger Bestimmung die Entschädigungssumme nur zur Wiederherstellung verwendet werden, so entspricht es der Lage der Verhältnisse, wenn der Versicherer als Mittel für die Erreichung dieses Zweckes die Befugnis erhält, die Zahlung des Geldes davon abhängig zu machen, daß vorher dessen ordnungsmäßige Verwendung gesichert wird. Der § 97 des Entwurfs legt ihm die bezeichnete Befugnis ausdrücklich bei. Nähere Vorschriften hinsichtlich der Art der Sicherung zu treffen, wird vom Entwurfe (§ 190 Abs. 2), weil auch hier Erwägungen des öffentlichen Rechtes eingreifen, wiederum der Landesgesetzgebung überlassen. Soweit landesgesetzliche Vorschriften nicht entgegenstehen, können die Versicherungsbedingungen die Art der Sicherung näher regeln. Ist weder in den Landesgesetzen noch in den Versicherungsbedingungen etwas hierüber bestimmt, so ist, wenn der Versicherer die Zahlung unter Berufung darauf verweigert, daß die Verwendung des Geldes nicht ausreichend gesichert sei, nach billigem Ermessen zu entscheiden, ob eine genügende Sicherung vorliegt; zuständig hierfür ist das ordentliche Gericht, soweit nicht die Landesgesetzgebung auf Grund der ihr im Gerichtsverfassungsgesetze beigelegten Befugnis die Entscheidung einer Verwaltungsbehörde oder einem Verwaltungsgericht überweist. Die Entscheidung braucht nicht gerade auf eine Sicherheitsleistung im Sinne des § 232 des Bürgerlichen Gesetzbuchs zu lauten, kann vielmehr auch andere Maßnahmen für genügend erklären. Ein Mittel, von welchem schon gegenwärtig Gebrauch gemacht wird, ist namentlich die Bestellung eines Vertrauensmanns, an den die Zahlungen erfolgen. Auch die Einrichtung, daß der erste Teil der Entschädigung nach dem Anfahren der Baumaterialien ausgezahlt wird, ist als eine Sicherung im Sinne des Entwurfs zu betrachten.

Der § 98 des Entwurfs betrifft die Frage, wie sich die Rechte der Hypothekengläubiger gestalten, wenn nach den Landesgesetzen oder den Versicherungsbedingungen der Versicherer die Entschädigung nur zur Wiederherstellung des Gebäudes zu zahlen hat. Zufolge § 1127 Abs. 1 des Bürgerlichen Gesetzbuchs erstreckt sich, wenn Gegenstände, welche der Hypothek unterliegen, für den Eigentümer oder den Eigenbesitzer des Grundstücks unter Versicherung gebracht sind, die Hypothek auf die Forderung gegen den Versicherer. Nach dem Abs. 2 des § 1127 erlischt die Haftung dieser Forderung, wenn der versicherte Gegenstand wieder hergestellt oder Ersatz für ihn beschafft ist. Für den Fall, daß der Versicherer nach den Versicherungsbestimmungen nur verpflichtet ist, die Entschädigungssumme zur Wiederherstellung zu bezahlen, sieht ferner der § 1130 des Bürgerlichen Gesetzbuchs vor, daß eine diesen Bestimmungen entsprechende Zahlung an den Versicherungsnehmer dem Hypothekengläubiger gegenüber ohne weiteres wirksam ist; eine Zahlung dagegen, bei der die Versicherungsbestimmungen unbeachtet bleiben, vermag den Versicherer dem Hypothekengläubiger gegenüber nicht zu befreien. Die Vorschrift des § 1130 des

Bürgerlichen Gesetzbuchs führt in Verbindung mit dem § 97 des Entwurfs zu dem Ergebnisse, daß die Zahlung der zur Wiederherstellung des Gebäudes bestimmten Entschädigungssumme dem Hypothekengläubiger gegenüber keine Wirksamkeit hat, wenn sie erfolgt, ohne daß zuvor die Verwendung des Geldes gesichert ist. Der Versicherer muß hiernach, wenn er gleichwohl eine solche Zahlung machen will, entweder auf eigene Gefahr handeln oder sich die Zustimmung sämtlicher Hypothekengläubiger verschaffen. Zum Schutze der Hypothekengläubiger würde es deshalb einer besonderen Vorschrift in dieser Richtung nicht mehr bedürfen. Durch die mit der Einholung ihrer Zustimmung häufig verbundenen Weiterungen kann aber die bezeichnete Art der Zahlung auch für Fälle erschwert oder vereitelt werden, in denen sie unbedenklich erscheint, vielleicht sogar durch das Interesse der Beteiligten dringend geboten ist. Mit Rücksicht auf diese Schwierigkeit erachtet es der Entwurf in Anlehnung an die verwandte Vorschrift des § 1128 des Bürgerlichen Gesetzbuchs für richtig, nicht einfach an dem Erfordernis einer ausdrücklichen Zustimmung der Hypothekengläubiger festzuhalten, sondern daneben noch einen Weg zu eröffnen, der leichter zum Ziele führt, zugleich aber ausreichende Gewähr bietet, daß die Entschädigungssumme nicht gegen den Willen der Hypothekengläubiger vor erfolgter Sicherung gezahlt wird. Wie der § 98 Abs. 1, 3 vorsieht, ist eine Zahlung, welche ohne Sicherung der bestimmungsmäßigen Verwendung geleistet wird, dem Hypothekengläubiger gegenüber nur wirksam, wenn ihm der Versicherer oder der Versicherungsnehmer angezeigt hat, daß ohne eine solche Sicherung geleistet werden soll, und wenn binnen der Frist von einem Monate seit dem Empfange der Anzeige ein Widerspruch des Hypothekengläubigers gegen die Zahlung nicht erfolgt ist; die Anzeige darf unterbleiben, wenn sie nicht tunlich ist, die Frist für den Widerspruch wird dann von dem Zeitpunkt an berechnet, in welchem die Entschädigungssumme fällig ist.

Genau wie in dem bisher erörterten Falle liegen die Verhältnisse da, wo es sich gegenüber Versicherungsbestimmungen, nach welchen der Versicherer nur verpflichtet ist, die Entschädigungssumme zur Wiederherstellung des versicherten Gebäudes zu zahlen, darum handelt, daß das Geld ganz oder teilweise nicht zur Wiederherstellung oder daß es zu einer den Versicherungsbestimmungen nicht entsprechenden Wiederherstellung verwendet werden soll. Auch hier sieht deshalb der Entwurf (§ 98 Abs. 2, 3) eine dem § 1128 des Bürgerlichen Gesetzbuchs sich anschließende Regelung vor. Danach kann der Versicherer mit Wirkung gegen den Hypothekengläubiger erst zahlen, wenn er oder der Versicherungsnehmer die Absicht, von der bestimmungsmäßigen Verwendung abzuweichen, dem Hypothekengläubiger angezeigt hat und seit dem Empfange der Anzeige ein Monat ohne Widerspruch des Hypothekengläubigers verstrichen ist; unterbleibt die Anzeige, weil sie nicht tunlich ist, so wird der Monat von dem Zeitpunkt an berechnet, in welchem die Entschädigungssumme fällig war. Diese Vorschriften gelten sowohl dann, wenn eine den Versicherungsbestimmungen entsprechende Wiederherstellung im öffentlichen Interesse untersagt wird, als auch dann, wenn die zuständige Behörde oder, soweit die Pflicht zu solcher Wiederherstellung nicht auf öffentlichrechtlichen Vorschriften, sondern auf dem Vertrage mit der Versicherungsanstalt beruht, die letztere den Versicherungsnehmer von dieser Pflicht befreit.

Erfolgt der Wiederaufbau des versicherten Gebäudes an einer anderen Stelle, so greift der Artikel 110 des Einführungsgesetzes zum Bürgerlichen Gesetzbuche Platz, wonach die landesgesetzlichen Vorschriften unberührt bleiben, welche für den Fall, daß zerstörte Gebäude in anderer Lage wiederhergestellt werden, die Rechte an den beteiligten Grundstücken regeln. Nicht minder bleiben gemäß Artikel 120 Abs. 2 Nr. 3 des Einführungsgesetzes zum Bürgerlichen Gesetzbuche neben dem § 98 des Entwurfs die Vorschriften der Landesgesetze in Kraft, nach welchen der dem Versicherungsnehmer gegen den Versicherer zustehende Entschädigungsanspruch von dem Rechte des Hypothekengläubigers befreit wird, wenn die zuständige Behörde feststellt, daß die Befreiung für den Gläubiger unschädlich ist.

In den für die öffentlichen Versicherungsanstalten geltenden Bestimmungen findet sich häufig die Festsetzung, daß die Entschädigungsforderung, wenn die Anstalt nur zum Zwecke der Wiederherstellung des versicherten Gebäudes zu zahlen verpflichtet ist, auch nur zugleich mit der Baustelle oder nur an solche Personen abgetreten werden kann, welche die Wiederherstellung ausführen oder Baumaterialien hierzu liefern. Da indessen der Inhalt der Verpflichtung des Versicherers durch eine Abtretung des Ersatzanspruchs nicht geändert wird, vielmehr derjenige, an welchen die Abtretung erfolgt, die Auszahlung der Entschädigungsgelder gleichfalls nur zum Zwecke der Wiederherstellung verlangen kann, so besteht kein Bedürfnis, die Zulässigkeit der Abtretung gesetzlich noch besonders einzuschränken. Die Befugnis des Versicherers, durch die Versicherungsbedingungen dem Versicherungsnehmer in dieser Richtung engere Grenzen zu ziehen, ergibt sich aus dem § 399 des Bürgerlichen Gesetzbuchs.

§§ 99, 100.

Wenn die Rücksicht auf die Hebung des Grundkredits zu dem Rechtssatze geführt hat, daß sich die Hypothek auf die Forderung gegen den Versicherer erstreckt, so ist die hiermit begründete Stellung des Hypothekengläubigers vielfach noch insofern verstärkt, als ihm durch landesgesetzliche Vorschriften [1]) sowie durch Bestimmungen, welche in den Satzungen der Versicherungsunternehmungen oder in Versicherungsverträgen sich finden, ein Anspruch gegen den Versicherer sogar für Fälle eingeräumt wird, in denen dem Versicherungsnehmer selbst ein solcher Anspruch nicht zusteht. So werden die Hypothekengläubiger aus der Entschädigungssumme befriedigt, wenn der Versicherungsnehmer seines Rechtes deshalb verlustig ist, weil er den Brand vorsätzlich oder durch grobe Fahrlässigkeit herbeigeführt oder die Anzeigepflicht bei dem Abschlusse des Vertrags verletzt oder die Gefahr erhöht oder die ihm nach dem Eintritte des Versicherungsfalls obliegenden Pflichten nicht erfüllt hat. Auch ist häufig das Recht des Versicherungsnehmers, die Versicherung aufzuheben oder sie auf eine geringere Versicherungssumme zu beschränken, an die Einwilligung der Hypothekengläubiger gebunden oder doch Vorsorge dafür getroffen, daß der Hypothekengläubiger von der bevorstehenden oder erfolgten Beendigung des Versicherungsverhältnisses Kenntnis erhält.

Im Anschlusse hieran gewährt auch der Entwurf dem Hypothekengläubiger bei der Versicherung des mit der Hypothek belasteten Gebäudes eine weitgehende Deckung gegen die Nachteile, welche der Wegfall der dem Versicherungsnehmer aus der Versicherung zustehenden Ansprüche für ihn zur Folge haben kann.

---

[1]) Zu vergl. die auf die öffentlichen Feuerversicherungsanstalten bezüglichen Gesetze (oben S. 2, 3), ferner Preußisches Gesetz, betreffend die Haftung der Versicherungsgelder für die Ansprüche der Inhaber von Privilegien und Hypotheken im Bezirke des ehemaligen Appellationsgerichtshofs zu Cöln, vom 17. Mai 1884 (Gesetz-Samml. S. 271); Mecklenburg-Schwerinsche Verordnung, betreffend die Versicherungen gegen Feuersgefahr, vom 4. März 1902 (Regierungsbl. S. 43); Elsaß-Lothringisches Gesetz, betreffend die Ausführung des Bürgerlichen Gesetzbuchs, vom 17. April 1899 (Gesetzbl. S. 43) §§ 11 ff.

Daß die Rechte, die der Entwurf in dieser Beziehung den Hypothekengläubigern einräumt, durch die Versicherungsbedingungen nicht geschmälert werden können, bedarf, wie schon in anderem Zusammenhange (S. 6) bemerkt ist, keiner besonderen Hervorhebung im Gesetze.

Der § 99 Abs. 1 setzt zunächst fest, daß eine Kündigung, ein Rücktritt oder eine sonstige Tatsache, welche die Beendigung des Versicherungsverhältnisses zur Folge hat, gegenüber dem Hypothekengläubiger erst mit dem Ablauf eines Monats wirkt, nachdem ihm seitens des Versicherers die Beendigung mitgeteilt worden ist oder er in anderer Weise Kenntnis von ihr erlangt hat. Der Hypothekengläubiger erhält auf diese Weise Gelegenheit, vor dem Wegfalle der Haftung den Versicherungsnehmer zum Abschluß eines neuen Vertrags zu veranlassen oder selbst für sein Interesse eine Versicherung zu nehmen; tritt vor dem Ablaufe der Frist ein Versicherungsfall ein, so hat die Beendigung des Versicherungsverhältnisses auf die Haftung des Versicherers gegenüber dem Hypothekengläubiger keinen Einfluß. Die Vorschrift gilt namentlich auch dann, wenn das Versicherungsverhältnis durch Vereinbarung zwischen dem Versicherer und dem Versicherungsnehmer, durch den Ablauf der Zeit, für welche der Vertrag abgeschlossen worden ist, oder durch den Eintritt einer auflösenden Bedingung aufgehoben wird. Soweit schon vor der Beendigung des Versicherungsverhältnisses feststeht, daß sie in einem bestimmten Zeitpunkt eintreten wird, liegt kein Grund vor, gleichwohl den Lauf der einmonatigen Frist immer erst dann beginnen zu lassen, wenn das Verhältnis beendigt ist. Wird dem Hypothekengläubiger die bevorstehende Beendigung sowie der Zeitpunkt, in welchem sie erfolgen wird, von dem Versicherer mitgeteilt, oder in anderer Weise bekannt, so ist er in der Lage, für eine neue Versicherung zu sorgen, und der Entwurf sieht deshalb vor, daß eine solche Mitteilung oder Kenntnis genügt, um die Frist in Lauf zu setzen. Ein Versicherer, welcher befugt ist, das Versicherungsverhältnis unter Einhaltung einer Kündigungsfrist von nicht weniger als einem Monate zu kündigen, kann hiernach, wenn er von dieser Befugnis Gebrauch macht, durch eine entsprechende Mitteilung an den Hypothekengläubiger das Verhältnis auch diesem gegenüber mit dem Ablaufe der Kündigungsfrist zum Erlöschen bringen.

Die im § 99 Abs. 1 vorgesehene Begünstigung soll aber nur denjenigen Hypothekengläubigern zuteil werden, welche ihre Hypothek dem Versicherer angemeldet haben. Es ist zwar gerechtfertigt, den Versicherer zu verpflichten, Gläubiger, die ihm in solcher Weise bekannt geworden sind, von der Beendigung des Versicherungsverhältnisses zu benachrichtigen. Dagegen kann dem Versicherer nicht zugemutet werden, jedesmal wenn eine Versicherung endigt, Hypothekengläubiger, von deren Dasein er keine Kenntnis hat, durch Einsicht des Grundbuchs oder durch Beschaffung eines Auszugs aus dem Grundbuche zu ermitteln. Abgesehen von der damit verbundenen Belästigung und den entstehenden Kosten würde der durch die Ermittelung der Gläubiger verursachte Zeitaufwand zu einer übermäßigen Verlängerung der Dauer der den Versicherer treffenden Haftung führen. Auch kommt in Betracht, daß das Grundbuch über die Person der Hypothekengläubiger nicht einmal immer genügende Auskunft gibt, da eine Hypothek, bei welcher die Erteilung eines Hypothekenbriefs nicht ausgeschlossen ist, abgetreten werden kann, ohne daß der Übergang in das Grundbuch eingetragen wird (Bürgerliches Gesetzbuch § 1154). Will ein Versicherer gleichwohl Verpflichtungen auch gegenüber solchen Gläubigern auf sich nehmen, welche ihr Recht nicht angemeldet haben, so wird er hieran durch den Entwurf nicht gehindert.

Der Satz 2 des § 99 Abs. 1 sieht vor, daß, abweichend von der Regel des Satz 1, das Versicherungsverhältnis, wenn es wegen nicht rechtzeitiger Prämienzahlung gekündigt oder wenn über das Vermögen des Versicherers das Konkursverfahren eröffnet wird, auch für den Hypothekengläubiger mit dem Zeitpunkt erlischt, in welchem die Beendigung gegenüber dem Versicherungsnehmer eintritt. Die erste dieser beiden Ausnahmen erscheint um deswillen gerechtfertigt, weil der Hypothekengläubiger hier die Fortdauer des Versicherungsverhältnisses dadurch erreichen kann, daß er den Versicherungsnehmer zur Zahlung der Prämie veranlaßt oder seinerseits die Prämie dem Versicherer entrichtet (zu vergl. §§ 102, 104). Was aber den Konkurs des Versicherers betrifft, so sind die Interessen der Beteiligten dadurch gewahrt, daß nach der Vorschrift des § 13 Satz 1 das Versicherungsverhältnis bis zum Ablauf eines Monats seit der Konkurseröffnung fortdauert; bei dieser Vorschrift kann es auch für den Hypothekengläubiger bewenden.

Die gleichen Rechte wie bei einer Beendigung des Versicherungsverhältnisses sind den Hypothekengläubigern in dem Falle einzuräumen, daß durch eine Vereinbarung zwischen dem Versicherer und dem Versicherungsnehmer die Versicherungssumme oder der Umfang der Gefahr, für welche der Versicherer haftet, gemindert wird. Der § 99 Abs. 2 enthält eine dahingehende Vorschrift.

Der § 99 Abs. 3 wahrt die Rechte des Hypothekengläubigers, der seine Hypothek dem Versicherer angemeldet hat, für den Fall, daß der vom Schuldner abgeschlossene Versicherungsvertrag nichtig ist, weil eine in unredlicher Absicht abgeschlossene Überversicherung oder Doppelversicherung vorliegt; dabei nimmt er jedoch auf den Versicherer insofern gebührende Rücksicht, als er diesem die Möglichkeit eröffnet, seiner Haftung durch eine Mitteilung, welche er dem Hypothekengläubiger von der Nichtigkeit macht, in der Weise ein Ziel zu setzen, daß einen Monat später das Verhältnis auch diesem gegenüber erlischt. Der Mitteilung des Versicherers steht es, ebenso wie in den Fällen des Abs. 1 gleich, wenn der Hypothekengläubiger in anderer Weise von dem Sachverhalte Kenntnis erlangt. Übrigens hat der Hypothekengläubiger, wenn ihm selbst ein arglistiges Verhalten zur Last fällt, von vornherein keinen Anspruch gegen den Versicherer.

Im § 100 regelt der Entwurf die Stellung des Hypothekengläubigers zu einem Versicherungsverhältnisse, das, ohne zur Zeit des Eintritts des Versicherungsfalls beendigt zu sein, sich durch das Verhalten des Versicherungsnehmers so gestaltet, daß der Versicherer von der Verpflichtung zur Leistung der Entschädigung frei ist. Hier bleibt nach Abs. 1 dem Hypothekengläubiger gegenüber die Verpflichtung des Versicherers bestehen, und zwar ohne Unterschied, ob die Hypothek angemeldet ist oder nicht. Der Gläubiger wird so namentlich für die Fälle geschützt, in welchen der Versicherungsnehmer seiner Ansprüche aus der Versicherung deshalb verlustig geht, weil er ohne Einwilligung des Versicherers eine erhebliche Erhöhung der Gefahr vorgenommen oder den Brand vorsätzlich oder durch grobe Fahrlässigkeit herbeigeführt hat. Das Gleiche gilt, wenn die rechtzeitige Anzeige einer Gefahrerhöhung oder einer Veräußerung der versicherten Sache versäumt worden ist oder wenn der Versicherer erst nach dem Eintritte des Versicherungsfalls im Wege des Rücktritts sich von der Verpflichtung zur Leistung der Entschädigung befreit. In allen diesen Fällen kann von dem Erfordernis einer Anmeldung der Hypothek abgesehen werden. Denn nach dem Eintritt eines Schadens ist der Versicherer auch in dem Regelfalle, daß seine Haftung gegenüber dem Versicherungsnehmer bestehen geblieben ist, nach den §§ 1128, 1130 des Bürgerlichen Gesetzbuchs verpflichtet, die Rechte der Hypothekengläubiger ohne Rücksicht auf eine vorgängige Anmeldung der Hypotheken zu beachten, und es enthält keine unbillige Erschwerung der Lage des Versicherers, wenn ihm eine gleiche Verpflichtung für die Fälle auferlegt wird, in denen der Versicherungsnehmer durch sein Verhalten den Entschädigungsanspruch verwirkt hat.

Zufolge § 100 Abs. 2 erstreckt sich der im Abs. 1 vorgesehene Schutz des Hypothekengläubigers nicht auf den Fall, daß der Versicherer wegen nicht rechtzeitiger Prämienzahlung von der Verpflichtung zur Leistung frei ist; gegen diese Gefahr kann sich der Gläubiger, wie schon früher hervorgehoben, dadurch decken, daß er für die Zahlung der Prämie Sorge trägt.

§ 101.

Der Versicherer, welcher die Entschädigungssumme an den Hypothekengläubiger zahlen mußte, ohne zu der Leistung dem Versicherungsnehmer gegenüber verpflichtet zu sein, kann sich, wenn dadurch der Versicherungsnehmer oder ein Dritter eine ungerechtfertigte Bereicherung erlangt hat, nach den Vorschriften des Bürgerlichen Gesetzbuchs über die Herausgabe einer solchen Bereicherung schadlos halten. Insbesondere hat der Versicherungsnehmer, falls er nicht nur Eigentümer des mit der Hypothek belasteten Gebäudes, sondern zugleich persönlicher Schuldner war, den gezahlten Betrag zu erstatten, weil er durch die Zahlung des Versicherers auf dessen Kosten ohne rechtlichen Grund von seiner Schuld befreit ist. Unter Umständen, namentlich wenn der Versicherungsfall durch eine unerlaubte Handlung herbeigeführt worden ist, kann auch ein weitergehender Ersatzanspruch in Frage kommen. Die bezeichneten Ansprüche bieten jedoch dem Versicherer keine ausreichende Gewähr, daß er für seine Leistung auch wirklich Ersatz findet, und er bedarf deshalb eines stärkeren Schutzes. Ein solcher wird ihm durch den § 101 gewährt. Während sonst die Hypothek des Gläubigers, welcher aus der Entschädigungssumme befriedigt wird, gemäß § 1181 Abs. 1, 3 des Bürgerlichen Gesetzbuchs erlischt, bestimmt für den vorliegenden Fall der § 101 Satz 1, daß die Hypothek auf den Versicherer übergeht.

Dieser Übergang der Hypothek auf den Versicherer hat für die nachstehenden Gläubiger zur Folge, daß sie nicht vorrücken; ebenso gehen die gleichstehenden Gläubiger dadurch des Vorteils verlustig, den das Erlöschen der Hypothek für sie mit sich bringen würde. Hierdurch erfahren in den Fällen des § 99 diejenigen gleich- oder nachstehenden Gläubiger, denen gegenüber eine Verpflichtung des Versicherers nicht besteht, keine Beeinträchtigung; denn diese Gläubiger können nur beanspruchen, aus dem Grundstücke dem Range ihrer Hypothek entsprechend befriedigt zu werden, und dieses Recht wird nicht dadurch geschmälert, daß der Versicherer, nachdem der gleich- oder vorstehende Hypothekengläubiger aus der Forderung gegen den Versicherer Befriedigung gefunden hat, in die Stelle dieses Gläubigers eintritt. Anders liegt die Sache hinsichtlich derjenigen gleich- oder nachstehenden Gläubiger, denen gegenüber die Verpflichtung des Versicherers zur Leistung gleichfalls bestehen geblieben ist, also in den Fällen des § 99 hinsichtlich derjenigen Gläubiger, denen gegenüber nach Maßgabe dieses Paragraphen das Versicherungsverhältnis aufrecht erhalten ist, in den Fällen des § 100 aber hinsichtlich aller Hypothekengläubiger. Solche Gläubiger haben das Recht, sich nach Maßgabe des Ranges ihrer Hypothek an das Grundstück und an die Forderung gegen den Versicherer zu halten; sie werden daher verletzt, wenn der Versicherer, nachdem ihnen durch die Befriedigung eines gleich- oder vorstehenden Gläubigers die Forderung gegen den Versicherer als Gegenstand ihrer Hypothek verloren gegangen ist, an die Stelle des befriedigten Gläubigers tritt und die Hypothek neben oder vor ihnen geltend machen kann. Der Entwurf (§ 101 Satz 2) sieht deshalb vor, daß der Versicherer den Übergang der Hypothek des befriedigten Gläubigers nicht zum Nachteil eines gleich- oder nachstehenden Hypothekengläubigers geltend machen kann, demgegenüber die Verpflichtung des Versicherers zur Leistung bestehen geblieben ist. Auch gegenüber dieser Vorschrift ist, wie schon angedeutet, der Unterschied von Bedeutung, der zwischen den Fällen des § 99 und des § 100 in bezug auf das Erfordernis der Anmeldung der Hypothek besteht. In den Fällen des § 99 bleibt der Übergang der Hypothek nur zu Gunsten solcher gleich- oder nachstehender Gläubiger ausgeschlossen, die ihre Hypothek dem Versicherer angemeldet haben, in den Fällen des § 100 kann dagegen der Übergang zum Nachteil eines gleich- oder nachstehenden Hypothekengläubigers überhaupt nicht geltend gemacht werden.[1])

Wenn in den Fällen der §§ 99, 100 der Versicherer den Hypothekengläubiger nicht befriedigt, sondern in Gemäßheit der vertraglichen oder landesgesetzlichen Bestimmungen nur zur Wiederherstellung des versicherten Gebäudes zahlt, so findet der § 101 des Entwurfs, da er eine Befriedigung des Gläubigers voraussetzt, keine Anwendung, vielmehr verbleibt hier die Hypothek dem Gläubiger. Auch kann der Versicherer, wenn im Versicherungsvertrag oder landesgesetzlich bestimmt ist, daß er nur zur Wiederherstellung zu zahlen hat, und seine Leistungspflicht dem Versicherungsnehmer gegenüber weggefallen, dem Hypothekengläubiger gegenüber aber bestehen geblieben ist, den Gläubigern nicht gegen ihren Willen Befriedigung gewähren. Denn auch den Gläubigern gegenüber geht, wenn eine Bestimmung der bezeichneten Art getroffen ist, die Verpflichtung des Versicherers nicht auf Zahlung schlechthin, sondern auf Zahlung zur Wiederherstellung; der Inhalt der Verpflichtung des Versicherers erleidet aber in den Fällen der §§ 99, 100, in denen der Versicherer dem Versicherungsnehmer nicht haftet, dagegen dem Gläubiger gegenüber verpflichtet bleibt, keine Änderung.

§ 102.

Wenn der Versicherer wegen nicht rechtzeitiger Zahlung der Prämie das Versicherungsverhältnis kündigt oder von der Verpflichtung zur Leistung an den Versicherten frei ist, so müssen dies nach den §§ 99, 100 auch die Hypothekengläubiger gegen sich gelten lassen. Der § 102 Satz 1 verpflichtet jedoch den Versicherer, den Hypothekengläubigern unverzüglich Mitteilung zu machen, wenn dem Versicherungsnehmer auf Grund der §§ 39, 91 für die Zahlung einer nach dem Beginne der Versicherung zu entrichtenden Prämie eine Nachfrist gesetzt wird, und der Satz 2 des § 102 legt dem Versicherer die gleiche Verpflichtung für den Fall auf, daß er das Versicherungsverhältnis wegen nicht rechtzeitiger Prämienzahlung kündigt. Der Hypothekengläubiger wird hierdurch in den Stand gesetzt, den Schuldner zur Entrichtung der Prämie zu veranlassen oder selbst die Prämie zu zahlen sowie gegebenenfalls für den Abschluß eines

---

[1]) Das Reichsgericht hat in einem Urteile vom 20. Januar 1904 (Entscheidungen in Zivilsachen Bd. 56 S. 322) angenommen, daß die Hypothek, falls sich der Gläubiger aus der Forderung des Eigentümers gegen den Versicherer befriedigt, nur dann erlischt, wenn die Befriedigung im Wege der Zwangsvollstreckung geschieht, daß sie dagegen bei einer ohne Zwangsvollstreckung erfolgenden Befriedigung auf den Eigentümer übergeht. Auch von diesem Standpunkt aus erscheinen die Vorschriften des § 101 gerechtfertigt; denn in den Fällen der §§ 99, 100 sollen nur die Hypothekengläubiger geschützt werden, dagegen darf dem Eigentümer, der seinen Anspruch gegen den Versicherer verloren hat, nicht zum Schaden des Versicherers ein Vorteil daraus erwachsen, daß der Versicherer den Hypothekengläubiger befriedigen muß.

neuen Versicherungsvertrags Sorge zu tragen. Die Pflicht zur Benachrichtigung kann aber auch hier nur dann Platz greifen, wenn der Gläubiger seine Hypothek dem Versicherer angemeldet hat. Kommt der Versicherer seiner Verpflichtung zur Mitteilung schuldhafter Weise nicht nach, so hat er dem Hypothekengläubiger den dadurch verursachten Schaden zu ersetzen.

Wird eine vor oder bei dem Beginne der Versicherung zahlbare Prämie nicht rechtzeitig gezahlt, so ist der Versicherer, ohne daß es der vorgängigen Festsetzung einer Zahlungsfrist bedarf, gemäß § 38 Abs. 1 von der Verpflichtung zur Leistung frei. Eine besondere Vorschrift zum Schutze der Hypothekengläubiger ist für diesen Fall nicht angängig und auch nicht erforderlich; denn wenn der Gläubiger darauf angewiesen ist, sich zu vergewissern, ob der Schuldner überhaupt eine Versicherung genommen hat, so kann es ihm auch überlassen bleiben, festzustellen, ob die genommene Versicherung in Kraft getreten ist.

§ 103.

Die Vorschriften des § 103 bezwecken, dem Versicherer die ihm nach den §§ 99, 102 in bezug auf die Benachrichtigung der Hypothekengläubiger obliegenden Pflichten für den Fall zu erleichtern, daß der Gläubiger seine Wohnung geändert, die Änderung aber dem Versicherer nicht mitgeteilt hat. Die Vorschriften entsprechen den Bestimmungen, die im § 10 für die Abgabe von Willenserklärungen gegenüber dem Versicherungsnehmer getroffen sind.

Die Kosten der Benachrichtigungen hat, wie sich aus dem Entwurf ohne weiteres ergibt, der Versicherer zu tragen; inwieweit er Ersatz dafür von dem Versicherungsnehmer verlangen kann, bestimmt sich nach dem Versicherungsvertrage.

§ 104.

Nach § 267 des Bürgerlichen Gesetzbuchs kann der Gläubiger die ihm von einem Dritten angebotene Leistung ablehnen, wenn der Schuldner widerspricht. In Abweichung von diesem Grundsatze bestimmt der Entwurf, um den Hypothekengläubigern die Aufrechterhaltung der Versicherung selbst gegen den Willen des Versicherungsnehmers zu ermöglichen, daß der Versicherer auch im Falle des Widerspruchs des Versicherungsnehmers die Annahme der von einem Hypothekengläubiger angebotenen Prämienzahlung nicht verweigern darf. Diese Vorschrift findet zu Gunsten eines Hypothekengläubigers, der seine Hypothek nicht angemeldet hat, gleichfalls Anwendung; ein Bedenken kann sich hieraus nicht ergeben, da die Lage des Versicherers dadurch in keiner Weise erschwert wird.

§§ 105, 106.

Der § 105 dehnt die für die Hypotheken getroffenen Bestimmungen auf Reallasten, Grundschulden und Rentenschulden aus. Soweit die Bestimmungen in bezug auf die Hypotheken eine Anmeldung voraussetzen, ist eine solche auch bei den hier in Frage stehenden Rechten erforderlich.

Auf den Nießbrauch sind die für die Hypotheken gegebenen Vorschriften nicht erstreckt, da die Rücksicht auf den Realkredit, die es erforderlich macht, den Hypothekengläubigern einen besonderen Schutz zu gewähren, gegenüber dem Nießbrauche nicht Platz greift. Auch im übrigen greift der Entwurf nicht in die Regelung ein, welche das Verhältnis des Versicherers zu dem Nießbraucher und dem Eigentümer durch das Bürgerliche Gesetzbuch gefunden hat. Nach dem Bürgerlichen Gesetzbuche (§§ 1046, 1077, 1070 in Verbindung mit § 407) wird der Versicherer, welcher von dem Nießbrauche Kenntnis hat, durch die Leistung der Entschädigungssumme nur befreit, wenn er an den Nießbraucher und den Eigentümer gemeinschaftlich zahlt, anderseits ist eine in Unkenntnis des Nießbrauchs an den Eigentümer geschehene Zahlung dem Nießbraucher gegenüber wirksam. Ob die Versicherung vom Eigentümer oder nach § 1045 des Bürgerlichen Gesetzbuchs für diesen vom Nießbraucher genommen ist, begründet dabei keinen Unterschied. Hieran wird durch den Entwurf nichts geändert, insbesondere greifen in dem zuletzt erwähnten Falle nicht etwa die §§ 75, 76 des Entwurfs Platz; denn durch die allgemeinen Grundsätze, welche dort in Ansehung der Versicherung für fremde Rechnung aufgestellt sind, werden die besonderen Vorschriften des Bürgerlichen Gesetzbuchs über die dem Eigentümer und dem Nießbraucher in bezug auf die Versicherung zustehenden Rechte nicht berührt. Bei den Vorschriften des Bürgerlichen Gesetzbuchs kann es auch für den Fall bewenden, daß der Versicherer nach den Versicherungsbestimmungen nur verpflichtet ist, die Entschädigungssumme zur Wiederherstellung des versicherten Gebäudes zu zahlen. Eine diesen Fall berücksichtigende Sonderbestimmung, wie sie der § 1130 des Bürgerlichen Gesetzbuchs für die Hypothek enthält, ist für den Nießbrauch in dem Gesetzbuche nicht getroffen; vielmehr kommen hier lediglich die allgemeinen Vorschriften zur Anwendung. Schon aus diesem Grunde können auch die Bestimmungen im § 98 des Entwurfs, die nur eine Ergänzung des § 1130 bilden, auf den Nießbrauch nicht erstreckt werden.

Die Vorschriften der §§ 98 bis 104 beziehen sich, ebenso wie die Bestimmungen des § 1128 des Bürgerlichen Gesetzbuchs nur auf die Versicherung von Gebäuden. Bei der Versicherung anderer Gegenstände, auf welche sich die Hypothek erstreckt, hält sich die Haftung des Versicherers gegenüber den Hypothekengläubigern nach dem Bürgerlichen Gesetzbuch in wesentlich engeren Grenzen als bei der Gebäudeversicherung. Auch der Entwurf kann die Versicherung von Gebäuden und von sonstigen Gegenständen einander nicht gleichstellen; eine derartige Regelung ist weder im Interesse des Realkredits erforderlich noch praktisch durchführbar. Was die Versicherung von Maschinen betrifft, so finden hier die Vorschriften des Entwurfs, ebenso wie die des § 1128 des Bürgerlichen Gesetzbuchs, insoweit Anwendung, als die Maschinen einen wesentlichen Bestandteil des Gebäudes bilden (Bürgerliches Gesetzbuch §§ 93, 94).

Die Bestimmung im § 106 des Entwurfs, wonach die durch die Vorschriften der §§ 99 bis 105 begründeten Rechte nicht zu Gunsten solcher Hypotheken, Grundschulden und Rentenschulden geltend gemacht werden können, welche dem Versicherungsnehmer selbst zustehen, bedarf keiner besonderen Begründung. Daß der Versicherungsnehmer zugleich der Eigentümer des Grundstücks ist, wird für die Anwendung des § 106 nicht erfordert.

Dritter Titel.

Hagelversicherung.

§ 107.

Die Hagelversicherung hat nach dem Entwurfe den Ersatz desjenigen Schadens zum Gegenstande, welcher an Bodenerzeugnissen durch die Einwirkung des Hagelschlags entsteht. Soweit sich die Versicherung auf andere Sachen, insbesondere auf Fenster, Glasplatten, Schiefer- oder Ziegeldächer bezieht, treffen die Erwägungen, die bei der gesetzlichen Regelung der Versicherung von Bodenerzeugnissen in Betracht kommen, nicht oder doch nur teilweise zu. Anderseits liegt kein praktisches Bedürfnis vor, besondere gesetzliche Bestimmungen für derartige Versicherungen zu geben, es kann vielmehr bei den für die Schadensversicherung im allgemeinen geltenden Vorschriften bewenden.

Was den Umfang der Entschädigungsverbindlichkeit des Versicherers betrifft, so ergibt sich aus dem Zwecke der Hagelversicherung, daß nicht der Unterschied zwischen dem Werte, den der Aufwuchs zur Zeit des Eintritts des Versicherungsfalls im unbeschädigten Zustande hatte und seinem Werte nach dem Hagelschlage zugrunde gelegt werden kann, sondern daß für die durch den Hagelschlag verursachte Minderung des Ertrags Ersatz zu leisten ist. Um die Ermittelung der Höhe der hiernach dem Versicherer obliegenden Leistung zu vereinfachen, werden in den Versicherungsbedingungen regelmäßig besondere Bestimmungen über die Berechnung des Schadens getroffen. Bei dem Abschlusse des Vertrags vollzieht sich die Festsetzung der Versicherungssumme in der Weise, daß sowohl die Mengen der zu erwartenden Erzeugnisse als auch die voraussichtlichen Preise nach bestimmten Sätzen angeschlagen werden. In den Versicherungsbedingungen ist nun meist vorgesehen, daß dieser Anschlag, was die Preise anlangt, zugleich für die Ersatzleistung des Versicherers unbedingt entscheidend, also einer Herabsetzung nicht unterworfen ist. In ähnlicher Weise legen einzelne Versicherungsgesellschaften auch den bei der Festsetzung der Versicherungssumme zu Grunde gelegten Ertragssätzen eine mehr oder weniger maßgebende Bedeutung bei. Ein Bedürfnis, das Verfahren bei der Schadensermittelung nach der einen oder anderen Richtung hin gesetzlich zu ordnen, liegt indessen nicht vor, vielmehr kann die Regelung der Frage, wie bisher, den Versicherungsbedingungen überlassen bleiben.

Schäden, die im Verhältnisse zum Gesamtertrage der vom Hagel betroffenen Fläche nur einen geringen Umfang haben, beispielsweise solche, die niedriger sind als acht oder zwölf vom Hundert, pflegen in der Praxis nicht vergütet zu werden; ferner wird von der Entschädigungssumme meist ein gewisser Bruchteil zur Deckung der Kosten der Schadensfeststellung abgezogen. Auch hinsichtlich dieser Punkte wird es Sache des Versicherers sein, die für erforderlich erachteten Bestimmungen in die Versicherungsbedingungen aufzunehmen; gesetzliche Vorschriften hierüber lassen sich nicht treffen.

§ 108.

Entsprechend der Übung der Versicherungsanstalten, die dem Versicherungsnehmer für die Anzeige des Hagelschadens meist eine Frist von 72 oder 96 Stunden einräumen, bestimmt der § 108 Abs. 1, daß der im § 33 vorgesehenen Pflicht zur Anzeige des Versicherungsfalls genügt wird, wenn die Anzeige binnen drei Tagen nach dem Eintritte des Versicherungsfalls erfolgt. Im Anschluß an die im § 92 für die Feuerversicherung getroffene Bestimmung sieht der Entwurf, einer weitverbreiteten Praxis folgend, zugleich vor, daß die Frist durch Absendung der Anzeige gewahrt wird. Vereinbarungen, durch welche die Dauer oder die Berechnung der Frist zum Nachteile des Versicherungsnehmers anders bestimmt wird, entzieht der Abs. 2 des § 108 die Wirksamkeit. Im übrigen bleibt es den Versicherten unbenommen, in den Versicherungsbedingungen die Obliegenheiten des Versicherungsnehmers in bezug auf die Anzeige des Versicherungsfalls besonders zu regeln. Es kann namentlich, vorbehaltlich der Vorschrift des § 47 Satz 1, vereinbart werden, daß die Anzeigen an den Generalagenten oder an den Gesellschaftsvorstand zu erfolgen haben; auch ist die Bestimmung zulässig, daß bei der Anzeige des Versicherungsfalls die mutmaßliche Höhe des Schadens angegeben werden soll, welcher an den einzelnen vom Hagel betroffenen Fruchtarten entstanden ist (zu vergl. oben S. 43).

§ 109.

Der § 109 des Entwurfs bestimmt, daß der Versicherungsnehmer bis zur Feststellung des Schadens an den von dem Hagelschaden betroffenen Bodenerzeugnissen ohne Einwilligung des Versicherers nur solche Änderungen vornehmen darf, welche nach den Regeln einer ordnungsmäßigen Wirtschaft nicht aufgeschoben werden können. Die Vorschrift ist erforderlich, damit Erschwerungen der Schadensermittelung nach Möglichkeit verhindert werden. Von manchen Seiten ist sogar verlangt worden, daß die Vornahme jeder Änderung von der Zustimmung des Versicherers abhängig gemacht werde. Dies verbietet sich aber nicht nur durch die Rücksichtnahme auf den Versicherungsnehmer, sondern auch aus allgemeinen wirtschaftlichen Gründen. Namentlich wird das Gesetz, falls die Reife der Frucht so weit vorgeschritten ist, daß mit der Einerntung nicht bis zur Schadensfeststellung gewartet werden kann, den Versicherungsnehmer nicht zwingen dürfen, zunächst die Einwilligung des Versicherers einzuholen und die Einerntung zu unterlassen, wenn dieser die Einwilligung nicht erteilt oder die Erteilung verzögert. Der Beweis für die Unaufschiebbarkeit der vorzunehmenden Arbeiten liegt ebenso wie der Nachweis der Höhe des durch den Hagel verursachten Schadens dem Versicherungsnehmer ob; schon dies gewährt dem Versicherer Schutz gegen eine Schädigung seiner Interessen. Die Versicherungsbedingungen können außerdem den Versicherungsnehmer verpflichten, unter allen Umständen Probestücke von bestimmter Art und Größe in unverändertem Zustande zu belassen.

§ 110.

Tritt nach dem Eintritt eines Versicherungsfalls in derselben Versicherungsperiode ein neuer Versicherungsfall ein, so muß auch bei der Hagelversicherung ebenso wie bei der Feuerversicherung (§ 95 Satz 1) der Grundsatz Anwendung finden, daß der Versicherer für den durch den späteren Versicherungsfall verursachten Schaden nur bis zur Höhe des Restbetrags der Versicherungssumme haftet. Dies ist im § 110 zum Ausdruck gebracht. Dagegen kann bei einer für mehrere Jahre genommenen Hagelversicherung der in dem einen Jahre entstandene Schaden die Haftung des Versicherers für den in einem späteren Jahre eintretenden Schaden nicht mindern; denn der Zweck der mehrjährigen Versicherung geht dahin, dem Versicherungsnehmer für jedes Erntejahr in der vollen Höhe der Versicherungssumme Deckung zu gewähren. Dies entspricht auch der bestehenden Praxis. Daraus ergibt sich zugleich, daß eine Herabsetzung der Prämie, wie sie der § 95 Satz 2 auf dem Gebiete der Feuerversicherung nach dem Eintritt eines Schadens für die späteren Versicherungsperioden eintreten läßt, bei der Hagelversicherung nicht stattfindet.

Der Zeitpunkt des Beginns und des Endes der Versicherungsperiode ist aus den Versicherungsbedingungen zu entnehmen. Der Natur der Sache entspricht es an sich, daß jede Versicherungsperiode den Zeitraum eines Wirtschaftsjahrs umfaßt. Da jedoch nach den Versicherungsbedingungen die Haftung für Schäden an Wintersaaten nicht schon mit der Aussaat, sondern erst mit dem 1. Januar oder dem 1. März zu beginnen pflegt, so ist es praktisch unerheblich, wenn der Ablauf der alten und der Beginn der neuen Versicherungsperiode gleichfalls hinausgeschoben wird.

§ 111.

Entsprechend der für die Feuerversicherung im § 96 Abs. 1 gegebenen Vorschrift räumt der § 111 des Entwurfs beiden Teilen die Befugnis ein, das Versicherungsverhältnis nach dem Eintritt eines Versicherungsfalls zu kündigen. Dieses Kündigungsrecht ist schon gegenwärtig in den Versicherungsbedingungen vielfach anerkannt. Dabei geht aber die Praxis zu Gunsten des Versicherungsnehmers weiter als die bei der Feuerversicherung bestehende Übung, denn sie läßt wegen der Schwierigkeiten, die für den Versicherungsnehmer mit dem Abschluß eines neuen Versicherungsvertrags im Laufe der Hagelzeit verbunden sein würden, die Kündigung des Versicherers nicht für einen früheren Zeitpunkt als für den Schluß des Versicherungsjahres zu. Hieran hält der Entwurf fest, indem er im § 111 anordnet, daß der Versicherer nur für den Schluß der Versicherungsperiode kündigen kann, in welcher der Versicherungsfall eingetreten ist. Von einzelnen Seiten ist befürwortet worden, vorzuschreiben, daß nach erfolgter Kündigung der Neuaufwuchs nicht mehr versichert sei. Indessen ist es Sache der allgemeinen Versicherungsbedingungen und des Vertrags, festzusetzen, auf welche Erzeugnisse sich die Versicherung im einzelnen erstreckt. Es kann ihnen daher auch überlassen werden, in der hier in Frage stehenden Beziehung das Erforderliche zu bestimmen.

Der Versicherungsnehmer seinerseits kann nach dem Eintritt eines Versicherungsfalls die Versicherung entweder für den Schluß der Versicherungsperiode oder auch für einen früheren Zeitpunkt kündigen. Die Interessen des Versicherers sind hier dadurch gewahrt, daß er unter allen Umständen die volle Prämie der laufenden Versicherungsperiode erhält.

§§ 112, 113.

Das Kündigungsrecht, welches im Falle der Veräußerung oder der Zwangsversteigerung der versicherten Sache dem Versicherer gegenüber dem Erwerber zusteht, ist für die Schadensversicherung im allgemeinen durch den § 70 Abs. 1 in der Weise beschränkt, daß der Versicherer eine Kündigungsfrist von einem Monat einzuhalten hat und sein Kündigungsrecht verliert, wenn er es nicht innerhalb eines Monats von dem Zeitpunkt an ausübt, in welchem er von der Veräußerung Kenntnis erlangt. Hierdurch werden aber bei der Hagelversicherung angesichts der Schwierigkeiten, denen, wie schon zum § 111 hervorgehoben ist, der Abschluß einer neuen Versicherung im Laufe des Versicherungsjahres unterliegt, die Interessen des Versicherungsnehmers nicht ausreichend geschützt. Der § 112 Abs. 1 ersetzt daher die Vorschriften des § 70 Abs. 1 durch die Bestimmung, daß der Versicherer dem Erwerber das Versicherungsverhältnis nur für den Schluß der Versicherungsperiode kündigen kann, in welcher er von dem Eigentumsübergange Kenntnis erlangt. Weiter zu gehen, ist nicht erforderlich. Gegen den Vorentwurf, der das Kündigungsrecht des Versicherers gänzlich ausschließen wollte, ist mit Recht geltend gemacht worden, daß auch bei der Hagelversicherung die Persönlichkeit des Erwerbers dem Versicherer einen berechtigten Anlaß bieten könne, den Vertrag aufzulösen.

Wenn die allgemeine Vorschrift des § 70 Abs. 1 sich nicht für die Hagelversicherung eignet, so können auch die in unmittelbarem Zusammenhange mit jener Bestimmung stehenden Vorschriften keine Anwendung finden, die im Abs. 1 Satz 2 und im Abs. 2 des § 71 für den Fall getroffen sind, daß die Anzeige von dem Eigentumswechsel dem Versicherer nicht rechtzeitig erstattet wird. Das Unterbleiben oder die Verspätung der Anzeige darf zwar auch bei der Hagelversicherung nicht zu einer Verlängerung der Haftung des Versicherers führen; da aber nach § 112 Abs. 1 der Versicherer sich erst für den Schluß der Versicherungsperiode, in der er von dem Eigentumswechsel Kenntnis erlangt, von seinen Verpflichtungen befreien kann, so rechtfertigt es sich (§ 112 Abs. 2 Satz 1), bei nicht rechtzeitiger Anzeige des Eigentumswechsels den Ausschluß der Haftung des Versicherers nur dann eintreten zu lassen, wenn der Versicherungsfall nach dem Schlusse der Versicherungsperiode eintritt, in welcher ihm die Anzeige hätte zugehen müssen, auch muß (Abs. 2 Satz 2) die Leistungspflicht des Versicherers bestehen bleiben, wenn er von dem Eigentumswechsel so früh Kenntnis erlangt hat, daß er zum Schlusse der Versicherungsperiode kündigen konnte.

Der Abs. 3 des § 112 entzieht im Anschluß an die Bestimmung des § 72 dem Versicherer die Befugnis, sich auf eine Vereinbarung zu berufen, durch welche von den Vorschriften der Abs. 1, 2 zum Nachteile des Erwerbers abgewichen wird.

Der Übergang des Versicherungsverhältnisses auf den Erwerber der versicherten Bodenerzeugnisse ist nicht davon abhängig, daß ein Wechsel im Eigentume des Grundstücks erfolgt, vielmehr kommen die Vorschriften der §§ 69 ff. und des § 112 auch dann zur Anwendung, wenn die Bodenerzeugnisse nach ihrer Trennung vom Grundstück allein veräußert werden. Es liegt keine Veranlassung vor, in einem solchen Falle, soweit die Versicherungsbedingungen die Haftung des Versicherers nach der Trennung noch fortdauern lassen, dem Erwerber der Erzeugnisse den Schutz der Versicherung zu entziehen. Ist eine Versicherung für mehrere Jahre genommen, so tritt, falls das Eigentum an den Erzeugnissen eines einzelnen Erntejahres auf einen Dritten übertragen wird, dieser in die Versicherung natürlich nur insoweit ein, als sie sich auf die veräußerten Erzeugnisse bezieht, dagegen bleibt das Versicherungsverhältnis in Ansehung des Aufwuchses späterer Jahre zwischen den ursprünglichen Vertragsparteien bestehen.

Neben der Veräußerung und der Zwangsversteigerung der Bodenerzeugnisse sind auch die Fälle zu berücksichtigen, in denen jemand während des Laufes der Versicherung auf Grund eines Nießbrauchs, eines Pachtvertrags oder eines ähnlichen Verhältnisses, insbesondere auf Grund des ehelichen Güterrechts, die Berechtigung erwirbt, die versicherten Erzeugnisse zu beziehen. Der § 113 bestimmt deshalb, daß in solchen Fällen die für die Veräußerung oder Zwangsversteigerung geltenden Vorschriften entsprechende Anwendung finden.

Vierter Titel.

Viehversicherung.

§ 114.

Im Anschluß an die Versicherungsbedingungen der Privatgesellschaften sowie an die Vorschriften, welche für die Viehversicherungsvereine in Bayern und Baden gelten, geht der Entwurf (§ 114 Abs. 1 Satz 1) davon aus, daß Gegenstand der Viehversicherung regelmäßig der Schaden ist, welcher durch den Tod des versicherten Tieres entsteht. Daneben kommen indessen Versicherungen vor, die auf eine Erstattung des Wertverlustes gerichtet sind, welcher infolge einer nicht zum Tode führenden Erkrankung oder Verletzung eintritt; namentlich lassen die Normalversicherungsbedingungen der Privatgesellschaften eine Versicherung von Pferden gegen die Wertminderungen zu, welche durch nicht tödliche Huf- oder Beinleiden herbeigeführt werden. Auch hier paßt der Begriff der Viehversicherung, und der Entwurf stellt dies im § 114 Abs. 2 durch eine Vorschrift klar, derzufolge die Versicherung auch für den Schaden genommen werden kann, der durch eine Krankheit oder einen Unfall entsteht, ohne daß der Tod des Tieres eintritt.

Die Viehversicherung im Sinne des Entwurfs umfaßt dagegen, wie sich aus dem § 114 ergibt, nicht die Schlachtviehversicherung. Bei dieser handelt es sich lediglich um den Ersatz des Schadens, den der Versicherungsnehmer nach der Schlachtung eines ihm gehörenden Tieres dadurch erleidet, daß das Fleisch des Tieres amtlich beanstandet wird; zur Anwendung auf eine solche Versicherung sind aber die Bestimmungen des vorliegenden Titels nicht geeignet. Für die Schlachtviehversicherung kommen daher nur die Vorschriften des Entwurfs, welche für alle Zweige der Schadensversicherung gelten, in Betracht.

Als Versicherungswert gilt bei der Viehversicherung, wie sich aus § 52 ergibt, der Wert des versicherten Tieres. Nach diesem Werte bestimmt sich daher die Höhe des vom Versicherer zu leistenden Schadenersatzes. Hängt, wie das die Regel ist, die Entschädigungspflicht des Versicherers von dem Tode des Tieres ab, so fragt sich, welcher Zeitpunkt für die Ermittelung des Wertes maßgebend sein soll. Wird lediglich der Wert, den das Tier im Augenblicke des Todes hatte, zu Grunde gelegt, so erhält der Versicherungsnehmer in zahlreichen Fällen eine durchaus unzulängliche Vergütung. Entsprechend dem jetzigen Rechtszustande lehnt der Entwurf dieses unbillige Ergebnis ab, indem er im § 114 Abs. 1 Satz 2 vorsieht, daß, wenn der Tod durch eine Krankheit oder einen Unfall herbeigeführt wird, als Betrag des Schadens der Wert gilt, den das Tier zur Zeit der Erkrankung oder des Unfalls, also in dem Augenblicke gehabt hat, der dem Eintritte der Krankheit oder des Unfalls unmittelbar vorausging. Ist die Versicherung für den Schaden genommen, der durch eine Krankheit oder einen Unfall entsteht, ohne daß der Tod des Tieres eintritt, so ergibt sich von selbst, daß die Höhe des vom Versicherer zu leistenden Schadensersatzes nach dem Werte des Tieres zur Zeit der Erkrankung oder des Unfalls zu berechnen ist.

Die gegenwärtig üblichen Versicherungsbestimmungen beschränken die Haftung des Versicherers auf einen Bruchteil des Schadens, etwa auf 70, 75 oder 80 vom Hundert. Die Regelung dieser Frage wird auch künftig den Versicherungsbedingungen zu überlassen sein.

§ 115.

Der Versicherer haftet bei der Viehversicherung an sich für alle Gefahren, die dem Leben oder, soweit es sich um eine Versicherung der im § 114 Abs. 2 bezeichneten Art handelt, der Gesundheit des versicherten Tieres drohen. In der Praxis pflegt aber seine Haftung nach verschiedenen Richtungen eingeschränkt zu werden. Der § 115 hat von den bezeichneten Einschränkungen diejenigen übernommen, welche allgemeine Geltung beanspruchen können; im übrigen werden, soweit von dem Versicherer noch eine Ergänzung für erforderlich erachtet wird, z. B. in bezug auf die gegenwärtig meistens ausgeschlossene Haftung für Feuer- und Überschwemmungsschäden, die Versicherungsbedingungen einzugreifen haben.

Die Nr. 1 des § 115 sieht vor, daß die Versicherung den infolge einer Seuche oder Krankheit entstehenden Schaden nicht umfaßt, für welchen dem Versicherungsnehmer nach gesetzlicher Vorschrift ein Anspruch auf eine Entschädigung aus öffentlichen Mitteln zusteht oder zustehen würde, wenn der Anspruch nicht durch eine Zuwiderhandlung gegen seuchenpolizeiliche Vorschriften verwirkt worden wäre.[1]) Kann der Versicherungsnehmer einen solchen Anspruch geltend machen, so liegt für eine Haftung des Versicherers kein Bedürfnis vor. Anderseits würde die gewissenhafte Befolgung der seuchenpolizeilichen Bestimmungen gefährdet werden, wenn das Gesetz dem Versicherungsnehmer in denjenigen Fällen, in welchen ihm das öffentliche Recht wegen Verletzung dieser Bestimmungen die Entschädigung versagt, auf Grund des Versicherungsvertrags einen Ersatzanspruch gewährte. Etwaigen Vereinbarungen entgegenzutreten, welche die Haftung des Versicherungsnehmers in einer dem öffentlichen Interesse widerstreitenden Weise erweitern, wird Sache der Aufsichtsbehörden sein.

Soweit der Entwurf in der Nr. 2 des § 115 für den Fall des Krieges die Haftung des Versicherers beseitigt, schließt er sich, entsprechend der Gleichheit der Sachlage, der auf die Feuerversicherung bezüglichen Vorschrift des § 84 an.

§ 116.

Der § 116 bezieht sich auf den Fall, daß dem Versicherungsnehmer, dem der Versicherer für einen Schaden ersatzpflichtig ist, zugleich ein Gewährleistungsanspruch wegen eines Mangels des versicherten Tieres gegen denjenigen zusteht, von welchem er das Tier erworben hat (zu vergl. Bürgerliches Gesetzbuch §§ 459 ff., §§ 482 ff.).

Im allgemeinen hat der Versicherer bei der Schadensversicherung, wenn die versicherte Sache an einem Mangel leidet, wegen dessen der Veräußerer dem Versicherungsnehmer zur Gewährleistung verpflichtet ist, nach dem Eintritt eines Versicherungsfalls nur in Höhe des Wertes Ersatz zu leisten, den die Sache in ihrem mangelhaften Zustande hatte. So kann ein Fabrikant, dem eine fehlerhafte Maschine geliefert ist, falls die Maschine durch Feuer zu Grunde geht, von dem Versicherer nur eine Entschädigung verlangen, die dem Werte der Maschine zur Zeit des Brandes entspricht; wegen der durch die fehlerhafte Beschaffenheit verursachten Wertminderung muß er sich dagegen mittels der Gewährleistungsansprüche an den Veräußerer halten. Anders verhält es sich bei der Viehversicherung. Hier stehen dem Versicherungsnehmer wegen eines Fehlers des erworbenen Tieres nicht nur die Gewährleistungsansprüche gegen den Veräußerer zu, sondern er kann, falls die den Fehler darstellende Krankheit den Tod des Tieres herbeiführt, nach § 114 Abs. 1 Satz 2 von dem Versicherer den Ersatz des Wertes fordern, den das Tier zur Zeit der Erkrankung, also ohne den Fehler hatte; ebenso ist ihm von dem Versicherer für Gewährfehler, die den Tod des Tieres nicht zur Folge haben, Entschädigung zu leisten, wenn die Versicherung gemäß § 114 Abs. 2 auf solche Fehler erstreckt ist. Dieser Sachlage gegenüber bedarf es, wenn die Ersatzleistung des Versicherers nicht dem Veräußerer zugute kommen oder zu einer Bereicherung des Versicherungsnehmers

---

[1]) Zu vergl. Gesetz, Maßregeln gegen die Rinderpest betreffend, vom 7. April 1869 (Reichs-Gesetzbl. S. 105), §§ 3, 4; Gesetz, betreffend die Abwehr und Unterdrückung von Viehseuchen, in der Fassung der Bekanntmachung vom 1. Mai 1894 (Reichs-Gesetzbl. S. 409) §§ 57 ff.; Preußisches Gesetz, betreffend die Entschädigung für an Milzbrand gefallene Tiere, vom 22. April 1892 (Gesetz-Samml. S. 90); Bayerisches Gesetz, die Entschädigung für Viehverluste infolge von Milzbrand betreffend, vom 26. Mai 1892 (Gesetz- und Verordnungsbl. S. 142) usw.

führen soll, einer Bestimmung, die es dem Versicherer ermöglicht, sich nach der Zahlung der Entschädigung seinerseits an den Veräußerer zu halten. Die Vorschrift des § 67 Abs. 1 Satz 1 reicht nicht aus. Denn sie bezieht sich nur auf den Übergang von Schadensersatzansprüchen; der Anspruch auf Wandelung, der hier vor allem in Betracht kommt, ist aber, wenngleich er bezweckt, die aus dem Fehler des Tieres sich ergebenden Nachteile von dem Erwerber abzuwenden, nicht auf Schadensersatz gerichtet. Der § 116 Satz 1 sieht deshalb besonders vor, daß der dem Versicherungsnehmer zustehende Gewährleistungsanspruch auf den Versicherer übergeht, soweit dieser dem Versicherungsnehmer den Schaden ersetzt.

Die Bestimmung des § 116 Satz 2, nach welcher der Versicherer den Übergang der Gewährleistungsansprüche nicht zum Nachteile des Versicherungsnehmers geltend machen kann, schließt sich dem Satz 2 des § 67 an.

In dem Schlußsatze des § 116 ist vorgesehen, daß der Versicherer, falls ein Anspruch auf Gewährleistung durch Verschulden des Versicherungsnehmers verloren geht, von seiner Ersatzpflicht insoweit frei wird, als er aus dem Anspruche hätte Ersatz erlangen können. Die Vorschrift ist, abgesehen von dem Falle, daß der Versicherungsnehmer auf einen Gewährleistungsanspruch verzichtet, insbesondere wegen der Fristen von Bedeutung, an welche die Geltendmachung der Gewährleistungsansprüche gebunden ist. Zufolge § 485 des Bürgerlichen Gesetzbuchs verliert der Erwerber des Tieres die ihm wegen des Mangels zustehenden Rechte, wenn er nicht spätestens zwei Tage nach dem Ablaufe der Gewährsfrist oder, falls das Tier vor dem Ablaufe der Frist getötet worden oder sonst verendet ist, nach dem Tode des Tieres dem Veräußerer den Mangel anzeigt oder gegen ihn im Wege der Klage, der Streitverkündung oder des Antrags auf gerichtliche Beweisaufnahme vorgeht; nach den §§ 477, 490 des Bürgerlichen Gesetzbuchs sind ferner die Gewährleistungsansprüche an kurze Verjährungsfristen gebunden. Für den Versicherungsnehmer ergibt sich hieraus die Verpflichtung, die Rechte gegen den Veräußerer rechtzeitig zu wahren; er darf nicht durch seine Nachlässigkeit dem Versicherer, der ihm den Schaden ersetzt, die Ansprüche gegen den Veräußerer entziehen.

Die Bestimmungen des § 116 stehen im Zusammenhange mit der Vorschrift des § 126 Abs. 1 Satz 2, nach welcher der Versicherungsnehmer seinerseits, wenn er das versicherte Tier veräußert, für seine Gewährleistungspflicht gegenüber dem Erwerber durch die Versicherung gedeckt wird. Die beiden Bestimmungen ergänzen sich gegenseitig.

§ 117.

Die Vorschriften des § 95, denen zufolge bei der Feuerversicherung der Versicherer nach dem Eintritt eines Versicherungsfalls für den durch den späteren Versicherungsfall verursachten Schaden nur bis zur Höhe des Restbetrags der Versicherungssumme haftet und für die künftigen Versicherungsperioden nur einen verhältnismäßigen Teil der Prämie beanspruchen kann, eignen sich auch zur Anwendung auf die Viehversicherung und sind deshalb in den § 117 übernommen. Dagegen ist es nicht angängig, das Kündigungsrecht, welches der § 96 jedem Teile nach dem Eintritt eines Versicherungsfalls einräumt, auf die Viehversicherung zu übertragen. Da bei der Viehversicherung die Zahl der Versicherungsfälle verhältnismäßig hoch zu sein pflegt, so würde durch ein solches Kündigungsrecht die Stetigkeit der Versicherungsverhältnisse, namentlich soweit es sich um die Versicherung größerer Tierbestände handelt, stark beeinträchtigt werden. Überdies wäre der Versicherungsnehmer der Gefahr ausgesetzt, daß, falls eine Seuche droht oder schon ausgebrochen ist, nach dem Tode eines einzelnen Tieres das ganze Versicherungsverhältnis aufgelöst und ihm die Deckung gerade dann entzogen wird, wenn er ihrer besonders bedarf. Die Versicherungsbedingungen räumen denn auch gegenwärtig den Parteien nach dem Eintritt eines Versicherungsfalls ein Kündigungsrecht nicht ein.

§ 118.

Der Umfang, in welchem der Versicherer haftet, hängt wesentlich von dem Bestande, der Beschaffenheit und dem Werte der versicherten Tiere sowie von der Behandlung ab, die sie bei dem Versicherungsnehmer erfahren. Für den Versicherer ist es deshalb von Wichtigkeit, daß er fortdauernd in der Lage bleibt, sich hierüber in geeigneter Weise zu unterrichten. Die Versicherungsbedingungen geben ihm vielfach schon jetzt die erforderlichen Befugnisse und im Anschlusse daran bestimmt der § 118, daß der Versicherer jederzeit auf seine Kosten eine Besichtigung und Untersuchung der versicherten Tiere vornehmen darf; auch eine Untersuchung durch Sachverständige kann der Versicherungsnehmer ihm hiernach nicht verweigern.

§ 119.

Die Vorschrift des § 33, daß der Versicherungsnehmer von dem Eintritt eines Versicherungsfalls dem Versicherer unverzüglich Anzeige zu machen hat, erfährt im § 119 eine wesentliche, durch die Bedürfnisse der Viehversicherung gebotene Erweiterung. Ist die Ersatzpflicht des Versicherers an den Tod des versicherten Tieres gebunden (§ 114 Abs. 1 Satz 1), so tritt der Versicherungsfall erst mit dem Tode des Tieres ein. Als Schaden ist aber, wenn der Tod durch eine Krankheit oder einen Unfall herbeigeführt wird, von dem Versicherer der Wert zu ersetzen, den das Tier zur Zeit der Erkrankung oder des Unfalls gehabt hat (§ 114 Abs. 1 Satz 2). Dieser Haftung gegenüber ist es für den Versicherer von größter Bedeutung, daß er die Tatsachen, welche einen solchen Schaden zur Folge haben können, unverzüglich erfährt. Der § 119 stellt deshalb für die Frage der Anzeigepflicht den Eintritt einer Erkrankung oder eines Unfalls dem Eintritt eines Versicherungsfalls nach jeder Richtung gleich, jedoch beschränkt er, um nicht zu überflüssigen Mitteilungen Anlaß zu geben, die Verbindlichkeit des Versicherungsnehmers zur Anzeige ausdrücklich auf erhebliche Krankheiten und Unfälle.

§§ 120, 121.

Im Interesse der Abwendung und Minderung des Schadens legt der § 120 für den Fall, daß das versicherte Tier erkrankt oder einen Unfall erleidet, dem Versicherungsnehmer die Verpflichtung auf, einen Tierarzt oder, soweit dies untunlich ist, einen Sachkundigen zuzuziehen. Auch diese Verpflichtung soll jedoch nicht bestehen, wenn es sich nur um eine unerhebliche Erkrankung, welche die Zuziehung eines Sachverständigen überflüssig erscheinen läßt, oder nur um einen unerheblichen Unfall handelt. Als sachkundig darf der Versicherungsnehmer jeden ansehen, von dem sich ein verständiges Urteil über die zur Abwendung weiteren Schadens dienlichen Maßregeln erwarten läßt; zweckmäßig wird er seine Wahl auf einen erfahrenen Nachbarn richten. Übrigens sind die Parteien nicht gehindert, durch den Vertrag die Obliegenheiten des Versicherungsnehmers in anderer Weise zu regeln, namentlich zu bestimmen, daß die Zuziehung des Tierarztes erst zu erfolgen braucht, wenn der Versicherer sie verlangt. Eine Verpflichtung, dem Rate des Tierarztes oder des Sachkundigen

Folge zu leisten, braucht im Gesetze dem Versicherungsnehmer nicht besonders auferlegt zu werden. Es wird nach den Umständen des einzelnen Falles zu beurteilen sein, ob es als eine schwere Vernachlässigung des Tieres im Sinne des § 123 Satz 1 zu gelten hat, wenn der Rat des Tierarztes oder des Sachkundigen nicht befolgt wird.

Die Kosten, die dem Versicherungsnehmer durch die Fütterung und Pflege sowie durch die tierärztliche Untersuchung und Behandlung eines erkrankten Tieres verursacht werden, erreichen häufig, verglichen mit dem Werte des Tieres, einen hohen Betrag. Um den Versicherer nicht über Gebühr zu belasten, bestimmt deshalb der § 121, daß der Versicherer sie dem Versicherungsnehmer nicht zu ersetzen hat. Die Praxis der Versicherungsgesellschaften geht gegenwärtig dahin, daß dem Versicherungsnehmer nur der durch den Tod des Tieres entstehende Verlust oder auch die durch gewisse Krankheiten verursachte Wertminderung ersetzt wird. Demgegenüber würde es eine zu weitgehende Veränderung der Aufgaben der Viehversicherung bedeuten, wenn die Versicherung gesetzlich ohne weiteres auf die im § 121 bezeichneten Kosten erstreckt würde.

§ 122.

Da die Gründe, auf denen die Vorschriften des § 94 über die Verzinsung der Entschädigungsforderung und über die Verpflichtung des Versicherers zur Leistung einer Abschlagszahlung beruhen, auch für die Viehversicherung zutreffen, so erklärt der § 122 diese Vorschriften für anwendbar.

§ 123.

Nach § 61 des Entwurfs ist der Versicherer von der Leistung der Entschädigung frei, wenn er nachweist, daß der Versicherungsnehmer den Versicherungsfall durch ein auf Vorsatz oder grober Fahrlässigkeit beruhendes Verhalten herbeigeführt hat. Die für die Viehversicherung in Bayern und Baden geltenden Vorschriften gewähren dem Versicherer die Befreiung auch dann, wenn die Fahrlässigkeit des Versicherungsnehmers keine grobe ist; sie stellen ferner dem eigenen Verhalten des Versicherungsnehmers das Verhalten desjenigen gleich, dem das Tier zur Pflege oder Obhut anvertraut war. Es fehlt indessen an einem ausreichenden Anlasse, hier von den für die Schadensversicherung im allgemeinen geltenden Grundsätzen abzuweichen. Will der Versicherer seine Haftung in der bezeichneten Weise einschränken, so mag er dies in den Versicherungsbedingungen besonders bestimmen. Übergibt der Versicherungsnehmer das Tier einer von vornherein untauglichen Person zur Pflege oder Obhut, so stellt dies eine grobe Vernachlässigung dar.

Übrigens erleichtert der Entwurf im Anschluß an die Normalversicherungsbedingungen der Privatgesellschaften die Rechtslage des Versicherers nach einer anderen Richtung. Die Vorschrift des § 123 Satz 1 befreit den Versicherer, welcher dartut, daß durch Vorsatz oder grobe Fahrlässigkeit des Versicherungsnehmers dem Tiere eine schwere Mißhandlung oder Vernachlässigung widerfahren ist, von dem an sich noch weiter erforderlichen, aber oftmals schwierigen Nachweis eines ursächlichen Zusammenhanges zwischen jener Behandlung und dem Eintritte des Versicherungsfalls; den Versicherungsnehmer trifft dann die Beweislast dafür, daß ein solcher Zusammenhang nicht besteht. Die Vorschrift rechtfertigt sich schon durch das öffentliche Interesse des Tierschutzes. Die verschiedenen Arten schwerer Mißhandlung oder Vernachlässigung, wozu in der Regel auch mangelhafte Fütterung gehören wird, führt der Entwurf nicht im einzelnen auf. Es bleibt daher Sache des Richters, die erforderliche Feststellung unter Würdigung aller in Betracht kommenden Umstände zu treffen. Von diesem Standpunkte weicht der Entwurf nur nach einer Richtung ab. Die Einholung des Rates eines Tierarztes oder Sachkundigen ist, wenn sich die Erkrankung oder der Unfall des Tieres nicht als unerheblich darstellt, von solcher Bedeutung, daß es stets als eine schwere Vernachlässigung angesehen werden darf, wenn die Zuziehung dieser Personen unterbleibt. Der Satz 2 des § 123 trifft eine dahingehende Bestimmung.

§ 124.

Nach § 124 Abs. 1 Satz 1 darf der Versicherungsnehmer eine Nottötung nur mit Einwilligung des Versicherers vornehmen, es sei denn, daß dessen Erklärung nicht abgewartet werden kann. Von der Einholung einer solchen Erklärung wird der Versicherungsnehmer namentlich dann Umgang nehmen dürfen, wenn einerseits der Zustand des Tieres eine Wiederherstellung nicht mehr erwarten läßt, anderseits die sofortige Tötung das einzige Mittel bietet, den Schlachtwert des Tieres noch nutzbar zu machen oder den Geboten der Menschlichkeit entsprechend die Leiden des Tieres abzukürzen. Bestimmungen ähnlicher Art kommen schon in den geltenden Versicherungsbedingungen vor.

Wie aus der Fassung der erörterten Vorschrift erhellt, muß der Versicherungsnehmer die Umstände, welche eine Nottötung erforderten und ihn hinderten, die Erklärung des Versicherers abzuwarten, seinerseits darlegen und, wenn sie bestritten werden, beweisen. Der Entwurf gibt aber dem Versicherungsnehmer ein Mittel, diesen Beweis in einfacher Weise zu erbringen. Nach § 124 Abs. 1 Satz 2 muß nämlich der Versicherer, wenn durch das Gutachten des zugezogenen Tierarztes oder, falls die Zuziehung eines Tierarztes nicht tunlich ist, durch das Gutachten zweier Sachkundigen festgestellt ist, daß die Tötung notwendig ist und die Erklärung des Versicherers nicht abgewartet werden kann, diese Feststellung gegen sich gelten lassen. Die Interessen des Versicherers bleiben bei einer solchen Regelung vollständig gewahrt. Sie wird die erwünschte Folge haben, daß der Versicherungsnehmer es möglichst vermeidet, ohne die bezeichnete Feststellung zu einer Nottötung zu schreiten, die erfolgte Feststellung aber gibt dem Versicherer ausreichende Gewähr für die Ordnungsmäßigkeit des ganzen Verfahrens. Wenn der § 124, abweichend von der Bestimmung des § 120, ein von zwei Sachkundigen erstattetes Gutachten voraussetzt, so rechtfertigt sich dies durch die weitreichenden Folgen, die das Gutachten haben kann.

An eine Zuwiderhandlung gegen die Vorschrift des § 124 Abs. 1 Satz 1 knüpft der Entwurf (§ 124 Abs. 2) die Wirkung, daß der Versicherer von der Verpflichtung zur Leistung frei ist; die einfache Verpflichtung des Versicherungsnehmers zum Schadensersatze würde den praktischen Bedürfnissen nicht genügen.

Bestimmungen darüber zu treffen, in welcher Weise die Verwertung eines verendeten Tieres zu erfolgen hat, bleibt den Versicherungsbedingungen überlassen; diese können namentlich vorsehen, daß die Verfügung über das Tier dem Versicherer zusteht.

§ 125.

Soweit der Ersatzanspruch des Versicherungsnehmers gemäß § 114 Abs. 1 den Tod des Tieres zur Voraussetzung hat, ist der Versicherungsfall immer erst mit dem Zeitpunkt des Todes gegeben. Der nach der Beendigung des Versicherungsverhältnisses erfolgte Tod des Tieres würde also an sich einen Ersatzanspruch in keinem Falle begründen. Darin liegt aber wenigstens dann eine ungerechtfertigte Härte gegen den Versicherungsnehmer, wenn durch eine noch in die Versicherungszeit fallende Ursache der Tod kurz nach dem Ablaufe dieser Zeit herbeigeführt worden ist. Der § 125 bestimmt deshalb, daß die Beendigung des Versicherungsverhältnisses auf die Haftung des Versicherers keinen Einfluß hat, wenn das Tier schon vorher von einer Krankheit oder einem Unfall betroffen worden war und der Krankheit oder dem Unfalle nicht später als zwei Wochen nach der Beendigung des Verhältnisses erlegen ist. Selbstverständlich hat dann der Versicherungsnehmer mit bezug auf das Tier auch die Obliegenheiten weiter zu erfüllen, die sich aus dem Vertrag ergeben; zu einer Zahlung der Prämie über die Versicherungszeit hinaus ist er aber nicht verpflichtet.

Wie der § 125 die Haftung des Versicherers für eine kurze Zeit in beschränktem Umfange noch nach der Beendigung des Versicherungsverhältnisses fortdauern läßt, so lehnen anderseits die Versicherungsbedingungen bei dem Beginne der Versicherung bis zum Ablauf einer gewissen Wartezeit meist jegliche Haftung ab. Derartigen Vereinbarungen tritt der Entwurf nicht entgegen, sie bleiben vielmehr auch künftig zulässig.

§ 126.

Auf den Umfang der seitens des Versicherers zu tragenden Gefahr ist die Behandlung von wesentlichem Einflusse, die das Tier durch den Eigentümer erfährt. Ein Wechsel in der Person des Eigentümers kann für die Haftung des Versicherers entscheidende Änderungen bringen. Der Entwurf läßt deshalb bei einer Veräußerung des Tieres die Versicherung nicht auf den Erwerber übergehen, schließt sich vielmehr (§ 126 Abs. 1) der schon jetzt überwiegend zur Geltung gelangten Regel an, daß die Veräußerung des versicherten Tieres das Versicherungsverhältnis beendigt. Unter den Begriff der Veräußerung fällt hier, da es sich um eine bewegliche Sache handelt, ohne weiteres auch die Zwangsversteigerung des Tieres (zu vergl. § 806 der Zivilprozeßordnung).

Übrigens sind gegenüber der bezeichneten Regel noch einige besondere Vorschriften erforderlich. Wie in anderen Fällen einer vorzeitigen Beendigung des Versicherungsverhältnisses, so darf auch bei einer Veräußerung des versicherten Tieres das Recht des Versicherers auf die Prämie der laufenden Versicherungsperiode keine Verkürzung erfahren; dies ist im § 126 Abs. 1 ausdrücklich hervorgehoben. Muß aber dem Versicherer die Prämie der laufenden Periode im vollen Umfange entrichtet werden, so entspricht es der Billigkeit, daß für diese Zeit die Versicherung, wenngleich sie auf den Erwerber nicht übergeht, dennoch, soweit es noch nach der Veräußerung möglich ist, zugunsten des Versicherungsnehmers aufrecht erhalten wird. Der § 126 Abs. 1 Satz 2 sieht demgemäß vor, daß der Versicherer, wenn vor dem Schlusse der laufenden Versicherungsperiode infolge eines Hauptmangels der Tod des Tieres eintritt, dem Versicherungsnehmer insoweit haftbar bleibt, als dieser dem Erwerber wegen des Mangels kraft Gesetzes zur Gewährleistung verpflichtet ist. Das Gleiche soll, entsprechend der im § 125 für die Fortdauer der Haftung des Versicherers vorgesehenen Frist, auch dann gelten, wenn das Tier zwar nach dem Schlusse der Versicherungsperiode, in der es veräußert wurde, aber doch noch binnen zwei Wochen seit der Veräußerung infolge eines Hauptmangels stirbt. Der Versicherer wird durch diese Regelung nicht über Gebühr belastet. Denn die gesetzliche Gewährleistungspflicht des Veräußerers wegen eines Hauptmangels greift nur Platz, wenn der Mangel sich innerhalb der Gewährfrist gezeigt hat und wenn die dadurch begründete Vermutung, daß er schon vor dem Zeitpunkte bestanden habe, in welchem die Gefahr auf den Erwerber übergegangen ist, nicht durch Gegenbeweis entkräftet werden kann (Bürgerliches Gesetzbuch § 459 Abs. 1, § 482 Abs. 1, § 484). Die Haftung des Versicherers beschränkt sich daher stets auf solche Fälle, in welchen anzunehmen ist, daß die Krankheit, die zum Tode des Tieres geführt hat, bereits vor der Veräußerung vorhanden war. Außerdem kommt in Betracht, daß nach § 116, falls dem Versicherungsnehmer für ein von ihm erworbenes Tier ein Anspruch auf Gewährleistung zusteht, der Anspruch auf den Versicherer übergeht, soweit dieser dem Versicherungsnehmer den eingetretenen Schaden ersetzt. Die Erleichterung, welche hierdurch der Versicherer in bezug auf die vom Versicherungsnehmer erworbenen Tiere erfährt, bildet einen Ausgleich für die ihn bei einer Veräußerung treffende Haftung.

Auch im Verhältnisse zu dem Erwerber erscheint eine Abweichung von der Regel, daß das Versicherungsverhältnis mit dem Eigentumswechsel endigt, angezeigt. Wenn das Eigentum an dem Inventar eines Grundstücks durch Veräußerung oder im Wege der Zwangsversteigerung mit dem Eigentume des Grundstücks oder, wie im Falle einer Verpachtung, mit dem Besitze desselben auf einen anderen übergeht, so ist zu erwarten, daß sich die Bewirtschaftung im allgemeinen unter den gleichen Verhältnissen fortsetzen werde wie bisher. Der § 126 Abs. 2 bestimmt deshalb, daß es für den bezeichneten Fall in Ansehung der zum Inventare gehörigen Tiere bei den Vorschriften der §§ 69 bis 73 sein Bewenden behält. Danach geht das Versicherungsverhältnis auf den neuen Eigentümer über; jedoch kann es seitens des Versicherers unter Einhaltung einer Kündigungsfrist von einem Monat und seitens des Erwerbers ohne Einhaltung einer Kündigungsfrist gekündigt werden. Eine ähnliche Bestimmung befindet sich bereits in den Normalstatuten der öffentlichen Versicherungsvereine Bayerns. Ist in den Versicherungsbedingungen vorgesehen, daß stets der gesamte Viehbestand bei dem Versicherer zu versichern ist, so ist selbstverständlich auch der Erwerber an diese Bestimmung gebunden, er hat daher, falls er außer den neu erworbenen Tieren noch andere Tiere besitzt und von seinem Kündigungsrechte keinen Gebrauch macht, die Versicherung auf diese Tiere zu erstrecken.

Fünfter Titel.

Transportversicherung.

Die Vorschriften über die Transportversicherung umfassen sowohl die Versicherung von Gütern gegen die Gefahren der Beförderung zu Lande und auf Binnengewässern als die Versicherung von Schiffen gegen die Gefahren der Binnenschiffahrt. Nach dem Vorgange der jetzt bei der Binnentransportversicherung üblichen Versicherungsbedingungen schließt sich der Entwurf nach Möglichkeit den für die Seeversicherung geltenden Vorschriften des Handelsgesetzbuchs an; dem Handelsgesetzbuche folgt er namentlich auch darin, daß er auf dem bezeichneten Gebiete, abgesehen von dem in § 185 Nr. 2 für die Schiffsversicherung gemachten Vorbehalte, den Grundsatz der Vertragsfreiheit festhält (§ 184 Abs. 1). Die bei der Binnentransportversicherung in Betracht kommenden Verhältnisse sind vielfach die gleichen wie bei der Seeversicherung und die Übereinstimmung der beide Versicherungszweige beherrschenden Rechtssätze erscheint daher wünschenswert. Eine bis in alle Einzelheiten durchgeführte Regelung, wie sie die Seeversicherung im Handelsgesetzbuche gefunden hat, ist jedoch nicht erforderlich. Es genügt vielmehr, wenn im Entwurfe die wesentlichen Grundsätze Ausdruck finden; das Weitere kann den Versicherungsbedingungen überlassen werden.

Die Vorschriften des Entwurfs über die Güterversicherung finden stets Anwendung, wenn jemand das Interesse versichert, das er daran hat, daß das zu befördernde Gut die Gefahren des Transports übersteht, gleichviel von welcher Art dieses Interesse ist. Die bezüglichen Vorschriften greifen daher nicht nur Platz, wenn der Sachwert der Güter den Gegenstand der Versicherung bildet, sondern sie gelten, soweit sich nicht aus ihrem Inhalt ein anderes ergibt, auch für die Versicherung des von der Ankunft der Güter am Abgangsort erwarteten (imaginären) Gewinns. Von besonderen Vorschriften über den erwarteten Gewinn, namentlich über die Höhe, in welcher er jeweils als versichert gilt (Handelsgesetzbuch §§ 801, 802), sieht der Entwurf ab. Es ist deshalb Sache der Parteien, das Nähere hierüber, soweit nötig, durch den Vertrag festzusetzen. Auch die Versicherung der Fracht ist im Entwurfe nicht besonders geregelt; sie spielt bei den Binnentransporten eine verhältnismäßig untergeordnete Rolle und ihre weitere Ausgestaltung kann daher gleichfalls der Bestimmung der Beteiligten vorbehalten werden.

§§ 127 bis 131.

Die §§ 127 bis 131 regeln den Umfang der dem Versicherer zur Last fallenden Gefahr.

Der Entwurf geht mit dem § 820 des Handelsgesetzbuchs davon aus, daß der Versicherer jede Gefahr trägt, der die Güter oder das Schiff während der Dauer der Versicherung ausgesetzt sind (§ 127 Abs. 1, Abs. 2 Satz 1), und daß die Versicherung eines Schiffes nicht nur gegen die Beschädigung des Schiffes selbst Deckung gewährt, sondern auch den Schaden umfaßt, der dem Versicherungsnehmer erwächst, wenn er den Schaden, welchen durch den Zusammenstoß von Schiffen dritte Personen erleiden, diesen Personen seinerseits zu ersetzen hat (§ 127 Abs. 2 Satz 2). Die Haftung des Versicherers für den einem Dritten verursachten Schaden könnte zwar ihrer rechtlichen Natur nach auch den Regeln der Haftpflichtversicherung unterstellt werden. Damit würde aber die aus praktischen Gründen wünschenswerte Einheitlichkeit der Schiffsversicherung beeinträchtigt werden. Nach dem Entwurfe finden, da die Kollisionshaftung ebenso, wie nach dem Handelsgesetzbuche, von der Transportversicherung mitumfaßt wird, lediglich die für diesen Versicherungszweig geltenden Vorschriften Anwendung. Die Versicherungsbedingungen gewähren übrigens dem Versicherungsnehmer für den Schaden, den er einem Dritten zu vergüten hat, regelmäßig nur einen Anspruch auf teilweisen Ersatz; auch pflegt die Haftung des Versicherers auf solche Schäden beschränkt zu werden, die durch den Zusammenstoß des versicherten Schiffes mit einem anderen Schiffe entstehen, sodaß der Versicherer zu einer Entschädigung nicht verpflichtet ist, wenn bei der Versicherung eines Schleppschiffs der Versicherungsnehmer für den aus einem Zusammenstoße der geschleppten Schiffe entstehenden Schaden aufzukommen hat. Im Gesetz ist die Haftung des Versicherers weder in der einen noch in der anderen Richtung zu beschränken; die näheren Bestimmungen können auch den Versicherungsbedingungen überlassen bleiben.

Nach der allgemeinen Bestimmung des § 61 ist der Versicherer von der Verpflichtung zur Leistung nur dann frei, wenn der Versicherungsnehmer den Versicherungsfall vorsätzlich oder durch grobe Fahrlässigkeit herbeiführt. Im Gegensatze hierzu sehen bei der Binnentransportversicherung die Versicherungsbedingungen, entsprechend dem § 821 Nr. 4 des Handelsgesetzbuchs, vor, daß der Regel nach jedes Verschulden des Versicherungsnehmers, sofern dadurch der Schaden verursacht wird, den Versicherer von der Ersatzpflicht befreit. Anderseits geht bei der Kaskoversicherung die Entwickelung dahin, die Verantwortlichkeit des versicherten Schiffseigentümers gegenüber dem Versicherer zu beschränken, insbesondere wird neuerdings bedungen, daß der Versicherungsnehmer, abgesehen von dem Falle einer böslichen Handlungsweise, durch ein Versehen bei der Führung des Schiffes (sogenanntes nautisches Verschulden) seine Ansprüche aus der Versicherung nicht verliert. Die mildere Beurteilung des nautischen Verschuldens schließt sich an die Vorschrift des § 4 Abs. 2 des Binnenschiffahrtsgesetzes an und findet sich auch in den Bedingungen der Seekonnossemente. Demgegenüber kann es für die Transportversicherung nicht lediglich bei dem Grundsatze des § 61 bewenden; vielmehr empfiehlt es sich, in den beiden vorgedachten Richtungen von diesem Grundsatz abzuweichen. Der Versicherungsnehmer wird durch die Ausdehnung seiner Verantwortlichkeit auf jede Art persönlichen Verschuldens nicht wesentlich belastet, denn der Schwerpunkt der Transportversicherung liegt in der Deckung für diejenigen Transportgefahren, welche — abgesehen von dem Falle, daß bei der Schiffsversicherung der Schiffseigner sein Schiff selbst führt — jeder Einwirkung des Versicherungsnehmers entzogen sind. Gerade für jenen Fall aber wird die Lage des Versicherungsnehmers durch Beseitigung der Verantwortlichkeit für eigenes nautisches Verschulden in einer wichtigen Beziehung verbessert. Demgemäß bestimmt der § 128, daß der Versicherer bei der Transportversicherung für einen von dem Versicherungsnehmer vorsätzlich oder fahrlässig herbeigeführten Versicherungsfall nicht haftet, anderseits aber den von dem Versicherungsnehmer durch fehlerhafte Führung des Schiffes herbeigeführten Schaden zu ersetzen hat, sofern nicht eine bösliche Handlungsweise vorliegt.

Der § 129 betrifft die Einschränkungen, denen die Ersatzpflicht des Versicherers bei der Güterversicherung, abgesehen von dem Falle des eigenen Verschuldens des Versicherungsnehmers, unterliegt. Er gibt sachlich die Vorschriften des § 821 Nr. 3, 4 des Handelsgesetzbuchs wieder. Der § 129 Abs. 1 bestimmt insbesondere, daß der Versicherer bei der Güterversicherung nicht für einen Schaden haftet, der von dem Absender oder dem Empfänger in dieser Eigenschaft vorsätzlich oder fahrlässig verursacht wird. In Betracht kommen hierbei, wie sich aus § 132 ergibt, nur solche Schäden, von denen die Güter nach ihrer Annahme durch den Frachtführer und vor ihrer Ablieferung an den Empfänger betroffen werden. Die Vorschrift des § 129 Abs. 1 wird beispielsweise zur Anwendung kommen, wenn der Absender die versicherten Güter schuldhafter Weise mit feuergefährlichen Gegenständen verladen läßt und sich infolgedessen unterwegs ein Unfall ereignet.

Auch die Fälle, in denen nach § 130 bei der Schiffsversicherung die Verbindlichkeit des Versicherers zum Schadensersatz ausgeschlossen bleiben soll, sind dem Handelsgesetzbuche (§ 821 Nr. 1, 2) entnommen. Nicht berücksichtigt hat der Entwurf die Vorschrift des Handelsgesetzbuchs, nach welcher der Versicherer einen Schaden nicht zu ersetzen hat, der daraus entsteht, daß das Schiff ohne die gehörigen Papiere in See gesandt ist. Im Binnenschiffahrtsverkehr ist die Mitnahme der erforderlichen Papiere (Binnenschiffahrtsgesetz § 8 Abs. 1) nicht von der gleichen Bedeutung wie im Seeverkehr; übrigens wird, wenn die Mitnahme infolge einer Fahrlässigkeit des Versicherungsnehmers unterblieben ist, der Versicherer schon vermöge der Vorschrift des § 128 von dem Ersatze des dadurch verursachten Schadens befreit. Ebensowenig wiederholt der Entwurf die Vorschrift des Handelsgesetzbuchs, welche den Versicherer von der Haftung für einen Schaden entbindet, der außer dem Falle des Zusammenstoßes von Schiffen dadurch entsteht, daß der Versicherungsnehmer den durch eine Person der Schiffsbesatzung einem Dritten zugefügten Schaden zu ersetzen hat. Denn schon aus der Fassung des § 127 Abs. 2 ergibt sich, daß der Versicherer für einen Schaden, den der Versicherungsnehmer durch den Schadensersatzanspruch eines Dritten erleidet, nur insoweit haftet, als der Anspruch infolge eines Zusammenstoßes von Schiffen entstanden ist.

Die Vorschrift des § 131 Abs. 1 Satz 1, daß die Versicherung gegen die Gefahren der Binnenschiffahrt die Beiträge zur großen Haverei umfaßt, welche von den versicherten Gegenständen zu leisten sind, entspricht dem § 834 Nr. 1 des Handelsgesetzbuchs, der schon jetzt auch im Binnenverkehre regelmäßig befolgt wird. Einer besonderen Bestimmung bedarf es für den Fall, daß die an Bord befindlichen Güter sämtlich dem Schiffseigner gehören. Sind in diesem Falle zum Zwecke der Errettung von Schiff und Gütern aus einer gemeinsamen Gefahr das Schiff oder die Güter vorsätzlich beschädigt oder sind zu dem bezeichneten Zwecke Kosten aufgewendet worden, so liegt an sich große Haverei nicht vor. Die Frage, in welchem Maße die aus der Gefahr geretteten Gegenstände durch die Aufopferung belastet werden, gewinnt aber auch hier Bedeutung, wenn die Versicherung für das Schiff und für die Güter bei verschiedenen Unternehmern genommen ist sowie wenn das Schiff oder die Güter ganz oder teilweise unversichert sind. Im Anschluß an § 834 Nr. 2 des Handelsgesetzbuchs bestimmt deshalb der § 131 Abs. 1 Satz 2, daß, wenn die bezeichnete Voraussetzung gegeben ist, die Aufopferungen insoweit unter die Versicherungen fallen, als sie bei Anwendung der für die große Haverei geltenden Vorschriften von den Gegenständen zu tragen sein würden, für welche die Versicherung genommen ist. Liegt eine Unterversicherung vor, so greift die Vorschrift des § 56 Platz, derzufolge der Versicherer den Schaden nur nach dem Verhältnisse der Versicherungssumme zum Versicherungswerte zu ersetzen hat.

Die Haftung des Versicherers für die Beiträge zur großen Haverei ist, was die Seeversicherung anlangt, durch die §§ 835 bis 839 des Handelsgesetzbuchs eingehend geregelt. Die bezeichneten Vorschriften genügen auch dem Bedürfnisse der Binnenschiffahrt und in den allgemeinen Versicherungsbedingungen, wie sie bei dieser üblich sind, wird daher regelmäßig auf das Handelsgesetzbuch verwiesen. Der Entwurf folgt im § 131 Abs. 2 diesem Vorgange. Nur in einer Beziehung weicht er, übrigens wiederum entsprechend den Versicherungsbedingungen, von dem Handelsgesetzbuch ab. Entgegen den seerechtlichen Bestimmungen des Handelsgesetzbuchs (§ 728, 729) ist nach § 87 des Binnenschiffahrtsgesetzes die Aufstellung der Rechnung über die große Haverei an sich Sache des Schiffers; zur Übertragung der Aufstellung an einen Dispacheur ist der Schiffer nur verpflichtet, wenn ein Beteiligter es verlangt. Der § 837 des Handelsgesetzbuchs legt aber der Dispache, die von einer durch Gesetz oder Gebrauch dazu berufenen Person aufgemacht worden ist, weittragende Wirkungen gegen den Versicherer bei. Das Verhältnis, in welchem der Schiffer zu dem Schiffseigner und den Ladungsbeteiligten steht, gestattet nicht, diese Vorschrift des Handelsgesetzbuchs ohne weiteres auch auf die von dem Schiffer aufgemachte Dispache zu übertragen. Um die Interessen des Versicherers zu wahren, bestimmt vielmehr der Entwurf, daß eine vom Schiffer aufgestellte Dispache für den Versicherer nur verbindlich wird, wenn er der Aufstellung durch den Schiffer zugestimmt hat.

§ 132.

In den §§ 132 bis 137 ist die zeitliche Begrenzung der Haftung des Versicherers geregelt; auf die Güterversicherung beziehen sich die §§ 132 bis 135, auf die Schiffsversicherung die §§ 136, 137.

Der § 132 Abs. 1 spricht den allgemeinen Grundsatz aus, daß die Versicherung von Gütern sich auf die ganze Dauer der versicherten Reise erstreckt, insbesondere also durch einen Aufenthalt, den die Beförderung erleidet, nicht unterbrochen wird.

Im § 132 Abs. 2 trifft sodann der Entwurf nähere Vorschriften über den Beginn und das Ende der Versicherung, und zwar geht er davon aus, daß die Versicherung ihren Anfang nimmt, sobald der Gewahrsam der Güter von dem Versicherungsnehmer auf den Frachtführer übergeht, und daß sie endigt, wenn die Güter am Ablieferungsort in den Gewahrsam des Empfängers gelangt sind. Bis zu dieser Ablieferung bleibt die Haftung des Versicherers an sich auch dann bestehen, wenn nach den Bestimmungen, die für das Verhältnis zwischen dem Frachtführer und dem Absender oder Empfänger maßgebend sind, die Verantwortlichkeit des Frachtführers schon vorher wegfällt. Bei dem Vorliegen eines Ablieferungshindernisses gestaltet sich die Dauer der Haftung je nach der Erledigung der Sache verschieden. Erhält der Frachtführer von dem Absender die Weisung, das Gut an einen Dritten abzuliefern, so gilt nunmehr dieser als Empfänger, und die Versicherung endigt mit der Ablieferung des Gutes an ihn. Jedoch kann, wie sich schon aus dem Grundsatze des Abs. 1 ergibt, der Absender durch die Bezeichnung eines anderen Empfängers die Haftung des Versicherers nicht auf eine Reise erstrecken, für welche die Versicherung nicht genommen ist. Der Versicherer wird deshalb frei, sobald die Güter, um in die Hände eines solchen Empfängers zu gelangen, von dem ursprünglichen Bestimmungsorte nach einem anderen Orte weiterbefördert werden, und ebensowenig haftet er, wenn sich der Absender die Güter wieder zusenden läßt, für die Rückbeförderung. Eine besondere Bestimmung erscheint deshalb nur noch für den Fall erforderlich, daß der Frachtführer gegenüber einem Ablieferungshindernisse von der Befugnis Gebrauch macht, die Güter zu hinterlegen oder sie verkaufen zu lassen (zu vergl. Handelsgesetzbuch § 437, Binnenschiffahrtsgesetz §§ 52 bis 54, Eisenbahnverkehrsordnung § 70). Der Entwurf gibt, entsprechend der Natur der Sache, die Entscheidung dahin, daß hier die Hinterlegung sowie der Verkauf der Ablieferung gleichsteht.

§ 133.

Die allgemeinen Vorschriften des § 132 passen ohne weiteres auch für Güter, die auf der Eisenbahn befördert werden. Einer Regelung bedarf noch die Frage, inwieweit die Beförderung der Güter vom Absender zur Bahn und von der Bahn zum Empfänger durch die Versicherung gedeckt wird. Der § 133 legt, einer in der Praxis vielfach befolgten Übung sich anschließend, dem Versicherer die Haftung dann auf, wenn diese Beförderung durch die Eisenbahnverwaltung oder unter ihrer Verantwortlichkeit erfolgt (zu vergl. § 68 Abs. 3 der Eisenbahnverkehrsordnung).

Weitere Bestimmungen sind hier nicht geboten. Insbesondere kann es dabei verbleiben, daß für die Zeit nach der Beförderung zur Bahn und vor der Beförderung zum Empfänger die Gefahr einer Lagerung der Güter, mag die Lagerung auf der Versand- oder Bestimmungsstation oder mag sie, insbesondere behufs zoll- oder steueramtlicher Behandlung, auf einer Zwischenstation stattfinden, von dem Versicherer getragen wird, daß aber anderseits die Haftung des Versicherers aufhört, wenn die Güter wegen eines Ablieferungshindernisses, sei es auch von der Eisenbahn selbst, auf Lager genommen sind. In den zur Zeit gebräuchlichen Versicherungsbedingungen ist die Haftung des Versicherers für die auf der Versand- oder Bestimmungsstation lagernden Güter regelmäßig der Zeit nach beschränkt, zugleich aber vorgesehen, daß der Versicherer auch dann, wenn die Eisenbahn die Güter wegen eines Ablieferungshindernisses auf Lager genommen hat, noch während einer gewissen Zahl von Tagen weiter haftet. Für das Gesetz eignet sich jedoch diese Regelung nicht; wo sie den Beteiligten angezeigt erscheint, kann das Erforderliche im Vertrage bestimmt werden.

§§ 134, 135.

Mit Bezug auf Güter, welche über See gehen, sieht der § 824 Abs. 1 des Handelsgesetzbuchs vor, daß die Gefahr für den Versicherer mit dem Zeitpunkt, in welchem die Güter zum Zwecke der Einladung in das Schiff oder in die Leichterfahrzeuge vom Lande scheiden, beginnt und mit dem Zeitpunkt, in welchem die Güter im Bestimmungshafen wieder an das Land gelangen, endigt. Die Bestimmung ist dann von den Versicherungsbedingungen für Güter, welche auf Binnengewässern befördert werden, gleichfalls übernommen worden. Der Entwurf vermeidet es aber, sie auch seinerseits, wie von einzelnen Seiten gewünscht worden ist, zu wiederholen und damit die von ihm im § 132 aufgestellte Regel, die dem Wesen und Zwecke der Transportversicherung entspricht und sich bei dem Landtransporte doch nicht entbehren läßt, sofort wieder zu durchbrechen. Dieser Standpunkt erscheint um so bedenklicher, als die bezeichnete Beschränkung der Haftung in der Praxis weder bei der Versicherung gegen die Gefahren der Binnenschiffahrt noch bei der Seeversicherung streng festgehalten wird. Namentlich haben die Hamburger Allgemeinen Seeversicherungsbedingungen durch einen Zusatz zu ihrem § 73 die Haftung des Versicherers dahin erweitert, daß bei Gütern, die der Ablader an einem Kai, Werft, Hulkschiff, Bahnhof, Zollhaus und dergl. abzuliefern oder der Empfänger an einem Kai, Werft usw. entgegenzunehmen hat, für den Beginn wie für das Ende der Gefahr der Zeitpunkt maßgebend ist, in welchem eine solche Ablieferung oder Entgegennahme erfolgt. In der Tat führt die Regel des § 132 bei Gütern, die auf Binnengewässern befördert werden, zu angemessenen Ergebnissen. Die Versicherung erstreckt sich danach, soweit der Frachtführer die Güter in seinem Lagerschuppen oder am Kai zur Beförderung annimmt oder sie am Bestimmungsorte von seinem Schuppen oder vom Kai aus abliefert, auch auf die Gefahr der Lagerung im Schuppen oder am Kai. Erfolgt dagegen die Annahme und Ablieferung der Güter an Bord, so wird durch die Versicherung weder die Lagerung im Schuppen oder am Kai noch die Beförderung auf das Schiff oder von diesem an das Land gedeckt. Übrigens sind die Beteiligten stets in der Lage, vertragsmäßig von dieser Regelung abzugehen und Anfang oder Ende der Gefahr so zu bestimmen, wie es ihren besonderen Bedürfnissen entspricht. Auch bleibt es dem Versicherer hier, ebenso wie bei der Versicherung gegen die Gefahren eines Landtransports, unbenommen, sich für den Fall, daß in der Zeit zwischen der Annahme der Güter durch den Frachtführer und dem Beginne des Transports oder in der Zeit zwischen der Beendigung der Beförderung und der Ablieferung der Güter eine länger dauernde Lagerung stattfindet, eine Erhöhung der Prämie auszubedingen. Der Entwurf kann sich deshalb auf wenige Vorschriften beschränken.

Zunächst setzt er im § 134 fest, daß der Versicherer die Gefahr der Benutzung von Leichterfahrzeugen bei der Einladung und bei der Ausladung der Güter insoweit trägt, als die Benutzung ortsüblich ist. Die gleiche Bestimmung findet sich schon im § 824 Abs. 3 des Handelsgesetzbuchs und gewöhnlich auch in den Versicherungsbedingungen für Güter, die auf Binnengewässern befördert werden.

Der § 135 regelt den Fall, daß die Beförderung der versicherten Güter in anderer Art als mit dem Schiffe geschieht, mit welchem sie nach dem Versicherungsvertrage befördert werden sollen. Im Abs. 1 wird zunächst, entsprechend dem § 816 Satz 1 des Handelsgesetzbuchs, ausgesprochen, daß der Versicherer in einem solchen Falle nicht haftet. Die Vorschrift läßt sich aber nicht ohne Ausnahmen durchführen. Werden die versicherten Güter, nachdem die Gefahr für den Versicherer zu laufen begonnen hat, infolge eines unter die Versicherung fallenden Ereignisses mit einem anderen als dem im Vertrage bestimmten Schiffe oder auch zu Lande befördert, so kann der Versicherer die Haftung für diese Beförderung, da sie auf einem durch die Versicherung gedeckten Umstand zurückzuführen ist, nicht ablehnen. Ebenso darf, falls der Zweck der Versicherung gewahrt bleiben soll, dem Versicherungsnehmer die Deckung für die anderweitige Beförderung der Güter dann nicht entzogen werden, wenn nach dem Beginne der Versicherung ohne Zustimmung des Versicherungsnehmers die Beförderung geändert oder die Reise des Schiffes aufgegeben wird. Der § 135 Abs. 2 bestimmt deshalb, wiederum im Anschluß an das Handelsgesetzbuch (§ 816 Satz 2, § 828 Abs. 2 Satz 1), daß unter den bezeichneten Voraussetzungen die Haftung des Versicherers bestehen bleibt. Die Vorschrift des § 135 Abs. 3, derzufolge in den Fällen des Abs. 2 die Versicherung die Kosten der Umladung und der einstweiligen Lagerung sowie die Mehrkosten der Weiterbeförderung umfaßt, beruht gleichfalls auf der Erwägung, daß der Versicherer für die Folgen eines von ihm zu vertretenden Umstandes einzustehen hat (zu vergl. Handelsgesetzbuch § 828 Abs. 2 Satz 2). Liegt eine Unterversicherung vor, so treffen, wie sich aus der Fassung des Abs. 3 in Verbindung mit § 56 ergibt, die Kosten den Versicherten nur zu einem verhältnismäßigen Teile.

§§ 136, 137.

Auch bei der Schiffsversicherung kann der Entwurf die Frage, wann die Versicherung beginnt und wann sie endigt, im wesentlichen nach dem Vorbilde des Handelsgesetzbuchs und der von diesem nicht erheblich abweichenden Versicherungsbedingungen regeln, wie sie gegenwärtig für Binnenschiffe üblich sind.

Der § 136, welcher dem § 823 und dem § 828 Abs. 1 des Handelsgesetzbuchs entspricht, behandelt die Versicherung, die für eine Reise genommen wird. Er geht hierbei von dem Grundsatz aus, daß die Versicherung mit dem Zeitpunkt, in welchem mit der Einnahme der Ladung angefangen wird, oder, falls keine Ladung einzunehmen ist, mit der Abfahrt des Schiffes beginnt und daß sie anderseits mit dem Zeitpunkt, in welchem die Löschung der Ladung am Bestimmungsorte beendigt ist, oder, wenn keine Ladung zu löschen ist, mit der Ankunft an diesem Orte aufhört. Die Fahrt mit Ballast ist, abweichend vom Handelsgesetzbuch, im § 136 nicht erwähnt, weil sie für Binnenschiffe keine praktische Bedeutung hat.

Den Gegenstand des § 137 bildet die Versicherung auf Zeit. Für Beginn und Ende einer solchen Versicherung ist die allgemeine Vorschrift des § 7 maßgebend, nach welcher auch der § 830 des Handelsgesetzbuchs umgestaltet werden soll. Der Entwurf beschränkt sich daher hier auf die dem § 831 Abs. 1 des Handelsgesetzbuchs entnommene Vorschrift, daß für ein auf Zeit versichertes Schiff, das bei dem Ablaufe der vereinbarten Versicherungszeit noch unterwegs ist, das Versicherungsverhältnis bis zur Ankunft des Schiffes am nächsten Bestimmungsort und, falls an diesem gelöscht wird, bis zu dem nach § 153 für die Beendigung der Versicherung maßgebenden Zeitpunkt als verlängert gilt, daß aber der Versicherungsnehmer die Verlängerung, solange das Schiff noch nicht unterwegs ist, durch eine gegenüber dem Versicherer abzugebende Erklärung ausschließen kann. Der § 831 Abs. 2 des Handelsgesetzbuchs hebt mit bezug darauf ausdrücklich hervor, daß der Versicherungsnehmer im Falle einer solchen Verlängerung der Versicherung für deren Dauer die vereinbarte Zeitprämie fortzuentrichten hat. Diese Verpflichtung ergibt sich indessen aus der Fortdauer des Versicherungsverhältnisses von selbst; einer besonderen gesetzlichen Vorschrift bedarf es daher nicht.

§ 138.

Nach allgemeinen Grundsätzen würde für die Berechnung des von dem Versicherer zu vergütenden Schadens bei Gütern, die gegen die Gefahren der Beförderung versichert sind, als Versicherungswert an sich der Wert in Betracht kommen, den die Güter zur Zeit des Eintritts des Versicherungfalls an dem Orte hatten, wo dieser Fall eintrat (zu vergl. §§ 52, 53, 55 des Entwurfs). Der bezeichnete Wert erscheint aber zu jenem Zwecke schon deshalb nicht verwendbar, weil seine Ermittelung durch die Verhältnisse, unter denen sich die Beförderung von Gütern vollzieht, meist in hohem Grade erschwert, nicht selten geradezu unmöglich gemacht wird. Das Handelsgesetzbuch hat auf dem Gebiete der Seeversicherung übereinstimmend mit der Gesetzgebung des Auslandes die Feststellung des Versicherungswerts dadurch wesentlich vereinfacht und erleichtert, daß es den Wert zu Grunde legt, den die Güter am Orte und zur Zeit der Abladung haben. Die Versicherungsbedingungen, wie sie bei Binnentransporten gegenwärtig üblich sind, entscheiden sich im allgemeinen gleichfalls für den Wert am Orte und zur Zeit der Absendung. Diesen Vorgängen folgt auch der Entwurf.

Der § 138 Abs. 1 bestimmt zunächst, entsprechend dem § 799 des Handelsgesetzbuchs, daß als Versicherungswert der Güter von vornherein der gemeine Handelswert und in dessen Ermangelung der gemeine Wert gilt, den die Güter am Orte der Absendung in dem Zeitpunkte haben, welcher nach den §§ 132 bis 134 für den Beginn der Versicherung maßgebend ist, unter Hinzurechnung der Versicherungskosten sowie derjenigen Kosten, welche bis zur Annahme der Güter durch den Frachtführer entstehen. Von dem Betrage des sich hieraus ergebenden Wertes hängt es also namentlich ab, ob gemäß § 51 Abs. 1 oder § 60 Abs. 1 ein Anspruch auf Herabminderung der Versicherungssumme wegen Überversicherung oder Doppelversicherung geltend gemacht werden kann.

Der gleiche Wert gilt aber, wie der § 138 Abs. 2 vorsieht, auch bei dem Eintritte des Versicherungsfalls als Versicherungswert. Damit ist, soweit es sich um Güter handelt, die während der Dauer der Versicherung verloren gehen, die Höhe der von dem Versicherer zu leistenden Entschädigung unmittelbar bestimmt. Erreicht auch die Versicherungssumme den bezeichneten Wert, so ist er von dem Versicherer, wenn alle versicherten Güter verloren gehen, im vollen Betrage, wenn aber der Verlust nur einen Teil der Güter trifft (zu vergl. § 876 des Handelsgesetzbuchs), in dem auf diese Güter fallenden Betrage zu ersetzen. Ist dagegen die Versicherungssumme niedriger als der aus Abs. 1 sich ergebende Wert, so haftet der Versicherer für den Schaden lediglich nach dem Verhältnisse der Versicherungssumme zu dem genannten Werte.

Einer besonderen Regelung bedarf hiernach nur noch der Fall, daß die Güter eine Beschädigung erlitten haben. Nach dem Vorgange des § 875 des Handelsgesetzbuchs bestimmt hier der Abs. 3 des § 138, daß bei der Berechnung des Schadens festzustellen ist, in welchem Verhältnisse der Handelswert oder gemeine Wert, den die Güter im unbeschädigten Zustand am Ablieferungsorte haben würden, zu dem Werte steht, den sie dort im beschädigten Zustande haben, und daß ein dem bezeichneten Verhältnis entsprechender Bruchteil des Versicherungswerts als Betrag des Schadens gilt. Ergibt also der gemäß Abs. 1 berechnete Versicherungswert der Güter die Summe von 10 000 Mark und ist anderseits nach dem Eintritte des Schadens ihr Wert am Bestimmungsorte noch 6000 Mark, während sie dort im unbeschädigten Zustand einen Wert von 12 000 Mark haben würden, so gilt als Betrag des Schadens die Hälfte des Versicherungswertes, mithin 5000 Mark. Diesen Betrag muß, wenn zugleich die Versicherungssumme sich auf 10 000 Mark oder mehr beläuft, der Versicherer voll ersetzen.

§ 139.

Entsprechend dem § 795 des Handelsgesetzbuchs bestimmt der § 139 Abs. 1 Satz 1, daß als Versicherungswert des Schiffes der Wert anzusehen ist, den das Schiff bei dem Beginne der Versicherung hat. Nach Abs. 1 Satz 2 gilt dieser Wert auch bei dem Eintritte des Versicherungsfalls als Versicherungswert. Hieraus folgt ohne weiteres, daß der Ersatz, welchen der Versicherer bei gänzlichem Verluste des Schiffes zu leisten hat, in der vollen Höhe jenes Wertes besteht, wenn zugleich die Versicherungssumme nicht niedriger ist, in einem verhältnismäßigen Bruchteile des Wertes aber, wenn Unterversicherung vorliegt. Für verloren ist das Schiff auch zu erachten, wenn es so beschädigt ist, daß es nicht mehr ausgebessert werden kann; doch mindert sich dann die Ersatzsumme um den Wert, den das Schiff in diesem Zustande noch hat. Eine besondere Vorschrift hierüber, wie sie das Handelsgesetzbuch im § 873 enthält, erscheint entbehrlich.

Ist das Schiff nur in der Weise beschädigt, daß seine Ausbesserung möglich bleibt, so bietet sich in den Ausbesserungskosten von selbst eine sachgemäße und einfache Grundlage für den Ersatzanspruch des Versicherten. Im Anschluß an den § 872 des Handelsgesetzbuchs sieht deshalb der § 139 Abs. 2 vor, daß die bezeichneten Kosten unmittelbar als Betrag des Schadens gelten. Inwieweit dieser Schaden von dem Versicherer zu erstatten oder von dem Versicherungsnehmer zu tragen ist, bestimmt sich auch hier wieder nach dem Verhältnisse des Versicherungswerts des Schiffes (Abs. 1) zu der Versicherungssumme. Die Berechnung der Ausbesserungskosten soll ebenso wie bei der Seeversicherung nach Maßgabe der Vorschriften erfolgen, die in den Fällen der großen Haverei auf die Vergütung des an dem Schiffe entstandenen Schadens Anwendung finden (§§ 709, 710 des Handelsgesetzbuchs). Diese Vorschriften passen allerdings für eiserne Schiffe nicht in jeder Hinsicht; indessen sind sie bereits durch § 85 des Binnenschiffahrtsgesetzes auch im Bereiche der Binnenschiffahrt, wo die hölzernen Fahrzeuge noch vorherrschen, auf die große Haverei übertragen. Abweichungen, die notwendig werden, können den Versicherungsbedingungen überlassen bleiben. Der § 872 des Handelsgesetzbuchs weist noch ausdrücklich darauf hin, daß bei der Ermittelung der Höhe des vom Versicherer zu leistenden Schadenersatzes nur solche Ausbesserungskosten zu berücksichtigen sind, welche eine dem Versicherer zur Last fallende Beschädigung betreffen. Dies ergibt sich jedoch von selbst und braucht daher im Gesetze nicht besonders hervorgehoben zu werden.

§§ 140, 141.

Nach § 27 Abs. 1 des Entwurfs kann sich der Versicherer, wenn unabhängig von dem Willen des Versicherungsnehmers eine Erhöhung der Gefahr eintritt, dadurch von der Haftung befreien, daß er das Versicherungsverhältnis unter Einhaltung einer Kündigungsfrist von einem Monate kündigt, und die gleiche Befugnis hat er gemäß § 70 Abs. 1 dann, wenn die versicherte Sache veräußert wird. Die bezeichneten Vorschriften können auf die Transportversicherung nicht ohne erhebliche Einschränkungen zur Anwendung gebracht werden. Denn da der Versicherungsnehmer, wenn die Güter oder das Schiff den Gefahren der Reise schon ausgesetzt sind, oft außer stande sein wird, für den noch nicht zurückgelegten Teil der Reise unter angemessenen Bedingungen eine anderweitige Deckung zu finden, so darf bei der Transportversicherung eine nach dem Beginne der Reise erfolgende Kündigung jedenfalls nicht vor deren Beendigung wirksam werden. Bei einer derartigen Beschränkung würde aber das Kündigungsrecht, soweit es sich um Güterversicherungen handelt, nahezu jede praktische Bedeutung verlieren und der Entwurf (§ 140 Satz 1) schließt es deshalb für solche Versicherungen gänzlich aus. Damit werden zugleich (§ 140 Satz 2) die Bestimmungen des § 27 Abs. 2 und der §§ 28, 71 über die Anzeige der Gefahrerhöhung oder der Veräußerung gegenstandslos; denn die Anzeige bezweckt nur, dem Versicherer die Möglichkeit zu geben, sich im Wege der Kündigung seiner Haftung zu entledigen.

Für die Schiffsversicherung sind die erforderlichen Vorschriften im § 141 getroffen. Der Abs. 1 Satz 1 bestimmt aus dem oben angegebenen Grunde, daß, wenn der Versicherer, während das Schiff unterwegs ist, wegen einer unabhängig vom Willen des Versicherungsnehmers eingetretenen Erhöhung der Gefahr oder wegen Veräußerung des Schiffes das Versicherungsverhältnis kündigt, die Kündigung nicht vor der Beendigung der Reise wirkt. Hier bleibt auch bei dieser Beschränkung das Kündigungsrecht für den Versicherer von Wert; die Ausübung des Rechtes kann namentlich in Frage kommen, wenn das Schiff auf Zeit oder für mehrere Reisen versichert ist, außerdem auch dann, wenn nach dem Abschlusse des Vertrags, aber noch vor dem Antritte der Reise eine Gefahrerhöhung eintritt oder eine Veräußerung erfolgt.

Wird die dem Versicherer zu erstattende Anzeige von der Gefahrerhöhung oder der Veräußerung nicht rechtzeitig gemacht, so ist der Versicherer nach den §§ 28, 71, wenn der Versicherungsfall später als einen Monat nach dem Zeitpunkt eintritt, in welchem die Anzeige zu erfolgen hatte, von der Verpflichtung zur Leistung frei, es sei denn, daß ihm in dem bezeichneten Zeitpunkte die Erhöhung der Gefahr oder die Veräußerung bekannt war. Aus dem Zusammenhange, in welchem der hier vorgesehene Wegfall der Haftung des Versicherers mit seinem Kündigungsrechte steht, ergibt sich, daß insoweit, als nach § 140 Abs. 1 Satz 1 einer Kündigung des Versicherers die Wirkung versagt sein würde, auch für die Befreiung des Versicherers von der Verpflichtung zur Leistung kein Raum ist. Der § 140 Abs. 1 Satz 2 sieht daher vor, daß bei der Schiffsversicherung das Unterbleiben der Anzeige auf die Haftung des Versicherers für einen während der Reise eintretenden Versicherungsfall keinen Einfluß hat.

Die Beschränkung des Kündigungsrechts des Schiffsversicherers und die Aufrechterhaltung seiner Haftung trotz unterbliebener Anzeige können aber nicht ohne weiteres Platz greifen, wenn die Verpflichtung der Anzeige schon vor dem Beginne der Reise verletzt worden ist. Nach § 140 Abs. 2 sollen in diesem Falle die bezüglichen Vorschriften des Abs. 1 nur dann Anwendung finden, wenn dem

Versicherer bis zum Beginne der Reise die Gefahrerhöhung oder die Veräußerung bekannt geworden ist. Wäre der Versicherer in der Lage gewesen, vor dem Antritte der Reise zu kündigen, so würde das Versicherungsverhältnis mit dem Ablaufe der einmonatigen Kündigungsfrist ohne Rücksicht darauf, ob in diesem Zeitpunkte die Reise beendigt ist oder nicht, erloschen sein. Es ist daher, wenn der Versicherer durch Verschulden des anderen Teiles bis zum Beginne der Reise von der Gefahrerhöhung oder der Veräußerung keine Kenntnis erlangt hat und infolgedessen vor dem gedachten Zeitpunkt auch keine Kündigung vornehmen konnte, nicht gerechtfertigt, die Wirkungen einer im Laufe der Reise ausgesprochenen Kündigung sowie die Folgen, welche die Verletzung der Anzeigepflicht in bezug auf die Haftung des Versicherers ausübt, bis zur Beendigung der Reise hinauszuschieben.

Der letzte Absatz des § 141 bestimmt, daß die bei einer Veräußerung des versicherten Schiffes geltenden Vorschriften im Falle einer Zwangsversteigerung entsprechende Anwendung finden.

§§ 142, 143.

Der Grundsatz des § 50, daß der Versicherer nur bis zur Höhe der Versicherungssumme haftet, erleidet eine Ausnahme schon durch den § 63, demzufolge der Versicherer Aufwendungen zur Abwendung oder Minderung des Schadens, die in Gemäßheit der von ihm erteilten Weisungen gemacht worden sind, auch insoweit zu ersetzen hat, als sie zusammen mit der übrigen Entschädigung die Versicherungssumme übersteigen. Die Praxis der Binnentransportversicherung geht aber in dieser Beziehung zu Gunsten des Versicherungsnehmers noch weiter, indem sie, entsprechend den Bestimmungen des Handelsgesetzbuchs (§ 840 Abs. 2), alle vom Versicherungsnehmer zweckmäßig aufgewendeten Rettungskosten ohne Rücksicht auf die Höhe der Versicherungssumme dem Versicherer zur Last legt. Hiervon abzuweichen, besteht keine Veranlassung; der Entwurf (§ 142 Abs. 1) sieht deshalb die bezeichnete Ausdehnung der Haftung des Versicherers gleichfalls vor.

Der § 142 Abs. 2 betrifft die Frage, inwieweit nach dem Eintritt eines Schadens der Versicherer noch für einen späteren Schaden haftet. Wird hier einfach der Grundsatz des § 50 angewendet, so ist das Ergebnis, daß die Ausgaben, die dem Versicherungsnehmer durch den Eintritt eines Versicherungsfalls erwachsen, die Versicherungssumme um denjenigen Betrag mindern, welchen der Versicherer als Ersatz für jene Ausgaben zu erstatten hat. Der Versicherungsnehmer kann sich dann gegen die Gefahren der Weiterreise nur in der Weise decken, daß er die Versicherungssumme durch eine sofortige Nachversicherung wieder auf die volle Höhe bringt. Dies wird aber unter Umständen nicht oder nur mit Schwierigkeiten zu erreichen sein. Der Entwurf bringt daher, wie schon vor ihm das Handelsgesetzbuch (§ 840 Abs. 3) und teilweise auch die gegenwärtig bei der Binnenschiffahrt üblichen Versicherungsbedingungen, in bezug auf die Haftung des Versicherers für einen später eintretenden Versicherungsfall den bezeichneten Grundsatz nur mit Einschränkungen zur Geltung. Nach § 142 Abs. 2 hat, wenn Aufwendungen zur Abwendung oder Minderung oder zur Ermittelung oder Feststellung eines Schadens oder zur Wiederherstellung oder Ausbesserung der durch einen Versicherungsfall beschädigten Sache gemacht oder Beiträge zur großen Haverei geleistet sind oder eine persönliche Verpflichtung zur Entrichtung solcher Beiträge entstanden ist, der Versicherer für den Schaden, der durch einen späteren Versicherungsfall verursacht wird, bis zur

Höhe der ganzen Versicherungssumme einzustehen, ohne Rücksicht auf die ihm zur Last fallenden früheren Aufwendungen und Beiträge.

Gegenüber der Ausdehnung, welche die Haftung des Versicherers durch den § 142 erfährt, erfordert aber die Billigkeit, daß, entsprechend dem § 841 des Handelsgesetzbuchs, auch für die Binnentransportversicherung das Recht des Versicherers anerkannt wird, sich nach dem Eintritt eines Versicherungsfalls durch Zahlung der vollen Versicherungssumme von allen weiteren Verbindlichkeiten zu befreien. Der § 143 Satz 1 enthält eine dahingehende Vorschrift. Die Interessen des Versicherungsnehmers werden durch diese Befugnis des Versicherers nicht verletzt; denn, wie der Satz 2 des § 143 im Anschluß an das Handelsgesetzbuch bestimmt, bleibt der Versicherer ungeachtet der Zahlung der Versicherungssumme zum Ersatze der Kosten verpflichtet, welche zur Abwendung oder Minderung des Schadens oder zur Wiederherstellung oder Ausbesserung der versicherten Sache bereits verwendet worden sind, ehe seine Erklärung, daß er von der Befugnis Gebrauch machen wolle, dem Versicherungsnehmer zugegangen ist.

§ 144.

Nach § 33 Abs. 1 des Entwurfs hat der Versicherungsnehmer, sobald er von dem Eintritt eines Versicherungsfalls Kenntnis erlangt, dem Versicherer unverzüglich Anzeige zu machen. Diese Vorschrift reicht für die Versicherung gegen die Gefahren der Binnenschiffahrt nicht aus. Bei der Schiffahrt kommen häufig Unfälle vor, mit welchen ein Schaden, für den der Versicherer zu haften hätte, nicht verbunden ist. Gleichwohl kann der Versicherer ein berechtigtes Interesse daran haben, alsbald von einem solchen Unfalle Kenntnis zu erhalten. Dies trifft namentlich dann zu, wenn es gilt, durch geeignete Vorkehrungen zu verhüten, daß aus dem Unfalle sich Verhältnisse entwickeln, die einen die Ersatzpflicht des Versicherers begründenden Schaden zur Folge haben. So ist es im Falle einer sich auf das Schiff beschränkenden Beschädigung auch für denjenigen, welcher nur die Versicherung des Schiffes gegen gänzlichen Verlust oder nur die Versicherung der an Bord befindlichen Güter übernommen hat, von Wichtigkeit, daß ihm unverzüglich von dem betreffenden Ereignisse Mitteilung gemacht wird. Hieraus läßt sich indessen nicht die Verpflichtung des Versicherungsnehmers ableiten, dem Versicherer jedweden Unfall anzuzeigen. Das Handelsgesetzbuch hat freilich im § 818 diese allgemeine Fassung gewählt. In Wirklichkeit sollte aber dem Versicherungsnehmer damit eine Anzeigepflicht nur hinsichtlich derjenigen Unfälle auferlegt werden, welche für die vom Versicherer zu tragende Gefahr von Erheblichkeit sind. Im § 144 des Entwurfs ist eine diesem Sinne entsprechende Fassung gewählt.

§ 145.

Wird eine Versicherung für eine Reise genommen, die teils zur See, teils zu Lande oder auf Binnengewässern ausgeführt wird (durchgehende oder durchstehende Police), so würden an sich auf den Vertrag, soweit er die Beförderung zur See betrifft, die Vorschriften des Handelsgesetzbuchs über die Seeversicherung, insoweit dagegen, als er sich auf den übrigen Teil der Reise bezieht, die Bestimmungen des Entwurfs zur Anwendung kommen. Eine solche Unterstellung des einheitlichen Versicherungsverhältnisses unter ein doppeltes Recht würde jedoch zu Schwierigkeiten führen, zumal es unter Umständen zweifelhaft bleiben kann, ob ein Schaden während der Seereise oder während des Binnentransports entstanden ist. Die für die Transportversicherung geltenden Vorschriften des Entwurfs stimmen zwar im allgemeinen mit den Grundsätzen des Handelsgesetzbuchs überein. Indessen ergeben sich einzelne Abweichungen schon daraus, daß das Handelsgesetzbuch eine ausführlichere Regelung enthält, und auch abgesehen hiervon bleiben gewisse Unterschiede zwischen den für die Seeversicherung und für die Binnentransportversicherung maßgebenden Rechtssätze bestehen. Namentlich verjähren bei der Seeversicherung, bei welcher der zur Feststellung des Schadens, insbesondere in den Fällen der großen Haverei, nötige Schriftwechsel zwischen entlegenen Orten oft geraume Zeit in Anspruch nimmt und die Erledigung des Entschädigungsverfahrens verzögert, die Forderungen aus dem Vertrag in fünf Jahren (Handelsgesetzbuch § 905), während nach dem Entwurfe die Ansprüche aus einer Binnentransportversicherung der im § 12 allgemein vorgesehenen Verjährungsfrist von zwei Jahren unterliegen. Auch für den Konkurs des Versicherers gelten nach dem Handelsgesetzbuche (§ 898) andere Vorschriften als nach dem Entwurfe (zu vergl. die Begründung zu Artikel 1 Nr. XIII des Entwurf eines Gesetzes, betreffend Änderung der Vorschriften des Handelsgesetzbuchs über die Seeversicherung).

Der Weg, den die Praxis bisher zur Schaffung einheitlicher Bestimmungen angewendet hat, besteht darin, daß in den Policen den Seeversicherungsbedingungen für die ganze Reise Geltung beigelegt wird. Da dieses Verfahren sich bewährt hat, so schließt sich der Entwurf ihm an. Er bestimmt demgemäß im § 145 Satz 1, daß bei durchgehenden Policen die Vorschriften des Handelsgesetzbuchs nicht nur für die Seereise maßgebend sind, sondern auch im übrigen entsprechende Anwendung finden.

Nur in einzelnen Beziehungen kann auch bei Versicherungen der in Frage stehenden Art von den für die Binnentransportversicherung geltenden Vorschriften nicht abgesehen werden. Zunächst muß in den Fällen einer nach dem Binnenschiffahrtsgesetze zu beurteilenden Haverei die Vorschrift des § 131 Abs. 2 Satz 2 des Entwurfs zur Anwendung kommen, wonach eine vom Schiffer aufgestellte Dispache für den Versicherer nur verbindlich ist, wenn er der Aufstellung durch den Schiffer zugestimmt hat (zu vergl. S. 123). Ein dahingehender Vorbehalt ist in den Satz 2 des § 145 aufgenommen. Ebenso sollen die Vorschriften des § 132 Abs. 2 und des § 133 über den Beginn und das Ende der Versicherung von Gütern sowie über die Haftung des Versicherers für die Beförderung zu und von der Eisenbahn durch die im Satz 1 aufgestellte Regel nicht berührt werden. In diesen Beziehungen gewähren die Vorschriften des Seeversicherungsrechts für den Fall, daß die Reise mit einem Landtransporte verbunden ist oder mit einer Beförderung auf Binnengewässern beginnt oder endet, keine Grundlage für eine angemessene Regelung des Verhältnisses.

Sechster Titel.

Haftpflichtversicherung.

§§ 146, 147.

Die Haftpflichtversicherung hat, obwohl sie einen verhältnismäßig jungen Zweig des Versicherungswesens bildet, doch in kurzer Zeit erhebliche Verbreitung gefunden. In ihren Anfängen nur die Ersatzverbindlichkeiten umfassend, welche das Gesetz vom 7. Juni 1871 den Unternehmern von Fabriken, Steinbrüchen und Gruben für Tötungen und Körperverletzungen auferlegt, die sich in den Betrieben ereignen, hat die Haftpflichtversicherung in immer steigendem Umfange sich auf sonstige Verhältnisse ausgedehnt, bei denen die Gefahr einer Entstehung von Ersatzverbindlichkeiten gegeben ist. Dies gilt sowohl hinsichtlich des Kreises der Personen, denen solche Verbindlichkeiten erwachsen können, als auch hinsichtlich der Art der Verbindlichkeiten selbst. Einerseits dient die Haftpflichtversicherung nicht mehr ausschließlich den Interessen der Unternehmer gewerblicher Betriebe; hier ist ihr sogar durch das Unfallversicherungsgesetz vom 6. Juli 1884 ein erheblicher Teil ihres ursprünglichen Anwendungsgebiets verloren gegangen. Anderseits hat sie über die Fälle von Tötung und Körperverletzung hinaus die Beschädigung von Sachen sowie die Zufügung sonstigen Vermögensschadens in ihren Bereich gezogen. Die neuere Rechtsentwicklung, durch welche vielfach eine Haftpflicht für fremdes Verschulden, unter Umständen sogar eine Haftpflicht ohne jedes Verschulden anerkannt wird, ist der Ausbreitung der Haftpflichtversicherung förderlich gewesen. So ist namentlich die Haftpflichtversicherung der Hauseigentümer, der Personen, welche Tiere halten, der Fuhrwerksbesitzer in weitem Umfang üblich geworden. Dasselbe gilt von der Versicherung der Beamten, Rechtsanwälte, Notare gegen Schadensersatzverbindlichkeiten, die ihnen aus der eigenen Tätigkeit oder aus der Verantwortlichkeit für ihre Hilfspersonen erwachsen können. Endlich beschränkt sich die Haftpflichtversicherung gegenwärtig nicht mehr auf Verpflichtungen, die unabhängig von dem Bestehen eines Vertragsverhältnisses kraft Gesetzes an den Eintritt einer Tatsache geknüpft sind; vielmehr wird von ihr auch gegenüber Haftverbindlichkeiten Gebrauch gemacht, die sich für den Versicherungsnehmer durch Vermittelung eines Vertragsverhältnisses ergeben. Namentlich kommen hier solche Verbindlichkeiten in Betracht, die, wie die Gewährleistung wegen Mängel der veräußerten Sache, aus einer neben der Verpflichtung zur Vertragserfüllung begründeten Haftung entstehen. Ebenso gehören dahin die Verbindlichkeiten, die bei Dienstverhältnissen dem Dienstberechtigten aus einer gesetzlichen Fürsorgepflicht erwachsen (zu vergl. §§ 616, 617 des Bürgerlichen Gesetzbuchs, § 63 des Handelsgesetzbuchs, auch § 12 des Gewerbe-Unfallversicherungsgesetzes). Endlich sind von der Haftpflichtversicherung auch Verbindlichkeiten aus solchen Verträgen nicht ausgeschlossen, deren Inhalt, wie bei der Bürgschaft, in der Übernahme einer Haftpflicht besteht.

Hiernach handelt es sich bei der Haftpflichtversicherung ganz allgemein um die Versicherung gegen den Vermögensschaden, welcher dem Versicherungsnehmer dadurch erwächst, daß er kraft gesetzlicher Vorschrift oder auf Grund eines Vertrags einem Dritten haftpflichtig wird. Dieser Schaden besteht in erster Linie darin, daß der Versicherungsnehmer verpflichtet ist, an den Dritten die aus der Haftverbindlichkeit geschuldete Leistung zu bewirken. Hierzu kommt die Belastung mit den Kosten gerichtlicher und außergerichtlicher Maßnahmen, die von dem Dritten zur Geltendmachung seines Anspruchs oder von dem Versicherungsnehmer zur Abwehr ergriffen werden. Da aber die Gefahr, zur Abwehr Kosten aufwenden zu müssen, dem Versicherungsnehmer auch dann droht, wenn die von dem Gegner behauptete Haftverbindlichkeit in Wirklichkeit nicht besteht, so hat die Versicherung zugleich für den Fall Deckung zu bieten, daß eine Belastung mit Kosten durch die Verteidigung gegen einen unbegründeten Haftpflichtanspruch erwächst. Auch dieses Ereignis bildet bei der Haftpflichtversicherung einen Versicherungsfall. Dementsprechend bestimmt der Entwurf in den §§ 146, 147 die wesentlichen Verpflichtungen des Versicherers.

Gemäß § 146 ist bei der Haftpflichtversicherung der Versicherer verpflichtet, dem Versicherungsnehmer die Leistung zu ersetzen, die dieser auf Grund seiner Verantwortlichkeit für eine während der Versicherungszeit eintretende Tatsache zu bewirken hat. Über Art und Umfang der Verbindlichkeiten zu bestimmen, für welche der Versicherer in Anspruch genommen werden kann, bleibt den Versicherungsbedingungen überlassen. Um die Entschädigungspflicht des Versicherers zu begründen, genügt es, wenn die Tatsache, auf welche die Haftverbindlichkeit des Versicherungsnehmers zurückzuführen ist, in die Versicherungszeit fällt. Daß während dieser Zeit auch die Verbindlichkeit gegen den Versicherungsnehmer geltend gemacht oder festgestellt ist, wird nicht erfordert. Unter Umständen hat der Versicherer sogar für eine Haftverbindlichkeit des Versicherungsnehmers einzutreten, die erst nach dem Ende des Versicherungsverhältnisses zur rechtlichen Entstehung gelangt. Ist von einem Notar bei der Aufnahme eines Testaments ein Formfehler begangen, der das Testament nichtig macht, so verwirklicht sich für die in dem Testamente bedachten Personen eine Schadensersatzforderung gegen den Notar erst mit dem Tode des Erblassers; gleichwohl hängt der Anspruch des Notars aus der Haftpflichtversicherung nur davon ab, daß das Versicherungsverhältnis zur Zeit der Testamentserrichtung bestand, nicht aber davon, daß es bis zum Tode des Erblassers fortdauerte. Selbstverständlich können die Beteiligten durch den Vertrag hiervon abweichen, insbesondere die Haftung des Versicherers auf Verbindlichkeiten beschränken, die innerhalb einer bestimmten Frist nach dem Ablaufe der Versicherungszeit dem Versicherer angemeldet werden. Anderseits steht auch nichts im Wege, die Versicherung gemäß § 2 des Entwurfs auf solche Verbindlichkeiten zu erstrecken, welche den Versicherungsnehmer infolge einer schon vor dem Beginne der Versicherung eingetretenen, bei der Vertragsschließung nicht bekannten Tatsache treffen.

Für die Ersatzpflicht des Versicherers stellt der Entwurf die Regel auf, daß ihr Umfang begrenzt wird durch die Höhe der dem Versicherungsnehmer gegenüber dem Dritten obliegenden Leistung; ein Schaden, der dem Versicherungsnehmer aus dem Versicherungsfalle nur mittelbar erwächst, ist danach nicht Gegenstand des Ersatzes.

Der § 147 regelt die Entschädigungspflicht für die durch die Feststellung des Anspruchs des Dritten verursachten Kosten. In Verbindung damit trifft er Bestimmungen darüber, inwieweit der Versicherer schon im Laufe des Verfahrens dem Versicherungsnehmer die zur Verteidigung gegen den erhobenen Anspruch sowie zur Abwendung der Vollstreckung eines für vorläufig vollstreckbar erklärten Urteils erforderlichen Mittel zur Verfügung zu stellen hat. Der Abs. 1 Satz 1 bestimmt, daß die Versicherung die gerichtlichen und außergerichtlichen Kosten umfaßt, die durch die Verteidigung gegen den von einem Dritten geltend gemachten Anspruch entstehen, soweit die Aufwendung der Kosten den Umständen nach geboten ist; nach Satz 2 ist der Versicherer zum Kostenersatz im gleichen Umfang auch dann verpflichtet, wenn sich der erhobene Anspruch als unbegründet erweist. In Betracht kommen dabei alle, sei es durch eigene Maßnahmen des Versicherungsnehmers erwachsenen, sei es dem Dritten zu ersetzenden Kosten. In diesem Umfange haftet der Versicherer nicht nur für die Kosten eines über den Anspruch geführten Rechtsstreits, sondern, wenn der Dritte im Strafverfahren die Zuerkennung einer Buße verlangt, auch für die hierauf entfallenden Kosten des Strafverfahrens. Daß der Versicherer die Maßnahmen, durch welche die Kosten entstanden sind, angeordnet, oder sich mit ihnen einverstanden erklärt hat, setzt der Entwurf nicht voraus. Eine derartige Beschränkung der Ersatzpflicht des Versicherers ist schon mit Rücksicht auf die Fälle nicht angängig, in denen wegen Gefahr im Verzuge sofort und ohne daß eine Weisung des Versicherers abgewartet werden kann, Verteidigungsmaßnahmen ergriffen werden müssen. Anderseits wird der Versicherer durch die Regelung des Entwurfs nicht benachteiligt, da der Versicherungsnehmer, wenn er ohne Anweisung des Versicherers gehandelt hat, stets dartun muß, daß die Aufwendung der Kosten den Umständen nach geboten war. Eine Erleichterung wird dem Versicherungsnehmer durch die Vorschrift des § 147 Abs. 1 Satz 3 gewährt, welche festsetzt, daß Kosten der bezeichneten Art auf Verlangen des Versicherungsnehmers von dem Versicherer vorzuschießen sind. Auch für diese Verpflichtung des Versicherers gilt selbstverständlich die Voraussetzung, daß die Maßnahmen, für welche der Kostenvorschuß verlangt wird, den Umständen nach geboten sind.

Für solche Haftpflichtversicherungen, bei welchen eine Versicherungssumme bestimmt ist, verordnet der Entwurf im Abs. 2 des § 147, daß der Versicherer Kosten, die in einem auf seine Veranlassung geführten Rechtsstreit entstehen, dem Versicherungsnehmer auch insoweit zu erstatten hat, als sie zusammen mit der übrigen Entschädigung die Versicherungssumme übersteigen. Diese Verpflichtung des Versicherers entspricht der allgemeinen Vorschrift des § 63 Abs. 1 Satz 2, und es empfiehlt sich, sie hier im Zusammenhange mit der Regelung der Kostenersatzpflicht des Versicherers noch besonders festzustellen.

Der Abs. 3 des § 147 betrifft den Fall, daß in dem Rechtsstreite zwischen dem Versicherungsnehmer und dem Dritten eine gegen den ersteren erlassene Entscheidung für vorläufig vollstreckbar erklärt, ihm aber gemäß § 713 Abs. 2 der Zivilprozeßordnung auf seinen Antrag nachgelassen ist, durch Sicherheitsleistung oder Hinterlegung die Vollstreckung abzuwenden. Hier soll (Satz 1) der Versicherer verpflichtet sein, auf Verlangen des Versicherungsnehmers die Sicherheitsleistung oder Hinterlegung zu bewirken. Ist die Verpflichtung des Versicherers zur Leistung der Entschädigung auf einen bestimmten Betrag beschränkt, so liegt es in der Natur der Sache, daß die durch die Versicherungssumme gegebene Grenze auch für die Verpflichtung zur Sicherheitsleistung oder Hinterlegung maßgebend ist. Der Entwurf (Satz 2) stellt dies zur Abschneidung von Zweifeln ausdrücklich fest. Ob der Rechtsstreit auf Veranlassung des Versicherers oder ohne dessen Zutun geführt wird, macht dabei keinen Unterschied. Über die Versicherungssumme hinaus kann dem Versicherer die Verpflichtung zur Sicherheitsleistung oder Hinterlegung nur in Höhe desjenigen Betrags auferlegt werden, für den er unter den im § 147 Abs. 2 bezeichneten Voraussetzungen wegen der Kosten ohne Rücksicht auf die Höhe der Versicherungssumme haftet.

Die allgemeinen Vorschriften des Entwurfs über die Schadensversicherung gelten auch für die Haftpflichtversicherung, soweit sich nicht aus dem Gegenstand und der Natur dieser Versicherungsart ein anderes von selbst ergibt. Keine Geltung haben vor allem die Vorschriften, welche, wie die §§ 52, 69 bis 73 zur Voraussetzung haben, daß die Versicherung eine Sache betrifft. Von Bedeutung ist ferner der Umstand, daß bei der Haftpflichtversicherung der Umfang der Verbindlichkeiten, welche dem Versicherungsnehmer möglicherweise entstehen werden, sich regelmäßig einer Schätzung entzieht, daß also der Wert des versicherten Interesses hier nicht festgestellt werden kann. Dementsprechend bleibt kein Raum für die Vorschriften des Entwurfs, welche einen bestimmten Versicherungswert voraussetzen und aus dem Verhältnisse dieses Wertes zu der Versicherungssumme Folgerungen ableiten, insbesondere für die Vorschriften über die Überversicherung und die Unterversicherung (§§ 51, 56, 57). Da die Unanwendbarkeit aller dieser Vorschriften sich aus dem Mangel wesentlicher Voraussetzungen mit Notwendigkeit ergibt, so besteht kein Bedürfnis, sie im Gesetze noch ausdrücklich auszusprechen. Dies erübrigt sich auch für die Vorschrift des § 53 über die Versicherung entgangenen Gewinns, die für die Haftpflichtversicherung gegenstandslos ist, sowie für den § 64, der zu seiner Anwendung vorausſetzt, daß die Vertragsteile vereinbart haben, die Höhe des Schadens durch Sachverſtändige feſtſtellen zu laſſen.

Was die auf die Haftpflichtverſicherung anwendbaren Vorſchriften des erſten Titels des zweiten Abſchnitts anlangt, ſo ergibt die Vorſchrift des § 49, daß der Verſicherer den Erſatz, zu dem er nach § 146 verpflichtet iſt, in Geld zu leiſten hat, auch wenn die Schuld des Verſicherungsnehmers gegenüber dem Dritten nicht Geldſchuld iſt. Der Grundſatz des § 50, daß der Verſicherer nur bis zur Höhe der Verſicherungsſumme haftet, hat bei der Haftpflichtverſicherung Bedeutung ſowohl für den Fall, daß für die Geſamtleiſtung des Verſicherers aus dem Vertrag eine Summe beſtimmt wird, als für den Fall, daß im Vertrage die Entſchädigungspflicht hinſichtlich der einzelnen Verſicherungsfälle dem Betrage nach begrenzt iſt. Übrigens werden neuerdings Haftpflichtverſicherungen vielfach ohne Beſchränkungen auf eine beſtimmte Summe abgeſchloſſen. Daß die Leiſtung des Verſicherers durch die Höhe des dem Verſicherungsnehmer erwachſenen Schadens begrenzt und nicht etwa durch den dieſen überſteigenden Betrag der Verſicherungsſumme beſtimmt wird (§ 55), liegt auch im Weſen der Haftpflichtverſicherung und findet darin, daß nach den §§ 146, 147 für den Umfang der Erſatzpflicht des Verſicherers die Höhe der dem Verſicherungsnehmer gegenüber dem Dritten obliegenden Leiſtung und der entſtehenden Koſten maßgebend iſt, noch beſonderen Ausdruck.

Wenngleich nach dem Vorſtehenden nur ein verhältnismäßig geringer Teil der allgemeinen Vorſchriften über die Schadensverſicherung bei der Haftpflichtverſicherung zur Anwendung kommt, ſo liegt hierin doch kein Grund, die Haftpflichtverſicherung ganz aus dem Kreiſe der Schadensverſicherung auszuſcheiden, der ſie nach ihrem Begriff und Weſen angehört. Letzteres iſt allerdings in neueſter Zeit beſtritten worden, indem man auszuführen geſucht hat, daß die Haftpflichtverſicherung ihrem Weſen nach überhaupt nicht Schadensverſicherung ſei, ſondern in erſter Linie als „Rechtsſchutzverſicherung" aufgefaßt werden müſſe. Die hauptſächliche und eigentümliche Verpflichtung des Verſicherers beſtehe nicht darin, dem Verſicherungsnehmer im Falle der Entſtehung einer Haftverbindlichkeit den dadurch verurſachten Schaden zu erſetzen, ſondern darin, für ihn im Falle eines Angriffs auf ſein Vermögen die Rechtsverteidigung zu übernehmen. Nur inſoweit, als dieſe nicht zur vollſtändigen Zurückweiſung des Angriffs führe, habe die Haftpflichtverſicherung auch die Aufgabe, Schaden zu erſetzen. Dieſe Auffaſſung ſtützt ſich auf die Tatſache, daß die Verſicherungsgeſellſchaften ſich in ihren Bedingungen regelmäßig die Entſchließung über die von ſeiten des Verſicherungsnehmers gegenüber der Erhebung eines Haftpflichtanſpruchs zu ergreifenden Maßnahmen und insbeſondere über die Durchführung eines Rechtsſtreits vorbehalten. Der hieraus auf das Weſen der Haftpflichtverſicherung gezogene Schluß iſt aber unberechtigt. In allen Fällen, in welchen der erhobene Anſpruch ohne weiteres als begründet erſcheint, kann die Aufgabe der Haftpflichtverſicherung nur in dem Erſatze der dem Dritten geſchuldeten Leiſtung, nicht aber in Maßnahmen zur Abwehr des Anſpruchs beſtehen. Es würde dem Zwecke der Verſicherung und zugleich der Billigkeit und dem allgemeinen Rechtsgefühle widerſtreiten, wenn der Verſicherungsnehmer auch in ſolchen Fällen einen Rechtsanſpruch gegen den Verſicherer nur unter der Vorausſetzung der vorgängigen Führung eines Prozeſſes mit dem Dritten hätte. Wenn der Verſicherer es übernimmt, dem Verſicherungsnehmer Rechtsſchutz gegen die von Dritten erhobenen Anſprüche zu gewähren, ſo tut er dies, weil es in ſeinem eigenen, an ſich wohl berechtigten Intereſſe liegt, auf die Prozeßführung einen möglichſt weitgehenden Einfluß zu üben. Für das Weſen der Haftpflichtversicherung sind aber solche Vereinbarungen nicht bestimmend, und das Gesetz hat sogar dringende Veranlassung, Sorge dafür zu tragen, daß die Versicherungsbedingungen in der fraglichen Beziehung nicht zu weit gehen und die Abhängigkeit des Versicherungsnehmers von den Anordnungen des Versicherers hinsichtlich der Führung von Prozessen nicht über das berechtigte Maß hinaus steigern (zu vergl. § 151 Abs. 2 des Entwurfs).

§ 148.

Der mit einem geschäftlichen Betriebe verbundenen Haftpflichtgefahr sind in gleicher Weise wie der Unternehmer regelmäßig diejenigen Personen ausgesetzt, welche an seiner Stelle oder zusammen mit ihm die Leitung und Beaufsichtigung des Betriebs führen. Dies gilt nicht nur von landwirtschaftlichen, industriellen oder kaufmännischen Unternehmungen, sondern auch von anderen geschäftlichen Betrieben, in denen, wie in den Bureaus der Rechtsanwälte, der Ingenieure usw., Personen zur Leitung und Beaufsichtigung der untergeordneten Hilfskräfte bestellt sind. Die Verrichtungen aller dieser Personen stehen unter sich in engem Zusammenhange; bei dem Eintritt eines Haftpflichtfalls bleibt es dann häufig zweifelhaft, ob der Ersatzanspruch des Dritten den Unternehmer oder einen Vertreter oder sonstigen Angestellten trifft und wie sich, wenn mehrere dieser Personen beteiligt sind, ihre Verpflichtung im Verhältnisse zueinander gestaltet. Ist lediglich die persönliche Verantwortlichkeit des Unternehmers unter Versicherung gebracht, so werden sich aus der bezeichneten Sachlage leicht Verwicklungen ergeben, die den Nutzen der Versicherung in Frage stellen. Derartige Mißstände sind ausgeschlossen, wenn der Unternehmer durch den Versicherungsvertrag von vornherein die gesamte mit der Leitung und Beaufsichtigung des Betriebs verbundene Haftpflichtgefahr deckt. Mit Rücksicht hierauf darf aber, wie dies seitens der Praxis schon jetzt vielfach geschieht, davon ausgegangen werden, daß er den Vertrag wirklich in diesem Sinne schließt. Sonach rechtfertigt sich die in § 148 Abs. 1 Satz 1 des Entwurfs ausgesprochene Regel, daß die Versicherung, wenn sie für einen geschäftlichen Betrieb des Versicherungsnehmers genommen ist, sich auf die Haftpflicht der Vertreter des Versicherungsnehmers sowie auf die Haftpflicht derjenigen Personen erstreckt, welche er zur Leitung oder Beaufsichtigung des Betriebs oder eines Teiles des Betriebs angestellt hat. Den Vertragschließenden bleibt es selbstverständlich unbenommen, die Versicherung auf die den Unternehmer persönlich treffende Haftung aus dem Betriebe zu beschränken; die Regel des Entwurfs greift als dispositive Vorschrift nur Platz, wenn bei einer seitens des Unternehmers für die Haftpflicht aus seinem Betriebe genommenen Versicherung eine solche Beschränkung nicht vereinbart ist. Die rechtliche Stellung des Betriebsunternehmers einerseits, der genannten Personen anderseits bestimmt sich dann, wie § 148 Abs. 1 Satz 2 vorsieht, nach den Vorschriften über die Versicherung für fremde Rechnung. Die Anwendung dieser Vorschriften entspricht der Natur des ganzen Verhältnisses und führt zu einem Ergebnisse, das den Interessen aller Beteiligten gerecht wird.

Tritt während des Laufes der für die Haftpflicht aus dem Betriebe genommenen Versicherung ein Wechsel in der Person des Unternehmers ein, so liegt es sowohl im Interesse des Ausscheidenden als des Eintretenden, daß die Versicherung nicht nach der Regel des § 68 Abs. 2 mit dem Wechsel erlischt. Denn der Ausscheidende hat bis zum Ablaufe der Versicherungsperiode die Prämie zu entrichten, für den Eintretenden aber kann es nur von Vorteil sein, den Versicherungsschutz ohne weiteres zu genießen. Dem tragen auch die Versicherungsbedingungen schon jetzt vielfach Rechnung. Im Anschlusse hieran bestimmt der Abs. 2 des § 148 mit bezug auf Versicherungen, die für die Haftpflicht aus einem geschäftlichen Betriebe des Versicherungsnehmers genommen sind, daß, wenn das Unternehmen an einen Dritten veräußert oder auf Grund eines Nießbrauchs, eines Pachtvertrags oder eines ähnlichen Verhältnisses von einem Dritten übernommen wird, an Stelle des Versicherungsnehmers der Dritte in die während der Dauer seiner Berechtigung sich aus dem Versicherungsverhältnis ergebenden Rechte und Pflichten eintritt. Auf das Verhältnis des Versicherers zu dem Dritten und zu dem Versicherungsnehmer sollen die Vorschriften des § 69 Abs. 2, 3 und der §§ 70, 71 über die Veräußerung der versicherten Sache entsprechende Anwendung finden. Zu zwingendem Rechte können jedoch hier die Bestimmungen über den Übergang der Versicherung nicht gemacht werden; vielmehr muß es wegen der besonderen Bedeutung, welche gerade bei der Haftpflichtversicherung der Persönlichkeit des Versicherungsnehmers zukommt, den Beteiligten freistehen, den Übergang der Versicherung auf einen dritten Erwerber des Unternehmens auszuschließen.

§ 149.

Bei den sonstigen Arten der Schadensversicherung pflegen die Versicherungsbedingungen die auch im § 61 des Entwurfs anerkannte Regel festzuhalten, daß die Haftung des Versicherers wegfällt, wenn der Schaden durch grobes Verschulden des Versicherungsnehmers herbeigeführt wird. Hiervon abweichend erkennt die Praxis der Haftpflichtversicherung grundsätzlich eine Ersatzpflicht selbst für die Fälle an, in denen sich der Versicherungsnehmer seine Haftverbindlichkeit durch grobes Verschulden zugezogen hat. An sich unterliegt eine derartige Erweiterung der Verpflichtungen des Versicherers keinem Bedenken. Es gehört zu den Aufgaben der Haftpflichtversicherung, dem Versicherungsnehmer Deckung namentlich auch gegen solche Ansprüche Dritter zu gewähren, welche darauf beruhen, daß er die im Verkehr erforderliche Sorgfalt außer acht gelassen hat. Die meisten der hierher gehörigen Ansprüche setzen auf seiten des Versicherungsnehmers Fahrlässigkeit voraus, ohne daß die in Betracht kommenden gesetzlichen Vorschriften zwischen den Graden der Fahrlässigkeit unterscheiden; die Frage, ob die Fahrlässigkeit eine grobe ist, kommt deshalb bei der Feststellung solcher Ansprüche gar nicht zum Austrage. Es bedeutet eine wesentliche Vereinfachung der Rechtslage, wenn auch bei der Feststellung der Entschädigungspflicht des Versicherers von jener Frage abgesehen wird. Die Gefahr, daß der Versicherungsnehmer durch die seitens des Versicherers zu leistende Entschädigung einen unberechtigten Gewinn erlangt, ist gerade bei der Haftpflichtversicherung der Natur der Sache nach so gut wie ausgeschlossen. Anderseits hat der Dritte, um dessen Ersatzanspruch es sich handelt, ein wesentliches Interesse daran, daß die mit der Versicherung gegebene Gewähr für die Befriedigung seines Anspruchs auch alle Fälle umfaßt, in denen der Anspruch durch ein fahrlässiges Verhalten des Versicherungsnehmers entstanden ist.

Unzuträglichkeiten haben sich aus der bisherigen Praxis nicht ergeben, und der § 149 des Entwurfs hält deshalb im Anschluß an diese Praxis die Regel fest, daß die Haftung des Versicherers nur dann ausgeschlossen bleibt, wenn der Versicherungsnehmer vorsätzlich den Eintritt der Tatsache, für die er dem Dritten verantwortlich ist, widerrechtlich herbeigeführt hat. Daß der Vorsatz des Versicherungsnehmers auch die ferneren Folgen der die Haftverbindlichkeit begründenden Verletzung des fremden Rechtes oder Rechtsguts, insbesondere Art und Umfang des verursachten Schadens, umfaßt habe, fordert der Entwurf nicht. Danach hat z. B. im Falle der Tötung eines anderen der Versicherungsnehmer keinen Anspruch aus der Versicherung, sobald ihm in Ansehung der den Tod nach sich ziehenden Verletzung Vorsatz zur Last fällt, ohne daß es weiter darauf ankommen hätte, ob bei dem widerrechtlichen Eingriff in die körperliche Integrität des anderen sein Wille auf die Herbeiführung einer so schweren Folge gerichtet war. Anderseits läßt der Entwurf die Befreiung nicht schon dann eintreten, wenn die Entstehung der Haftverbindlichkeit auf einer irgendwie rechtswidrigen Handlung des Versicherungsnehmers beruht, wie z. B. wenn durch einen während der gesetzlichen Schonzeit auf Wild abgegebenen Schuß ein Mensch verletzt wird.

Durch die Bestimmung des § 149 ist keineswegs der Frage vorgegriffen, ob es nicht für besondere Verhältnisse aus Gründen der öffentlichen Ordnung erforderlich werden wird, der Haftpflichtversicherung, soweit sie die Rechtsfolgen unerlaubter Handlungen des Versicherungsnehmers betrifft, engere Grenzen zu ziehen. Unter Umständen kann das Bewußtsein, die Vermögensnachteile, welche sich an die Verletzung der Rechte anderer knüpfen, durch Versicherung im voraus von sich abgewendet zu haben, den Versicherungsnehmer dahin beeinflussen, daß er gegen die Pflicht, solche Verletzungen zu meiden, gleichgültig wird. Die hier in Betracht kommenden Umstände entziehen sich aber einer gesetzlichen Feststellung. Namentlich wäre eine Vorschrift verfehlt, welche der Haftpflichtversicherung alle aus einer auch nur fahrlässig begangenen strafbaren Handlung entspringenden Verbindlichkeiten entziehen wollte, und ebensowenig erscheint es angängig, gegenüber denjenigen Ersatzansprüchen Dritter, welchen eine Fahrlässigkeit des Versicherungsnehmers zu Grunde liegt, die Haftung des Versicherers stets nur für einen Bruchteil des Betrags zuzulassen, sodaß hinsichtlich des Restes der Versicherungsnehmer Selbstversicherer bleiben müßte. Eine Regelung der Frage durch den Entwurf ist indessen auch nicht geboten. Die Versicherungsunternehmer haben selbst ein naheliegendes Interesse daran, nicht durch ihre Versicherungsbedingungen zu einer Vermehrung der Haftpflichtfälle beizutragen, und demgemäß sind in den Bedingungen schon gegenwärtig Beschränkungen verschiedener Art vorgesehen. Vor allem aber bleibt es Sache der Aufsichtsbehörde, den Mißständen entgegenzutreten, die sich in der bezeichneten Richtung etwa ergeben sollten. Die erforderliche Handhabe bieten die §§ 7, 67 des Gesetzes vom 12. Mai 1901, nach welchen die Aufsichtsbehörde befugt ist, sowohl einer neu errichteten Versicherungsunternehmung die Zulassung zum Geschäftsbetriebe zu verweigern, wenn Tatsachen vorliegen, welche die Annahme rechtfertigen, daß ein den guten Sitten entsprechender Geschäftsbetrieb nicht stattfinden wird, als auch einer bestehenden Unternehmung gegenüber Anordnungen zu treffen, um den Geschäftsbetrieb mit den guten Sitten im Einklange zu erhalten, sowie nötigenfalls den Geschäftsbetrieb zu untersagen. Die Voraussetzung für ein solches Einschreiten der Aufsichtsbehörde liegt zweifellos vor gegenüber einem Unternehmen, das etwa die Haftpflichtversicherung von Beamten in der Weise betreibt, daß dadurch eine Verletzung der Dienstpflichten gefördert wird.

§ 150.

Gemäß § 33 hat nach dem Eintritte des Versicherungsfalls der Versicherungsnehmer, sobald er von dem Eintritte Kenntnis erlangt, dem Versicherer unverzüglich Anzeige zu machen. Danach wäre bei der Haftpflichtversicherung der Versicherungsnehmer verpflichtet, sobald für ihn eine unter die Versicherung fallende Haftverbindlichkeit entsteht oder ihm dadurch, daß ein unbegründeter Anspruch dieser Art gegen ihn erhoben wird, Kosten erwachsen, dies dem Versicherer unverzüglich anzuzeigen. Diese Verpflichtung kann ohne Nachteil für den Versicherer eine erhebliche Milderung erfahren. Solange der Versicherungsnehmer nicht wegen einer unter die Versicherung fallenden Haftverbindlichkeit in Anspruch genommen wird, hat der Versicherer kein Interesse von der Verbindlichkeit Kenntnis zu erhalten. Dementsprechend regeln auch gegenwärtig die Versicherungsbedingungen im allgemeinen die Anzeigepflicht, außerdem begnügen sie sich überwiegend damit, daß der Versicherer von der Erhebung eines Haftpflichtanspruchs innerhalb einer bestimmten, zumeist auf eine oder auch auf zwei Wochen bemessenen Frist benachrichtigt wird. Im Anschluß an diese Praxis bestimmt der Entwurf (§ 150 Abs. 1 Satz 1), daß der Pflicht zur Anzeige des Versicherungsfalls genügt wird, wenn die Anzeige innerhalb einer Woche erfolgt, und daß diese Frist erst mit dem Zeitpunkte beginnt, in welchem der Dritte seinen Anspruch gegenüber dem Versicherungsnehmer geltend macht. Eine Ausnahme muß nur für den Fall gelten, daß der Versicherungsnehmer zu einer gerichtlichen Verhandlung über den Anspruch geladen wird. Hier ist es, mag der Gegner ohne weiteres Klage erhoben oder auch nur für eine Beweisaufnahme zur Sicherung des Beweises Termin erwirkt haben, für den Versicherer unter allen Umständen von Wichtigkeit, so rasch als möglich Nachricht zu erhalten. Demgemäß sieht der Entwurf (Abs. 1 Satz 3) vor, daß der Versicherungsnehmer, falls er zu einer gerichtlichen Verhandlung über den Anspruch geladen wird, die Anzeige unverzüglich nach Empfang der Ladung zu machen hat, wenngleich die einwöchige Frist noch nicht abgelaufen ist.

Der weitere Inhalt des § 150 (Abs. 1 Satz 2, Abs. 2) entspricht der Regelung, die der Entwurf in betreff der Anzeige von dem Eintritte des Versicherungsfalls an anderen Stellen (§§ 92, 108) getroffen hat.

§ 151.

Die Versicherungsbedingungen machen in der Regel die Leistung der Entschädigung davon abhängig, daß die Haftverbindlichkeit des Versicherungsnehmers durch rechtskräftiges Urteil, durch Anerkenntnis oder durch Vergleich festgestellt ist. Es erscheint indessen nicht gerechtfertigt, in dieser Hinsicht den Versicherungsnehmer, welcher den Dritten freiwillig befriedigt hat, ungünstiger zu behandeln. Die Interessen des Versicherers werden nicht gefährdet, wenn jenen Vorgängen die Befriedigung des Dritten durch den Versicherungsnehmer gleichgestellt wird. Denn Voraussetzung für die Verpflichtung des Versicherers zur Entschädigung des Versicherungsnehmers bleibt immer, daß die Haftverbindlichkeit, auf Grund deren der Versicherungsnehmer Zahlung geleistet hat, in Wirklichkeit bestand. Der Versicherungsnehmer, der die Quittung des Dritten dem Versicherer vorlegt, erweist lediglich den Eintritt der die Fälligkeit seiner Entschädigungsforderung begründenden Tatsache. Das Recht, die Entschädigung zu fordern, ist damit noch nicht dargetan; der Versicherungsnehmer hat vielmehr immer noch den Nachweis zu führen, daß der Anspruch des Dritten rechtlich begründet war, und ein Leistungsverzug des Versicherers tritt nicht ein, bevor der Versicherungsnehmer der ihn nach § 34 treffenden Verpflichtung zur Auskunft und zur Beibringung von Belegen nachgekommen ist. Der § 151 Abs. 1 schreibt deshalb vor, daß der Versicherer die Entschädigung binnen zwei Wochen von dem Zeitpunkte an zu leisten hat, in welchem der Dritte von dem Versicherungsnehmer befriedigt oder der Anspruch des Dritten durch rechtskräftiges Urteil, durch Anerkenntnis oder Vergleich festgestellt worden ist, und daß, soweit Kosten zu ersetzen sind, sich der Beginn der Frist nach der Mitteilung der Kostenberechnung an den Versicherer bestimmt. Ein Zeitraum von zwei

Wochen erscheint ausreichend, um dem Versicherer die erforderliche Prüfung und die Bereitstellung der Zahlungsmittel zu ermöglichen.

Die bezeichneten Vorschriften sind nicht zwingender Natur. Die Bestimmung des § 11, derzufolge sich der Versicherer auf eine Vereinbarung nicht berufen kann, nach welcher die Leistung des Versicherers erst mit der Feststellung des Anspruchs durch Anerkenntnis, Vergleich oder rechtskräftiges Urteil fällig werden soll, bezieht sich lediglich auf das zwischen dem Versicherer und dem Versicherungsnehmer bestehende Schuldverhältnis; sie steht daher einer Vereinbarung, welche die Leistung des Versicherers aus der Haftpflichtversicherung davon abhängig macht, daß die Haftverbindlichkeit des Versicherungsnehmers in bestimmter Art festgestellt ist, nicht entgegen. Ebensowenig werden durch die Vorschrift des § 151 Abs. 1 Versicherungsbedingungen ausgeschlossen, die dem Versicherungsnehmer untersagen, die gegen ihn erhobenen Haftpflichtansprüche ohne Einwilligung des Versicherers anzuerkennen oder zu befriedigen, derart, daß für den Fall der Zuwiderhandlung der Versicherer berechtigt sein soll, die Entschädigung abzulehnen. Derartige Bedingungen können indessen zu großen Härten führen, wenn nach dem tatsächlichen Hergange die Berechtigung des erhobenen Anspruchs keinem Zweifel unterliegt und zugleich die Billigkeit nach den Umständen, insbesondere nach den sozialen und persönlichen Verhältnissen der Beteiligten, eine sofortige Befriedigung oder Anerkennung erfordert. Überfährt zum Beispiel der Versicherungsnehmer bei der Führung eines Automobils in offenbar schuldhafter Weise eine vielleicht bedürftige Person, so wäre es unerträglich, wenn für ihn daraus, daß er entgegen den Bedingungen des Versicherungsvertrags sofort den Schadensersatzanspruch des Verletzten anerkennt und Zahlung leistet, der Verlust seines Entschädigungsanspruchs gegenüber dem Versicherer folgte. Auch wenn in einem solchen Falle der Versicherer die Anerkennung des Anspruchs des Dritten verweigert und verlangt, daß der Versicherungsnehmer es zum Prozesse kommen lasse, muß dieser, sofern er sich dem Verlangen nicht unterwirft, in der Lage sein, die Berechtigung der Forderung des Dritten und damit seines eigenen Ersatzanspruchs aus der Versicherung dem Versicherer gegenüber geltend zu machen. Mit Rücksicht hierauf rechtfertigt sich die Vorschrift des § 151 Abs. 2, derzufolge sich der Versicherer auf eine Vereinbarung der bezeichneten Art nicht berufen kann, falls nach den Umständen der Versicherungsnehmer die Befriedigung oder die Anerkennung des Haftpflichtanspruchs nicht ohne offenbare Unbilligkeit verweigern konnte.

§ 152.

Die Leistung, zu welcher der Versicherungsnehmer dem Dritten verpflichtet ist, kann nicht nur in der Zahlung eines Kapitals, sondern auch in der Gewährung einer Rente bestehen. Die letztere Art der Leistung bildet namentlich die Regel, wenn es sich um eine auf den §§ 843 bis 845 des Bürgerlichen Gesetzbuchs oder dem § 7 des Gesetzes vom 7. Juni 1871 beruhende Verbindlichkeit zum Schadensersatz wegen Tötung sowie wegen Verletzung des Körpers oder der Gesundheit handelt.

Für die Fälle, in denen der Versicherungsnehmer dem Dritten eine Rente zu entrichten hat, gewinnt zunächst die Frage Bedeutung, wie sich die Rechtslage gestaltet, wenn in dem Versicherungsvertrag eine Versicherungssumme bestimmt ist, diese Summe aber den Kapitalwert der von dem Versicherungsnehmer zu leistenden Rente nicht erreicht. Eine einfache Lösung scheint hier der Weg zu bieten, daß der Versicherer anfangs die volle Rente erstattet, mit der Erschöpfung der Versicherungssumme aber von allen weiteren Leistungen frei wird. Das Interesse der Beteiligten bleibt jedoch besser gewahrt, wenn von vornherein eine entsprechende Kürzung eintritt, sodaß der Versicherungsnehmer nur einen verhältnismäßigen Teil der Rente, diesen aber für die ganze Dauer seiner eigenen Verbindlichkeit verlangen kann. Der erste Weg würde allerdings in dem Falle, daß der Dritte vor der Erschöpfung der Versicherungssumme stirbt, für den Versicherungsnehmer vorteilhafter sein, da es ihm hier völlig erspart bliebe, eine Aufwendung aus dem eigenen Vermögen zu machen; dies kann aber gegenüber der bedenklichen Folge, daß anderseits, wenn der Dritte länger lebt, der Versicherungsnehmer von dem fraglichen Zeitpunkt an gar nichts mehr zur Bestreitung der Rentenzahlungen erhält, nicht ausschlaggebend sein. Der § 152 Abs. 1 regelt deshalb die Frage in dem Sinne der zweiten Alternative.

Für die Gewährung der Rente hat nach § 843 Abs. 2 des Bürgerlichen Gesetzbuchs und § 7 Abs. 2 des Haftpflichtgesetzes der Versicherungsnehmer dem Ersatzberechtigten unter Umständen Sicherheit zu leisten. Ist nicht auf Sicherheitsleistung erkannt, so kann der Berechtigte Sicherheitsleistung verlangen, wenn sich die Vermögensverhältnisse des Versicherungsnehmers erheblich verschlechtert haben; unter der gleichen Voraussetzung kann der Berechtigte eine Erhöhung der im Urteile bestimmten Sicherheit verlangen (§ 324 der Zivilprozeßordnung, § 7 Abs. 3 des Haftpflichtgesetzes). Es liegt nicht außerhalb des Bereichs der Haftpflichtversicherung, wenn der Versicherer auch für die Sicherheitsleistung einsteht; die Versicherungsgesellschaften übernehmen vielfach schon gegenwärtig eine derartige Haftung. Demgemäß sieht der § 152 Abs. 2 des Entwurfs vor, daß sich die Verpflichtung des Versicherers auf die Leistung der Sicherheit mit erstreckt. Ist durch den Versicherungsvertrag die dem Versicherungsnehmer zu gewährende Entschädigung auf einen bestimmten Höchstbetrag beschränkt, so ist die Beschränkung auch für die Verpflichtung des Versicherers zur Sicherheitsleistung maßgebend und dieser nicht verpflichtet, für eine jenen Betrag überschreitende Rente Sicherheit zu leisten.

Anderseits behält auch mit bezug auf die Entrichtung der Geldrente die im § 62 vorgesehene Obliegenheit des Versicherungsnehmers, nach Möglichkeit für die Abwendung und die Minderung des Schadens zu sorgen, ihre Wirksamkeit, und der Versicherungsnehmer ist daher dem Versicherer gegenüber gehalten, gegebenenfalls von der durch § 323 der Zivilprozeßordnung gewährten Berechtigung Gebrauch zu machen. Auf Grund dieser Vorschrift kann, wenn in den Verhältnissen, welche für die Verurteilung zur Rentenzahlung maßgebend waren, eine wesentliche Veränderung eintritt, durch die eine Herabsetzung oder Aufhebung der Rente gerechtfertigt wird, der Versicherungsnehmer die Herabsetzung oder Aufhebung im Wege der Klage verlangen. Für die Kosten eines solchen Rechtsstreits haftet der Versicherer nach Maßgabe der §§ 63, 147 des Entwurfs. Das Gleiche gilt von den Kosten, die dem Versicherungsnehmer im Falle einer auf Grund der bezeichneten Vorschrift erhobenen Klage des Dritten erwachsen.

§§ 153, 154.

Der Vertrag, durch welchen eine Haftpflichtversicherung begründet ist, hat an sich Rechtsbeziehungen zwischen dem Versicherer und dem Dritten, der einen Ersatzanspruch gegen den Versicherungsnehmer geltend macht, nicht zur Folge. Immerhin kann der Umstand nicht ohne Einfluß bleiben, daß die Versicherung zu dem Zwecke genommen ist, die Mittel für die Befriedigung des Dritten zu beschaffen, und daß dieser ein erhebliches Interesse an dem Bestehen der Versicherung besitzt. Der Natur der Sache nach läßt sich die Erledigung der ganzen Entschädigungsfrage am einfachsten durch unmittelbare Verhandlungen zwischen dem Versicherer und dem Dritten erreichen, und tatsächlich wird dieser Weg auch meist gewählt. Unbeschadet der Zulässigkeit anderweitiger Vereinbarungen der Parteien bestimmt deshalb der § 153 des Entwurfs, daß der Versicherer das Recht hat, die dem Versicherungsnehmer gebührende Entschädigung, soweit der Versicherungsnehmer dem Dritten zur Leistung verpflichtet ist, an diesen zu entrichten, und daß er hierzu verpflichtet ist, wenn der Versicherungsnehmer es verlangt. Aus einer ohne Wissen des Versicherungsnehmers an den Dritten bewirkten Zahlung können sich allerdings für den Versicherungsnehmer Nachteile ergeben, wenn derselbe in der Lage ist, seine Schuld ohne Zahlung zu tilgen, insbesondere wenn ihm eine zur Aufrechnung geeignete Forderung gegen den Dritten zusteht. Damit hier der Versicherungsnehmer gegebenenfalls in der Lage ist, seine Rechte zur Geltung zu bringen, sieht der Satz 2 des § 153 vor, daß der Versicherer, falls er ohne Verlangen des Versicherungsnehmers an den Dritten zahlen will, verpflichtet ist, jenem vorher Mitteilung zu machen. Es steht nichts im Wege, daß der Versicherer im Falle wiederkehrender Leistungen die Mitteilung auch mit bezug auf die künftigen Zahlungen gelegentlich der ersten Zahlung macht.

Das wirtschaftliche Bedürfnis, dem die Haftpflichtversicherung dient, macht sich auch im Konkurse des Versicherungsnehmers geltend. Fällt hier die von dem Versicherer zu leistende Entschädigung einfach in die Konkursmasse, so wird der ersatzberechtigte Dritte verkürzt und den übrigen Gläubigern ein Vorteil zugewendet, der nicht für sie bestimmt ist. Der § 154 beugt einem solchen Ergebnisse dadurch vor, daß er dem Dritten das Recht gibt, wegen des ihm gegen den Versicherungsnehmer zustehenden Anspruchs abgesonderte Befriedigung aus der Entschädigung des Versicherungsnehmers zu verlangen.

§ 155.

Die Gründe, die bei der Feuerversicherung und der Hagelversicherung dazu führen, nach dem Eintritte des Versicherungsfalls beiden Teilen ein Kündigungsrecht beizulegen (zu vergl. die Begründung zu den §§ 96, 111), treffen im allgemeinen auch für die Haftpflichtversicherung zu. Indessen läßt sich hier, wie gegenüber dem Vorentwurfe mit Recht eingewendet worden ist, die Kündigung nicht schlechthin an den Eintritt des Versicherungsfalls knüpfen. Bei der Haftpflichtversicherung ist der Versicherungsfall an sich gegeben, wenn für den Versicherungsnehmer entweder eine Haftverbindlichkeit oder durch die Abwehr eines unbegründeten Haftpflichtanspruchs eine Belastung mit Kosten entstanden ist. Wollte man in diesen Fällen den Beteiligten ohne weiteres das Kündigungsrecht gewähren, so würde damit eine bedenkliche Unsicherheit in die Versicherungsverhältnisse hineingetragen. Dazu kommt, daß bei der Haftpflichtversicherung der Eintritt des Versicherungsfalls nicht immer in einem sofort in die Augen fallenden Ereignisse zutage tritt; ob eine Haftverbindlichkeit zur Entstehung gekommen ist, entzieht sich nicht selten einer unmittelbaren und zweifelsfreien Feststellung. Mit Rücksicht hierauf knüpft der Entwurf im Anschluß an Vorschläge, die von mehreren Seiten gemacht worden sind, das Kündigungsrecht nicht schon an den Eintritt des Versicherungsfalls, sondern an spätere Vorgänge, aus denen sich ergibt, daß die Verhandlungen über den Haftpflichtanspruch zu einem gewissen Abschlusse gelangt sind.

Demgemäß bestimmt der § 155 Abs. 1 Satz 1, daß jeder Teil berechtigt ist, das Versicherungsverhältnis zu kündigen, wenn nach dem Eintritte des Versicherungsfalls der Versicherer dem Versicherungsnehmer gegenüber seine Verpflichtung zur Leistung der Entschädigung anerkannt oder die Leistung der fälligen Entschädigung verweigert hat. Das Gleiche gilt nach Satz 2, wenn der Versicherer dem Versicherungsnehmer die Weisung erteilt, es über den Anspruch des Dritten zum Rechtsstreite kommen zu lassen. Die Vorschriften des Abs. 2 über die zeitliche Beschränkung des Kündigungsrechts entsprechen im wesentlichen der in diesem Punkte für die Feuerversicherung (§ 96 Abs. 2) getroffenen Regelung. Im Einklange mit dieser ist ferner (§ 155 Abs. 3 Satz 1) für den Fall der Kündigung des Versicherungsnehmers dem Versicherer der Anspruch auf die Prämie für die laufende Versicherungsperiode gegeben. Dagegen läßt sich für den Fall der Kündigung des Versicherers, da bei der Haftpflichtversicherung häufig eine feste Grenze für das Maß der Gesamthaftung des Versicherers fehlt, die Vorschrift nicht verwenden, die bei der Feuerversicherung für jenen Fall bezüglich des Prämienanspruchs des Versicherers gegeben ist (§ 96 Abs. 3 Satz 2). Der Entwurf ersetzt sie (§ 155 Abs. 3 Satz 2) durch die Bestimmung, daß dem Versicherer in diesem Falle nur derjenige Teil der Prämie gebührt, welcher der schon abgelaufenen Versicherungszeit entspricht.

Dritter Abschnitt.

Lebensversicherung.

Der Versicherungszweig, der in der Praxis des Versicherungswesens als Lebensversicherung bezeichnet wird, umfaßt diejenigen Formen der Kapital- oder Rentenversicherung, bei welchen die Leistung des Versicherers in der Art von dem Leben einer Person abhängig gemacht wird, daß die seitens des Versicherers zu tragende Gefahr aus der Ungewißheit der Dauer dieses Lebens entspringt. Die Dauer des menschlichen Lebens ist zwar auch bei anderen Zweigen der Personenversicherung von Bedeutung, so namentlich bei der Unfallversicherung und bei der Invaliditätsversicherung, soweit hier die Gewährung einer Rente in Frage steht. Bei diesen Versicherungen bildet aber nicht die Ungewißheit der Lebensdauer, sondern die Gefahr, daß der Versicherungsnehmer von einem Unfalle betroffen oder infolge irgendeines Ereignisses Invalide wird, das wesentliche und bestimmende Moment; sie kommen deshalb hier nicht in Betracht. Die Vorschrift des § 6 Abs. 3 des Gesetzes vom 12. Mai 1901, nach welchem die Invaliditätsversicherung der Lebensversicherung gleichgestellt wird, hat nur für den Anwendungsbereich des bezeichneten Gesetzes Bedeutung.

Auf alle in das hiermit abgegrenzte Gebiet fallenden Versicherungsverhältnisse erstreckt sich auch die Regelung, die der Entwurf im dritten Abschnitt unternimmt. Die Gesamtheit dieser Verhältnisse scheidet sich in zwei große Gruppen, deren Eigenart zugleich für die nähere Ausgestaltung der Vorschriften von Bedeutung ist.

Die eine Gruppe bilden die Versicherungen, welche vom Entwurfe schlechtweg als Versicherungen für den Todesfall bezeichnet werden und das Merkmal gemeinsam haben, daß die den Versicherer treffende Gefahr in dem Tode desjenigen liegt, auf dessen Person die Versicherung genommen ist. Tritt der Tod dieser Person vor der Zeit ein, so ist der Versicherer entweder zu einer Leistung verpflichtet, für welche er in dem bis dahin bezogenen Prämienbetrage keine ausreichende Deckung findet, oder zu einer Leistung, von der er überhaupt frei sein würde, wenn der Tod später eingetreten wäre. Es gehören dahin vor allem die sämtlichen Kapitalversicherungen für den Todesfall, aber auch verschiedene Formen der Rentenversicherung, so namentlich wenn es sich um eine Überlebensversicherung, eine Witwenversicherung handelt.

Die zweite Gruppe umfaßt die Versicherungen für den Lebensfall. Hier besteht die von dem Versicherer zu tragende Gefahr darin, daß die Person, auf deren Leben sich die Versicherung bezieht, nach dem Ablauf eines bestimmten Zeitraums noch lebt. Auf den Eintritt des Versicherungsfalls zu Ungunsten des Versicherers eine unberechtigte Einwirkung zu üben, sind daher die Beteiligten in den bezeichneten Versicherungsverhältnissen außer stande. Überhaupt hängt hier für den Versicherer der Umfang der Gefahr nahezu ausschließlich von dem Alter ab, in welchem derjenige, auf dessen Leben die Versicherung genommen wird, zur Zeit der Eingehung des Vertrags steht; wie bei allen übrigen Arten der Lebensversicherung hat aber auch bei der Versicherung für den Lebensfall das Alter der Regel nach nur die Bedeutung, einen Maßstab für den Betrag der Prämie zu bilden (§ 159 des Entwurfs). Daraus ergibt sich, daß die Vorschriften des Entwurfs über die Anzeige der Gefahrumstände und über die Gefahrerhöhung (§§ 16 bis 32, § 161) bei dieser Versicherung praktisch außer Betracht bleiben.

Dagegen behalten die genannten Vorschriften ihre volle Wirksamkeit, soweit es sich um Versicherungen für den Todesfall handelt. Nur bei diesen Versicherungen haben es auch die Beteiligten in der Hand, den Eintritt des Versicherungsfalls selbst herbeizuführen. Mit der sich hieraus ergebenden Gefahr ist namentlich da zu rechnen, wo der Versicherungsnehmer die Versicherung nicht für den Fall des eigenen Todes, sondern für den Fall des Todes eines anderen nimmt. Die Aussicht auf den lediglich durch den Eintritt dieses Todes bedingten Gewinn kann immerhin einen Anreiz zu Handlungen bilden, welche die Verwirklichung des Gewinns bezwecken. Es erscheint deshalb geboten, der bezeichneten Gefahr durch besondere Vorschriften entgegenzutreten (zu vergl. § 156 Abs. 2, 3, § 167, § 173 Abs. 2 Satz 2, auch § 166 des Entwurfs).

Innerhalb der Gruppe der Versicherungen für den Todesfall liegt ein Kreis von Rechtsverhältnissen, die in gleicher Art keinem anderen Versicherungszweige bekannt sind und daher eine Eigentümlichkeit der Lebensversicherung bilden. Es sind das Versicherungen, die dem Versicherungsnehmer von vornherein die Gewißheit bieten, daß das Ereignis, an welches durch den Vertrag die Leistung des Versicherers geknüpft ist, sich verwirklichen wird, daß also der Vertrag, wenn nicht etwa aus besonderen Gründen die Haftung des Versicherers überhaupt erlischt, stets zu jener Leistung führt. Zu diesen Versicherungen mit unbedingter Leistungspflicht des Versicherers, bei denen nicht der Eintritt der Verpflichtung des Versicherers zur Leistung, sondern nur der Zeitpunkt dieses Eintritts oder die Höhe des dem Versicherer zufließenden Prämienbetrags ungewiß ist, gehören gerade die Hauptformen der Kapitalversicherung für den Todesfall, nämlich die lebenslängliche Versicherung, bei welcher der Eintritt des Todes oder die Erreichung des als äußerste Lebensgrenze angenommenen Alters die Leistung des Kapitals herbeiführt, und die abgekürzte Lebensversicherung, auf Grund deren die Zahlung entweder nach Erreichung eines bestimmten, unter jener Grenze liegenden Alters oder, wenn vorher der Tod eintritt, mit dem Tode erfolgt. Außerdem kommt noch die gegenseitige Überlebensversicherung in Betracht, soweit die Leistung, welche fällig wird, wenn von zwei Personen eine oder die andere stirbt, in einem Kapitale besteht. Eine unbedingte Leistungspflicht übernimmt der Versicherer endlich auch durch die Kapitalversicherung mit bestimmter Verfallzeit; hier wird die Versicherungssumme an einem im voraus feststehenden Tage bezahlt, während die Prämien bis zum gleichen Zeitpunkte, wenn aber der Tod früher eintritt, nur bis zum Tode entrichtet werden.

Außerhalb des bezeichneten Kreises bleiben alle Lebensversicherungen, bei welchen das künftige Ereignis, an dessen Eintritt die Entstehung der Forderung gegen den Versicherer gebunden wird, ungewiß ist. Ein Versicherungsverhältnis mit bedingter Leistungspflicht des Versicherers findet also die seiner Bestimmung entsprechende Erledigung nicht, wie die Versicherung mit unbedingter Leistungspflicht, nur dadurch, daß der Versicherungsfall eintritt und demgemäß der Versicherer leistet; vielmehr trifft dasselbe auch dann zu, wenn es sich entscheidet, daß der Versicherungsfall nicht eintreten und folgeweise eine Verbindlichkeit des Versicherers nicht entstehen kann. Versicherungen solcher Art sind zunächst diejenigen Kapitalversicherungen für den Todesfall, bei welchen der Versicherer nur, wenn der Tod innerhalb eines bestimmten Zeitraums eintritt (Versicherung auf kurze Zeit), oder nur, wenn eine bestimmte von mehreren Personen die andere überlebt (einseitige Überlebensversicherung), zur Zahlung verbunden ist, ferner sämtliche Kapitalversicherungen für den Lebensfall, namentlich aber alle Rentenversicherungen. Denn die Lebensversicherung kennt lediglich Renten, welche an das Leben des Empfängers gebunden sind; der Versicherungsfall tritt daher in Ansehung der einzelnen Rente immer erst ein, wenn der Empfänger den Fälligkeitstag erlebt, und die Verpflichtung des Versicherers zur Zahlung dieser Rente ist mithin stets durch ein ungewisses Ereignis bedingt.

Gegenüber den eben erörterten Rechtsverhältnissen zeichnet sich diejenige Versicherung für den Todesfall, welche eine unbedingte Leistungspflicht des Versicherers begründet, dadurch aus, daß sie dem Versicherungsnehmer eine Verfügung über das aus seinen Prämienzahlungen vom Versicherer gebildete Deckungskapital zu gewähren im stande ist. Dieses Verfügungsrecht, vermöge dessen die Prämienzahlungen in gewissem Sinne zugleich die Bedeutung von Spareinlagen erhalten, kann bei der gesetzlichen Regelung nicht unbeachtet bleiben (zu vergl. §§ 173, 174 des Entwurfs).

Im übrigen sieht der Entwurf davon ab, Sonderbestimmungen für die einzelnen Formen der Lebensversicherung zu treffen. Entsprechend der Mannigfaltigkeit der hier in Betracht kommenden Interessen haben sich die einfachen Grundformen dieser Versicherung mit der Zeit in vielerlei Arten und Unterarten gespalten, deren Verschiedenheiten namentlich die Prämienentrichtung sowie die Fälligkeit der Leistung des Versicherers betreffen. Hierzu kommen zahlreiche Rechtsverhältnisse, bei denen einzelne Arten der Lebensversicherung unter sich oder mit Versicherungen, die einem anderen Zweige angehören, verbunden sind. Alle diese Bildungen sind in stetiger Fortentwicklung begriffen. Die Gesetzgebung ist schon deshalb nicht berufen, hier eine nähere Regelung zu unternehmen, vielmehr bleibt es auch in Zukunft Aufgabe der Versicherungsbedingungen, für die weitere Ausgestaltung innerhalb der durch die Vorschriften des Entwurfs gegebenen Grenzen Sorge zu tragen.

In dieser Hinsicht ist jedoch gegenüber dem Entwurfe noch ein Vorbehalt erforderlich. Er betrifft diejenigen Einrichtungen, durch welche die Lebensversicherung den Bedürfnissen der minderbemittelten Volkskreise angepaßt wird (Volksversicherung, Arbeiterversicherung, Versicherung bei Sterbe-, Witwen- und Waisenkassen sowie sonstige Lebensversicherungen mit kleineren Beträgen). Während sonst die Lebensversicherung der Leistung des Versicherers eine untere Grenze zieht, namentlich für die Kapitalversicherung eine Summe von eintausend Mark oder mehr fordert, lauten dort die Versicherungen auf geringere, häufig sogar auf ganz niedrige Beträge, die Prämien werden in kleinen Teilzahlungen, gewöhnlich wochenweise, entrichtet, meist auch durch Angestellte des Versicherers abgeholt; die ärztliche Untersuchung fällt regelmäßig fort. Im einzelnen zeigt der Betrieb der Versicherung mit kleineren Beträgen erhebliche Ungleichheiten, und manches ist hier noch im Flusse. Jedenfalls hat aber diese Versicherung Wege eingeschlagen, welche der gewöhnlichen Lebensversicherung fremd sind. Eben deshalb paßt ein Teil der Vorschriften des Entwurfs, darunter auch solche, welche zwingender Natur sind, nicht auf die Versicherung mit kleineren Beträgen. Anderseits erscheint es bei dem gegenwärtigen Stande der Entwicklung und gegenüber der Vielgestaltigkeit der in Betracht kommenden Verhältnisse und Einrichtungen nicht möglich, die Einzelheiten im Gesetz anderweitig zu regeln. Hierdurch rechtfertigt sich die Aufnahme einer Bestimmung, die es ermöglicht, Abweichungen von jenen Vorschriften mit Genehmigung der Aufsichtsbehörde zuzulassen. Das gleiche Bedürfnis besteht vielfach, auch wenn es sich nicht ausschließlich um kleinere Beträge handelt, hinsichtlich der Versicherungen, die bei einem kleineren Verein im Sinne des § 53 des Gesetzes vom 12. Mai 1901 genommen werden. Das nach dem Vorstehenden Erforderliche ist im § 186 des Entwurfs vorgesehen.

Zu den Bedürfnissen, deren Befriedigung im Wege der Lebensversicherung erfolgt, gehört an erster Stelle die Fürsorge für Angehörige und für sonstige Personen, die demjenigen, welcher die Versicherung nimmt, nahestehen. Dieser erreicht hierbei seinen Zweck am einfachsten, wenn er eine Gewähr dafür schafft, daß mit dem Eintritte des Versicherungsfalls der Anspruch auf die Leistung des Versicherers unmittelbar von der Person erworben wird, der die Leistung zugute kommen soll. Das geeignete Mittel dazu bieten die Vorschriften des Bürgerlichen Gesetzbuchs über das Versprechen der Leistung an einen Dritten (§§ 328 bis 335). Die bezeichneten Vorschriften gelten auch für Rechtsverhältnisse anderer Art, nehmen aber auf den Lebensversicherungsvertrag bereits weitgehende Rücksicht. Für den Entwurf bleibt daher nur übrig, ihnen diejenigen Bestimmungen beizufügen, welche durch die besonderen Verhältnisse des Versicherungsverkehrs noch erforderlich werden (§§ 163 bis 165).

§ 156.

Das Interesse, welches den Anstoß zur Schließung eines Lebensversicherungsvertrags gibt, kann an das eigene Leben des Antragstellers, aber auch an das eines anderen gebunden sein. So wird eine Versicherung für den Lebensfall häufig in der Weise genommen, daß der Versicherer zur Leistung verpflichtet ist, wenn ein Abkömmling des anderen Teiles ein bestimmtes Alter erreicht; auf diesem Wege lassen sich namentlich die Mittel beschaffen, welche erforderlich sind, um dem Abkömmlinge die Vollendung seiner Ausbildung zu ermöglichen, die Erfüllung der Militärpflicht zu erleichtern oder ihm eine Ausstattung zu gewähren. Von nicht geringerer Bedeutung ist die Versicherung, welche bezweckt, gegen die Gefahr des vorzeitigen Ablebens eines anderen Deckung zu bringen; in diesem Sinne wird vielfach von einem Ehegatten das Leben des anderen Ehegatten, von einem Gesellschafter das Leben des anderen Gesellschafters, von einem Gläubiger das Leben seines Schuldners versichert.

In Übereinstimmung mit dem gegenwärtigen Rechtszustande geht der Entwurf davon aus, daß die Interessen, denen die auf die Person eines anderen genommene Versicherung dient, denselben Anspruch auf Berücksichtigung haben wie die Interessen, die der Versicherung des eigenen Lebens zu Grunde liegen, und läßt daher beide Arten von Versicherung in gleichem Umfange zu. Er stellt demgemäß im § 156 Abs. 1 den Grundsatz an die Spitze, daß die Lebensversicherung, wie auf die Person des Versicherungsnehmers, so auch auf die Person eines anderen genommen werden kann.

Wird bei einer auf die Person eines anderen genommenen Versicherung die Verpflichtung des Versicherers zur Leistung an den Tod des anderen geknüpft, so bedarf es, wie schon oben (S. 145) hervorgehoben, besonderer Vorschriften zum Schutze dieser Person gegen die Gefahr, welche sich für sie daraus ergibt, daß der Versicherungsnehmer oder ein sonstiger Beteiligter den Eintritt des Versicherungsfalls herbeizuführen in der Lage ist. Mit der bezeichneten Gefahr ist vor allem dann zu rechnen, wenn die Möglichkeit offen gelassen wird, eine derartige Versicherung hinter dem Rücken des anderen zu nehmen. Steht dessen Einverständnis mit der Versicherung fest, so ist immerhin eine Gewähr dafür gegeben, daß keine unlauteren Absichten verfolgt werden. In Übereinstimmung mit dem Preußischen Allgemeinen Landrechte (II, 8 § 1973) macht deshalb der Entwurf (§ 156 Abs. 2 Satz 1) die Gültigkeit des Vertrags, durch den eine Versicherung für den Fall des Todes eines anderen genommen wird, von der schriftlichen Einwilligung des anderen, also (§ 183 des Bürgerlichen Gesetzbuchs) davon abhängig, daß dieser vor Schließung des Vertrags seine Zustimmung in schriftlicher Form erklärt. Soweit eine Versicherung, wie sie hier in Frage kommt, für den Fall des Todes einer Person genommen werden soll, die außer stande ist, ihre Interessen selbst wahrzunehmen, kann die Einwilligung, welche nur von dieser Person erklärt wird, nicht genügen; einen ausreichenden Schutz vermag vielmehr erst die Mitwirkung des gesetzlichen Vertreters zu bieten. Daß es dieser Mitwirkung bedarf, folgt aus den allgemeinen Vorschriften über rechtsgeschäftliche Willenserklärungen geschäftsunfähiger oder in der Geschäftsfähigkeit beschränkter Personen (§§ 105 ff. des Bürgerlichen Gesetzbuchs). Dabei muß aber der an sich zur Vertretung bei der Einwilligung Berufene von der Vertretung ausgeschlossen sein, falls er selbst als Versicherungsnehmer beteiligt ist. Da in Zweifel gezogen worden ist, ob dieser Ausschluß und folgeweise die Notwendigkeit der Mitwirkung eines Pflegers schon durch die Vorschriften des Bürgerlichen Gesetzbuchs unter allen Umständen sichergestellt ist,[1]) so hat sich der Entwurf für die Aufnahme einer ausdrücklichen Bestimmung (§ 156 Abs. 2 Satz 2) entschieden. An den Beschränkungen, denen hiernach der Abschluß derartiger Versicherungen unterliegt, kann selbstverständlich durch Vereinbarungen der Beteiligten nichts geändert werden.

Diese Regelung muß jedoch für gewisse Fälle eine Ausnahme erfahren. Wollte man bei Versicherungen, die von dem Vater oder der Mutter für den Fall des Todes eines unter elterlicher Gewalt stehenden Kindes genommen werden, unbedingt daran festhalten, daß die Mitwirkung eines Pflegers, also in der Regel das Eingreifen des Gerichts zum Zwecke der Anordnung einer

---

[1]) Zu vergl. Beschluß des bayerischen Obersten Landesgerichts vom 4. November 1904, Entscheidungen in Angelegenheiten der freiwilligen Gerichtsbarkeit und des Grundbuchrechts Bd. V S. 25.

Pflegschaft, für die Angelegenheit erforderlich ist, so wäre damit der Abschluß solcher Versicherungen ungemein erschwert. Auf der anderen Seite braucht da, wo der Vater oder die Mutter Versicherungsnehmer ist, mit der Möglichkeit eines Mißbrauchs der Versicherung im allgemeinen doch nur gerechnet zu werden, soweit es sich um Kinder handelt, die noch nicht über eine frühe Altersstufe hinausgelangt sind. Es wird daher genügen, wenn das Erfordernis der Einwilligung des Kindes insoweit vorgesehen wird, als die Versicherung auch für den Fall genommen werden soll, daß der Tod des Kindes innerhalb jener Altersstufe eintritt, und auch diese Beschränkung wird entbehrt werden können, wenn es schon nach dem Betrage der für den Todesfall vereinbarten Leistung ausgeschlossen erscheint, daß der Versicherungsnehmer beabsichtigte, aus der Versicherung einen Gewinn zu ziehen. Aus diesen Gründen bestimmt der Entwurf im § 156 Abs. 3 Satz 1, daß es bei einer Versicherung, die der Vater oder die Mutter auf die Person eines minderjährigen Kindes nimmt, der im Abs. 1 vorgeschriebenen Einwilligung des Kindes nur bedarf, wenn nach dem Vertrage der Versicherer auch bei Eintritt des Todes vor der Vollendung des siebenten Lebensjahres zur Leistung verpflichtet sein soll und die für diesen Fall vereinbarte Leistung den Betrag der gewöhnlichen Beerdigungskosten übersteigt. Da es im einzelnen Falle leicht zweifelhaft sein kann, ob die zuletzt bezeichnete Voraussetzung zutrifft, so sieht der Entwurf (§ 156 Abs. 3 Satz 2) weiter vor, daß, wenn für solche Versicherungen die Aufsichtsbehörde einen bestimmten Höchstbetrag festgesetzt hat, dieser an Stelle des Betrags der gewöhnlichen Beerdigungskosten maßgebend ist. Die Festsetzung wird die Aufsichtsbehörde entweder für die einzelnen Versicherungsunternehmungen bei der Gestattung des Betriebs der sogenannten Kinderversicherung oder auch im Wege einer allgemeinen Verfügung treffen können. Die Behörde ist auch nicht gehindert, bei Unternehmungen, deren Betrieb sich auf bestimmte Gegenden oder Gemeinden oder auf die Angehörigen eines bestimmten Standes oder Berufs beschränkt, die hiermit gegebenen besonderen Verhältnisse zu berücksichtigen.

Das Preußische Allgemeine Landrecht geht in der Zulassung von Ausnahmen weiter. Es gestattet, das Leben der Eltern, des Ehegatten, des Verlobten und — ganz allgemein — der Kinder ohne deren Einwilligung für eigene Rechnung zu versichern. Es empfiehlt sich jedoch nicht, diesem Vorgange zu folgen. Soweit es sich um erwachsene Personen handelt, besteht kein Bedürfnis für eine Ausnahme, da die Einwilligung dieser Personen, falls die Versicherung einen legitimen Zweck verfolgt, unschwer zu erreichen sein wird. In Ansehung der Versicherung des Lebens kleiner Kinder erscheint dagegen eine unbedingte Befreiung von dem Erfordernisse der Einwilligung eines Vertreters aus naheliegenden Gründen bedenklich.

§ 157.

Die Vorschrift des § 157 bezweckt den Schutz der Personen, welche behufs Eingehung eines Vertrags Verhandlungen mit einem Versicherungsunternehmer anknüpfen. Die Versicherer verstehen sich zu einer Versicherung für den Todesfall regelmäßig erst dann, wenn hinsichtlich desjenigen, auf dessen Person die Versicherung genommen werden soll, durch ärztliche Untersuchung festgestellt ist, daß er nach Körperbeschaffenheit und Gesundheit bestimmten Anforderungen genügt. Manche Versicherungsunternehmungen haben in die Formulare, welche von ihnen für die der Schließung des Vertrags vorausgehenden Erklärungen des anderen Teiles entworfen sind, eine Bestimmung eingefügt, wonach dieser verpflichtet ist, innerhalb einer näher bezeichneten Frist die Untersuchung durch den Vertrauensarzt des Versicherers vornehmen zu lassen, im

Falle der Nichterfüllung dieser Verpflichtung aber eine Vertragsstrafe zu bezahlen hat, die gewöhnlich in dem einfachen oder doppelten Betrag einer Jahresprämie oder auch in einem Bruchteile (zwei vom Hundert) der von dem Versicherer zu übernehmenden Kapitalleistung besteht. Diese Bestimmung führt gegenüber demjenigen, welcher ein solches Formular benutzt, zu einer großen Härte. Häufig genug gibt er seine Unterschrift auf das Zureden eines Agenten, ohne daß er vorher die Tragweite der ihm aus der Strafbestimmung erwachsenden Verpflichtung und die eigene Leistungsfähigkeit hinreichend gewürdigt hat. Kommt es zur Verwirkung der Strafe, so muß er ein Opfer bringen, das ebenso groß oder größer ist, als wenn der Versicherungsvertrag, der regelmäßig nach einem Jahre gekündigt werden kann, geschlossen worden wäre. Ein solches Ergebnis steht außer allem Verhältnisse zu dem Zwecke der ganzen Strafbestimmung, durch die der Versicherer im Grunde nur verhüten will, daß Personen, die er als Versicherungsnehmer zu gewinnen Aussicht hat, sich in der Zwischenzeit durch Agenten eines anderen Unternehmers abspenstig machen und bewegen lassen, bei diesem Unternehmer Versicherung zu suchen. Ein genügender Anlaß für die Strafbestimmung liegt um so weniger vor, als bis zum Beginne der ärztlichen Untersuchung dem Versicherer besondere Kosten überhaupt nur ausnahmsweise erwachsen und seine Interessen vollständig gewahrt sind, wenn er sich den Ersatz etwaiger Auslagen durch eine dahingehende Vereinbarung sichert. Ein nicht unerheblicher Teil der Versicherungsunternehmungen hat denn auch jetzt schon auf Bestimmungen der bezeichneten Art verzichtet. Hiernach erscheint es gerechtfertigt, wenn der Entwurf eine Vorschrift trifft, wonach durch die Vereinbarung, daß derjenige, auf dessen Person eine Versicherung genommen werden soll, sich zuvor einer ärztlichen Untersuchung zu unterwerfen hat, ein Recht des Versicherers, die Vornahme der Untersuchung zu fordern, nicht begründet wird. Indem der Entwurf dem auf die Vornahme der Untersuchung gerichteten Versprechen die Anerkennung versagt, führt er von selbst (zu vergl. Bürgerliches Gesetzbuch § 344) das Ergebnis herbei, daß auch die für den Fall der Nichterfüllung des Versprechens getroffene Vereinbarung einer Strafe unwirksam ist.

§ 158.

In den §§ 158 bis 160 sind für die Lebensversicherung die Bestimmungen vorgesehen, die hinsichtlich der bei der Schließung des Vertrags dem Versicherungsnehmer obliegenden Anzeigepflicht neben den bezüglichen Vorschriften des allgemeinen Teiles (§§ 16 bis 21) erforderlich erscheinen. Die erste dieser Bestimmungen trägt einem Bedürfnisse Rechnung, das sich aus der Anwendung der bezeichneten Vorschriften auf Versicherungen ergibt, die auf die Person eines anderen als des Versicherungsnehmers genommen werden. Auch bei der Versicherung fremden Lebens trifft die Anzeigepflicht denjenigen, welcher den Vertrag mit dem Versicherer schließt, nicht den, auf dessen Person die Versicherung genommen wird. Durch das Verhalten des letzteren wird das Rechtsverhältnis zwischen dem Versicherer und dem Versicherungsnehmer an sich nicht berührt. Tatsächlich fällt aber bei einer Versicherung, die auf die Person eines anderen als des Versicherungsnehmers genommen wird, dem anderen zugleich die Aufgabe zu, die für die Anzeigen an den Versicherer erforderliche Auskunft zu liefern. Deshalb muß der Versicherer, wenn sein Geschäftsbetrieb nicht beeinträchtigt werden soll, in der Lage sein, sich vertragsmäßig gegen die Nachteile, die ihm aus einer unterbliebenen oder unrichtig gemachten Anzeige von Gefahrumständen erwachsen können, auch insoweit einen ausreichenden Schutz zu verschaffen, als die Verletzung der Anzeigepflicht auf das Verhalten desjenigen, auf dessen Person die Versicherung genommen ist, zurückzuführen ist. Hierzu ist er jedoch ohne eine besondere Gesetzesbestimmung nicht imstande. Denn die Vorschriften der §§ 16 bis 21 des Entwurfs, welche nach § 31 zwingender Natur sind, geben dem Versicherer Rechte nur gegenüber einer dem Versicherungsnehmer selbst zur Last fallenden Verletzung der Anzeigepflicht. Der § 158 enthält die dem Vorstehenden zufolge für die Lebensversicherung gebotene Ergänzung. Danach kann, wenn die Versicherung auf die Person eines anderen als des Versicherungsnehmers genommen ist, vereinbart werden, daß in Ansehung des Rechtes des Versicherers, wegen Verletzung der dem Versicherungsnehmer bei der Schließung des Vertrags obliegenden Anzeigepflicht von dem Vertrag zurückzutreten, die Kenntnis und das Verhalten des anderen der Kenntnis oder dem Verhalten des Versicherungsnehmers gleichstehen soll.

§ 159.

Unter den Umständen, welche bei der Lebensversicherung als für die Übernahme der Gefahr erheblich in Betracht kommen, hat das Alter desjenigen, auf dessen Person die Versicherung genommen wird, eine eigenartige Bedeutung. Nach dem Alter der bezeichneten Person bestimmt sich im wesentlichen das Verhältnis zwischen der Leistung des Versicherers und der den Versicherungsnehmer treffenden Prämie; ist das Alter gegeben, so wird dieses Verhältnis mit Hülfe der technischen Unterlagen, deren sich der Versicherer für seinen Betrieb bedient, ermittelt. In gleicher Weise kann das Verhältnis, wenn es infolge unzutreffender Angaben über das Alter mit einem Fehler behaftet ist, ohne weiteres richtiggestellt werden. Bei Anwendung dieses Verfahrens läßt sich erreichen, daß der Versicherungsvertrag trotz der unrichtigen Anzeige bestehen bleibt, indem einfach das Ergebnis der Berichtigung als entscheidend für die gegenseitigen Rechtsbeziehungen des Versicherers und des Versicherungsnehmers angesehen wird.

Ist auf Grund der unrichtigen Angabe die Prämie zu niedrig bemessen, so liegt es anscheinend am nächsten, die Berichtigung in der Weise vorzunehmen, daß die Leistung des Versicherers sich nicht ändert, daß dagegen die Prämie nunmehr entsprechend erhöht und der Versicherungsnehmer zugleich verpflichtet wird, den auf die Vergangenheit treffenden Betrag samt Zinsen nachzubezahlen. Allein damit werden dem Versicherungsnehmer Verbindlichkeiten auferlegt, deren dauernde Befriedigung ihm unter Umständen schwer fällt. Im Hinblick hierauf hat die Praxis den Weg gewählt, die Berichtigung durch Herabsetzung des Betrags der dem Versicherer obliegenden Leistung herbeizuführen.

Diesem Vorgange folgt auch der Entwurf, indem er (§ 159 Satz 1) vorschreibt, daß, wenn das Alter desjenigen, auf dessen Person die Versicherung genommen war, unrichtig angegeben, und infolge hiervon die Prämie zu niedrig bestimmt worden ist, sich die Leistung des Versicherers nach dem Verhältnisse mindert, in welchem die Prämie, die sich ergibt, wenn an Stelle des unrichtigen Alters das wirkliche Alter in die Berechnung eingesetzt wird, zu der vereinbarten Prämie steht. Das Recht des Versicherers, die Minderung geltend zu machen, ist nicht davon abhängig, daß den Versicherungsnehmer mit bezug auf die unrichtige Angabe des Alters ein Verschulden trifft, und ebensowenig ist es einer zeitlichen Beschränkung unterworfen. Der Versicherer kann daher auch dann, wenn der Versicherungsfall eingetreten ist, stets noch die Minderung vornehmen. Dagegen steht dem Versicherer wegen einer unrichtigen Angabe der bezeichneten Art das Recht, vom Vertrage zurückzutreten (§§ 16 bis 21 des Entwurfs), nicht zu. Eine Ausnahme in dieser Hinsicht erscheint, entsprechend der gegenwärtigen Übung, nur insoweit gerechtfertigt, als das wirkliche Alter außerhalb der Grenzen liegt, welche durch den Geschäftsplan (§ 4 Abs. 2, § 11 des Gesetzes vom 12. Mai 1901) für den Abschluß von Lebensversicherungsverträgen, sei es allgemein, sei es in Ansehung bestimmter Versicherungsarten, festgesetzt sind. Gegenüber einer solchen Sachlage ist die Annahme nicht abzuweisen, daß der Versicherer bei Kenntnis des wirklichen Alters den Vertrag nicht geschlossen haben würde, und der Entwurf (§ 159 Satz 2) beläßt ihm deshalb hier das in den angeführten Vorschriften des allgemeinen Teiles vorgesehene Rücktrittsrecht. Insoweit greifen dann, unbeschadet der besonderen Vorschriften über die Erstattung der Prämienreserve (§§ 173, 174), die allgemeinen Vorschriften des Entwurfs über das Rücktrittsrecht (§§ 16 bis 21) und namentlich auch die Vorschriften des § 40 Abs. 1 und des § 41 Abs. 2, Abs. 3 Satz 2 Platz. Anderseits ist der Versicherer nicht auf das Rücktrittsrecht beschränkt; es bleibt daneben die Befugnis bestehen, die Minderung nach § 159 Satz 1 geltend zu machen. Da die Regeln der Versicherungstechnik auch in den hier in Frage stehenden Fällen zweifellos die Feststellung einer dem wirklichen Alter entsprechenden Prämie gestatten, so besteht kein Grund, die bezeichnete Befugnis auszuschließen. Sie kann für den Versicherer namentlich dann Bedeutung gewinnen, wenn das Rücktrittsrecht des Versicherers wegen mangelnden Verschuldens des Versicherungsnehmers (§ 16 Abs. 3, § 17 Abs. 2) oder wegen Zeitablaufs ausgeschlossen ist (§ 20 Abs. 1, § 160).

Der Versicherungsnehmer hat ein berechtigtes Interesse daran, daß unrichtige Angaben der in Frage stehenden Art für ihn keine Folgen nach sich ziehen, die über das durch die Vorschriften des § 159 bezeichnete, den Bedürfnissen des Versicherers durchaus genügende Maß hinausgehen. Der Entwurf sieht deshalb im § 169 vor, daß die gedachten Vorschriften vertragsmäßig zum Nachteile des Versicherungsnehmers nicht abgeändert werden dürfen. Das Recht des Versicherers, den Vertrag wegen arglistiger Täuschung anzufechten (§ 22), wird durch die Vorschriften des § 159 nicht berührt.

Für den Fall einer unrichtigen Altersangabe, die zur Folge hat, daß die Prämie zu hoch bestimmt wird, kann eine besondere Regelung entbehrt werden. Die Gründe, welche zur Aufnahme der Sonderbestimmung des § 159 geführt haben, treffen hier nicht zu. Denn diese Bestimmung hat in erster Linie den Zweck, zu verhindern, daß der Versicherer sich wegen unrichtiger Altersangabe zum Nachteile des Versicherungsnehmers von der im Vertrage übernommenen Verpflichtung durch Rücktritt befreit. Mit einer solchen Eventualität braucht in dem vorerwähnten Falle nicht gerechnet zu werden.

§ 160.

Die Tatsache, daß bei dem Abschlusse des Vertrags die dem Versicherungsnehmer obliegende Anzeigepflicht verletzt worden ist, stellt sich vielfach erst später, unter Umständen sogar nicht vor dem Eintritte des Versicherungsfalls heraus. Während der ganzen, bei der Lebensversicherung regelmäßig einen langen Zeitraum umfassenden Dauer des Vertragsverhältnisses muß daher mit der Möglichkeit gerechnet werden, daß der Versicherer ein Rücktrittsrecht geltend macht. Hierdurch wird aber der Wert der Versicherung nicht unerheblich beeinträchtigt, und es ist deshalb ein Bedürfnis des Verkehrs, den Anspruch des Versicherungsnehmers soweit möglich von jener Ungewißheit zu befreien. Außerdem lehrt die Erfahrung, daß gerade im Bereiche der Lebensversicherung ein bei der Schließung des Vertrags nicht oder nicht richtig angezeigter Gefahrumstand, sofern er überhaupt nachteiligen Einfluß hat, eine solche Wirkung meist nur innerhalb absehbarer Zeit nach dem Beginne des Versicherungsverhältnisses äußert, daß also, wenn diese Zeit verstrichen ist, die Verletzung der Anzeigepflicht für den einzelnen Fall praktisch kaum mehr in Betracht kommt. Angesichts dieser Sachlage haben schon jetzt zahlreiche Versicherungsunternehmungen die Befugnis, wegen Verletzung der Anzeigepflicht ein Erlöschen des Vertragsverhältnisses herbeizuführen, zu Gunsten des Versicherungsnehmers einer entsprechenden Einschränkung unterworfen. Im einzelnen ist diese Vergünstigung, die gewöhnlich als Unanfechtbarkeit der Police bezeichnet wird, verschieden gestaltet. Die Abweichungen betreffen teils die Frage, inwieweit die Art des den Versicherungsnehmer treffenden Verschuldens Berücksichtigung zu finden hat, teils die Dauer der Frist, mit deren Ablaufe die Vergünstigung eintreten soll (überwiegend fünf Jahre, manchmal noch weniger). Was eine Versicherungsunternehmung nach dieser Richtung bieten kann, hängt wesentlich von ihrer Lage, insbesondere von dem Umfange des Betriebs und den ihr zu Gebote stehenden Mitteln ab.

Dem hier vorliegenden Bedürfnisse muß auch die Gesetzgebung gerecht werden. Sie darf aber dabei nur Anforderungen stellen, die jeder Versicherer zu erfüllen vermag und die ihm nichts zumuten, was wider Treu und Glauben ist. Demgemäß bestimmt der § 160 des Entwurfs, daß der Versicherer wegen einer Verletzung der dem Versicherungsnehmer bei der Schließung des Vertrags obliegenden Anzeigepflicht von dem Vertrage nicht mehr zurücktreten kann, wenn seit der Schließung zehn Jahre verstrichen sind, daß aber das Rücktrittsrecht bestehen bleibt, wenn die Anzeigepflicht arglistig verletzt worden ist. Für die Frage, inwieweit eine Verletzung der Anzeigepflicht vorliegt, ist auch das Verhalten desjenigen, auf dessen Person die Versicherung genommen wurde, überall da von Bedeutung, wo gemäß § 158 vereinbart worden ist, daß sein Verhalten demjenigen des Versicherungsnehmers gleichstehen solle.

Sind in solcher Weise die Interessen des Versicherers gewahrt, so hat anderseits der Versicherungsnehmer Anspruch auf Schutz gegen jede Beeinträchtigung des ihm hier zugestandenen Rechtes, und der Entwurf sieht deshalb im § 169 vor, daß die Vorschrift des § 160 vertragsmäßig zum Nachteile des Versicherungsnehmers nicht abgeändert werden kann.

§ 161.

Gegenüber der Gefahrerhöhung, welche sich aus einer Änderung der Umstände ergibt, unter denen der Vertrag geschlossen war, ist die Lage des Versicherers bei der Lebensversicherung in wesentlichen Beziehungen nicht die gleiche wie bei den meisten sonstigen Arten der Versicherung. Es liegt in den natürlichen Bedingungen des menschlichen Lebens, daß die Verhältnisse, die erhaltend oder verkürzend auf dasselbe einwirken, einem fortwährenden Wechsel unterliegen, und es gehört gerade zu den Aufgaben der Lebensversicherung, Deckung gegen die aus diesem Wechsel entspringende Gefahr zu bieten. Demgegenüber ist die Zahl der Umstände, welche für den Versicherer die Bedeutung haben, daß er im Falle einer ihm nachteiligen Änderung die Tragung der Gefahr ablehnen muß, nur eine beschränkte. Die fraglichen Umstände lassen sich von vornherein genau bezeichnen und werden dementsprechend schon jetzt regelmäßig bei der Schließung des Vertrags einzeln zur Kenntnis des Versicherungsnehmers gebracht. Bei der Lebensversicherung kann daher unbedenklich davon ausgegangen werden, daß eine Änderung der Umstände, welche nach den allgemeinen Vorschriften der §§ 23 bis 29 an sich eine Gefahrerhöhung bilden würde, als solche gleichwohl nur in Betracht kommt, soweit dies bei dem Abschlusse des Vertrags besonders festgesetzt ist. Demgemäß sieht der § 161 Abs. 1 vor, daß bei der Lebensversicherung als Erhöhung der Gefahr nur eine solche Änderung der Gefahrumstände gilt, welche nach ausdrücklicher Vereinbarung, bei der auf Seiten des Versicherungsnehmers die schriftliche Form beobachtet sein muß, als Gefahrerhöhung angesehen werden soll. Wenn der Entwurf für die Erklärung des Versicherungsnehmers Schriftlichkeit fordert, so rechtfertigt sich dies durch die Tragweite, die einer solchen Erklärung zukommt. Dem bezeichneten Erfordernisse kann übrigens auch in der Weise entsprochen werden, daß die bezüglichen Bestimmungen in die allgemeinen Versicherungsbedingungen aufgenommen werden, denen sich der Versicherungsnehmer alsdann schriftlich unterwirft. Der § 169 legt der hier getroffenen Vorschrift zwingende Bedeutung bei; es entspricht dies dem Standpunkte, den der Entwurf hinsichtlich der die Gefahrerhöhung betreffenden Bestimmungen bereits im § 31 eingenommen hat.

Die Gefahrumstände, auf die es in den hierher gehörigen Fällen ankommt, teilen mit den Gefahrumständen, welche bei der Schließung des Vertrags anzuzeigen sind, die Eigenschaft, daß sie nach dem Ablauf eines bestimmten Zeitraums keine ungünstige Wirkung mehr zu äußern pflegen. Der Entwurf bringt demgemäß durch den Abs. 2 des § 161 die im § 160 hinsichtlich der Unanfechtbarkeit der Police getroffenen Vorschriften auch gegenüber der Gefahrerhöhung zur Geltung, und zwar, wie der § 169 vorsieht, gleichfalls mit der Maßgabe, daß sie nicht zum Nachteile des Versicherungsnehmers vertragsmäßig abgeändert werden können.

Wie schon an früherer Stelle (S. 145) angedeutet, kommt den Vorschriften des Entwurfs, welche sich auf die Erhöhung der Gefahr beziehen, im Bereiche der Lebensversicherung Bedeutung nur gegenüber den Versicherungen für den Todesfall zu. Allerdings kann auch bei einer Versicherung für den Lebensfall während der Dauer des Vertrags eine Änderung der Sachlage zu Ungunsten des Versicherers dadurch herbeigeführt werden, daß Umstände, welche geeignet waren, das versicherte Leben zu verkürzen, außer Wirksamkeit treten. Allein dem Versicherer steht es nicht zu, bei der Schließung des Vertrags auf die Fortdauer derartiger Umstände zu rechnen, und es kann daher in solchen Fällen von einer das Rechtsverhältnis zwischen dem Versicherer und dem Versicherungsnehmer berührenden Erhöhung der Gefahr keine Rede sein (zu vergl. § 29 Satz 2).

§ 162.

Die gegenwärtige Praxis betrachtet den Lebensversicherungsvertrag als aufgehoben, sobald der Versicherungsnehmer, welcher die erste oder auch die erste und zweite Jahresprämie gezahlt hat, mit der Entrichtung einer weiteren Prämie im Rückstande bleibt. Dem Versicherungsnehmer ist auf diese Weise ein Mittel gegeben, jederzeit zum Schlusse eines Versicherungsjahrs seinerseits die Beendigung des Vertragsverhältnisses herbeizuführen und sich so von der Zahlung weiterer Prämien zu befreien. Nach dem Entwurfe steht dieses Mittel dem Versicherungsnehmer nicht zu Gebote. Denn gemäß § 39 vermag die Tatsache, daß die rechtzeitige Zahlung einer nach dem Beginne der Versicherung zu entrichtenden Prämie unterbleibt, für sich allein den Fortbestand des Vertrags nicht zu berühren. Es entspricht indessen einem in der Natur der Lebensversicherung begründeten Bedürfnisse, daß dem Versicherungsnehmer die Möglichkeit offen gehalten wird, die Versicherung aufzuheben. Denn auf seiten des Versicherungsnehmers sind für den Abschluß und die Fortsetzung einer Lebensversicherung stets Umstände ausschlaggebend, die einem Wechsel in besonderem Maße unterliegen, nämlich die eigene Leistungsfähigkeit und die persönlichen Beziehungen zu anderen. Mit Rücksicht hierauf gibt der Entwurf (§ 162 Abs. 1) zunächst für alle Versicherungen, bei denen laufende Prämien zu entrichten sind, dem Versicherungsnehmer das Recht, das Versicherungsverhältnis zu kündigen. Dabei ist im Interesse des Geschäftsbetriebs des Versicherers vorgesehen, daß die Kündigung immer nur für den Schluß der laufenden Versicherungsperiode, also (zu vergl. § 9 des Entwurfs) der Regel nach nur für den Schluß des Versicherungsjahrs erfolgen kann; während der Dauer der Periode ist aber diese Kündigung jederzeit, mithin auch noch am letzten Tage der Periode zulässig. Die Zahlung der Prämie für die erste Versicherungsperiode vermag der Versicherungsnehmer, wie die Fassung der Vorschrift ergibt, auf dem bezeichneten Wege niemals von sich abzuwenden.

Das Kündigungsrecht hat aber für den Versicherungsnehmer nicht lediglich die Bedeutung, daß er sich nach der ersten Prämienzahlung von weiteren Leistungen zu befreien vermag. Es bietet ihm vielmehr (zu vergl. § 173 Abs. 1 des Entwurfs) zugleich das Mittel, bei den Versicherungen, welche ihm eine Verfügung über das aus seinen Prämienzahlungen vom Versicherer gebildete Deckungskapital gestatten, dieses Verfügungsrecht zur Geltung zu bringen. Es sind dies, wie schon früher (S. 146) hervorgehoben worden ist, diejenigen Kapitalversicherungen für den Todesfall, welche in der Art genommen sind, daß der Eintritt der Verpflichtung des Versicherers zur Zahlung des vereinbarten Kapitals gewiß ist. Dementsprechend bestimmt der Entwurf (§ 162 Abs. 2) weiter, daß bei Versicherungen dieser Art das im Abs. 1 vorgesehene Kündigungsrecht dem Versicherungsnehmer auch dann zusteht, wenn die Prämie in einer einmaligen Zahlung besteht.

Die Bedeutung, welche hiernach das Kündigungsrecht für den Versicherungsnehmer hat, rechtfertigt es, wenn der § 169 einer Vereinbarung, durch welche die Ausübung des Rechtes aufgehoben oder beschränkt wird, die Wirksamkeit versagt.

Unter welchen Voraussetzungen und in welcher Weise dem Versicherungsnehmer, welcher das Versicherungsverhältnis kündigt, die bis dahin geleisteten Prämienzahlungen zugute kommen sollen, ergibt sich aus den §§ 170, 173 bis 175.

§ 163.

Das Bürgerliche Gesetzbuch enthält in seinen Vorschriften über das Versprechen der Leistung an einen Dritten bereits die leitenden Grundsätze, welche bei der Lebensversicherung für den Fall Anwendung zu finden haben, daß nach dem Vertrage die Leistung des Versicherers an einen anderen als den Versicherungsnehmer bewirkt werden soll. Hauptsächlich kommen hier die §§ 330 bis 332 in Betracht, aus denen sich im wesentlichen folgendes ergibt.

Wird in einem Lebensversicherungsvertrage die Zahlung an einen Dritten bedungen, so ist im Zweifel anzunehmen, daß der Dritte unmittelbar das Recht erwerben soll, die Leistung zu fordern. Soll die Leistung an den Dritten nach dem Tode des Versicherungsnehmers erfolgen, so erwirbt der Dritte das Recht auf die Leistung im Zweifel mit dem Tode des Versicherungsnehmers. Hat sich der Versicherungsnehmer die Befugnis vorbehalten, ohne Zustimmung des Versicherers an die Stelle des in dem Vertrage bezeichneten Dritten einen anderen zu setzen, so kann dies im Zweifel auch in einer Verfügung von Todes wegen geschehen. Weist der Dritte das aus dem Vertrag erworbene Recht dem Versicherer gegenüber zurück, so gilt das Recht als nicht erworben.

Den bezeichneten Bestimmungen des Bürgerlichen Gesetzbuchs schließen sich die §§ 163 bis 165 des Entwurfs an, indem sie für das Gebiet der Kapitalversicherung, die hier allein in Betracht kommt, nach verschiedenen Richtungen Ergänzungen vorsehen. Sie haben, wie jene Bestimmungen, nicht die Bedeutung zwingender Vorschriften, sondern bieten nur Rechtssätze, die durch Vereinbarung der Parteien geändert werden können, sowie Auslegungsregeln, die keine Anwendung finden, wenn sich aus den Umständen ein abweichender Wille der Beteiligten ergibt.

Zunächst wird durch den § 163 die Tragweite des dem Versicherungsnehmer zustehenden Rechtes, über den Anspruch auf die bedungene Leistung zu verfügen, klargestellt. Der § 163 gilt für jede Kapitalversicherung, mag sie auf die Person des Versicherungsnehmers oder eines anderen und mag sie für den Fall des Todes oder für den Erlebensfall genommen sein. Nach der mit der bestehenden Übung übereinstimmenden Vorschrift des Satz 1 ist der Versicherungsnehmer im Zweifel befugt, den Inhalt des Versicherungsvertrags dadurch einseitig zu ändern, daß er ohne Zustimmung des Versicherers diesem einen Dritten als Bezugsberechtigten bezeichnet oder an die Stelle des so bezeichneten Dritten einen anderen setzt. Zufolge Satz 2 gilt die Befugnis des Versicherungsnehmers, an die Stelle des bezugsberechtigten Dritten einen anderen zu setzen, im Zweifel selbst dann als vorbehalten, wenn der Versicherungsvertrag die Bezeichnung des Dritten bereits enthält, mithin von vornherein zu Gunsten eines bestimmten Dritten abgeschlossen ist. Der Vorbehalt, von welchem der § 332 des Bürgerlichen Gesetzbuchs die letztere Befugnis abhängig macht, braucht also bei der Kapitalversicherung im Vertrage nicht besonders ausgesprochen zu werden. Aus der Befugnis des Versicherungsnehmers, den von ihm im Vertrag oder nachher bestimmten Bezugsberechtigten durch einen anderen zu ersetzen, folgt von selbst, daß er, soweit diese Befugnis reicht, auch die bisherige Bestimmung widerrufen kann, ohne eine neue zu treffen; einer ausdrücklichen Vorschrift hierüber bedarf es deshalb nicht. Erfolgt ein solcher Widerruf, so steht der Anspruch auf die Leistung des Versicherers dem Versicherungsnehmer zu, wie wenn die Bezeichnung eines Bezugsberechtigten niemals stattgefunden hätte; daraus ergibt sich, daß in einem solchen Falle bei dem Tode des Versicherungsnehmers der Anspruch zu seinem Nachlasse gehört.

Der Umfang, in welchem das Recht des Versicherungsnehmers, über den Anspruch aus einer Kapitalversicherung zu verfügen, durch den § 163 anerkannt wird, entspricht dem praktischen Bedürfnis und ist mit dem Wesen des Lebensversicherungsvertrags durchaus vereinbar. An sich liegt es in der Natur der Sache, daß aus dem Vertrage zunächst nur der Versicherungsnehmer berechtigt wird. Diese Auffassung erscheint für Kapitalversicherungen auch dann zutreffend, wenn der Versicherungsnehmer in dem Vertrag oder nachher dem Versicherer einen Dritten als Bezugsberechtigten bezeichnet hat. Denn bei ihnen bildet nicht, wie gewöhnlich bei Rentenversicherungen, die Fürsorge für den Dritten den ausschließlichen Zweck des Vertrags; vielmehr ist die Absicht des Versicherungsnehmers regelmäßig zugleich auf die Ansammlung eines Kapitals gerichtet, über das er gegebenenfalls selbst verfügen kann, und deshalb rechtfertigt es sich, wenn hier in der zu Gunsten des Dritten getroffenen Bestimmung nicht mehr erblickt wird als die Einräumung einer Anwartschaft. Demgemäß muß der Versicherungsnehmer, welcher dem Dritten ein sofort wirksames, durch spätere Verfügungen von seiner Seite nicht mehr entziehbares Recht auf das Kapital verschaffen will, durch Vertrag mit dem Versicherer eine dahingehende Bestimmung treffen oder seinen Anspruch aus der Versicherung im Wege der Abtretung auf den Dritten übertragen.

Die Stellung des Versicherers wird durch die damit gegebene Rechtslage nicht beeinträchtigt. Er hat lediglich ein Interesse daran, daß er im stande ist, die Leistung jederzeit an den richtigen Empfänger zu bewirken, und dieses Interesse bleibt von den Vorschriften des Entwurfs unberührt. Wird seitens des Versicherungsnehmers die im § 163 vorgesehene Befugnis, einen Bezugsberechtigten zu bezeichnen oder die erfolgte Bezeichnung zu widerrufen, ausgeübt, so handelt es sich um ein einseitiges empfangsbedürftiges Rechtsgeschäft, das dem Versicherer gegenüber vorzunehmen ist und so zu dessen Kenntnis gelangen wird. Eine Ausnahme greift nur insofern Platz, als der § 332 des Bürgerlichen Gesetzbuchs gestattet, die bezüglichen Erklärungen auch in einer Verfügung von Todes wegen niederzulegen. Diese im Interesse des Versicherungsnehmers getroffene Vorschrift kann allerdings dem Versicherer Unzuträglichkeiten bringen. Namentlich wird ihm die Prüfung der Frage, an wen das Kapital zu zahlen ist, unter Umständen erschwert, wenn für die Entscheidung auch das Bestehen und der Inhalt etwaiger letzwilliger Verfügungen des Versicherungsnehmers in Betracht kommt. Allein die hieraus dem Versicherer erwachsende Gefahr, das Kapital doppelt zahlen zu müssen, läßt sich von vornherein dadurch abwenden, daß in den Versicherungsschein eine Bestimmung aufgenommen wird, die dem Scheine die Eigenschaft eines Legitimationspapiers im Sinne des § 808 des Bürgerlichen Gesetzbuchs verleiht.

Hat der Versicherungsnehmer seine Rechte aus der Versicherung an einen anderen abgetreten, so kommt der Erklärung, durch die er dem Versicherer gemäß dem § 163 des Entwurfs einen Dritten als Bezugsberechtigten bezeichnet, keine Rechtswirksamkeit mehr zu, und zwar gilt dies auch für die vor der Abtretung erfolgte Erklärung. In diesen Fällen kann jedoch den Versicherer kein Nachteil treffen. Denn vermöge der Vorschriften des Bürgerlichen Gesetzbuchs über die Abtretung von Forderungen (§§ 406 bis 408) steht ihm, wenn er an den Dritten Zahlung leistet oder mit ihm in Ansehung des Anspruchs aus der Versicherung ein sonstiges Rechtsgeschäft vornimmt, das Recht des neuen Gläubigers nur unter der Voraussetzung entgegen, daß er die Abtretung bei der Leistung oder der Vornahme des Rechtsgeschäfts kannte.

§ 164.

Bei Versicherungen, die für den Fall des eigenen Todes genommen werden, kommt es häufig vor, daß der Versicherungsnehmer, sei es im Vertrage selbst, sei es durch eine spätere Erklärung, namentlich in einer Verfügung von Todes wegen, als bezugsberechtigt seine Erben ohne nähere Bestimmung bezeichnet. Auch hier wird es im Zweifel als der Wille des Versicherungsnehmers anzusehen sein, daß der Anspruch aus der Versicherung nicht einen Bestandteil des Nachlasses bilden, sondern den betreffenden Personen unmittelbar auf Grund des Versicherungsvertrags zustehen soll. Wird der Anspruch auf diese Weise erworben, so ist er dem Zugriffe der Nachlaßgläubiger entzogen und gehört, wenn der Nachlaßkonkurs eröffnet wird, nicht zur Konkursmasse. Im einzelnen Falle kann ferner ungewiß sein, wer mit jener Bezeichnung gemeint ist und welche Beträge auf die unter ihr begriffenen Personen treffen. Zumeist wird der Wille des Versicherungsnehmers dahin gehen, daß die Leistung des Versicherers an diejenigen gelangt, welche zur Zeit seines Todes als Erben berufen sind, und daß sie diesen nach dem Verhältnis ihrer Erbteile zugute kommt. Im Anschluß an die verwandte Vorschrift des § 2066 Satz 1 des Bürgerlichen Gesetzbuchs gibt der § 164 Abs. 1 Satz 1 des Entwurfs eine Auslegungsregel, durch welche die dem mutmaßlichen Willen des Versicherungsnehmers entsprechende Bedeutung der Anordnung nach den beiden bezeichneten Richtungen hin gesichert wird. Der Entwurf beschränkt auch diese Regel auf das Gebiet der Kapitalversicherung; bei der Rentenversicherung hängen Inhalt und Umfang der dem Versicherer obliegenden Leistung mit den persönlichen Verhältnissen des Bezugsberechtigten eng zusammen, und infolgedessen sind hier nur Vertragsverhältnisse üblich, für welche der Bezugsberechtigte von vornherein genau bestimmt ist.

Welche Personen im einzelnen Falle die zur Zeit des Todes berufenen Erben des Versicherungsnehmers sind, bestimmt sich nach den Vorschriften des Bürgerlichen Gesetzbuchs. Danach ist aber nicht unter allen Umständen die Sachlage maßgebend, wie sie sich im Augenblicke des Todes darstellt. Es ist vielmehr zu berücksichtigen, daß das Bürgerliche Gesetzbuch gewissen später eintretenden Vorgängen rückwirkende Kraft beilegt, dergestalt, daß eine im Augenblicke des Todes gegebene Berufung zur Erbschaft als nicht erfolgt und dafür eine andere Person als mit dem Erbfalle berufen gilt. Hiernach entscheidet sich im allgemeinen auch die Frage der Bezugsberechtigung nach dem Entwurfe. So kann namentlich eine Person bezugsberechtigt sein, die zur Zeit des Todes des Versicherungsnehmers noch nicht lebte; denn zufolge § 1923 Abs. 2 des Bürgerlichen Gesetzbuchs gilt für die Berufung zur Erbschaft jemand, der zur Zeit des Erbfalls noch nicht geboren, aber erzeugt war, als vor dem Erbfalle geboren. Aus dem § 2344 des Bürgerlichen Gesetzbuchs ergibt sich ferner, daß, falls ein Erbe für erbunwürdig erklärt wird, derjenige der Bezugsberechtigte ist, welcher als Erbe berufen sein würde, wenn der Erbunwürdige zur Zeit des Erbfalls nicht gelebt hätte. Dementsprechend würde mit Rücksicht auf den § 1953 des Bürgerlichen Gesetzbuchs an sich auch der Fall zu entscheiden sein, wenn eine bei dem Eintritte des Todes des Versicherungsnehmers zur Erbschaft berufene Person die Erbschaft ausschlägt. Diese Folge würde aber mit dem mutmaßlichen Willen des Versicherungsnehmers nicht im Einklange stehen und in der Regel dazu führen, daß die Versicherung solchen Personen zugute kommt, denen sie nicht zugewendet werden sollte. Es bedarf demzufolge für diesen Fall einer Ausnahme von der Regel, und der Entwurf (§ 164 Abs. 1 Satz 2) bestimmt deshalb, daß eine Ausschlagung der Erbschaft auf die Bezugsberechtigung keinen Einfluß hat. Insofern kommt also hinsichtlich der Frage, wer als Erbe berufen ist, lediglich die Sachlage im Augenblick des Todes des Versicherungsnehmers in Betracht.

Die Annahme, daß der Versicherungsnehmer, welcher seine Erben als bezugsberechtigt bezeichnet, das vom Versicherer zu zahlende Kapital ihnen auf Grund des Vertrags zuwenden und es so dem Zugriffe der Nachlaßgläubiger entziehen will, entspricht nicht der Sachlage, wenn zur Erbfolge der Fiskus berufen ist. Der Gedanke einer solchen Fürsorge zu Gunsten des Fiskus liegt regelmäßig dem Versicherungsnehmer fern. Im Einklange mit der Regelung, die das Bürgerliche Gesetzbuch (§§ 2104, 2149) für ähnliche Fälle getroffen hat, bestimmt deshalb der § 164 Abs. 2, daß dem Fiskus, wenn dieser als Erbe berufen ist, ein Bezugsrecht im Sinne des Abs. 1 Satz 1 nicht zusteht. Der Fiskus kann danach in dem bezeichneten Falle nicht auf Grund des § 164 Abs. 1 Satz 1 die Rechtsstellung des bezugsberechtigten Dritten in Anspruch nehmen, mithin das Kapital immer nur als Bestandteil des Nachlasses erwerben.

§ 165.

Der § 165, welcher ebenso wie der § 163 für Kapitalversicherungen jeder Art gilt, entscheidet die Frage, wem das Kapital zufällt, wenn der bezugsberechtigte Dritte es zurückweist (§ 333 des Bürgerlichen Gesetzbuchs) oder aus irgendeinem anderen Grunde nicht erwirbt. Wie schon oben (S. 156) bemerkt, ist ein solches Kapital nicht ausschließlich dem Zwecke der Fürsorge für den Bezugsberechtigten gewidmet, sondern dient zugleich eigenen Interessen des Versicherungsnehmers. Hierdurch rechtfertigt sich von selbst die Vorschrift des Entwurfs, wonach, wenn jener Zweck nicht zu erreichen ist, das Recht auf die Leistung des Versicherers dem Versicherungsnehmer zusteht; bei einer von dem Versicherungsnehmer für den Fall des eigenen Todes genommenen Versicherung gehört es also zum Nachlasse.

§§ 166, 167.

Bei der Lebensversicherung für den Todesfall ist die Todesart oder die Todesursache auf die Haftung des Versicherers im allgemeinen ohne Einfluß. Will der Versicherer die sich hieraus ergebende Gefahr nicht im vollen Umfange übernehmen, so ist es seine Sache, durch die allgemeinen Versicherungsbedingungen oder durch besondere Vereinbarung das Geeignete zu bestimmen. Eine gesetzliche Regelung erscheint hier nur nach folgenden Richtungen angezeigt.

Die Versicherungsunternehmungen lehnen vielfach eine Haftung dann ab, wenn der Eintritt des Versicherungsfalls durch Selbstmord herbeigeführt ist. Gegen diesen Standpunkt ist an sich keine Einwendung zu erheben. Er wird aber unter Umständen mit einer Strenge vertreten, die zu Unbilligkeiten führt. Der Entwurf kann sich der Aufgabe nicht entziehen, eine angemessene Ausgleichung der beiderseitigen Interessen zu finden. Er stellt zunächst im § 166 Satz 1, selbstverständlich unbeschadet der aus den §§ 170, 173, 174 in Ansehung der Prämienreserve sich ergebenden Verbindlichkeit des Versicherers, die Regel auf, daß dieser von der Verpflichtung zur Leistung frei ist, wenn derjenige, auf dessen Person die Versicherung genommen ist, Selbstmord begangen, also den Tod durch eine auf die Vernichtung des Lebens abzielende Handlung verursacht hat. Eine derartige Verwirkung des Anspruchs läßt sich aber weder durch die Zwecke der Lebensversicherung noch durch sonstige Erwägungen da rechtfertigen, wo feststeht, daß der Versicherungsfall nicht mit zurechenbarem Vorsatze herbeigeführt ist. Der Satz 2 des § 166 bestimmt daher, daß die Verpflichtung des Versicherers unverändert bleibt, wenn die Tat in einem die freie Willensbestimmung ausschließenden Zustande krankhafter Störung der Geistestätigkeit begangen worden ist. Die Durchführung dieses Rechtssatzes ist im Interesse der Hinterbliebenen unbedingt geboten, und der Entwurf, welcher sonst die Feststellung des Umfanges der von dem Versicherer zu tragenden Gefahr der Regel nach dem Vertrag überläßt, versagt deshalb im § 169 dem Versicherer die Möglichkeit, die aus § 166 Satz 2 sich ergebende Haftung zum Nachteile des Versicherungsnehmers im Wege der Vereinbarung zu beseitigen. Für die Berechtigung von Vereinbarungen, welche die bezeichnete Haftung, sei es überhaupt, sei es während einer bestimmten Wartezeit, ausschließen, werden namentlich die Schwierigkeiten geltend gemacht, die mit dem Nachweise des Zustandes völliger Willensunfreiheit verbunden sind. Allein nach dem Entwurfe hat, wie aus der Fassung ohne weiteres hervorgeht, der Versicherer, der wegen des Selbstmordes desjenigen, auf dessen Person die Versicherung sich bezieht, die Leistung verweigert, lediglich darzutun, daß dieser sich entleibt hat. Dagegen trifft der Beweis, daß der Verstorbene sich hierbei im Zustande der Willensunfreiheit befand, stets denjenigen, welcher den Anspruch auf die Leistung erhebt. Durch diese Verteilung der Beweislast wird das berechtigte Interesse des Versicherers ausreichend gewahrt und insbesondere der erforderliche Schutz gegen Versicherungen geboten, die von vornherein mit der Absicht des Selbstmordes genommen werden.

Der § 167 Satz 1 bezieht sich auf die Lebensversicherung, welche für den Fall des Todes eines anderen als des Versicherungsnehmers genommen wird, und ist, wie die Vorschrift des § 156 Abs. 2 Satz 1, durch die Erwägung veranlaßt, daß bei derartigen Versicherungsverhältnissen immerhin mit der Gefahr eines Mißbrauchs zu unerlaubten Zwecken gerechnet werden muß. Die hier vorgeschlagene Bestimmung versagt dem Versicherungsnehmer, der vorsätzlich durch eine dem anderen gegenüber rechtswidrige Handlung, mag diese in einem Tun oder einem Unterlassen bestehen, dessen Tod herbeigeführt hat, den Anspruch auf die Leistung, welche in dem von ihm geschlossenen Versicherungsvertrage bedungen ist. An anderer Stelle (§ 173 Abs. 2 Satz 2) ist vorgesehen, daß dem Täter auch ein Anspruch auf Erstattung der Prämienreserve aus der Tötung nicht erwachsen kann. Eine Vereinbarung, durch die der Versicherer entgegen der Bestimmung des § 167 Abs. 1 die Leistung auch für den in Frage stehenden Fall versprechen wollte, wäre gemäß § 138 des Bürgerlichen Gesetzbuchs nichtig.

Der § 167 Abs. 2 beruht auf den gleichen Erwägungen wie die zuletzt erörterten Vorschriften. Er bezweckt für den Fall, daß ein Dritter bezugsberechtigt ist, den Schutz des Versicherungsnehmers oder des anderen, auf dessen Person eine Versicherung für den Todesfall genommen ist, gegen eine Lebensgefährdung durch den Bezugsberechtigten. Hier soll, wenn der Dritte vorsätzlich durch eine widerrechtliche Handlung den Tod desjenigen herbeiführt, auf dessen Person die Versicherung genommen ist, die Bezeichnung des Dritten als nicht erfolgt gelten. Die Rechtslage ist dann dieselbe, als wenn ein Bezugsberechtigter überhaupt nicht bezeichnet wäre. Bei Kapitalversicherungen steht der von dem Täter verwirkte Anspruch gemäß der Regel des § 165 dem Versicherungsnehmer zu; war die Versicherung von dem Versicherungsnehmer für den Fall des eigenen Todes genommen, so gehört der Anspruch zum Nachlasse.

Von einer besonderen Regelung der Frage, welchen Einfluß es auf den Anspruch aus der Versicherung hat, wenn der Todesfall von einem Berechtigten herbeigeführt wird, der nicht als Bezugsberechtigter von dem Versicherungsnehmer bezeichnet war, sondern seinen Anspruch auf einen anderen Rechtsgrund stützt, sieht der Entwurf ab. Erlangt der Täter den Anspruch als Erbe oder als Vermächtnisnehmer, so kann der Erwerb nach den Vorschriften des Bürgerlichen Gesetzbuchs über die Erbunwürdigkeit (§ 2339 Abs. 1 Nr. 1, §§ 2340 ff., § 2345) im Wege der Anfechtungsklage rückgängig gemacht werden. Im übrigen ist der Versicherer nicht gehindert, in den Versicherungsbedingungen weiter zu gehen, namentlich zu bestimmen, daß, vorbehaltlich des durch § 173 geregelten Erstattungsanspruchs, die Rechte aus der Versicherung erlöschen, wenn der Todesfall durch den Berechtigten herbeigeführt wird.

§ 168.

Die Pflicht zur Anzeige des Versicherungsfalls, welche nach § 33 dem Versicherungsnehmer obliegt, hat bei der Lebensversicherung praktische Bedeutung nur, wenn der Tod Versicherungsfall ist. Der § 168 Abs. 1 Satz 1 sieht die hierdurch gegebene Beschränkung der Anzeigepflicht vor.

Bei Todesfällen läßt sich nicht schlechthin die im § 33 gestellte Forderung festhalten, daß die Anzeige unverzüglich nach erlangter Kenntnis von dem Eintritte des Versicherungsfalls erstattet werde. Unter Verhältnissen, wie sie infolge eines Todesfalls gewöhnlich eintreten, wird die sofortige Erledigung derartiger Anzeigen leicht übersehen. Die Gewährung einer mäßigen Frist erscheint um so weniger bedenklich, als von den für den Versicherer erheblichen

Vorgängen meist auch Personen, die an dem Versicherungsverhältnisse nicht beteiligt sind, namentlich der behandelnde Arzt Kenntnis haben und damit die Möglichkeit bleibt, noch späterhin zuverlässige Auskunft zu erlangen. Auf der anderen Seite darf nicht außer Betracht gelassen werden, daß da, wo durch die Umstände des einzelnen Falles, etwa wegen Verdachts des Selbstmordes, eine besondere Feststellung geboten erscheint, die Vornahme der bezüglichen Ermittelung nach dem Ablauf einer längeren Zeit mit großen Schwierigkeiten verbunden ist. Eine Frist von drei Tagen, wie sie der § 168 Abs. 1 Satz 2 vorsieht, wird den Interessen beider Teile gerecht werden. Vor dem Ablaufe dieser Frist kann den zur Anzeige verpflichteten der Vorwurf der Verzögerung überhaupt nicht treffen. Ist die Anzeige nicht innerhalb der Frist zur Absendung gebracht, so bleibt gemäß § 33 der Verpflichtete immer noch in der Lage, sich darauf zu berufen, daß er von dem Eintritte des Versicherungsfalls keine Kenntnis erlangt habe oder daß ihn hinsichtlich des Unterbleibens der alsbaldigen Absendung aus anderen Gründen ein Verschulden nicht treffe. Gegen eine vertragsmäßige Verkürzung dieser Frist wird der Versicherungsnehmer durch § 169 geschützt.

Für die Fälle, in denen das Recht auf die Leistung einem anderen als dem Versicherungsnehmer zusteht, bestimmt der Abs. 2, daß auch die Pflicht zur Anzeige des Versicherungsfalls sowie die im § 34 geordnete Pflicht zur Auskunft und zur Beschaffung von Belegen dem anderen obliegt.

§ 169.

Soweit hier (§ 169 Satz 1) den vorhergehenden Vorschriften zwingende Kraft beigelegt wird, ist die Begründung schon in den Bemerkungen zu den bezüglichen Vorschriften gegeben.

Die Bestimmung des Satz 2, wonach vereinbart werden kann, daß eine seitens des Versicherungsnehmers gemäß § 162 erfolgende Kündigung schriftlich geschehen muß, beruht auf denselben Erwägungen wie die Vorschrift des § 31 Satz 2.

§ 170.

Die Prämienreserve ist die aus den jeweils eingehenden Prämien gebildete Rücklage, deren der Versicherer bedarf, um die verfügbaren Beträge seiner künftigen Einnahmen auf die Höhe der zu erwartenden Versicherungsansprüche zu ergänzen. Bei der Wichtigkeit des Zweckes, welchem hiernach die Prämienreserve dient, hat das Gesetz über die privaten Versicherungsunternehmungen vom 12. Mai 1901 einerseits für die Berechnung und Buchung der Prämienreserve (§§ 11, 56), anderseits für deren Zuführung an den Prämienreservefonds sowie für die Anlegung, Aufbewahrung und Verwaltung dieses Fonds (§§ 57 bis 60, § 61 Abs. 1) die erforderlichen Vorschriften getroffen. Das Gesetz vom 12. Mai 1901 ist indessen auch bereits einer Frage näher getreten, deren weitere Regelung Sache des Entwurfs ist. Von der Prämienreserve, wie sie nach Maßgabe der seitens der Aufsichtsbehörde genehmigten Rechnungsgrundlagen jeweils feststeht, trifft auf die einzelne Versicherung ein Anteil, dessen Betrag gleichfalls für jeden Zeitpunkt berechnet werden kann. Die Mittel zur Ansammlung dieses Betrags sind den Leistungen entnommen, welche der Versicherungsnehmer bis dahin gemacht hat. Aus der wirtschaftlichen Bedeutung, die der Prämienreserve hiernach für die Deckung der Versicherungsnehmer zukommt, hat das Gesetz vom 12. Mai 1901 im § 61 Abs. 2, 3, § 62 hinsichtlich aller Arten der Lebensversicherung die praktische Folgerung gezogen, daß die Versicherungsnehmer im Konkurse des Versicherers denjenigen Betrag, der als rechnungsmäßige Prämienreserve zur Zeit der Konkurseröffnung auf sie entfällt, unverkürzt fordern können und insoweit einen Anspruch auf vorzugsweise Befriedigung aus den Beständen des Reservefonds haben. Diese durchgreifenden Vorschriften, welche im Falle des Konkurses den Versicherungsnehmern die volle Prämienreserve ohne jeden Abzug überweisen, läßt der Entwurf unberührt; sie erscheinen um deswillen gerechtfertigt, weil die Eröffnung des Konkursverfahrens dem Unternehmen des Versicherers ein Ziel setzt, anderseits aber durch die Beendigung der Versicherungsverhältnisse sämtliche Versicherungsnehmer in dieselbe Rechtslage bringt. Dem Entwurfe verbleibt die Entscheidung der Frage, wie mit der Prämienreserve zu verfahren ist, wenn ein Umstand, der lediglich das einzelne Versicherungsverhältnis betrifft, dazu führt, daß dieses Verhältnis nicht in seiner ursprünglichen Gestalt bestehen bleibt. Auch hier kann angesichts des erwähnten Vorgangs in dem Gesetze vom 12. Mai 1901 den wirtschaftlichen Beziehungen, welche den Versicherungsnehmer mit der Prämienreserve verbinden, die Berücksichtigung nicht versagt werden. Auf der anderen Seite kommt aber in Betracht, daß die Prämienreserve als Ganzes dem Versicherer zur Deckung der Verpflichtungen dient, welche aus der Gesamtheit der von ihm geschlossenen Verträge entspringen, und daß, solange solche Verträge bestehen, der Versicherer gegen eine Beeinträchtigung seiner Rechte und die übrigen Versicherungsnehmer gegen eine Gefährdung ihrer künftigen Ansprüche nicht geschützt sind, wenn der einzelne Versicherungsnehmer sich in der Lage befindet, gegebenenfalls aus der Prämienreserve einfach den auf ihn entfallenden Anteil ohne Schmälerung wegzuziehen. Es bedarf deshalb der Ausgleichung zwischen den sich widerstreitenden Interessen.

Die Praxis der Lebensversicherung ist, wenngleich gerade auf dem bezeichneten Gebiete noch manche Verschiedenheiten bestehen, schon jetzt zu angemessenen Ergebnissen gelangt. Sie räumt unter Wahrung der Rechte des Versicherers den Versicherungsnehmern selbständige Ansprüche gegenüber der Prämienreserve ein, die es ihnen ermöglichen, ihren Anteil an dieser Reserve in geeigneter Weise für sich nutzbar zu machen. Zunächst ist es, und zwar bei jeder Art von Lebensversicherung, üblich geworden, daß dem Versicherungsnehmer, dessen Anteil an der Prämienreserve auf einen ausreichenden Betrag angewachsen ist, die Befugnis gewährt wird, das Versicherungsverhältnis frei von weiteren Prämienzahlungen auf Grund jenes Anteils in veränderter Gestalt fortzusetzen (Umwandlung der Versicherung). Sodann aber wird für einen bestimmten Kreis von Versicherungsverhältnissen gewöhnlich auch ein Recht des Versicherungsnehmers anerkannt, von dem Versicherer, wenn dessen Pflicht zur Zahlung der Versicherungssumme wegfällt, die Herausgabe der Prämienreserve zu verlangen (Rückkauf der Versicherung). Auf die bezeichneten Rechte weist schon das Gesetz vom 12. Mai 1901 (§ 9 Abs. 1 Nr. 4) hin. In den §§ 170 bis 175 des Entwurfs werden sie nunmehr, sowohl was ihre Voraussetzungen als was ihren Inhalt und Umfang betrifft, unter Verwertung der bisher gemachten Erfahrungen näher geregelt; die besonderen Vorschriften für die Umwandlung der Versicherung finden sich in den §§ 171, 172, diejenigen für die Herausgabe der Prämienreserve in den §§ 173, 174.

Gegen eine gesetzliche Regelung der hier in Frage kommenden Rechte der Versicherungsnehmer ist vielfach Widerspruch erhoben worden. Man hat sie als einen unerwünschten Eingriff in die versicherungstechnische Seite des Lebensversicherungsvertrags bezeichnet und geltend gemacht, daß gesetzliche Vorschriften hier schon deshalb nicht am Platze seien, weil die Grundlagen und Voraussetzungen der erforderlichen Berechnungen versicherungstechnisch noch nicht genügend geklärt seien. Ein weiteres Bedenken ergebe sich aus der großen Verschiedenheit, die in den inneren Verhältnissen der einzelnen Unternehmungen sowohl hinsichtlich ihres Alters und des Umfanges ihrer Versicherungsbestände als hinsichtlich der für die Bildung der Prämienreserve maßgebenden Grundlagen bestehe; auch sei es unmöglich, daß gesetzliche Vorschriften der Mannigfaltigkeit der vorkommenden und im weiteren Laufe der Entwickelung zu gewärtigenden Formen und Kombinationen der Lebensversicherung gerecht würden. Diese Erwägungen können indessen nicht dazu führen, von jeder gesetzlichen Regelung abzusehen. Bei der hervorragenden Wichtigkeit des Gegenstandes muß das Gesetz wenigstens die als Regel zur Anwendung kommenden Grundsätze feststellen; es kann dies um so unbedenklicher, als es sich dabei an eine schon gegenwärtig weitverbreitete Praxis der Versicherungsgesellschaften anzuschließen vermag. Berechtigt erscheint nur die Forderung, daß das Gesetz einen gewissen Spielraum lasse, innerhalb dessen durch die Versicherungsbedingungen den besonderen Bedürfnissen der einzelnen Anstalten und der weiteren Entwicklung Rechnung getragen werden kann. Insoweit finden aber die gegenüber dem Vorentwurfe geäußerten Bedenken jetzt durch die Vorschriften des § 171 Abs. 4, des § 173 Abs. 4 und namentlich des § 175 Satz 2 ihre Erledigung.

Gemäß § 170 sind die in Frage stehenden Rechte dadurch bedingt, daß das Versicherungsverhältnis mindestens drei Jahre bestanden hat und die Prämie für diesen Zeitraum bezahlt ist. Mit dem Zustandekommen der Versicherung sind für den Versicherer beträchtliche Auslagen und Unkosten verbunden. Bei normalem Verlaufe der Versicherungen findet der Versicherer die erforderliche Deckung in den eingehenden Prämien, die teilweise zur allmählichen Tilgung jener Kosten bestimmt sind. Fallen infolge frühzeitiger Beendigung der Prämienzahlungen diese Einnahmen fort, so bleibt dem Versicherer als Deckungsmittel nur die Rücklage aus den bisher eingegangenen Prämien. Dem Versicherungsnehmer können daher Ansprüche in Ansehung der Prämienreserve erst eingeräumt werden, wenn diese auf einen Betrag angewachsen ist, der die zu deckenden Kosten übersteigt. Dies wird im allgemeinen angenommen werden dürfen, wenn der Versicherer die Prämie für drei Jahre erhalten und während dieses Zeitraums den Zinsgenuß gehabt hat. Von dieser Voraussetzung macht daher der § 170 die im folgenden dem Versicherungsnehmer eingeräumten Rechte abhängig. Eine Ausnahme sieht der Entwurf (§ 174) nur für Versicherungen mit einmaliger Prämie vor, da der Versicherer hier bereits im ersten Jahre das Entgelt für die ganze Versicherungszeit in Händen hat. Hier soll deshalb dem Versicherungsnehmer der Anspruch auf Erstattung der Prämienreserve auch schon vor dem Ablaufe des dreijährigen Zeitraums zustehen.

§§ 171, 172.

Der § 171 Abs. 1 gewährt zunächst allen Versicherungsnehmern nach dreijährigem Bestehen des Versicherungsverhältnisses das Recht, jederzeit für den Schluß der laufenden Versicherungsperiode die Umwandlung der Versicherung in eine prämienfreie Versicherung zu verlangen. Das bezeichnete Recht greift gegenüber sämtlichen Lebensversicherungsverträgen Platz, ohne daß die Art des Versicherungsverhältnisses einen Unterschied begründet. Seine Anwendbarkeit hängt nur davon ab, daß die Versicherung nicht bereits prämienfrei ist, wie die Versicherung mit einmaliger Prämienzahlung, und nach dem Schlusse der Leistungen des Versicherungsnehmers auch die Versicherung mit abgekürzter Prämienzahlung, daß vielmehr die Entrichtung mindestens eines Prämienbetrags noch aussteht. Der Versicherungsnehmer, welcher eine Prämienzahlung nicht mehr leisten kann oder will, ist hiernach nicht ausschließlich auf die im § 162 Abs. 1 vorgesehene Kündigungsbefugnis angewiesen, sondern besitzt in der auf ihn entfallenden Prämienreserve, sofern ihr mindestens drei Jahresprämien zugrunde liegen, ein Mittel, durch welches sich seine Zahlungspflicht beseitigen läßt, ohne daß er aus dem Versicherungsverhältnis auszuscheiden braucht.

Macht der Versicherungsnehmer von diesem Mittel Gebrauch, so tritt, wie der § 171 Abs. 2 vorsieht, an die Stelle des durch den Vertrag festgesetzten Kapital- oder Rentenbetrags der Betrag, der sich für das Alter desjenigen, auf dessen Person die Versicherung genommen ist, als Leistung des Versicherers ergibt, wenn die auf die Versicherung entfallende Prämienreserve als einmalige Prämie angesehen wird. Maßgebend ist das Alter, das die bezeichnete Person in dem Zeitpunkte der Umwandlung, also am Schlusse der Versicherungsperiode, erreicht hat. Ebenso ist die Prämienreserve für den Schluß der laufenden Versicherungsperiode zu berechnen (§ 171 Abs. 3 Satz 1); Prämienrückstände darf der Versicherer von dem so ermittelten Betrag abziehen (§ 170 Abs. 3 Satz 2). Abgesehen von dem Alter desjenigen, auf dessen Person die Versicherung genommen ist, kommt für die Bemessung der den Versicherer nunmehr treffenden Leistung nur die Sachlage in Betracht, wie sie zur Zeit der Schließung des Vertrags war; später eingetretene Änderungen dieser Sachlage, welche die Haftung des Versicherers unberührt lassen, z. B. Krankheit, werden bei jener Bemessung nicht berücksichtigt.

Der Vorentwurf enthielt die Bestimmung, daß bei der Umwandlung auch der Tarif zugrunde zu legen sei, nach welchem der Vertrag geschlossen worden ist. Demgegenüber ist von verschiedenen Seiten auf den engen Zusammenhang des Tarifs mit den übrigen Rechnungsgrundlagen hingewiesen und insbesondere geltend gemacht worden, daß mit einer Änderung des Tarifs häufig zugleich eine Änderung der Versicherungsbedingungen und der für die Berechnung der Prämienreserve maßgebenden Grundlagen stattfinde, die regelmäßig die Versicherungsnehmer günstiger stelle und daher auch demjenigen, welcher die Umwandlung verlange, zugute gekommen sei. Es läßt sich in der Tat nicht verkennen, daß es unbillig wäre, wenn der Versicherungsnehmer, obgleich er von der Änderung des Tarifs und der Versicherungsbedingungen, insbesondere von einem durch solche Änderungen bewirkten rascheren Steigen der Prämienreserve, Nutzen gezogen hat, dennoch bei der Umwandlung seiner Versicherung auf die niedrigen Prämiensätze des früheren Tarifs zurückgreifen könnte. Der Entwurf hat deshalb jene Bestimmung nicht aufrechterhalten; die Umwandlung hat vielmehr gemäß den bei ihrer Vornahme maßgebenden Rechnungsgrundlagen zu erfolgen. Bedenken sind ferner dagegen erhoben worden, daß nach dem Vorentwurfe der Versicherer gezwungen sein sollte, dem Versicherungsnehmer bei der Umwandlung die volle Prämienreserve ohne jeden Abzug zugute kommen zu lassen. Auch diese Bedenken waren als begründet anzuerkennen, da die Gesichtspunkte, welche schon in dem Vorentwurfe dazu geführt haben, für den Fall des Rückkaufs der Versicherung dem Versicherer ein Abzugsrecht zuzugestehen, in wesentlichen Punkten auch für den Fall der Umwandlung zutreffen. Ein solches Abzugsrecht wird daher durch den § 171 Abs. 4 hier gleichfalls dem Versicherer gewährt. Die Art, wie rechnerisch der Abzug vorzunehmen ist, läßt der Entwurf frei. Gegen eine das berechtigte Maß überschreitende Kürzung sind die Versicherungsnehmer dadurch geschützt, daß der Versicherer zu einem Abzuge nur in den Grenzen des Angemessenen (§ 171 Abs. 4 Satz 1) berechtigt ist und daß eine Abmachung, durch welche der Betrag des Abzugs zum voraus festgesetzt wird, den Versicherungsnehmer nur bindet, wenn sie die Genehmigung der Aufsichtsbehörde erhalten hat (§ 171 Abs. 4 Satz 2). Inwieweit Abweichungen von den im § 171 vorgesehenen Berechnungsgrundsätzen zulässig sind, bestimmt der § 175 Satz 2.

Im § 172 läßt der Entwurf die Umwandlung der Versicherung sodann demjenigen Versicherungsnehmer zustatten kommen, welcher nach dreijährigem Bestehen der Versicherung eine weitere Prämienzahlung versäumt hat und infolgedessen den Verlust seiner Ansprüche aus der Versicherung gewärtigen muß. Auch hier erscheint es ohne Beeinträchtigung der Interessen des Versicherers angängig, dessen Haftung in dem Umfange festzuhalten, der sich bei der Zugrundelegung einer Prämie ergibt, die dem Anteile des Versicherungsnehmers an der Prämienreserve entspricht. Der Abs. 1 des § 172 bestimmt daher, daß das Versicherungsverhältnis, wenn es von dem Versicherer wegen unterbliebener Prämienzahlung des Versicherungsnehmers gemäß § 39 Abs. 1 Satz 3 gekündigt wird, sich mit der Kündigung in eine prämienfreie Versicherung umwandelt und daß auf die Umwandlung die Vorschriften des § 171 Abs. 2 bis 4 Anwendung finden. Die Umwandlung vollzieht sich also genau in derselben Weise, wie wenn der Versicherungsnehmer sie ausdrücklich verlangt, namentlich ist die Prämienreserve auch hier für den Schluß der laufenden Versicherungsperiode zu berechnen. Nur wird die Umwandlung nicht erst mit dem Schlusse dieser Periode, sondern schon mit dem Zeitpunkte der Kündigung wirksam, weil die Haftung des Versicherers für die ursprüngliche Versicherungssumme unter allen Umständen durch die Kündigung sofort erlischt.

Die in Frage stehende Begünstigung muß bei der Gleichheit der Sachlage dem Versicherungsnehmer, welcher mit einer Prämienzahlung im Verzug ist, auch dann zuteil werden, wenn nach dem Ablaufe der ihm vom Versicherer zur Nachholung der Zahlung bestimmten Frist, aber vor der Kündigung der Versicherungsfall eintritt. Nach § 39 Abs. 1 Satz 2 des Entwurfs wäre unter solchen Umständen der Versicherer von jeder Haftung frei. Demgegenüber bestimmt der § 172 Abs. 2, daß in dem bezeichneten Falle der Versicherer zu der Leistung verpflichtet ist, die ihm obliegen würde, wenn sich mit dem Eintritte des Versicherungsfalls die Versicherung in eine prämienfreie Versicherung umgewandelt hätte.

Nach § 39 Abs. 2 hat die Bestimmung der Zahlungsfrist die Rechtsfolgen anzugeben, welche gemäß Abs. 1 daselbst mit dem Ablaufe der Frist verbunden sind. Dem entspricht es, daß, wie der § 172 Abs. 3 vorsieht, bei Lebensversicherungen, wenn die Voraussetzungen des § 170 gegeben sind, die Bestimmung der Zahlungsfrist einen Hinweis auf die nach § 172 Abs. 1, 2 eintretende Rechtsfolge der Umwandlung zu enthalten hat.

Über das durch die §§ 171, 172 bezeichnete Gebiet hinaus läßt sich das Recht auf Umwandlung nicht erstrecken. Insbesondere erscheint es ausgeschlossen, dem Versicherungsnehmer dieses Recht auch gegenüber demjenigen Versicherer zu gewähren, welcher die Befugnis ausüben will, von dem Vertrage wegen Verletzung der Anzeigepflicht zurückzutreten oder den Vertrag wegen Erhöhung der Gefahr zu kündigen. Denn durch die bezeichnete Befugnis soll der Versicherer gegen den Nachteil geschützt werden, daß er für eine Gefahr, mit der er bei dem Abschlusse des Vertrags nicht rechnete, dauernd die Haftung trägt. Ebendeshalb darf der Versicherungsnehmer nicht in der Lage sein, die Fortsetzung dieser Haftung mittels Umwandlung der Versicherung zu erzwingen und so der Befugnis des Versicherers zum Rücktritt oder zur Kündigung die Wirksamkeit zu entziehen. Hiermit ist von selbst gegeben, daß der Versicherer auch gegenüber einer bereits prämienfrei gewordenen Versicherung seine Befugnis in gleicher Weise geltend machen kann wie vorher.

§§ 173, 174.

Während in den §§ 171, 172 die Prämienreserve von dem Entwurfe dazu verwertet wird, den Versicherer an dem Vertrage festzuhalten, regeln die §§ 173, 174 das Recht auf Herausgabe der Prämienreserve, welches demjenigen zusteht, dessen vertragsmäßiger Anspruch gegen den Versicherer durch die Aufhebung des Versicherungsverhältnisses oder in anderer Weise erlischt. Entsprechend dem in der bisherigen Praxis ausgebildeten Rückkaufe der Versicherung wird vom Entwurfe jenes Recht für alle Lebensversicherungen anerkannt, bei denen die Leistungspflicht des Versicherers eine unbedingte ist (S. 145). Das Recht erscheint hier sachlich durchaus begründet. Ist schon bei dem Abschlusse des Versicherungsvertrags gewiß, daß das Ereignis, von dessen Eintritte die Entstehung des Anspruchs auf die Versicherungssumme abhängt, eintreten wird, so kann die Prämienreserve von vornherein nur die Bestimmung haben, der Befriedigung dieses Anspruchs zu dienen. Der Versicherer macht also auf Kosten des Berechtigten einen wirtschaftlich nicht gerechtfertigten Gewinn, wenn er in den Fällen, in denen er entgegen dem regelmäßigen Verlauf eines derartigen Versicherungsverhältnisses aus besonderen Gründen von der Verpflichtung zur Leistung frei wird, die vermittels der Zahlungen des Versicherungsnehmers gebildete Prämienreserve einfach für sich behalten darf.

Die leitende Bestimmung über das Recht auf Herausgabe der Prämienreserve gibt der Entwurf im Abs. 1 des § 173 in Verbindung mit Abs. 2 Satz 1 daselbst. Danach hat bei jeder Kapitalversicherung für den Todesfall, die in der Art genommen ist, daß der Eintritt der Verpflichtung des Versicherers zur Zahlung des vereinbarten Kapitals gewiß ist, der Versicherer den Betrag der auf die Versicherung entfallenden Prämienreserve sowohl dann zu erstatten, wenn das Versicherungsverhältnis vor dem Eintritte des Versicherungsfalls durch Rücktritt oder Kündigung aufgehoben wird, als auch dann, wenn nach dem Eintritte des Versicherungsfalls der Versicherer von der Verpflichtung zur Zahlung des im Vertrage festgesetzten Kapitals frei ist. Die Verbindlichkeit des Versicherers zur Erstattung der Reserve wird mithin namentlich dadurch begründet, daß er von dem Vertrage zurücktritt, weil der Versicherungsnehmer seinen Obliegenheiten hinsichtlich der Anzeige der Gefahrumstände nicht nachgekommen ist (§ 16 Abs. 2, § 17 Abs. 1) oder daß er den Vertrag wegen Gefahrerhöhung kündigt (§ 24 Abs. 1, § 27 Abs. 1). Dasselbe trifft zu, wenn der Versicherer bei dem Eintritte des Versicherungsfalls von der Leistungspflicht frei wird, weil der Versicherungsnehmer die Vorschriften über die Gefahrerhöhung verletzt hat (§ 25 Abs. 1, § 28 Abs. 1) oder weil der Versicherungsfall durch den Selbstmord desjenigen, auf dessen Person die Versicherung genommen war, herbeigeführt worden ist (§ 166). Anderseits gibt der Verzug, in welchem sich der Versicherungsnehmer mit der Zahlung einer Prämie befindet, nach dem Entwurfe zur Herausgabe der Prämienreserve keinen Anlaß. Denn gegenüber einem solchen Versicherungsnehmer wird weder bei dem Eintritte des Versicherungsfalls der Versicherer von seiner Leistungspflicht befreit noch durch die Kündigung des Versicherers das Versicherungsverhältnis aufgehoben, vielmehr kommt es hier gemäß § 172 immer zu einer Umwandlung. Wohl aber ist auf Grund des § 173 der Versicherungsnehmer seinerseits in der Lage, die Erstattung der Prämienreserve dadurch zu erreichen, daß er das Versicherungsverhältnis nach § 162 für den Schluß der laufenden Versicherungsperiode kündigt. Bei der Lebensversicherung mit unbedingter Leistungspflicht des Versicherers hat also der Versicherungsnehmer, welcher die Prämienzahlung nicht fortsetzen kann oder will, stets die Wahl, entweder das Versicherungsverhältnis aufzuheben und sich die Prämienreserve herausgeben zu lassen oder gemäß § 171 die Umwandlung in eine prämienfreie Versicherung zu verlangen und so das Verhältnis fortzusetzen. Auch dann, wenn sich der Versicherungsnehmer für die Umwandlung entschieden hat oder die Umwandlung zufolge § 172 eingetreten ist, kann er nachträglich noch die Erstattung der Prämienreserve herbeiführen, indem er für die nunmehr prämienfrei gewordene Versicherung (zu vergl. § 171 Abs. 2) von dem im § 162 Abs. 2 vorgesehenen Rechte der Kündigung Gebrauch macht und sich hierdurch den Anspruch auf die Erstattung verschafft. Keiner besonderen Begründung bedarf die Vorschrift des § 173 Abs. 2 Satz 2, wonach der Versicherungsnehmer, der bei einer für den Fall des Todes eines anderen genommenen Versicherung vorsätzlich durch eine widerrechtliche Handlung den Tod dieses anderen herbeiführt, keinen Anspruch auf die Prämienreserve geltend machen kann.

Soweit nach dem Entwurfe dem Versicherer die Erstattung der Prämienreserve obliegt, bleibt noch der Umfang dieser Verpflichtung festzustellen. Mit bezug hierauf sieht zunächst der Abs. 3 des § 173, entsprechend dem § 171 Abs. 3 Satz 1, vor, daß bei der Ermittelung des zu erstattenden Betrags die Prämienreserve für den Schluß der Versicherungsperiode zu berechnen ist, in deren Laufe das Versicherungsverhältnis endigt. Inwieweit eine andere Art der Berechnung zulässig ist, bestimmt der § 175 Satz 2.

Im übrigen erscheint es nicht angängig, dem Berechtigten den Betrag, wie er durch die im Abs. 3 vorgesehene Berechnung ermittelt wird, ohne jede Kürzung zugute kommen zu lassen. Durch die Gewährung der vollen Prämienreserve wird das Ausscheiden der Versicherungsnehmer wesentlich erleichtert, in gleichem Maße aber die Gefahr verstärkt, daß sich der Gesamtbestand der Versicherungen in einer die Leistungsfähigkeit des Unternehmens beeinträchtigenden Weise verschlechtert. Die Gefahr dieser sogenannten Antiselektion darf nicht unterschätzt werden; sie bedarf nicht nur im Interesse des Versicherers, sondern auch zum Schutze der in der Versicherung verbleibenden Versicherungsnehmer einer Gegenwirkung. Unter Umständen wird auch der Versicherer, wenn das Versicherungsverhältnis und damit die weitere Entrichtung von Prämien aufhört, in den bis dahin bezogenen Prämienzuschlägen (§ 11 Abs. 1 Satz 1 des Gesetzes vom 12. Mai 1901) noch keinen Ersatz für die Aufwendungen gefunden haben, die ihm der Abschluß des Vertrags verursacht hatte. Wird er unter solchen Umständen genötigt, den ganzen Betrag der Prämienreserve zu erstatten, so erleidet er geradezu eine Einbuße.

Der Vorentwurf hatte eine Bestimmung vorgeschlagen, welche dem Versicherer erlaubte, den zu erstattenden Betrag um drei vom Hundert des im Vertrage für den Eintritt des Versicherungsfalls zugesagten Kapitals zu kürzen. Die gesetzliche Festlegung eines bestimmten Satzes für den Abzug ist jedoch von den verschiedensten Seiten als bedenklich und undurchführbar bekämpft worden. Man hat geltend gemacht, sie sei vom Standpunkte der Versicherungsnehmer nicht erforderlich, weil schon der Wettbewerb der Unternehmungen dahin führe, die Abgangsentschädigung so hoch zu bemessen, als es mit den Verhältnissen der einzelnen Unternehmung vereinbar sei, und weil die Interessen der Versicherungsnehmer in diesem Punkte schon durch die Aufsichtsbehörde genügend geschützt werden würden. Anderseits seien die jüngeren und schwächeren Gesellschaften der mit dem erleichterten Ausscheiden der Versicherungsnehmer verbundenen Gefahr einer Verschlechterung des Gesamtbestandes der Versicherungen und damit einer Beeinträchtigung ihrer Leistungsfähigkeit in weit höherem Maße ausgesetzt als die älteren und kapitalkräftigeren; auch arbeiteten jene in der Regel mit weit höheren Anwerbungskosten als diese. Es könnten also die Verhältnisse, welche für die Bemessung des zulässigen Abzugs in Betracht zu ziehen seien, bei den einzelnen Unternehmungen sehr verschieden liegen. Eine nach dem gleichen festen Satze bewirkte Berechnung des Abzugs werde bei den einzelnen Unternehmungen eine ganz verschiedene Bedeutung haben und nicht zur Gleichmäßigkeit, sondern zur Ungleichheit der tatsächlichen Leistungen führen. Für den Fall, daß eine Versicherung erst kürzere Zeit bestanden habe, sei der im Vorentwurfe vorgesehene Abzug jedenfalls zu hoch; für andere Fälle stehe dagegen keineswegs fest, daß mit ihm unter allen Umständen die Daseinsbedingungen einer Unternehmung gewahrt seien. Diese Bedenken lassen sich nicht als unberechtigt abweisen. Der Entwurf (§ 173 Abs. 4) beschränkt sich daher im Einklange mit der Vorschrift des § 171 Abs. 4 auf die Bestimmung, daß der Versicherer zu einem angemessenen Abzuge berechtigt ist. Darüber, ob der Abzug, welchen der Versicherer beansprucht, das Maß des Angemessenen nicht übersteigt, wird im Streitfalle der Richter nach Einholung des Gutachtens Sachverständiger zu entscheiden haben. Die praktischen Unzuträglichkeiten, die sich hieraus ergeben könnten, werden dadurch abgeschnitten, daß, wenn für den Abzug mit Genehmigung der Aufsichtsbehörde in den Versicherungsbedingungen ein bestimmter Betrag festgesetzt ist, dieser Betrag als angemessen zu gelten hat (§ 173 Abs. 4 Satz 2). Eine dem Versicherungsnehmer nachteilige Abweichung von der Regelung des Entwurfs ist auch in diesem Punkte ausgeschlossen (§ 175 Satz 1).

Nach § 174 hat bei Versicherungen, für die eine einmalige Prämie zu entrichten ist, der Versicherungsnehmer die im § 173 vorgesehenen Rechte auch dann, wenn die Versicherung noch nicht drei Jahre bestanden hat. Hierin liegt eine Abweichung von der Regel des § 170. Die Gründe derselben sind schon in den Bemerkungen zu der letzteren Vorschrift angegeben.

Dagegen lassen sich die Vorschriften über die Erstattung der Prämienreserve auf Versicherungsverhältnisse mit bedingter Leistungspflicht des Versicherers (S. 145, 146) nicht übertragen. Ist es bei dem Beginne des Versicherungsverhältnisses ungewiß, ob das Ereignis, an dessen Eintritt die Leistung des Versicherers gebunden ist, sich verwirklichen wird, so hat der Versicherungsnehmer niemals eine feste Anwartschaft auf die Zahlung der seitens des Versicherers zugesagten Kapital- oder Rentenbeträge. Das Rechtsverhältnis kann zu einer seiner Bestimmung entsprechenden Erledigung gelangen, ohne daß es zu einer Zahlung des Versicherers kommt. Denn eine solche Erledigung liegt auch dann vor, wenn feststeht, daß der Eintritt des Versicherungsfalls ausgeschlossen ist. In diesem Falle muß nach dem Zwecke und Inhalte des Vertrags die bis dahin angesammelte Prämienreserve endgültig dem Versicherer verbleiben. Der Versicherer kann diese Einnahmen auch gar nicht entbehren. Sie haben von vornherein die Bestimmung, zur Befriedigung der Ansprüche aus denjenigen Versicherungsverhältnissen gleicher Art beizutragen, welche sich durch den Eintritt des Versicherungsfalls erledigen, und die Prämiensätze sind mit Rücksicht auf den aus jenen Einnahmen zu erwartenden Zuwachs entsprechend niedriger bemessen. Der Versicherungsnehmer kann also schon gegenüber dem regelmäßigen Gange der Dinge nicht mit Bestimmtheit darauf rechnen, daß sein Anteil an der Prämienreserve zur Bewirkung der vom Versicherer übernommenen Leistung Verwendung finden werde. Auf der anderen Seite verbietet die Rücksicht auf den Geschäftsbetrieb der Versicherungsunternehmungen, diese gesetzlich zur Erstattung der Prämienreserve dann zu verpflichten, wenn aus einem besonderen Grunde die Haftung aus dem Versicherungsvertrage wegfällt. Eine solche Verpflichtung würde die Gefahr mit sich bringen, daß die Versicherungsnehmer auf Kosten des Versicherers einen ungerechtfertigten Gewinn machen und daß die Grundlagen des Versicherungsbetriebs erschüttert werden. Denn jeder Versicherungsnehmer wäre damit in die Lage versetzt, durch Kündigung die Erstattung der Prämienreserve zu erzwingen, sobald bei seiner Versicherung der Eintritt des Versicherungsfalls unwahrscheinlich wird, und dem Versicherer verblieben dann nur die Vertragsverhältnisse, aus denen er voraussichtlich leisten muß. Soweit der Versicherer zur Erstattung der Prämienreserve nicht verpflichtet ist, verliert zugleich das im § 162 Abs. 1 vorgesehene Kündigungsrecht des Versicherungsnehmers einen großen Teil seiner praktischen Bedeutung; ein Versicherungsnehmer, der drei Jahresprämien bezahlt hat, wird daher bei der Lebensversicherung mit bedingter Leistungspflicht gegebenenfalls nicht zur Kündigung, sondern gemäß § 171 zur Umwandlung greifen.

§ 175.

Die Rechte, welche durch die §§ 170 bis 174 dem Versicherungsnehmer in Ansehung der Prämienreserve beigelegt werden, sind für seine Stellung gegenüber dem Versicherer von besonderer Wichtigkeit. Es erscheint deshalb geboten, ihn gegen eine Verkümmerung dieser Rechte zu schützen. Der § 175 Satz 1 des Entwurfs bestimmt zu dem Behufe, daß sich der Versicherer auf Vereinbarungen, durch welche von jenen Vorschriften zum Nachteile des Versicherungsnehmers abgewichen wird, nicht berufen kann. Immerhin ist die Rechnungsmethode, die der Entwurf für die Umwandlung in eine prämienfreie Versicherung und für die Feststellung des beim Rückkaufe der Versicherung zu gewährenden Betrags vorsieht, nicht die einzige, die zu einem für die Beteiligten annehmbaren Ergebnisse führt. Es ist auch bereits darauf hingewiesen worden, daß mit Rücksicht auf die Verschiedenheit, die in den inneren Verhältnissen der einzelnen Unternehmungen besteht, Abweichungen von den Regeln des Entwurfs unter gewissen Voraussetzungen zugelassen werden müssen. Dem wird durch die Vorschrift des § 175 Satz 2 Rechnung getragen. Danach kann mit Genehmigung der Aufsichtsbehörde in den Versicherungsbedingungen eine andere als die in den §§ 171, 172 vorgesehene Art der Umwandlung in eine prämienfreie Versicherung sowie eine andere als die im § 173 vorgesehene Berechnung des zu erstattenden Betrags vorgesehen werden. So wird gegenwärtig nicht selten ein Verfahren angewandt, wonach im Falle der Umwandlung die Ermittelung des Betrags der prämienfreien Versicherung in der Weise erfolgt, daß die Versicherungssumme in dem Verhältnisse der Anzahl der bereits gezahlten Prämien zu der Anzahl der für die gesamte Versicherungsdauer zu zahlenden Prämien gemindert wird. Die Aufsichtsbehörde wird auf Grund des § 175 Satz 2 in der Lage sein, darüber zu befinden, ob einer Versicherungsunternehmung zu gestatten ist, das bezeichnete Verfahren beizubehalten.

Vierter Abschnitt.

Unfallversicherung.

§ 176.

Die Versicherung gegen Unfälle, durch welche eine Tötung oder Körperverletzung herbeigeführt wird, hat sich zunächst ebenso wie die Haftpflichtversicherung im Anschluß an das Haftpflichtgesetz vom 7. Juni 1871 erweiterte Geltung verschafft. Namentlich war hier der § 4 des genannten Gesetzes von Einfluß, demzufolge der haftpflichtige Unternehmer, der den Getöteten oder Verletzten gegen den Unfall versichert hatte, unter bestimmten Voraussetzungen auf die vermöge seiner Haftpflicht zu leistende Entschädigung die aus der Versicherung fließenden Beträge anrechnen durfte. Denn damit ergab sich für die Inhaber der von dem Gesetze betroffenen Unternehmungen ein besonderer Anlaß, ihre Arbeiter gegen die im Betrieb eintretenden Tötungen und Körperverletzungen zu versichern. Diese Gesamtversicherung hat durch die Einführung der öffentlichen Unfallversicherung zum großen Teile ihre Bedeutung verloren. Allerdings ist ihr ein beschränktes Anwendungsgebiet noch verblieben, wie namentlich die Versicherung von Angestellten, die der öffentlichen Versicherung nicht unterliegen, und die Zuschußversicherung, durch welche die Leistungen der Berufsgenossenschaften und Krankenkassen ergänzt werden. In der Hauptsache überwiegen aber bei der privaten Unfallversicherung jetzt die Verträge, die sich auf einzelne Personen beziehen. Die so geschlossenen Versicherungen haben teils besondere Arten von Unfällen, namentlich Unfälle, die sich in einem bestimmten Beruf oder bei der Wahrnehmung einzelner mit Gefahr verbundener Verrichtungen oder auf einer Reise ereignen, teils Unfälle jeder Art zum Gegenstande.

Als Leistung des Versicherers kommt auch bei der Unfallversicherung die Zahlung eines Kapitals oder einer Rente in Betracht. Diese Art der Leistung wird aber nur für Unfälle vereinbart, die den Tod oder eine dauernde Einbuße an Erwerbsfähigkeit zur Folge haben. Unabhängig hiervon pflegt der Versicherer für alle Unfälle bis zum Ablauf einer bestimmten Frist seit ihrem Eintritte die Leistung eines nach Tagen bemessenen Geldbetrags zu übernehmen. In einer solchen Tagesentschädigung (Kurquote) erhält der Versicherungsnehmer den Ersatz der Kosten eines etwaigen Heilverfahrens sowie der Vermögensnachteile, die sich während jener Frist aus der Beeinträchtigung seiner Erwerbsfähigkeit ergeben sollten. Übrigens geht die Leistungspflicht des Versicherers mitunter auch auf die Gewährung der ärztlichen Behandlung selbst sowie auf die Beschaffung der nötigen Heilmittel.

Die Vorschriften des vierten Abschnitts finden, soweit sich nicht aus ihrem Inhalt ein anderes ergibt, auf alle Arten der Unfallversicherung Anwendung. Sie beruhen nicht ausschließlich auf Erwägungen, die der Unfallversicherung eigentümlich sind; zum Teil schließen sie sich an Bestimmungen an, die der Entwurf für die Schadensversicherung oder für die Lebensversicherung vorsieht. Mit beiden Versicherungsarten hat die Unfallversicherung Berührungspunkte. Im Verhältnisse zur Schadensversicherung ergeben sich solche schon aus dem Wesen des Unfalls als eines seiner Natur nach schadenbringenden Ereignisses. Namentlich soweit die Unfallversicherung den Umfang der Leistung des Versicherers nach dem Maße der durch den Unfall herbeigeführten Einbuße an Erwerbsfähigkeit abstuft, treten die gemeinsamen Züge beider Versicherungsarten deutlich hervor. Immerhin bleibt auch in dieser Hinsicht der grundsätzliche Unterschied, daß bei der Unfallversicherung die dem Versicherer obliegende Leistung von einem tatsächlich entstandenen Vermögensschaden unabhängig ist und unmittelbar durch den Vertrag bestimmt wird, während die Schadensversicherung einen nachweisbaren Schaden der bezeichneten Art mit Notwendigkeit voraussetzt. Auf der anderen Seite wird durch den Umstand, daß die Unfallversicherung sich gegen Gefahren richtet, die Leib und Leben treffen, und häufig eine Zuwendung an die Hinterbliebenen oder andere dem Verletzten nahestehende Personen bezweckt, ein gewisser Zusammenhang mit der Lebensversicherung begründet, der sich wiederum nach mehrfachen Richtungen geltend macht.

Die Bezeichnung der Ereignisse, gegen welche die Unfallversicherung Deckung gewähren soll, und damit auch die nähere Abgrenzung gegenüber dem Bereiche der Krankenversicherung und der Invaliditätsversicherung bleibt dem Versicherungsvertrag, also vor allem den dem Vertrage zu Grunde liegenden Versicherungsbedingungen überlassen. Den Begriff des Unfalls als solchen gesetzlich zu bestimmen, ist nicht ausführbar, aber auch nicht erforderlich. Demgemäß haben schon die Gesetze über die öffentliche Unfallversicherung von dem Versuch einer solchen Bestimmung abgesehen.

Wie die Lebensversicherung, so kann auch die Unfallversicherung nicht nur gegen Unfälle, die dem Versicherungsnehmer selbst zustoßen, sondern auch gegen Unfälle, die einen anderen betreffen, genommen werden (§ 176 Abs. 1). Versichert ein Betriebsunternehmer seine Angestellten oder Arbeiter gegen Betriebsunfälle oder werden sonst Unfälle unter Versicherung gebracht, die einem anderen zustoßen als dem, der den Vertrag schließt, so geht die Absicht regelmäßig dahin, daß die Leistung des Versicherers dem durch den Unfall Betroffenen zugute kommen soll. Dem Versicherer steht jedoch nur derjenige, welcher die Versicherung genommen hat, als Verpflichteter gegenüber, namentlich in Ansehung der Prämienzahlung. Dann erscheint es aber auch gerechtfertigt, wenn der so Verpflichtete die Befugnis erhält, über die Rechte aus der Versicherung zu verfügen, vor allem nach dem Eintritte des Versicherungsfalls die von dem Versicherer zu leistenden Beträge für den Verletzten einzuziehen. Es treffen hiernach überall die Gesichtspunkte zu, nach denen in dem Abschnitt über die Schadensversicherung die Versicherung für fremde Rechnung geregelt ist. Der § 176 Abs. 2 bestimmt deshalb, daß eine Versicherung gegen Unfälle, die einem anderen zustoßen, im Zweifel als für Rechnung des anderen genommen gilt und daß dann die Vorschriften der §§ 75 bis 79 entsprechende Anwendung finden.

Soll eine Versicherung gegen Unfälle, die einem anderen zustoßen, in der Weise genommen werden, daß der Anspruch auf die Leistung dem Vertragschließenden selbst zusteht, so muß dies gemäß der Vorschrift des Abs. 2 im Vertrage besonders zum Ausdrucke kommen. Eine solche Versicherung für eigene Rechnung ist unter Umständen wohl berechtigt; die Verhältnisse liegen bei einer Unfallversicherung dieser Art im wesentlichen ebenso wie bei einer Lebensversicherung, die für den Fall des Todes eines anderen als des Versicherungsnehmers genommen wird. Eben deshalb ist aber auch hier ein Schutz gegen Mißbräuche nicht zu entbehren, wie ihn der § 156 Abs. 2 bei der Lebensversicherung damit bietet, daß er die Gültigkeit des Vertrags von der schriftlichen Einwilligung desjenigen abhängig macht, auf dessen Person die Versicherung genommen wird.

Der § 176 Abs. 3 bringt daher die gleiche einer abweichenden Vereinbarung nicht zugängliche Vorschrift gegenüber der Unfallversicherung zur Anwendung. Mit Rücksicht auf die zwingende Natur der §§ 16 bis 21 des Entwurfs bedarf es ferner bei Unfallversicherungen der hier in Frage stehenden Art einer Bestimmung, die, wie bei der Lebensversicherung der § 158, dem Versicherer die Möglichkeit wahrt, sich vertragsmäßig gegen eine Benachteiligung durch unterbliebene oder unrichtige Anzeigen von Gefahrumständen auch insoweit einen ausreichenden Schutz zu verschaffen, als die Verletzung der Anzeigepflicht auf das Verhalten desjenigen zurückzuführen ist, auf dessen Person die Versicherung genommen ist. Das nach dieser Richtung Erforderliche sieht der § 176 Abs. 4 vor.

§ 177.

Ist als Leistung des Versicherers die Zahlung eines Kapitals vereinbart, so gewinnt die Frage Bedeutung, in welchem Umfange der Versicherungsnehmer über das Recht aus dem Vertrage verfügen kann und welche Tragweite den von ihm in dieser Hinsicht getroffenen Bestimmungen zukommt. Die Regelung, welche diese Frage bei der Lebensversicherung gefunden hat, entspricht auch hier den Interessen der Beteiligten, und der Entwurf bestimmt deshalb, daß, soweit die Unfallversicherung auf die Zahlung eines Kapitals gerichtet ist, die Vorschriften der §§ 163 bis 165 Anwendung zu finden haben.

§ 178.

Die meisten Versicherungsunternehmungen schließen von der Versicherung alle Unfälle aus, welche durch grobe Fahrlässigkeit desjenigen, auf dessen Person die Versicherung genommen ist, herbeigeführt werden. Dies entspricht allerdings der Vorschrift, welche der § 61 des Entwurfs für die Schadensversicherung getroffen hat. Indessen erscheint für die Unfallversicherung eine so weitgehende Einschränkung der Haftbarkeit des Versicherers als gesetzliche Regel nicht angezeigt. Das natürliche Interesse, das der einzelne an der Erhaltung seines Lebens und seiner Gesundheit hat, bietet immerhin eine Gewähr dafür, daß er gegenüber der Gefahr eines Unfalls wenigstens die einfachsten Gebote der Vorsicht befolgen wird. Ist aber gleichwohl ein Unfall durch grobe Fahrlässigkeit des Verletzten herbeigeführt worden, so wird es regelmäßig als Unbilligkeit empfunden, wenn deswegen der Anspruch auf die Leistung des Versicherers versagt bleibt. Auch die Gesetze über die öffentliche Unfallversicherung lassen eine Entschädigungsforderung im allgemeinen nur dann nicht zu, wenn der Verletzte den Unfall vorsätzlich herbeigeführt hat (zu vergl. § 8 des Gewerbe-Unfallversicherungsgesetzes, § 7 des Unfallversicherungsgesetzes für Land- und Forstwirtschaft, § 9 des Bau-Unfallversicherungsgesetzes, § 8 des See-Unfallversicherungsgesetzes, § 2 des Gesetzes, betreffend die Unfallfürsorge für Gefangene). Auf den gleichen Standpunkt stellt sich der Entwurf, indem er (§ 178 Abs. 1 Satz 1) eine Befreiung des Versicherers von der Leistungspflicht lediglich insoweit vorsieht, als der von dem Unfall Betroffene den Unfall vorsätzlich herbeigeführt hat. Die Bestimmung hat indessen nicht die Bedeutung einer zwingenden Vorschrift. Abweichende Vereinbarungen bleiben statthaft, und der Versicherer ist daher nicht gehindert, seiner Haftung für besonders schwere Fälle engere Grenzen zu ziehen.

Ist eine Versicherung gegen Unfälle, die einem anderen zustoßen, in der Art genommen, daß der Anspruch auf die Leistung des Versicherers dem Versicherungsnehmer selbst zusteht (zu vergl. § 176 Abs. 3), so darf diesem, wenn er vorsätzlich durch eine dem anderen gegenüber rechtswidrige Handlung den Unfall herbeiführt, aus solchem Verhalten ein Anspruch gegen den Versicherer selbstverständlich nicht erwachsen. Der Entwurf (§ 178 Abs. 1 Satz 2) bestimmt daher, daß auch in diesem Falle der Versicherer von der Verpflichtung zur Leistung frei ist.

Die Erwägungen, auf denen die zuletzt erörterte Vorschrift beruht, führen weiter dazu, in dem Falle, daß ein als Bezugsberechtigter bezeichneter Dritter vorsätzlich durch eine widerrechtliche Handlung den Unfall herbeiführt, die im § 167 Abs. 2 für die Lebensversicherung getroffene Bestimmung zur Anwendung zu bringen. Demgemäß sieht der § 178 Abs. 2 vor, daß bei solcher Sachlage die Bezeichnung des Dritten als nicht erfolgt gilt.

§ 179.

Der § 179 ergänzt für den Bereich der Unfallversicherung die allgemeinen Vorschriften über die Pflicht zur Anzeige vom Eintritte des Versicherungsfalls (§ 33 Abs. 1) sowie über die Pflicht zur Auskunft und zur Beschaffung von Belegen (§ 34) mit Rücksicht auf die Fälle, in denen der Versicherungsnehmer einen Dritten als Bezugsberechtigten bezeichnet und dieser das Recht auf die Leistung erworben hat. Entsprechend der für die Lebensversicherung getroffenen Regelung (§ 168 Abs. 2) wird auch hier bestimmt, daß insoweit die bezeichneten Pflichten nicht dem Versicherungsnehmer, sondern dem bezugsberechtigten Dritten als demjenigen obliegen, welchem das Recht auf die Leistung zusteht (wegen des Ausdrucks „bezugsberechtigter Dritter" vergl. auch die Begründung zum § 1 S. 13). Was die Frage betrifft, wie es sich in dieser Beziehung mit den Fällen des § 176 Abs. 2 verhält, in denen die Versicherung gegen Unfälle, die einem anderen als dem Versicherungsnehmer zustoßen, im Zweifel als für Rechnung des anderen genommen gilt, so läßt sich hier eine allgemeine Regel nicht aufstellen. Ob die gedachten Pflichten von dem Versicherungsnehmer oder von dem anderen zu erfüllen sind, bestimmt sich nach den Gesichtspunkten, nach denen auch sonst unter Berücksichtigung der Umstände des einzelnen Falles zu beurteilen ist, inwieweit bei einer Versicherung für fremde Rechnung jene Pflichten den Versicherungsnehmer oder den Versicherten treffen. Bei der Versicherung, die der Unternehmer eines Betriebs gegen die seinen Arbeitern zustoßenden Unfälle genommen hat, wird in Anbetracht, daß sich hier bis zum Eintritt eines Unfalls der gesamte auf die Versicherung bezügliche Verkehr ohne irgend welche Beteiligung der Arbeiter zwischen dem Versicherer und dem Betriebsunternehmer zu vollziehen pflegt, davon auszugehen sein, daß der letztere auch in Ansehung der Anzeige des Versicherungsfalls als der Verpflichtete anzusehen ist.

§ 180.

Für das Gebiet der Schadensversicherung legt der § 62 dem Versicherungsnehmer die Pflicht auf, bei dem Eintritte des Versicherungsfalls für die Abwendung und die Minderung des Schadens nach Möglichkeit zu sorgen und dabei die Weisungen des Versicherers zu befolgen. Nach dem Eintritt eines Unfalls ist die Sachlage ähnlich, wie nach dem Eintritt eines Schadensfalls, und der § 180 Satz 1 wiederholt daher im allgemeinen die bezeichnete Vorschrift. Nur setzt er dabei der Pflicht des Versicherungsnehmers, den Weisungen des Versicherers Folge zu leisten, eine durch die besonderen Verhältnisse der Unfallversicherung gebotene Schranke. In den allgemeinen Versicherungsbedingungen wird regelmäßig bestimmt, daß unverzüglich nach dem Eintritte des Unfalls und bis zur Vollendung der Heilung ein approbierter Arzt beizuziehen, den von dem Versicherer beauftragten Ärzten die Untersuchung zu gestatten und den von diesen Ärzten oder von dem Versicherer selbst zur Beförderung der Heilung getroffenen Anordnungen, namentlich soweit sie sich auf die Behandlung in einer Heilanstalt richten, Folge zu leisten ist. Wohl darf an sich angenommen werden, daß der Versicherer bei seinen auf die Behandlung des Verletzten bezüglichen Anordnungen nur das Ziel möglichst rascher und vollständiger Beseitigung der Folgen des Unfalls im Auge hat und daß seine Erfahrungen ihn in den Stand setzen, die hierzu geeigneten Mittel zu wählen. Indessen ist damit noch keine Gewähr gegeben, daß er immer das Richtige trifft. Auch ist zu berücksichtigen, daß Maßnahmen, die nach den Regeln der Heilkunde als erwünscht erscheinen, wie die Verbringung in eine Heilanstalt, die Vornahme einer Operation und sonstige Eingriffe von weittragender Bedeutung, die wichtigsten Interessen des einzelnen und der Familie berühren können. Die bezeichneten Interessen aber haben gleichfalls Anspruch auf gebührende Beachtung. Es handelt sich somit um eine angemessene Ausgleichung. Diese ist jedoch nur auf Grund eingehender Würdigung der Umstände des einzelnen Falles zu erreichen. Zum Schutze gegen zu weit gehende Anforderungen des Versicherers ist es daher erforderlich, daß stets für eine solche Würdigung Raum bleibt. Mit Rücksicht hierauf wird die Pflicht des Versicherungsnehmers, die Weisungen des Versicherers zu befolgen, vom Entwurfe durch den Vorbehalt eingeschränkt, daß sie nicht Platz greift, soweit der Versicherungsnehmer dartut, daß ihm etwas Unbilliges zugemutet wird. Einer Vereinbarung, durch welche hiervon zum Nachteile des Versicherungsnehmers abgewichen wird, ist durch § 180 Satz 2 die Anerkennung entzogen.

§§ 181, 182.

Der § 181 betrifft den Fall, daß nach dem Vertrage das Maß der durch den Unfall herbeigeführten Einbuße an Erwerbsfähigkeit durch Sachverständige zu bestimmen ist. Er regelt ihn in genauer Übereinstimmung mit der die Schadensversicherung betreffenden Vorschriften des § 64. Nicht berührt wird hierdurch die Zulässigkeit von Vereinbarungen, welche die Feststellung sonstiger für den Eintritt oder den Umfang der Leistungspflicht des Versicherers erheblicher Tatsachen, wie namentlich des ursächlichen Zusammenhanges zwischen dem Unfall und dem in der Folge eingetretenen Tode oder Invaliditätszustande, Sachverständigen übertragen.

Der § 182, welcher sich auf die Verpflichtung des Versicherers zur Erstattung der durch die Ermittelung und Feststellung des Unfalls sowie des Umfanges der Leistungspflicht des Versicherers entstandenen Kosten bezieht, gibt sachlich den für die Schadensversicherung im § 66 Abs. 1 ausgesprochenen Grundsatz wieder. Nähere Bestimmungen über die bezeichneten Kosten erscheinen bei der Unfallversicherung entbehrlich; die allgemeinen Versicherungsbedingungen sehen schon gegenwärtig das in dieser Hinsicht Erforderliche vor.

Fünfter Abschnitt.

Schlußvorschriften.

§ 183.

Der § 183 setzt zunächst außer Zweifel, daß die Vorschriften des Entwurfs auf die Seeversicherung keine Anwendung finden (zu vergl. S. 10), und bestimmt sodann, daß sie auch für die Rückversicherung keine Geltung haben. Dieser Versicherungszweig unterscheidet sich durch seine wirtschaftliche Bestimmung so wesentlich von den übrigen Arten der Versicherung, insbesondere auch von der Haftpflichtversicherung, deren Merkmale an sich auch für ihn zutreffen, daß er nicht den gleichen Vorschriften unterstellt werden kann. Die Rückversicherung gewährt dem ersten Versicherungsnehmer keine unmittelbare Deckung, sondern bildet nur ein Mittel, durch das sich der erste Versicherer seine dauernde Leistungsfähigkeit zu erhalten sucht. Die übernommene Gefahr wird durch die Rückversicherung unter mehrere Versicherer verteilt, jedoch so, daß derjenige welcher für seine gefährdeten Güter den Schutz der Versicherung sucht, nur mit dem ersten Versicherer in rechtliche Beziehungen tritt. Der Rückversicherer hat auch im übrigen regelmäßig keine selbständigen Befugnisse in bezug auf die einzelnen Versicherungsverhältnisse, für welche er eine Deckung übernimmt. Dem ersten Versicherer kommt es darauf an, daß die Haftung des Rückversicherers ihren Anfang nimmt, sobald für ihn selbst die Gefahr zu laufen beginnt, und daß sie ihrem Inhalte nach möglichst seiner eigenen Haftung entspricht; er kann aber bei der Übernahme oder Fortsetzung einer Versicherung sowie bei den Maßregeln, die nach dem Eintritt eines Versicherungsfalls zu ergreifen sind, insbesondere bei den Verhandlungen über die Entschädigung und bei sonstigen auf die einzelne Versicherung bezüglichen Fragen, nicht jedesmal den Rückversicherer zuziehen. Dieser ist daher, wenn die Rückversicherung ihren Zweck erreichen soll, meist genötigt, den Entschließungen, die der erste Versicherer in bezug auf das Verhältnis zu dem Versicherungsnehmer faßt, von vornherein für die Rückversicherung einen maßgebenden Einfluß einzuräumen. Die Rückversicherung wird deshalb auch in der Regel nicht für eine einzelne Hauptversicherung, sondern auf Grund umfassender Verträge für alle Versicherungen von bestimmter Art und Höhe genommen, die der erste Versicherer innerhalb der Dauer des Rückversicherungsverhältnisses eingeht. Ist aber die Rückversicherung in dieser Weise von der Hauptversicherung abhängig, so ergibt sich von selbst, daß für zahlreiche Vorschriften des Entwurfs, insbesondere für die grundlegenden Bestimmungen über die Anzeigepflicht bei dem Abschlusse des Vertrags, über die Gefahrerhöhung und über die Verpflichtungen des Versicherungsnehmers nach dem Eintritt eines Versicherungsfalls, bei der Rückversicherung regelmäßig kein Raum ist. Überhaupt kommen hier, da es sich nicht um das Verhältnis der Versicherungsanstalten zu Dritten, sondern nur um rechtliche Beziehungen der Versicherer untereinander handelt, andere Gesichtspunkte in Betracht, als für die übrigen Versicherungszweige. Ein Bedürfnis, diese Beziehungen einer besonderen gesetzlichen Regelung zu unterziehen, liegt aber schon mit Rücksicht auf die Person der Beteiligten nicht vor; es kann diesen überlassen bleiben, ihre gegenseitigen Rechte und Pflichten im Vertragswege angemessen und erschöpfend zu ordnen. Da der Vorbehalt im Art. 75 des Einführungsgesetzes zum Bürgerlichen Gesetzbuche durch den Entwurf zur Erledigung kommt, so verlieren auch die gegenwärtig bestehenden landesgesetzlichen Vorschriften über die Rückversicherung mit dem Inkrafttreten des Entwurfs ihre Gültigkeit.

§ 184.

Die Bestimmung des § 184 Abs. 1, derzufolge die Vorschriften des Entwurfs, welche die Vertragsfreiheit beschränken, bei der Transportversicherung, der Kreditversicherung, der Versicherung gegen Kursverluste und der Arbeitslosenversicherung außer Anwendung bleiben, ist schon an anderer Stelle erörtert worden (S. 5 f.).

Bei der Transportversicherung ist ebenso wie bei der Rückversicherung vielfach die Form der laufenden Versicherung im Gebrauche. Dieses Rechtsverhältnis ergibt sich, wenn ein Inbegriff künftiger nach Zahl und Umfang noch ungewisser Interessen durch einen und denselben Vertrag in der Weise unter Versicherung gebracht wird, daß zwar die Einzelsätze der Prämie im voraus festgestellt sind, der Gesamtbetrag der seitens des Versicherungsnehmers zu leistenden Vergütung aber sich erst durch die von dem Versicherer tatsächlich getragene Gefahr bestimmt. Die Interessen, welche Gegenstand der Versicherung sind, werden dann im Vertrage nur der Gattung nach bezeichnet, demnächst aber so, wie sie zur Entstehung gelangen, dem Versicherer von dem Versicherungsnehmer aufgegeben. Der bezeichnete Weg ist namentlich für die Versicherung von Gütertransporten üblich, die in regelmäßiger Reihenfolge zwischen verschiedenen Plätzen stattfinden; der Versicherungsnehmer hat hier die Aufgabe zu bewirken, so oft er eine Güterladung absendet und davon Kenntnis erhält, daß ihm ein Transport zugeht. Die Prämie wird jeweils am Schlusse eines bestimmten Zeitabschnitts für die während desselben entstandenen Interessen an der Hand des vereinbarten Tarifs berechnet. Im einzelnen zeigt die Art, wie die Rechte und Pflichten der Beteiligten gestaltet sind, manche Verschiedenheiten. Namentlich hat die Aufgabe der Interessen nicht immer dieselbe Bedeutung. Ist es dem Ermessen des Versicherungsnehmers überlassen, ob ein Interesse der im Vertrage bezeichneten Art, das während der Versicherungszeit zur Entstehung kommt, unter die Versicherung fallen soll, so wird die Haftung des Versicherers erst durch die Aufgabe begründet. Ist dagegen, was die Regel bildet, der Versicherungsnehmer nicht berechtigt, ein Interesse, das den im Vertrage bestimmten Merkmalen entspricht, von der Versicherung auszuschließen, so tritt damit, daß das Interesse entsteht, an sich ohne weiteres die Haftung des Versicherers ein. Die fortlaufende Aufgabe der hierher gehörigen Interessen dient dann nur dem Zwecke, dem Versicherer die für seinen Betrieb erforderliche Übersicht zu verschaffen und ihm eine Gewähr für das redliche Verhalten des Versicherungsnehmers zu bieten. Doch wird öfters auch in solchen Fällen vereinbart, daß die Haftung des Versicherers sich auf diejenigen Interessen nicht erstreckt, deren rechtzeitige Mitteilung der Versicherungsnehmer versäumt, insbesondere absichtlich unterlassen hat.

Soweit es sich lediglich um die Transport- und die Rückversicherung handelt, bedarf die Form der laufenden Versicherung einer näheren Regelung nicht. Es genügt, daß die Beteiligten freie Hand haben, die Versicherung so zu gestalten, wie es der Lage der Sache entspricht. Die laufende Versicherung ist indessen nicht ausschließlich für jene Versicherungszweige verwendbar, sie kann namentlich auch bei der Feuerversicherung, insbesondere bei der Versicherung von Waren, die in einem Lagerhaus aufbewahrt werden, Anwendung finden.

Auch hier wird sie aber in der Regel nur für größere Unternehmungen sich verwerten lassen, deren Leiter der Geschäftserfahrung nicht entbehren. Hier kann es wiederum den Parteien überlassen werden, die Bestimmungen zu vereinbaren, welche der Eigenart der betreffenden Versicherungsverhältnisse entsprechen. Dem Entwurfe verbleibt daher nur die Aufgabe, für diese Verhältnisse gleichfalls die Schranken zu beseitigen, die er sonst der Vertragsfreiheit zieht. Demgemäß bestimmt der § 184 Abs. 2, daß die hierher gehörigen Vorschriften des Entwurfs bei jeder laufenden Versicherung außer Anwendung bleiben.

§ 185.

Angesichts der stets fortschreitenden Entwicklung des Versicherungswesens ist damit zu rechnen, daß gegenüber dem einen oder anderen der Versicherungszweige, die der Entwurf nicht näher behandelt, diejenigen seiner allgemeinen Vorschriften, welchen er zwingende Kraft beilegt, sich unter Umständen als ungeeignet erweisen. Um für solche Fälle die Abhilfe zu erleichtern, sieht der § 185 Nr. 1 vor, daß durch Kaiserliche Verordnung mit Zustimmung des Bundesrats für die im zweiten, dritten und vierten Abschnitte nicht besonders geregelten Versicherungszweige, auch soweit sie nicht unter den § 184 fallen, die im Entwurfe vorgesehenen Beschränkungen der Vertragsfreiheit ganz oder zum Teil außer Anwendung gesetzt werden können.

Die auf die Schiffsversicherung bezügliche Vorschrift des § 185 Nr. 2 ist schon in den einleitenden Bemerkungen gerechtfertigt worden (S. 6).

§ 186.

Die kleineren Versicherungsvereine im Sinne des § 53 des Gesetzes vom 12. Mai 1901 haben schon nach diesem Gesetz eine Ausnahmestellung. In Würdigung ihrer Eigenart nach Geschäftsbetrieb, Mitgliederbestand, Einrichtung und Verwaltung geht das Aufsichtsgesetz davon aus, daß hier eine möglichst einfache Organisation und ein tunlichst geringes Maß von Formerfordernissen geboten sei und daß die an die Vereinsorgane zu stellenden Anforderungen, namentlich hinsichtlich des Schreibwerkes, auf das Nötigste beschränkt werden müßten. Abgesehen von der wesentlich vereinfachten Organisation trägt das Gesetz diesen Gesichtspunkten dadurch Rechnung, daß es im § 124 die Aufsichtsbehörde ermächtigt, für die kleineren Vereine in erheblichem Umfang Abweichungen von den allgemeinen Vorschriften über die Zulassung, die Geschäftsführung und die Rechnungslegung zu gestatten. Von den gleichen Erwägungen geht der vorliegende Entwurf aus, indem er (§ 186 Abs. 1 Nr. 1) mit bezug auf Versicherungen, die bei einem kleineren Vereine genommen werden, Abweichungen von einzelnen seiner zwingenden Vorschriften mit Genehmigung der Aufsichtsbehörde zuläßt. Die in Frage kommenden Vorschriften betreffen die Wirkungen der Versäumung von Prämienzahlungen sowie die Umwandlung der Versicherung und die Erstattung der Prämienreserve.

Nach § 38 Abs. 2 ist der Versicherer im Falle des Unterbleibens einer Prämienzahlung, die vor oder bei dem Beginne der Versicherung zu erfolgen hat, nicht im stande, die Beendigung des Versicherungsverhältnisses anders als durch besondere Kündigung herbeizuführen, und nach § 39 kann er im Falle des Unterbleibens einer sonstigen Prämienzahlung die Folgen eines Verzugs nur geltend machen, wenn zuvor schriftlich die Bestimmung einer Zahlungsfrist erfolgt ist. Das hiernach erforderliche Schreibwerk setzt Geschäftseinrichtungen und Arbeitskräfte voraus, die bei kleineren Vereinen häufig fehlen. Außerdem wird es sich bei diesen Vereinen überwiegend um die Versicherung kleinerer

Werte und Beträge handeln, und hier würden die durch die Beobachtung der bezeichneten Formen entstehenden Kosten ganz außer Verhältnis zu der Geringfügigkeit der in Betracht kommenden Rückstände stehen und den Betrieb über die Leistungsfähigkeit des Vereins hinaus belasten. Anderseits können gerade bei solchen Vereinen die Mitglieder gegen die Gefahr, durch Versäumung einer Prämienzahlung ohne weiteres des Vorteils ihrer Versicherung verlustig zu gehen, regelmäßig auch durch andere, unter den gegebenen Umständen völlig ausreichende Maßnahmen geschützt werden, so namentlich, wenn der Bestand sich lediglich aus Angehörigen eines bestimmten Berufs, aus den Eingesessenen einer Gemeinde oder aus den Arbeitern und Angestellten eines einzelnen industriellen Unternehmens zusammensetzt. Bei einem großen Teile der hier als Versicherungsnehmer in Betracht kommenden Volkskreise ist die regelmäßige Entrichtung der Prämie erfahrungsgemäß nur dadurch zu erreichen, daß der jeweils fällige Betrag durch Angestellte des Versicherers abgeholt wird. Aber auch andere Maßnahmen können sachgemäß und zur Wahrung der Interessen der Versicherungsnehmer ausreichend sein. Bei solcher Sachlage läßt sich eine angemessene Regelung nur unter Berücksichtigung der Grundlagen, Mittel und Einrichtungen des einzelnen Vereins erzielen. Die Aufsichtsbehörde, die Einblick in die tatsächlichen Verhältnisse hat, ist am besten in der Lage, zu beurteilen, welche Maßnahmen zur Wahrung der berechtigten Interessen beider Teile geeignet und durchführbar sind.

Ein gleicher Vorbehalt erscheint bei den sich mit der Lebensversicherung befassenden kleineren Vereinen (Pensionskassen, Sterbe-, Witwen- und Waisenkassen) in betreff der Vorschriften der §§ 170 bis 174 über die Umwandlung und den Rückkauf der Versicherung geboten. Auch diesen Vorschriften gegenüber wird es teils die Geringfügigkeit der auf die einzelne Versicherung entfallenden Prämienreserve teils die unvollkommene Organisation der Vereine und der Mangel technisch geschulter Hilfskräfte unter Umständen unabweislich machen, von der unbedingten Erfüllung der dem Versicherer in jenen Vorschriften auferlegten Verpflichtungen abzusehen. Wenn auf Grund der oben erwähnten Vorschrift des § 124 des Aufsichtsgesetzes die Aufsichtsbehörde einem Vereine, der sich mit der Lebensversicherung befaßt, die Berechnung und Buchung der Prämienreserve erläßt, so können die §§ 170 bis 174 des Entwurfs ohnehin keine Anwendung finden.

Ähnlich wie bei dem Versicherungsbetriebe der kleineren Vereine verhält es sich bei der auch von anderen Unternehmungen betriebenen Lebensversicherung mit kleineren Beträgen (Sterbegeldversicherung, Volksversicherung usw.), deren Zwecke und Einrichtungen oben bereits erwähnt wurden (S. 147). Auch hier stellen sich infolge der Geringfügigkeit der zu entrichtenden Prämien und des auf die einzelne Versicherung entfallenden Anteils an der Prämienreserve einer unbedingten Durchführung der in Frage stehenden Vorschriften des Entwurfs Hindernisse entgegen, die es notwendig machen, ein Abweichen von der Regel zu ermöglichen. Der Entwurf (§ 186 Abs. 1 Nr. 2) gewährt demzufolge der Aufsichtsbehörde in Ansehung der in Frage stehenden Versicherungen die gleichen Befugnisse wie bezüglich der Versicherungen bei kleineren Vereinen.

Eine nähere Begrenzung des Gebiets der Lebensversicherung mit kleineren Beträgen läßt sich im Gesetze nicht geben; sie kann der nach dem Entwurfe stets erforderlichen Prüfung und Entscheidung der Aufsichtsbehörde überlassen bleiben. Ist diese Behörde zu dem Ergebnisse gelangt, daß es sich in dem zu beurteilenden Falle um Versicherungen mit kleineren Beträgen im Sinne des § 186 Abs. 1 Nr. 2 handelt, und hat sie demgemäß zu einer von den in Frage stehenden zwingenden Vorschriften des Entwurfs abweichenden Bestimmung die Genehmigung erteilt, so kann, wie der Entwurf (§ 186 Abs. 2) im Interesse der Rechtssicherheit vorsieht, die Gültigkeit einer solchen Bestimmung nicht unter Berufung darauf angefochten werden, daß es sich nicht um Versicherungen der gedachten Art handle. Die Auffassung der Aufsichtsbehörde ist insoweit auch im Rechtsstreite maßgebend.

§§ 187, 188.

Wie das Gesetz über die privaten Versicherungsunternehmungen im § 122 bestimmt, unterliegen seinen Vorschriften nicht die auf Grund des Gesetzes über die eingeschriebenen Hilfskassen errichteten Kassen, die im § 75 Abs. 4 des Krankenversicherungsgesetzes bezeichneten auf Grund landesrechtlicher Vorschriften errichteten Hilfskassen, die auf Grund der Gewerbeordnung von Innungen und Innungsverbänden errichteten Unterstützungskassen sowie die auf Grund berggesetzlicher Vorschriften errichteten Knappschaftskassen. Hiermit ist auch die Stellung gegeben, welche der Entwurf gegenüber den bezeichneten Kassen einzunehmen hat (§ 187 Satz 1, § 188). Die für diese Kassen geltenden Vorschriften gehören nicht ausschließlich dem öffentlichen Rechte an, regeln vielmehr in zahlreichen Beziehungen zugleich das privatrechtliche Verhältnis zwischen den Kassen und ihren Mitgliedern. Die gedachte Regelung ist aber durchweg unter dem Gesichtspunkt erfolgt, daß die Versicherungseinrichtungen der Kassen sich in die öffentliche Kranken- und Unfallversicherung einzufügen und diese Versicherung zu ergänzen haben. Eben deshalb erscheint es nicht angängig, in die bezeichneten Sondervorschriften einzugreifen. Eine Ausnahme gleicher Art ist (§ 187 Satz 2 des Entwurfs) in Ansehung der Einrichtungen geboten, welche gemäß § 23 des Gesetzes, betreffend die Abänderung der Unfallversicherungsgesetze, (Reichs-Gesetzbl. 1900 S. 573) von Berufsgenossenschaften zur Versicherung gegen Haftpflicht oder zur Errichtung von Rentenzuschuß- und Pensionskassen getroffen werden. Auch hier besteht ein enger Zusammenhang mit der auf dem Boden des öffentlichen Rechtes stehenden Versicherung, wie sie reichsgesetzlich geordnet ist.

§ 189.

Die Gesichtspunkte, welche für die Vorschriften des § 189 maßgebend waren, sind im allgemeinen schon in den einleitenden Bemerkungen hervorgehoben (S. 6 ff.). Dies gilt namentlich von der Bestimmung des Abs. 1, wonach die landesgesetzlichen Vorschriften über Versicherungsverhältnisse, die bei einer nach Landesrecht errichteten öffentlichen Anstalt unmittelbar kraft Gesetzes entstehen, sowie über Versicherungen, die bei einer solchen Anstalt infolge eines gesetzlichen Zwanges genommen werden, unberührt bleiben.

Im § 189 Abs. 2 behandelt der Entwurf die sonstigen Versicherungen, die bei einer nach Landesrecht errichteten öffentlichen Anstalt genommen werden. Dahin gehört jedes Versicherungsverhältnis, das gegenüber einer öffentlichen Anstalt durch Vertrag begründet wird, sofern nur den Versicherungsnehmer kein Zwang zur Eingehung trifft; hieran ändert sich auch dann nichts, wenn die Anstalt zur Annahme der Versicherung verpflichtet oder wenn sie dazu ausschließlich berechtigt ist. Es begründet ferner keinen Unterschied, ob es sich um eine Schadens- oder eine Personenversicherung handelt. Unter den § 189 Abs. 2 fallen daher neben den hier vor allem in Betracht kommenden freiwilligen Versicherungen bei öffentlichen Feuerversicherungsanstalten unter anderem auch Versicherungsverträge solcher Pensions- und Unterstützungskassen, die von den staatlichen Eisenbahnverwaltungen im Anschluß an die zur Durchführung des Invalidenversicherungsgesetzes bestehenden Kasseneinrichtungen geschaffen sind; ebenso gehören hierhin Versicherungsverhältnisse bei Pensionskassen, die früher von Staats- oder Privatbahnen errichtet, aber in der Weise geschlossen und aufgelöst worden sind, daß eine Aufnahme neuer Mitglieder nicht mehr stattfindet und der Staat an die Stelle der Kasse getreten ist, indem er das Vermögen übernommen hat, die Mitgliederbeiträge vereinnahmt und den Versicherten die satzungsmäßigen Bezüge auszahlt.

Die bei den öffentlichen Versicherungsanstalten freiwillig genommenen Versicherungen müssen, wie bereits früher betont worden ist, an sich den Vorschriften des Entwurfs unterstellt werden. Indessen können die erheblichen Unterschiede nicht unberücksichtigt bleiben, die zwischen den öffentlichen und den privaten Versicherungsunternehmungen bestehen. Die öffentlichen Versicherungsanstalten haben sich meist in engem Zusammenhange mit den Einrichtungen und Verhältnissen der Bezirke, in denen sie ihre Geschäfte betreiben, entwickelt, und schon hieraus erklärt es sich, daß sie in bezug auf die Grundlagen ihres Geschäftsbetriebs sowohl untereinander wie im Vergleiche mit den Privatgesellschaften mannigfache Besonderheiten aufweisen. Dazu kommt, daß bei einer Reihe von Versicherungsanstalten Zwangsversicherungen und freiwillige Versicherungen nebeneinander bestehen. So werden häufig für einzelne Klassen von Gebäuden oder auch für einzelne Gebäudeteile oder Zubehörstücke Ausnahmen von dem Versicherungszwange vorgesehen. Auch hier tritt allerdings, wenn gleichwohl die Versicherung erfolgt, diese nicht immer auf Grund eines Vertrags ein; dies gilt beispielsweise in dem Falle, daß in Ansehung der befreiten Gegenstände schon, wenn der Eigentümer auf die Befreiung mit der Anmeldung verzichtet, infolge dieser einseitigen Erklärung die Versicherung ohne weiteres Platz greift, oder in dem Falle, daß die Gegenstände nur dann der Versicherung entzogen bleiben, wenn der Eigentümer die Befreiung binnen bestimmter Frist in Anspruch nimmt. In derartigen Fällen findet, da auch hier die Versicherung kraft Gesetzes entsteht, der § 189 Abs. 1 Anwendung; es bleibt daher das Landesrecht maßgebend. Vielfach geht aber die Regelung dahin, daß die Versicherung der vom Zwange befreiten Gegenstände durch Abschluß eines Vertrags erfolgt. Neben der Zwangsversicherung gegen Feuerschaden besteht ferner bisweilen eine freiwillige Versicherung gegen Explosionsschäden; auch kommt es vor, daß bei derselben Anstalt mit der Zwangsversicherung von Gebäuden eine freiwillige Versicherung beweglicher Gegenstände verbunden ist. Dieser Zusammenhang mit der Zwangsversicherung übt naturgemäß eine Rückwirkung auf die für die freiwillige Versicherung geltenden Grundsätze aus und macht es notwendig, die für die letztere geltenden Bedingungen mit den Vorschriften, nach welchen sich das Rechtsverhältnis bei der Zwangsversicherung regelt, in Einklang zu bringen.

Von wesentlichem Einfluß auf die Stellung, welche die Versicherungsnehmer der Anstalt gegenüber einnehmen, und auf die beiderseitigen Rechte und Pflichten ist sodann auch die Art und Weise der Verwaltung der Anstalten. Mit der Leitung der Geschäfte sind regelmäßig Behörden oder Beamte betraut, und da die Eigenschaft der Anstalten als kommunale oder staatliche Einrichtungen ihnen in vielen Beziehungen die Unterstützung der öffentlichen Verwaltungsorgane sichert, so geschieht auch die Vermittelung der Versicherungen sowie der sonstige Verkehr mit dem Publikum zum großen Teil durch Beamte, insbesondere durch die Gemeindebeamten. Dieser Umstand, in Verbindung mit der räumlichen Beschränkung des Geschäftsbetriebs, die den Überblick und die fortdauernde Kontrolle der einzelnen Versicherungen wesentlich erleichtert, macht es den öffentlichen Anstalten möglich, Obliegenheiten, die der Entwurf dem Versicherungsnehmer auferlegt, in mehr oder weniger weitem Umfange durch die Tätigkeit von Beamten zu ergänzen oder zu ersetzen. In einer von den Bedingungen der Privatgesellschaften und den Vorschriften des Entwurfs erheblich abweichenden Weise wird beispielsweise von den öffentlichen Anstalten regelmäßig die Gefahrerhöhung bei den Gebäudeversicherungen behandelt. Es finden von Zeit zu Zeit amtliche Revisionen der versicherten Gegenstände statt und von dem Versicherungsnehmer wird, falls sich ergibt, daß das versicherte Gebäude infolge einer Änderung in eine Klasse mit höherer Prämie gehört, lediglich die höhere Prämie eingezogen. Anderseits wird, wenn der Versicherungsnehmer es unterläßt, eine Gefahrerhöhung rechtzeitig anzuzeigen, der Versicherer nicht von der Verpflichtung zur Leistung frei, vielmehr hat der Versicherungsnehmer nur eine Ordnungsstrafe zu entrichten oder den Unterschied zwischen der gezahlten niedrigen Prämie und der den veränderten Verhältnissen entsprechenden höheren Prämie nachzuzahlen. Die Anstalt ist auch bei einer Gefahrerhöhung meist nicht zur Aufhebung der Versicherung befugt, vielmehr im allgemeinen auf das Recht, die höhere Prämie zu verlangen, beschränkt. Eine Aufhebung der Versicherung findet in der Regel nur statt, wenn das Gebäude versicherungsunfähig wird oder während der Dauer der Versicherung ein Grund eintritt, der die Anstalt berechtigt haben würde, die Übernahme der Versicherung abzulehnen. Auch in bezug auf die Folgen einer Verletzung der Anzeigepflicht bei Abschluß des Vertrags weichen die Statuten der öffentlichen Versicherungsanstalten, soweit sie von dem Versicherungsnehmer eine Anzeige der Gefahrumstände überhaupt verlangen und sich nicht mit der Prüfung durch Beamte oder Sachverständige begnügen, von den Bedingungen der Privatgesellschaften vielfach ab, insbesondere wird eine Verwirkung des Anspruchs in manchen Statuten garnicht oder nur für die Fälle eines arglistigen Verhaltens vorgesehen, dagegen findet sich auch hier wieder die Bestimmung, daß der Versicherungsnehmer, wenn infolge unrichtiger Angaben eine zu geringe Prämie erhoben ist, das zu wenig Entrichtete nachzuzahlen hat oder in eine Ordnungsstrafe verfällt. Weitgehende Besonderheiten bestehen ferner in bezug auf die Einziehung der Prämien und die Wirkungen eines Verzugs in der Prämienzahlung. Insbesondere ist der Eingang der Beiträge für die öffentliche Gebäudeversicherung in der Regel dadurch gewährleistet, daß sie im Verwaltungszwangsverfahren beigetrieben werden können und ein Vorrecht im Konkurse des Versicherungsnehmers und bei der Zwangsversteigerung des Grundstücks genießen. Für den Fall der nicht rechtzeitigen Zahlung der Prämie pflegt deshalb hier ein Wegfall der Entschädigungspflicht oder eine Aufhebung der Versicherung nicht oder doch nur unter besonderen Voraussetzungen, etwa nach fruchtloser Zwangsvollstreckung oder bei länger währendem Rückstande, z. B. einer zwölf oder sechs Monate dauernden Säumnis, vorgesehen zu sein.

Die Besonderheiten in den Einrichtungen der öffentlichen Versicherungsanstalten hat der Entwurf, der in der Hauptsache die Verhältnisse der privaten Unternehmungen ins Auge fassen mußte, in seinen zwingenden Vorschriften nicht überall berücksichtigen können. Die Unterwerfung der öffentlichen Anstalten unter die im Entwurfe vorgesehenen Beschränkungen der Vertragsfreiheit würde daher die Gefahr mit sich bringen, daß die Anstalten aus ihren Bahnen gedrängt und dazu genötigt würden, in allen wesentlichen Beziehungen die Geschäftsbedingungen der Privatgesellschaften zu übernehmen. Ein solches Ergebnis wäre aber für die Versicherungsnehmer keineswegs von Nutzen. Die zwingenden Vorschriften des Entwurfs schließen freilich Bedingungen, die für den Versicherungsnehmer vorteilhafter sind, nicht aus. Aber die für die öffentlichen Versicherungsanstalten geltenden Bestimmungen, welche den Versicherungsnehmer günstiger stellen als der Entwurf, stehen vielfach im engsten Zusammenhange mit anderen Bestimmungen, deren Zulässigkeit, wenn sie für sich betrachtet werden, nach dem Entwurfe zu Bedenken Anlaß geben müßte; die im Entwurfe vorgesehenen Beschränkungen der Vertragsfreiheit würden daher nicht nur zu Zweifeln und Unklarheiten führen, sondern auch die Möglichkeit des Fortbestandes von Einrichtungen, die sich im Interesse der Versicherungsnehmer bewährt haben, in Frage stellen. Wenn beispielsweise nach dem Reglement einer öffentlichen Anstalt im Falle einer Verletzung der Anzeigepflicht oder einer Gefahrerhöhung nicht wie nach dem Entwurf ein Rücktrittsrecht des Versicherers oder eine Verwirkung des Entschädigungsanspruchs eintritt, sondern der Anstalt nur das Recht zusteht, die nachträgliche Zahlung einer höheren Prämie oder die Entrichtung einer Ordnungsstrafe zu verlangen, so würde eine solche Regelung gegenüber den zwingenden Vorschriften des Entwurfs nicht aufrecht erhalten werden können. Soll es daher vermieden werden, daß die Unterstellung der öffentlichen Anstalten unter den Entwurf in manchen Beziehungen zum Nachteile der Versicherungsnehmer ausschlägt, so darf den Vorschriften des Entwurfs diesen Anstalten gegenüber nur subsidiäre Geltung beigelegt werden, indem es in erster Linie der sachverständigen Entscheidung der Anstalten und der zu ihrer Beaufsichtigung berufenen Behörden überlassen bleibt, die Versicherungsbedingungen auch unter der Herrschaft des neuen Gesetzes so zu gestalten, wie die Bedürfnisse des Geschäftsbetriebs und die Interessen der Versicherungsnehmer es erfordern. Schon mit Rücksicht auf die Konkurrenz werden die öffentlichen Anstalten den Versicherungsnehmern keine im ganzen ungünstigere Stellung einräumen können als die Privatgesellschaften.

Von den dargelegten Erwägungen ausgehend, bestimmt der Entwurf im § 189 Abs. 2 zunächst, daß für die in Frage stehenden Versicherungen bei den öffentlichen Anstalten die Beschränkungen der Vertragsfreiheit nicht gelten. Außerdem sind, um der Mitwirkung der öffentlichen Beamten bei dem Abschlusse und der Vermittelung der Versicherungen nicht hindernd entgegenzutreten, die Bestimmungen über die Agenten für unanwendbar erklärt. Ein Bedürfnis, noch weiter zu gehen, und die Versicherungsverträge der öffentlichen Anstalten ganz außerhalb des Reichsrechts zu stellen, sodaß der Entwurf auf sie überhaupt keine Anwendung zu finden hätte, kann, wie bereits in den einleitenden Bemerkungen (S. 8) hervorgehoben worden ist, nicht anerkannt werden. Der § 189 Abs. 2 gewährt den bezeichneten Anstalten die erforderliche Bewegungsfreiheit in ausreichendem Maße, insbesondere gibt er ihnen auch die Möglichkeit, die freiwilligen Versicherungen so zu regeln, daß es zu keinen Schwierigkeiten führt, wenn Zwangsversicherungen und freiwillige Versicherungen bei derselben Anstalt nebeneinander bestehen. Dabei bleibt es den einzelnen Bundesstaaten unbenommen, die zur Ordnung des Geschäftsbetriebs erforderlichen Anweisungen, sei es im Aufsichtswege, sei es im Wege der Landesgesetzgebung, zu erlassen, und auch die gegenwärtig bestehenden landesgesetzlichen Vorschriften, welche die Beziehungen der Versicherungsnehmer zu den öffentlichen Anstalten ordnen, werden ihrem Inhalte nach in Geltung erhalten werden können. Auch insoweit, als nach dem Landesrecht über Streitigkeiten aus dem Versicherungsverhältnisse andere als gerichtliche Behörden entscheiden, wird durch den Entwurf an der bisherigen Rechtslage nichts geändert.

Wird eine Versicherungsunternehmung in bezug auf die Aufsichtsführung von den Behörden als eine öffentliche Anstalt behandelt, die den Vorschriften des Gesetzes vom 12. Mai 1901 nicht unterliegt, so fragt es sich, welche Bedeutung dieser Tatsache für die Entscheidung von Streitigkeiten beizumessen ist, die auf Grund einer bei der Versicherungsunternehmung genommenen Versicherung zwischen ihr und dem Versicherungsnehmer oder zwischen dritten Personen entstehen. An sich würde hier die Auffassung der Aufsichtsbehörde nicht maßgebend sein, insbesondere wäre das Gericht oder die sonst zur Entscheidung berufene Stelle nicht gehindert, das Gegenteil anzunehmen und eine Bestimmung des Statuts für unwirksam zu erklären, weil sie den zwingenden Vorschriften des Entwurfs widerspreche und eine öffentliche Versicherungsunternehmung nicht vorliege. Dem praktischen Bedürfnis entspräche das aber nicht. Zur Vermeidung unnötiger Weiterungen und Prozesse sowie im Interesse der Rechtssicherheit erscheint es vielmehr erforderlich, Vorsorge dafür zu treffen, daß die öffentlich rechtliche Natur einer Versicherungsunternehmung in einer für alle Beteiligten maßgebenden Weise festgestellt werden kann. Der Entwurf bestimmt deshalb im § 189 Abs. 3, daß eine Versicherungsunternehmung, die von dem Aufsichtsamte für Privatversicherung oder von der nach den §§ 2, 3 des Gesetzes vom 12. Mai 1901 zur Beaufsichtigung der privaten Versicherungsunternehmungen zuständigen Landesbehörde als eine öffentliche Versicherungsanstalt im Sinne des § 119 des genannten Gesetzes anerkannt und demgemäß der in dem Gesetze vorgesehenen Aufsicht nicht unterstellt ist, auch im Sinne der Vorschriften des Entwurfs als eine öffentliche Versicherungsanstalt gilt. Hiernach kann, wenn eine solche Anerkennung vorliegt, im Prozesse nicht mehr bestritten werden, daß der Unternehmung die Rechtsstellung zukommt, die der Entwurf den öffentlichen Anstalten einräumt. Daraus folgt aber nicht, daß eine Versicherungsunternehmung nur dann als eine öffentliche Anstalt angesehen werden könnte, wenn sie vorher als solche von der Aufsichtsbehörde anerkannt worden ist; vielmehr hat, solange eine Anerkennung im Sinne des § 189 Abs. 3 noch nicht erfolgt ist, das Gericht oder die sonst zur Entscheidung berufene Stelle die Frage selbständig zu prüfen.

§ 190.

Wegen des Vorbehalts im § 190 Abs. 1, durch den die landesgesetzlichen Vorschriften über die Verwendung der Entschädigungssumme zur Wiederherstellung des versicherten Gegenstandes gewahrt werden, ist im allgemeinen auf die Bemerkungen zu den §§ 97, 98 zu verweisen. Vermöge dieses Vorbehalts kann die Landesgesetzgebung namentlich bestimmen, daß bei der Gebäudeversicherung die Zahlung nur erfolgen darf, wenn das zerstörte Gebäude in derselben Art und an derselben Stelle wiederhergestellt wird. Eine Zahlung zu anderen Zwecken kann, falls es aus baupolizeilichen Rücksichten oder im Interesse der Erhaltung betriebsfähiger Wirtschaften angezeigt erscheint, durch Landesgesetz selbst dann für unzulässig erklärt werden, wenn der Versicherungsnehmer und die Realberechtigten ihr zustimmen. Selbstverständlich bleibt aber der Landesgesetzgebung eine Regelung auch in dem Sinne unbenommen, daß unter bestimmten Voraussetzungen, namentlich wenn die zuständige Behörde die Verpflichtung zum Wiederaufbau erläßt, der Anspruch gegen den Versicherer nicht von der Verwendung des Geldes zum Wiederaufbau abhängig ist.

Die Vorschriften des § 190 Abs. 2, wonach die Landesgesetzgebung bestimmen kann, in welcher Weise in den Fällen des § 97 die Sicherung der Verwendung des Geldes zu erfolgen hat, ist gleichfalls schon früher erörtert worden (S. 100).

In dem Vorentwurfe war noch besonders ausgesprochen, daß die im öffentlichen Interesse erlassenen landesgesetzlichen Vorschriften über die Buchführung der Feuerversicherungsagenten unberührt bleiben. Dies versteht sich indessen von selbst und es bedarf daher eines ausdrücklichen Vorbehalts nicht.

§ 191.

Die Vorschrift, daß für die Verhandlung und Entscheidung von Rechtsstreitigkeiten aus dem Gebiete des Versicherungsrechts in letzter Instanz ausschließlich das Reichsgericht zuständig sein soll, wird durch das Bedürfnis einer gleichmäßigen Anwendung des Gesetzes gerechtfertigt.

Entwurf eines Einführungsgesetzes
zu dem
Gesetz über den Versicherungsvertrag.

Artikel 1.

Das Gesetz über den Versicherungsvertrag läßt sich nicht zur Durchführung bringen, bevor die allgemeinen Versicherungsbedingungen seitens der Versicherungsunternehmungen abgeändert und in ihrer neuen Gestalt durch die Aufsichtsbehörden genehmigt sind. Auch müssen in den für die öffentlichen Versicherungsanstalten geltenden landesrechtlichen Vorschriften vor dem Inkrafttreten des Gesetzes die erforderlichen Änderungen vorgenommen werden. Der Artikel 1 will deshalb für das Inkrafttreten einen äußersten Zeitpunkt bestimmen, welcher so zu wählen sein wird, daß bis dahin die in Betracht kommenden Arbeiten unter allen Umständen beendigt sein können. Daneben soll aber die Möglichkeit offen bleiben, durch Kaiserliche Verordnung mit Zustimmung des Bundesrats einen früheren Tag festzusetzen, sofern sich eine raschere Erledigung jener Arbeiten als angängig erweist.

Artikel 2.

Der für Bayern wegen des Immobiliarversicherungswesens gemachte Vorbehalt beruht auf der Bestimmung der Nr. IV des Schlußprotokolls zu dem Vertrage von 23. November 1870, betreffend den Beitritt Bayerns zur Verfassung des Deutschen Bundes (Bundes-Gesetzbl. 1871 S. 23.)

Artikel 3.

Im Anschluß an den Artikel 170 des Einführungsgesetzes zum Bürgerlichen Gesetzbuche geht der Entwurf davon aus, daß für ein Versicherungsverhältnis, das vor dem Inkrafttreten des Gesetzes über den Versicherungsvertrag entstanden ist, an sich das bisherige Recht maßgebend bleibt. Dieser Grundsatz bedarf indessen wesentlicher Einschränkungen. Denn er führt gegenüber der großen Zahl langdauernder Versicherungsverhältnisse zu dem Ergebnisse, daß sie während der ganzen Zeit ihres Bestehens der Einwirkung des neuen Gesetzes entzogen sind, und ein solcher Rechtszustand liegt keineswegs im Interesse der Beteiligten, namentlich der Versicherungsnehmer. Der Entwurf (Artikel 3 bis 6) verfolgt deshalb das Ziel, das Gesetz über den Versicherungsvertrag, soweit möglich, auch auf die bezeichneten Versicherungsverhältnisse zur Anwendung zu bringen.

Demgemäß bestimmt zunächst der Artikel 3, daß, wenn ein zur Zeit des Inkrafttretens des Gesetzes über den Versicherungsvertrag bestehendes Versicherungsverhältnis nicht nach dem Inkrafttreten für den ersten Termin gekündigt wird, für den beide Teile nach den bisherigen Gesetzen zur Kündigung berechtigt sind, von diesem Termin an die Vorschriften des Gesetzes über den Versicherungsvertrag Anwendung finden. Die Vorschrift entspricht der im Artikel 171 des Einführungsgesetzes zum Bürgerlichen Gesetzbuche für Miet-, Pacht- und Dienstverhältnisse getroffenen Bestimmung. Lassen die Parteien das unter dem alten Rechte eingegangene Verhältnis unter der Herrschaft des neuen Gesetzes weiterbestehen, obwohl sie in der Lage waren, durch Kündigung die Beendigung herbeizuführen, so ist die Vermutung gerechtfertigt, daß sie sich nunmehr diesem Gesetz unterwerfen wollen. Ob ein Kündigungsrecht vorhanden ist, beantwortet sich nach den bisherigen Gesetzen; dabei kommt aber nicht nur der Inhalt der Gesetze selbst in Betracht, vielmehr sind an erster Stelle die auf Grund dieser Gesetze gültig getroffenen Vereinbarungen entscheidend, also namentlich die Bestimmungen, wie sie in den allgemeinen Versicherungsbedingungen vorgesehen sind. Der Artikel 171 des Einführungsgesetzes zum Bürgerlichen Gesetzbuche hat zu einer Meinungsverschiedenheit darüber Anlaß gegeben, ob das neue Recht nur dann zur Anwendung kommt, wenn beide Teile kündigen konnten, oder ob es genügt, daß eine Partei zur Kündigung berechtigt war. Übereinstimmend mit der Rechtsprechung des Reichsgerichts löst der Entwurf die Frage im Sinne der ersteren Auffassung, da aus der Tatsache der unterbliebenen Kündigung die Absicht der Beteiligten, sich dem neuen Gesetze zu unterwerfen, nicht gefolgert werden kann, wenn einer von ihnen gar keine Befugnis zur Kündigung hatte.

Wie im Artikel 3 ausdrücklich hervorgehoben ist, finden die Vorschriften des neuen Rechtes, wenn sie auf Grund der unterbliebenen Kündigung für ältere Rechtsverhältnisse Geltung erlangen, erst von dem Zeitpunkt an auf diese Verhältnisse Anwendung, zu welchem die Kündigung erfolgen konnte. Für die Beurteilung von Tatsachen, die schon vor dem bezeichneten Zeitpunkte eingetreten sind, bleibt daher das bisherige Recht maßgebend. Auch hat die Vorschrift, wonach das Gesetz über den Versicherungsvertrag auf Rechtsverhältnisse Anwendung findet, die schon vor dem Inkrafttreten des Gesetzes entstanden sind, nicht die Bedeutung, daß damit ohne weiteres auch die für diese Verhältnisse getroffenen Vertragsbestimmungen ihre Geltung verlieren; vielmehr bleiben die gedachten Bestimmungen insoweit wirksam, als sie nicht einer zwingenden Vorschrift des neuen Gesetzes widersprechen.

Artikel 4.

Der Entwurf des Gesetzes über den Versicherungsvertrag enthält eine Reihe einzelner, für den Schutz des Versicherungsnehmers bedeutsamer Vorschriften, die sich zur sofortigen Anwendung auch gegenüber früher entstandenen Versicherungsverhältnissen eignen, ohne daß durch eine solche Anwendung berechtigte Interessen des Versicherers verletzt würden. Der Entwurf trägt kein Bedenken, den bezeichneten Vorschriften ohne weiteres diese Wirksamkeit beizulegen. Eine solche Regelung erscheint um so mehr angezeigt, als die Voraussetzung, unter der nach Artikel 3 für ein bereits bestehendes Versicherungsverhältnis sämtliche Vorschriften des neuen Gesetzes Geltung erlangen, oft erst spät oder überhaupt nicht eintreten wird. Das letztere trifft namentlich zu bei den Lebensversicherungsverträgen, welche nur ausnahmsweise beiden Teilen ein Kündigungsrecht gewähren.

Hiernach ordnet der Artikel 4 unter Nr. 1, 2 an, daß die Vorschriften des § 3 Abs. 2 bis 4 und des § 4 Abs. 2 über den Versicherungsschein und über das Recht des Versicherungsnehmers, Abschriften der von ihm abgegebenen Erklärungen zu verlangen, sowie die Vorschriften des § 11 und des § 12 Abs. 2, 3 über die Fälligkeit der Leistung des Versicherers und die Verwirkung eines nicht rechtzeitig geltend gemachten Anspruchs von dem Zeitpunkte des Inkrafttretens des neuen Gesetzes an bei den schon bestehenden Versicherungsverhältnissen Anwendung finden. Die Nr. 3 bestimmt dasselbe in Ansehung der Vorschriften über den Konkurs des Versicherers (zu vergl. § 13, § 40 Abs. 3, § 42). Die Nr. 4 des Artikel 4 sieht vor, daß das Gesetz über den Versicherungsvertrag von dem Zeitpunkte seines Inkrafttretens an auch insoweit, als es sich auf die Folgen der nicht rechtzeitigen Zahlung einer während des Laufes der Versicherung zu entrichtenden Prämie bezieht, für ältere Versicherungsverhältnisse gilt. In gleicher Weise sind durch die Nummern 5 bis 7 die Vorschriften über die Befugnisse der Agenten, die Bestimmungen der §§ 64, 181 über die Mitwirkung von Sachverständigen bei der Feststellung der Leistung des Versicherers sowie die Vorschriften des § 94 Abs. 2, 3 und des § 122 über die Verpflichtung des Versicherers zu einer Abschlagszahlung für anwendbar erklärt. Die Nr. 8 legt ferner den von den Realberechtigten handelnden §§ 98 bis 106 rückwirkende Kraft bei. Endlich bestimmt die Nr. 9, daß die Vorschriften des § 180 über die bei der Unfallversicherung dem Versicherungsnehmer obliegende Verpflichtung, für die Abwendung und Minderung der Folgen des Unfalls zu sorgen, auf bestehende Versicherungsverhältnisse Anwendung finden; daraus ergibt sich insbesondere, daß auch bei diesen Versicherungsverhältnissen der Versicherungsnehmer nur insoweit verpflichtet ist, den vom Versicherer zur Beseitigung der Folgen des Unfalls gegebenen Weisungen nachzukommen, als ihm nicht etwas Unbilliges zugemutet wird. Nach dem Vorentwurfe sollten auch die Vorschriften über die Gefahrerhöhung rückwirkende Kraft erhalten; dem mehrfach erhobenen Bedenken, daß hierdurch die Leistungspflicht des Versicherers in einzelnen Beziehungen eine erhebliche Erweiterung erfahren werde, ohne daß es dem Versicherer möglich sei, die im Entwurfe selbst — zum Beispiel im § 161 Abs. 1 — vorgesehenen Maßnahmen zu seinem Schutze noch nachträglich zu ergreifen, konnte indessen die Berechtigung nicht versagt werden.

Übrigens gilt die Bestimmung, daß die im Artikel 4 aufgeführten Vorschriften auf ältere Rechtsverhältnisse Anwendung finden, entsprechend dem zu Artikel 3 Bemerkten, nur für die Zeit nach dem Inkrafttreten des Gesetzes. Die Wirkung von Tatsachen, die in eine frühere Zeit fallen, richtet sich nach dem alten Rechte. Gegenüber dem Artikel 4 behalten außerdem, ebenso wie gegenüber dem Artikel 3, die unter der Herrschaft des alten Rechtes getroffenen Vertragsbestimmungen insoweit ihre Gültigkeit, als sie nicht zwingenden Vorschriften des neuen Gesetzes widersprechen. Auch werden durch die Stellung, die der Artikel 4 Nr. 8 den Hypothekengläubigern und sonstigen Realberechtigten einräumt, die obligatorischen Rechte nicht berührt, welche die Realberechtigten gegenüber einer öffentlichen oder privaten Versicherungsanstalt auf Grund der für die Anstalt geltenden allgemeinen Bestimmungen oder auf Grund eines besonderen Vertrags erworben haben; denn in den §§ 98 bis 106 des Entwurfs eines Gesetzes über den Versicherungsvertrag handelt es sich nur um Rechte, die den Realberechtigten auf Grund ihres dinglichen Rechtes zustehen.

Um einen Eingriff in die eigenartigen Einrichtungen der öffentlichen Versicherungsanstalten zu vermeiden, war in dem Vorentwurfe noch eine besondere Bestimmung getroffen, wonach die Vorschriften des Artikel 4 nicht für Versicherungsverhältnisse gelten sollten, die zur Zeit des Inkrafttretens des Gesetzes über den Versicherungsvertrag bei einer solchen Anstalt bestehen. In Wirklichkeit bedarf es indessen einer derartigen Bestimmung nicht. Denn für diese Versicherungsverhältnisse bleiben auch dann, wenn in bezug auf die Anwendbarkeit des Artikel 4 keine Ausnahme vorgesehen wird, vermöge des im

§ 189 Abs. 2 ausgesprochenen Grundsatzes der Vertragsfreiheit die Vertragsbedingungen, also namentlich auch die allgemeinen für jene Anstalten geltenden Bestimmungen, auf Grund deren die Verträge geschlossen sind, selbst gegenüber den zwingenden Vorschriften des neuen Gesetzes in Kraft; jene Bestimmungen enthalten aber in den hier in Frage kommenden Beziehungen eine selbständige und erschöpfende Regelung der Rechte und Pflichten der Versicherungsanstalten und der Versicherungsnehmer. Die auf die Agenten bezügliche Nr. 5 des Artikel 4 ist ferner für die öffentlichen Versicherungsanstalten schon deshalb gegenstandslos, weil auf sie nach § 189 Abs. 2 die Vorschriften über die Agenten überhaupt keine Anwendung finden. Anderseits würden nach der bezeichneten Bestimmung des Vorentwurfs auch die Vorschriften über den Schutz der Realberechtigten in Ansehung der bei den öffentlichen Anstalten zur Zeit des Inkrafttretens des Gesetzes bestehenden Versicherungsverhältnisse keine Geltung erlangt haben; dies kann aber nicht für angemessen erachtet werden.

Artikel 5.

Die Bestimmungen, welche in den §§ 98 bis 106 des Entwurfs eines Gesetzes über den Versicherungsvertrag bezüglich der Realberechtigten getroffen sind, enthalten eine Ergänzung der Vorschriften des Bürgerlichen Gesetzbuchs über die Ansprüche, die den dinglich Berechtigten hinsichtlich der Entschädigungssumme zustehen. Nach Artikel 189 des Einführungsgesetzes zum Bürgerlichen Gesetzbuche gelten aber für die Rechte an Grundstücken bis zur Anlegung des Grundbuchs im allgemeinen nicht die Vorschriften dieses Gesetzbuchs, sondern die der früheren Gesetze. Mit Rücksicht hierauf bestimmt der Artikel 5 des vorliegenden Entwurfs, daß sich auch die Ansprüche der Realberechtigten gegenüber dem Versicherer nach den bisherigen Gesetzen richten, bis das Grundbuch für das belastete Grundstück als angelegt anzusehen ist.

Artikel 6.

Die Bestimmungen des Artikels 6, nach denen die Verjährungsvorschriften des Gesetzes über den Versicherungsvertrag auf die vor dem Inkrafttreten des Gesetzes entstandenen noch nicht verjährten Ansprüche Anwendung finden, schließen sich dem Artikel 169 des Einführungsgesetzes zum Bürgerlichen Gesetzbuch an. Daß die Ansprüche, die nach dem Inkrafttreten des Gesetzes auf Grund eines vor diesem Zeitpunkt abgeschlossenen Versicherungsvertrags entstehen, in Ansehung der Verjährung dem neuen Rechte unterliegen, bedarf einer ausdrücklichen Hervorhebung nicht; auch das Einführungsgesetz zum Bürgerlichen Gesetzbuch enthält hierüber keine besondere Bestimmung.

Entwurf eines Gesetzes,

betreffend

Änderung der Vorschriften des Handelsgesetzbuchs über die Seeversicherung.

Artikel 1.

Wenngleich keine Veranlassung besteht, das Seeversicherungsrecht des Handelsgesetzbuchs im Zusammenhange mit der reichsgesetzlichen Regelung der anderen Versicherungszweige einer durchgreifenden Umgestaltung zu unterziehen, so darf doch, wenigstens soweit es sich um Fragen von grundsätzlicher Bedeutung handelt, jene Regelung nicht dahin führen, daß unter völlig gleichen Verhältnissen für die Seeversicherung und für die Binnentransportversicherung ein wesentlich verschiedenes Recht gilt. Einige Änderungen des Handelsgesetzbuchs lassen sich deshalb nicht umgehen. Die neuen Vorschriften, welche hierdurch erforderlich werden, sind im Artikel 1 des vorliegenden Entwurfs zusammengefaßt.

Die Nummern I, III, V, IX bis XI des Artikel 1 enthalten diejenigen Bestimmungen, welche notwendig sind, um die Vorschriften des Handelsgesetzbuchs über die Versicherung für fremde Rechnung mit der Rechtsauffassung, von welcher der Entwurf eines Gesetzes über den Versicherungsvertrag ausgeht, in Übereinstimmung zu bringen. Im einzelnen beziehen sich die in Nr. I, III und IX vorgesehenen Änderungen auf den Fall, daß eine Versicherung für fremde Rechnung ohne Auftrag genommen ist (zu vergl. Entwurf eines Gesetzes über den Versicherungsvertrag § 79 Abs. 4 nebst Begründung S. 87 f.), die Nr. V beseitigt die Bestimmung des Handelsgesetzbuchs, derzufolge bei der Versicherung für fremde Rechnung unter Umständen auch der Versicherte für die Prämie haftet (oben S. 82 f.), und in den Nummern X, XI werden die Vorschriften, die in den §§ 75, 76, 78 des genannten Entwurfs über die Stellung des Versicherten und des Versicherungsnehmers sowie über die Aufrechnungsbefugnis des Versicherers getroffen sind, auf die Seeversicherung übertragen. Auch die Vorschriften, die zufolge der Nr. II künftig im Seeverkehr für die Versicherung desselben Interesses bei mehreren Versicherern, insbesondere für die Doppelversicherung, gelten sollen, entsprechen im wesentlichen den für die übrigen Versicherungszweige getroffenen Bestimmungen (zu vergl. S. 65 ff.). Ist ein Versicherungsvertrag nichtig, weil eine in unredlicher Absicht genommene Doppelversicherung vorliegt, so gebührt nach § 59 Abs. 3 des Entwurfs eines Gesetzes über den Versicherungsvertrag dem Versicherer die Prämie bis zum Schlusse der Versicherungsperiode, in welcher er von der Nichtigkeit Kenntnis erlangt. Abweichend hiervon gewährt der neue Abs. 3 des § 787 dem Versicherer im Anschluß an das geltende Seeversicherungsrecht für den bezeichneten Fall den Anspruch auf die volle Prämie. Diese Abweichung beruht darauf, daß der Seeversicherung eine Einteilung der Versicherungszeit in mehrere Versicherungsperioden überhaupt fremd ist. Aus dem gleichen Grunde ist im § 788 Abs. 2 Satz 1, abweichend von der Fassung des § 60 Abs. 2 Satz 1 des Entwurfs eines Gesetzes über den Versicherungsvertrag, bestimmt, daß die Herabsetzung der Versicherungssumme und der Prämie von dem Beginne der Versicherung an wirkt.

Die Nr. IV betrifft die dem Versicherungsnehmer bei dem Abschlusse des Vertrags obliegende Anzeigepflicht. Die neue Fassung der Vorschriften des Handelsgesetzbuchs bezweckt vor allem, den Grundsatz, daß eine unverschuldete Verletzung der Anzeigepflicht keine Rechtsnachteile für den Versicherungsnehmer zur Folge hat, auch bei der Seeversicherung zur Geltung zu bringen. Im Seeversicherungsverkehre besitzen allerdings die Antragsteller regelmäßig die nötige Geschäftserfahrung. Dieser Umstand ist aber nur für die Beurteilung der Frage von Bedeutung, ob im einzelnen Falle den Antragsteller ein Verschulden trifft; hat der Antragsteller diejenige Sorgfalt angewendet, welche von ihm erwartet werden kann, so darf er bei der Seeversicherung nicht ungünstiger behandelt werden als bei der Binnentransportversicherung. Im § 808 Abs. 2 und im § 809 Abs. 2 ist demgemäß ausgesprochen, daß der Versicherer nicht vom Vertrage zurücktreten kann, wenn das Unterbleiben oder die unrichtige Erstattung der Anzeige nicht auf einem Verschulden beruht; dabei ergibt sich schon aus dem inneren Zusammenhange der §§ 806 bis 809, daß der Ausschluß des Rücktrittsrechts nur eintritt, wenn weder den Versicherungsnehmer noch einen Beteiligten, dessen Kenntnis nach § 806 Abs. 2, § 807 erheblich ist, ein Verschulden trifft.

Nach dem neuen § 811 Abs. 3 soll sodann auch für die Seeversicherung künftig die Bestimmung gelten, daß die Haftung des Versicherers bestehen bleibt, wenn er erst nach dem Eintritt eines Versicherungsfalls zurücktritt und der Umstand, in Ansehung dessen die Anzeigepflicht verletzt ist, keinen Einfluß auf die Entstehung und den Umfang des Schadens gehabt hat. In betreff der Gefahrerhöhung enthält, wie an anderer Stelle hervorgehoben, schon jetzt das Handelsgesetzbuch (§ 814 Abs. 2 Nr. 1) eine entsprechende Vorschrift.

Während zufolge § 20 Abs. 1 des Entwurfs eines Gesetzes über den Versicherungsvertrag das dem Versicherer wegen Verletzung der Anzeigepflicht zustehende Rücktrittsrecht innerhalb eines Monats geltend gemacht werden muß, nachdem der Versicherer von der Verletzung Kenntnis erlangt hat, soll nach dem neuen § 811 Abs. 1 des Handelsgesetzbuchs die Frist für den Rücktritt nur eine Woche betragen. Dieser Zeitraum reicht bei der Seeversicherung für den Versicherer aus, um die erforderlichen Grundlagen für seine Entschließung zu gewinnen. Der Betrieb des Seeversicherungsgeschäfts bringt es ohnehin mit sich, daß der Versicherer zu besonders schnellen Entscheidungen genötigt ist; namentlich muß er sich bei dem Abschlusse der Verträge in der Regel sofort oder binnen kürzester Frist schlüssig machen. Die für das Handelsgesetzbuch neu vorgeschlagenen Bestimmungen weichen ferner aus dem schon zu Artikel 1 Nr. II angegebenen Grunde insofern von dem Gesetzentwurf über den Versicherungsvertrag (§ 40 Abs. 1) ab, als der § 811 Abs. 2 dem Versicherer, wenn er vom Vertrage zurücktritt, nicht die Prämie der laufenden Versicherungsperiode, sondern im Anschluß an das geltende Seeversicherungsrecht die volle Prämie gewährt. Mit Rücksicht hierauf erscheint auch eine dem § 30 Abs. 2 des Gesetzentwurfs über den Versicherungsvertrag entsprechende Vorschrift nicht angezeigt; denn das dort vorgesehene Kündigungsrecht gewährt dem Versicherungsnehmer nur dann eine Erleichterung, wenn er sich dadurch von der Verpflichtung befreien kann, die Prämie für spätere Versicherungsperioden zu zahlen.

Durch den neuen § 811a des Handelsgesetzbuchs wird dem Versicherer, wenn ihm ungeachtet einer unvollständigen oder unrichtigen Angabe der Gefahrumstände wegen mangelnder Kenntnis oder mangelnden Verschuldens des Versicherungsnehmers ein Rücktrittsrecht nicht zusteht, ein Anspruch auf höhere Prämie gewährt. Die Bestimmungen des § 811a entsprechen im allgemeinen den Vorschriften des § 41 des Entwurfs eines Gesetzes über den Versicherungsvertrag. Doch ist die Frist zur Geltendmachung des Rechtes auf die höhere Prämie, ebenso wie im § 811 die Frist zur Ausübung des Rücktrittsrechts, auf eine Woche verkürzt. Auch ist davon abgesehen, für den Fall, daß die höhere Gefahr nach den für den Geschäftsbetrieb des Versicherers geltenden Grundsätzen selbst gegen eine höhere Prämie nicht übernommen wird, dem Versicherer die Befugnis zur Kündigung des Versicherungsverhältnisses einzuräumen (§ 41 Abs. 2 des Gesetzentwurfs über den Versicherungsvertrag). Für die Seeversicherung ist eine gesetzliche Regelung dieses besonderen Falles entbehrlich; da die Vertragsfreiheit hier keiner Beschränkung unterliegt, kann es den Beteiligten überlassen bleiben, die etwa für erforderlich erachteten Bestimmungen in die Versicherungsbedingungen aufzunehmen.

Die Vorschriften des Gesetzentwurfs über den Versicherungsvertrag, welche an die Einrichtungen der Fragebogen anknüpfen (§ 18), eignen sich zur Übernahme in das Handelsgesetzbuch nicht, weil die bezeichnete Einrichtung für die Seeversicherung keine praktische Bedeutung hat.

Die Nr. V ist schon im Zusammenhange mit der Nr. I erläutert.

Durch die Nr. VI wird der Grundsatz, daß der Versicherer, abgesehen von den Fällen einer böslichen Handlungsweise, auch für den von dem Versicherten durch eine fehlerhafte Führung des Schiffes verursachten Schaden haftet, auf die Seeversicherung übertragen (zu vergl. S. 121). Die Nr. VII enthält lediglich eine durch die Bestimmung der Nr. VI notwendig gewordene Fassungsänderung.

Ist die Dauer der Versicherung nach Tagen, Wochen, Monaten oder nach einem mehrere Monate umfassenden Zeitraume bestimmt, so soll gemäß § 7 des Entwurfs eines Gesetzes über den Versicherungsvertrag die Versicherung am Mittage des Tages, an welchem der Vertrag geschlossen wird, beginnen und am Mittage des letzten Tages der Frist endigen. Abweichend hiervon schrieb bisher der § 830 Abs. 1 des Handelsgesetzbuchs vor, daß die Zeit nach dem Kalender und der Tag von Mitternacht zu Mitternacht zu berechnen ist, der Versicherer aber die Gefahr sowohl des Anfangs- wie des Schlußtags trägt. Die Vorschrift führt zu dem Ergebnisse, daß der Versicherer bei einer für einen bestimmten Zeitraum geschlossenen Versicherung die Gefahr nicht nur während der Dauer dieses Zeitraums, sondern noch einen Tag länger trägt, daß beispielsweise im Falle einer am 1. April 1910 auf ein Jahr genommenen Versicherung der Versicherer vom Beginne des 1. April 1910 bis zum Ablaufe des 1. April 1911 haftet. Eine solche Verlängerung der Haftung ist nicht gerechtfertigt, und es erscheint deshalb geboten, das, was künftig für die Binnentransportversicherung gelten soll, auch auf die Seeversicherung zu übertragen. Die Nr. VIII des Artikels 1 enthält eine entsprechende Vorschrift.

Wegen der Nr. IX bis XI ist auf das schon oben (S. 189) Gesagte zu verweisen. Die in Nr. XII vorgesehene Änderung des § 895 des Handelsgesetzbuchs ist eine Folge der neuen Vorschriften des § 787 über die Doppelversicherung.

Für den Fall, daß der Versicherer zahlungsunfähig geworden ist, gewährt das Handelsgesetzbuch (§ 898) dem Versicherungsnehmer die Befugnis, entweder von dem Vertrage zurückzutreten und die ganze Prämie zurückzufordern oder einzubehalten oder auf Kosten des Versicherers in Gemäßheit des § 789 eine neue Versicherung zu nehmen; jedoch hat der Versicherungsnehmer die Befugnis nicht, wenn ihm wegen der Erfüllung der Verpflichtungen des Versicherers genügende Sicherheit bestellt wird, bevor er von dem Vertrage zurückgetreten ist oder die neue Versicherung genommen hat. Abweichend hiervon wollte der Vorentwurf für die Seeversicherung ebenso wie für die übrigen Versicherungszweige der Eröffnung des Konkurses über das Vermögen des Versicherers die Wirkung beilegen, daß das Versicherungsverhältnis erlischt. Von der Kritik ist demgegenüber fast allgemein empfohlen worden, es im Interesse der Versicherungsnehmer für die Seeversicherung bei den Vorschriften des Handelsgesetzbuchs zu belassen. Diesem Wunsche konnte die Berücksichtigung nicht versagt werden. In dem § 13 des Entwurfs eines Gesetzes über den Versicherungsvertrag ist zwar die Bestimmung des Vorentwurfs dahin geändert, daß die Versicherung nicht schon mit der Eröffnung des Konkurses, sondern erst einen Monat später endigt. Auch diese Vorschrift wird indessen den im Seeverkehr obwaltenden besonderen Verhältnissen nicht gerecht. Namentlich genügt sie nicht, wenn ein Schiff zur Zeit der Konkurseröffnung überfällig ist. Der Versicherungsnehmer bedarf unter solchen Umständen des Schutzes der Versicherung in besonderem Maße, er wird hier jedoch meist nur gegen hohe Prämie oder überhaupt nicht in der Lage sein, eine neue Deckung zu erhalten, anderseits wird er, wenn sich demnächst ergibt, daß das Schiff als verschollen anzusehen ist, regelmäßig nicht den Beweis erbringen können, daß sich der Unfall, von dem das Schiff betroffen ist, schon vor dem Ablaufe der Monatsfrist ereignet hat. Durch das Handelsgesetzbuch werden die Interessen des Versicherungsnehmers auch in diesen Fällen soweit als möglich gewahrt. Der vorliegende Entwurf behält deshalb die Vorschriften des § 898 des Handelsgesetzbuchs bei. Eine Änderung ist hier nur insofern erforderlich, als die Bezugnahme auf den bisherigen § 789, der die Fälle bezeichnet, in denen nach dem jetzigen Rechte bei einer Doppelversicherung ausnahmsweise die spätere Versicherung Geltung hat, wegfallen muß (Artikel 1 Nr. XIII).

Nach § 69 Abs. 1 des Entwurfs eines Gesetzes über den Versicherungsvertrag tritt im Falle einer Veräußerung der versicherten Sache an Stelle des Veräußerers der Erwerber, vorbehaltlich des ihm und dem Versicherer nach § 70 zustehenden Kündigungsrechts, in die sich während der Dauer seines Eigentums aus dem Versicherungsverhältnis ergebenden Rechte und Pflichten des Versicherungsnehmers ein. Auch das Handelsgesetzbuch kennt schon gegenwärtig im § 899 einen Übergang der Rechte aus dem Versicherungsvertrag auf den Erwerber der versicherten Sache; doch bedarf es hier einer Abtretung der Rechte von seiten des Veräußerers. Für die Seeversicherung besteht indessen ebensowenig wie für die Binnentransportversicherung ein genügender Grund, den Eintritt des Erwerbers in die Rechte aus dem Versicherungsvertrage von einer besonderen Vereinbarung zwischen dem Veräußerer und dem Erwerber abhängig zu machen, vielmehr können die Vorschriften, welche hinsichtlich der Wirkungen einer Veräußerung der versicherten Sache durch den Entwurf eines Gesetzes über den Versicherungsvertrag getroffen sind, im allgemeinen auch auf die Seeversicherung Anwendung finden. Die Nr. XIV nimmt deshalb eine entsprechende Abänderung des § 899 des Handelsgesetzbuchs in Aussicht. Vollständig lassen sich allerdings die Verschiedenheiten zwischen den die Seeversicherung und den die Binnentransportversicherung betreffenden Vorschriften nicht beseitigen. Vor allem hält der Abs. 3 des neuen § 899 des Handelsgesetzbuchs die bisher im Abs. 2 sich findende Vorschrift fest, derzufolge der Versicherer von der Haftung für die Gefahren befreit ist, welche nicht eingetreten sein würden, wenn die Veräußerung unterblieben wäre. Diese Vorschrift kann mit Rücksicht auf die bei der Seeschiffahrt obwaltenden Verhältnisse nicht fortfallen; sie hat namentlich für die Gefahren Bedeutung, denen die versicherte Sache nach den Grundsätzen des Seevölkerrechts ausgesetzt wird, wenn die Veräußerung während eines Krieges an den Angehörigen einer kriegführenden Macht erfolgt. Auf der anderen Seite brauchen die Bestimmungen, welche die §§ 70, 71 des Entwurfs eines Gesetzes über den Versicherungsvertrag hinsichtlich des dem Versicherer im Falle der Veräußerung zustehenden Kündigungsrechts sowie in betreff der Anzeige von der Veräußerung enthalten, in das Handelsgesetzbuch nicht übernommen zu werden. Für die Binnentransportversicherung setzt, soweit es sich um die Versicherung von Gütern handelt, schon der § 140 des gedachten Entwurfs jene Bestimmungen außer Anwendung, und in bezug auf die Versicherung von Schiffen sind die Wirkungen einer Kündigung sowie die Folgen, welche sich an die Versäumung der Anzeige knüpfen, durch den § 141 wesentlich abgeschwächt, indem sie nur unter besonderen Voraussetzungen vor der Beendigung der Reise eintreten. Mit dieser Abschwächung aber würden die fraglichen Bestimmungen für die Seeversicherung überhaupt ohne Bedeutung sein; denn nach § 900 Abs. 2 des Handelsgesetzbuchs findet der Übergang der Versicherung auf den Erwerber des Schiffes nur dann statt, wenn die Veräußerung während einer Reise erfolgt, und auch unter dieser Voraussetzung dauert die Versicherung, selbst wenn sie auf Zeit oder für mehrere Reisen genommen ist, bloß bis zur Entlöschung des Schiffes im nächsten Bestimmungshafen. Da der Entwurf diese Beschränkungen des Überganges der Versicherung auf den Erwerber eines Seeschiffs unverändert bestehen läßt, so ist für ein Recht des Versicherers, das Versicherungsverhältnis wegen Veräußerung des Schiffes zu kündigen, sowie für eine Verpflichtung des Versicherungsnehmers zur Anzeige der Veräußerung kein Raum. Was endlich die Versicherung von Schiffsparten betrifft (Handelsgesetzbuch § 900 Abs. 1), so bedarf der Versicherer auch hier neben der Bestimmung, daß er im Falle der Veräußerung von der Haftung für solche Gefahren frei bleibt, welche ohne die Veräußerung nicht eingetreten wären, des Kündigungsrechts nicht.

Der bisherige § 899 des Handelsgesetzbuchs wies am Schlusse (Abs. 4) noch darauf hin, daß durch seine Vorschriften die rechtlichen Wirkungen der mittels Indossaments erfolgten Übertragung einer Police, die an Order lautet, nicht berührt werden. Diese Bestimmung ist als selbstverständlich in den neuen § 899 nicht übernommen.

Artikel 2.

Mit Rücksicht auf den engen Zusammenhang zwischen den im Artikel 1 vorgesehenen Änderungen des Handelsgesetzbuchs und den Vorschriften des Gesetzentwurfs über den Versicherungsvertrag bestimmt der Artikel 2, daß jene Änderungen gleichzeitig mit diesen Vorschriften in Kraft treten sollen.

Gesetzentwurf.

(Regierungsvorlage.)

Entwurf eines Gesetzes über den Versicherungsvertrag.

Regierungs-Ausgabe.

Erster Abschnitt.

Vorschriften für sämtliche Versicherungszweige.

Erster Titel.

Allgemeine Vorschriften.

§ 1. Bei der Schadensversicherung ist der Versicherer verpflichtet, nach dem Eintritte des Versicherungsfalls dem Versicherten den dadurch verursachten Vermögensschaden zu ersetzen. Bei der Lebensversicherung und der Unfallversicherung sowie bei anderen Arten der Personenversicherung ist der Versicherer verpflichtet, nach dem Eintritte des Versicherungsfalls den vereinbarten Betrag an Kapital oder Rente zu zahlen oder, soweit eine nicht in Geld bestehende Leistung vereinbart ist, diese zu bewirken.

Der Versicherte hat die vereinbarte Prämie zu entrichten. Als Prämie im Sinne dieses Gesetzes gelten auch die bei Versicherungsunternehmungen auf Gegenseitigkeit zu entrichtenden Beiträge.

§ 2. Die Versicherung kann in der Weise genommen werden, daß sie in einem vor der Schließung des Vertrags liegenden Zeitpunkte beginnt.

Im Falle des Abs. 1 ist der Vertrag nichtig, wenn der Versicherer bei der Schließung weiß, daß die Möglichkeit des Eintritts des Versicherungsfalls schon ausgeschlossen ist. Das Gleiche gilt, wenn der Versicherte bei der Schließung weiß, daß der Versicherungsfall schon eingetreten ist.

Wird der Vertrag durch einen Bevollmächtigten oder einen Vertreter ohne Vertretungsmacht geschlossen, so kommt in den Fällen des Abs. 2 nicht nur die Kenntnis des Vertragschließenden, sondern auch die des Vertretenen in Betracht. Auf die Kenntnis des Vertretenen kommt es jedoch nicht an, wenn der Vertrag ohne sein Wissen geschlossen worden ist oder eine rechtzeitige Benachrichtigung des Vertreters nicht tunlich war.

§ 3. Ist die Dauer der Versicherung nach Tagen, Wochen, Monaten oder nach einem mehrere Monate umfassenden Zeitraume bestimmt, so beginnt die Versicherung mit der Mittagsstunde des Tages, an welchem der Vertrag geschlossen wird. Sie endigt am Mittage des letzten Tages der Frist.

§ 4. Der Versicherer ist verpflichtet, eine von ihm unterzeichnete Urkunde über den Versicherungsvertrag (Versicherungsschein) dem Versicherten auszuhändigen.

Ist ein Versicherungsschein abhanden gekommen oder vernichtet, so kann der Versicherte von dem Versicherer die Ausstellung einer Ersatzurkunde verlangen. Läßt das Gesetz die Kraftloserklärung des Versicherungsscheins zu, so ist der Versicherer erst nach der Kraftloserklärung zur Ausstellung verpflichtet.

Der Versicherte kann jederzeit Abschriften der Erklärungen fordern, die er mit Bezug auf den Vertrag abgegeben hat.

Die Kosten der Ersatzurkunde sowie der Abschriften hat der Versicherte zu tragen und auf Verlangen vorzuschießen.

§ 5. Der Versicherungsschein kann nicht auf den Inhaber ausgestellt werden.

Ist bestimmt, daß der Versicherer nur gegen Rückgabe des Versicherungsscheins zu leisten hat, so genügt, wenn der Versicherte behauptet, zur Rückgabe außer stande zu sein, das öffentlich beglaubigte Anerkenntnis, daß die Schuld erloschen sei. Diese Vorschrift findet keine Anwendung, wenn das Gesetz die Kraftloserklärung des Versicherungsscheins zuläßt.

§ 6. Auf eine Vereinbarung, nach welcher die Annahme des Versicherungsscheins die Wirkung haben soll, daß der Inhalt des Scheines als von dem Versicherten genehmigt gilt, kann sich der Versicherer nur berufen, wenn durch die Vereinbarung dem Versicherten eine Frist von mindestens einem Monate für die Erhebung eines Widerspruchs gewährt ist und der Versicherte innerhalb dieser Frist Widerspruch nicht erhoben hat. Das Recht des Versicherten, die Genehmigung wegen Irrtums anzufechten, kann durch eine solche Vereinbarung nicht ausgeschlossen werden.

§ 7. Ist im Vertrage für eine von dem Versicherten vor dem Eintritte des Versicherungsfalls vorzunehmende Handlung eine Frist mit der Maßgabe bestimmt, daß die Versäumung der Frist das Erlöschen der Ansprüche oder einen sonstigen Rechtsnachteil für den Versicherten zur Folge haben soll, so tritt der Rechtsnachteil nicht ein, wenn die Versäumung den Umständen nach als eine unverschuldete anzusehen ist und die versäumte Handlung unverzüglich nachgeholt wird.

§ 8. Ist im Vertrage bestimmt, daß die Verletzung einer Obliegenheit, die nach dem Eintritte des Versicherungsfalls dem Versicherer gegenüber zu erfüllen ist, das Erlöschen der Ansprüche oder einen sonstigen Rechtsnachteil für den Versicherten zur Folge haben soll, so tritt der Rechtsnachteil nur ein, wenn die Obliegenheit arglistig verletzt worden ist.

§ 9. Auf eine Vereinbarung, durch welche von den Vorschriften der §§ 7, 8 zum Nachteile des Versicherten abgewichen wird, kann sich der Versicherer nicht berufen. Es kann jedoch vereinbart werden, daß dem Versicherer auch wegen einer nicht arglistigen Verletzung einer Obliegenheit, die ihm gegenüber nach dem Eintritte des Versicherungsfalls zu erfüllen ist, ein Geldbetrag als Strafe entrichtet werden soll; die Strafe darf fünf vom Hundert des Betrags, welchen der Versicherer zu zahlen hat, nicht übersteigen.

§ 10. Die Ansprüche aus dem Versicherungsvertrage verjähren in zwei Jahren, bei der Lebensversicherung in fünf Jahren. Die Verjährung beginnt mit dem Schlusse des Jahres, in welchem die Leistung verlangt werden kann.

Eine Vereinbarung, durch welche die Verjährung der Ansprüche gegen den Versicherer erleichtert wird, ist nichtig. Das Gleiche gilt von einer Vereinbarung, nach welcher der Versicherer von der Verpflichtung zur Leistung frei sein soll, wenn der Anspruch auf die Leistung nicht innerhalb einer bestimmten Frist gerichtlich geltend gemacht wird.

§ 11. Wird über das Vermögen des Versicherers der Konkurs eröffnet, so endigt das Versicherungsverhältnis.

§ 12. Auf eine Vereinbarung, nach welcher im Falle der Eröffnung des Konkurses über das Vermögen des Versicherten das Versicherungsverhältnis erlöschen oder der Versicherer befugt sein soll, das Versicherungsverhältnis ohne Einhaltung einer Kündigungsfrist oder unter Einhaltung einer Kündigungsfrist von weniger als einem Monate zu kündigen, kann sich der Versicherer nicht berufen.

§ 13. Als Versicherungsperiode im Sinne dieses Gesetzes gilt, falls nicht die Prämie nach kürzeren Zeitabschnitten bemessen ist, der Zeitraum eines Jahres.

Zweiter Titel.

Anzeige der Gefahrumstände. Gefahrerhöhung.

§ 14. Wer einen Versicherungsvertrag schließt, hat alle ihm bei der Schließung bekannten Umstände, die für die Übernahme der Gefahr erheblich sind, dem Versicherer anzuzeigen.

Wird der Vertrag durch einen Bevollmächtigten oder durch einen Vertreter ohne Vertretungsmacht geschlossen, so sind auch die dem Vertretenen bekannten Umstände anzuzeigen. Auf die dem Vertretenen bekannten Umstände kommt es jedoch nicht an, wenn der Vertrag ohne sein Wissen geschlossen worden ist oder eine rechtzeitige Benachrichtigung des Vertreters nicht tunlich war.

§ 15. Der Versicherer kann von dem Vertrage zurücktreten, wenn den Vorschriften des § 14 zuwider die Anzeige eines erheblichen Umstandes unterblieben ist. Das Gleiche gilt, wenn die Anzeige eines erheblichen Umstandes deshalb unterblieben ist, weil sich der Versicherte oder der Vertreter der Kenntnis des Umstandes arglistig entzogen hat.

Der Rücktritt ist ausgeschlossen, wenn der Versicherer den nicht angezeigten Umstand kannte oder wenn die Anzeige ohne Verschulden des Versicherten unterblieben ist.

§ 16. Der Versicherer kann von dem Vertrage zurücktreten, wenn über einen erheblichen Umstand eine unrichtige Anzeige gemacht worden ist.

Der Rücktritt ist ausgeschlossen, wenn die Unrichtigkeit dem Versicherer bekannt war oder die Anzeige ohne Verschulden unrichtig gemacht worden ist.

§ 17. Ein Umstand, nach welchem der Versicherer ausdrücklich und schriftlich gefragt hat, gilt im Zweifel als erheblich.

Hatte der Versicherte die Gefahrumstände an der Hand schriftlicher von dem Versicherer gestellter Fragen anzuzeigen, so kann der Versicherer wegen unterbliebener Anzeige eines Umstandes, nach welchem nicht ausdrücklich gefragt worden ist, nur im Falle arglistiger Verschweigung zurücktreten.

§ 18. Der Rücktritt kann nur innerhalb eines Monats erfolgen. Die Frist beginnt mit dem Zeitpunkt, in welchem der Versicherer von der Verletzung der Anzeigepflicht Kenntnis erlangt.

Der Rücktritt erfolgt durch Erklärung gegenüber dem Versicherten. Im Falle des Rücktritts sind, soweit dieses Gesetz nicht in Ansehung der Prämie ein anderes bestimmt, beide Teile verpflichtet, einander die empfangenen Leistungen zurückzugewähren; eine Geldsumme ist von der Zeit des Empfanges an zu verzinsen.

§ 19. Nach dem Abschlusse des Vertrags darf der Versicherte nicht ohne Einwilligung des Versicherers eine Erhöhung der Gefahr vornehmen oder deren Vornahme durch einen Dritten gestatten.

§ 20. Im Falle einer Verletzung der Vorschrift des § 19 kann der Versicherer das Versicherungsverhältnis ohne Einhaltung einer Kündigungsfrist kündigen. Beruht die Verletzung nicht auf einem Verschulden des Versicherten, so hat der Versicherte die Kündigung erst mit dem Ablauf eines Monats gegen sich gelten zu lassen.

Das Kündigungsrecht erlischt, wenn es nicht innerhalb eines Monats von dem Zeitpunkt an ausgeübt wird, in welchem der Versicherer von der Erhöhung der Gefahr Kenntnis erlangt, oder wenn der Zustand wiederhergestellt ist, der vor der Erhöhung bestanden hat.

§ 21. Der Versicherer ist im Falle einer Verletzung der Vorschrift des § 19 von der Verpflichtung zur Leistung frei, wenn der Versicherungsfall nach der Erhöhung der Gefahr eintritt.

Die Verpflichtung des Versicherers bleibt bestehen, wenn die Verletzung nicht auf einem Verschulden des Versicherten beruht. Das Gleiche gilt, wenn zur Zeit des Eintritts des Versicherungsfalls die Frist für die Ausübung des dem Versicherer zustehenden Kündigungsrechts abgelaufen und eine Kündigung nicht erfolgt ist oder wenn die Erhöhung der Gefahr keinen Einfluß auf den Eintritt des Versicherungsfalls und auf den Umfang der dem Versicherer obliegenden Leistung gehabt hat.

§ 22. Die Vorschriften der §§ 19 bis 21 finden keine Anwendung, wenn der Versicherte zu der Erhöhung der Gefahr durch das Interesse des Versicherers oder durch ein Ereignis, für welches der Versicherer haftet, oder durch ein Gebot der Menschlichkeit veranlaßt wird.

§ 23. Tritt nach dem Abschlusse des Vertrags eine Erhöhung der Gefahr unabhängig von dem Willen des Versicherten ein, so ist der Versicherer berechtigt, das Versicherungsverhältnis unter Einhaltung einer Kündigungsfrist von einem Monate zu kündigen. Die Vorschriften des § 20 Abs. 2 finden entsprechende Anwendung.

Der Versicherte hat, sobald er von der Erhöhung der Gefahr Kenntnis erlangt, dem Versicherer unverzüglich Anzeige zu machen.

§ 24. Wird die im § 23 Abs. 2 vorgesehene Anzeige nicht rechtzeitig gemacht, so ist der Versicherer, wenn der Versicherungsfall später als einen Monat nach dem Zeitpunkt eintritt, in welchem die Anzeige zu erfolgen hatte, von der Verpflichtung zur Leistung frei.

Die Verpflichtung des Versicherers bleibt bestehen, wenn in dem Zeitpunkt, in welchem die Anzeige zu erfolgen hatte, die Erhöhung der Gefahr ihm bekannt war. Das Gleiche gilt, wenn zur Zeit des Eintritts des Versicherungsfalls die Frist für die Ausübung des dem Versicherer zustehenden Kündigungsrechts abgelaufen und eine Kündigung nicht erfolgt ist oder wenn die Erhöhung der Gefahr keinen Einfluß auf den Eintritt des Versicherungsfalls und auf den Umfang der dem Versicherer obliegenden Leistung gehabt hat.

§ 25. Eine Erhöhung der Gefahr im Sinne dieses Gesetzes liegt nur vor, wenn die Erhöhung auf der Änderung eines Umstandes beruht, dessen unveränderte Fortdauer der Versicherer bei der Schließung des Vertrags voraussetzen durfte. Eine Änderung, durch welche die Gefahr in unerheblicher Weise erhöht wird, kommt nicht in Betracht.

Ist die unveränderte Fortdauer eines Umstandes mittelst schriftlicher Erklärung des Versicherten ausdrücklich bedungen worden, so ist, wenn eine Änderung des Umstandes erfolgt, im Zweifel anzunehmen, daß die Änderung eine erhebliche Erhöhung der Gefahr zur Folge gehabt hat.

§ 26. Liegen die Voraussetzungen, unter denen der Versicherer nach den

Vorschriften dieses Titels zum Rücktritt oder zur Kündigung berechtigt ist, in Ansehung eines Teiles der Gegenstände oder Personen vor, auf welche sich die Versicherung bezieht, so steht dem Versicherer das Recht des Rücktritts oder der Kündigung für den übrigen Teil nur zu, wenn für diesen allein der Versicherer den Vertrag unter den gleichen Bestimmungen nicht geschlossen haben würde.

Macht der Versicherer von dem Rechte des Rücktritts oder der Kündigung in Ansehung eines Teiles der Gegenstände oder Personen Gebrauch, so kann der Versicherte das Versicherungsverhältnis in Ansehung des übrigen Teiles ohne Einhaltung einer Kündigungsfrist kündigen. Das Kündigungsrecht des Versicherten erlischt, wenn es nicht bis zum Schlusse der laufenden Versicherungsperiode geltend gemacht wird.

In den Fällen, in denen nach den §§ 21, 24 der Versicherer von der Verpflichtung zur Leistung frei ist, findet die Vorschrift des Abs. 1 entsprechende Anwendung.

§ 27. Auf eine Vereinbarung, durch welche von den Vorschriften der §§ 14 bis 25 zum Nachteile des Versicherten abgewichen wird, kann sich der Versicherer nicht berufen.

Für die Anzeige, welche der Versicherte bei der Schließung des Vertrags oder nach einer Erhöhung der Gefahr zu machen hat, kann die schriftliche Form vereinbart werden.

Dritter Titel.

Prämie.

§ 28. Der Versicherte hat die Prämie und, wenn laufende Prämien bedungen sind, die erste Prämie sofort nach dem Abschlusse des Vertrags zu zahlen. Er ist zur Zahlung nur gegen Aushändigung des Versicherungsscheins verpflichtet, es sei denn, daß die Ausstellung eines Versicherungsscheins ausgeschlossen ist.

§ 29. Leistungsort für die Entrichtung der Prämie ist der Wohnsitz des Versicherten; der Versicherte hat jedoch auf seine Gefahr und seine Kosten die Prämie dem Versicherer zu übermitteln.

Hat der Versicherte die Versicherung in seinem Gewerbebetriebe genommen, so tritt, wenn er seine gewerbliche Niederlassung an einem anderen Orte hat, der Ort der Niederlassung an die Stelle des Wohnsitzes.

§ 30. Ist die Prämie regelmäßig bei dem Versicherten eingezogen worden, so ist dieser zur Übermittelung der Prämie erst verpflichtet, wenn ihm der Versicherer schriftlich anzeigt, daß er die Übermittelung verlange.

§ 31. Wird eine Prämienzahlung, die vor oder bei dem Beginne der Versicherung zu erfolgen hat, nicht rechtzeitig bewirkt, so ist der Versicherer von der Verpflichtung zur Leistung frei, wenn der Versicherungsfall vor der Zahlung eintritt.

Der Versicherer ist, wenn die Zahlung nicht rechtzeitig bewirkt wird, berechtigt, das Versicherungsverhältnis unter Einhaltung einer Kündigungsfrist von einem Monate zu kündigen. Die Wirkungen der Kündigung treten nicht ein, wenn die Zahlung bis zum Ablaufe der Kündigungsfrist erfolgt.

§ 32. War zur Zeit des Eintritts des Versicherungsfalls der Versicherungsschein dem Versicherten ausgehändigt, so ist der Versicherer zur Leistung verpflichtet, auch wenn die Prämie noch nicht gezahlt worden ist. Eine Bestimmung, nach welcher der Vertrag ungeachtet der Aushändigung des Versicherungsscheins erst mit der Zahlung der Prämie wirksam wird, gilt als nicht getroffen.

§ 33. Wird eine Prämienzahlung, die nach dem Beginne der Versicherung zu erfolgen hat, nicht rechtzeitig bewirkt, so kann der Versicherer dem Versicherten auf dessen Kosten eine Zahlungsfrist bestimmen. Tritt der Versicherungsfall nach dem Ablaufe der Frist ein und ist zur Zeit des Eintritts der Versicherte mit der Zahlung der Prämie oder der geschuldeten Zinsen oder Kosten im Verzuge, so ist der Versicherer von der Verpflichtung zur Leistung frei. Der Versicherer ist nach dem Ablaufe der Frist, wenn der Versicherte mit der Zahlung im Verzug ist, berechtigt, das Versicherungsverhältnis ohne Einhaltung einer Kündigungsfrist zu kündigen.

Die Bestimmung der Zahlungsfrist hat schriftlich zu geschehen und eine genaue Angabe der Rechtsfolgen zu enthalten, welche nach Abs. 1 mit dem Ablaufe der Frist verbunden sind. Die Frist darf nicht weniger als zwei Wochen betragen. Eine Fristbestimmung, die ohne Beobachtung dieser Vorschriften erfolgt, ist unwirksam.

Soweit die im Abs. 1 bezeichneten Rechtsfolgen davon abhängen, daß Zinsen oder Kosten nicht gezahlt worden sind, treten die Rechtsfolgen nur ein, wenn die Fristbestimmung die Höhe der Zinsen oder den Betrag der Kosten angibt.

§ 34. Wird das Versicherungsverhältnis auf Grund der Vorschriften dieses oder des vorhergehenden Titels durch Rücktritt oder Kündigung aufgehoben, so gebührt dem Versicherer gleichwohl die Prämie, jedoch nicht über die laufende Versicherungsperiode hinaus. Kündigt der Versicherer gemäß § 31 Abs. 2, so kann er nur eine angemessene Geschäftsgebühr, jedoch nicht mehr als den halben Betrag einer Jahresprämie, verlangen.

Ist ein Versicherungsvertrag auf Grund der Vorschriften des § 2 nichtig, weil der Versicherte oder sein Vertreter wußte, daß der Versicherungsfall schon eingetreten war, so gebührt dem Versicherer, wenn er nicht bei der Schließung des Vertrags von der Nichtigkeit Kenntnis hatte, die Prämie bis zum Schlusse der Versicherungsperiode, in welcher er von der Nichtigkeit Kenntnis erlangt.

Endigt das Versicherungsverhältnis infolge der Eröffnung des Konkurses über das Vermögen des Versicherers, so kann der Versicherte den auf die Zeit nach der Beendigung des Versicherungsverhältnisses entfallenden Teil der Prämie unter Abzug des Betrags der für diese Zeit aufgewendeten Kosten zurückfordern.

§ 35. Ist die dem Versicherten bei der Schließung des Vertrags obliegende Anzeigepflicht verletzt worden, das Rücktrittsrecht des Versicherers aber ausgeschlossen, weil dem anderen Teile ein Verschulden nicht zur Last fällt, so kann der Versicherer, falls er die höhere Gefahr nach dem von ihm bei der Schließung des Vertrags zu Grunde gelegten Tarife nur gegen Zahlung einer höheren Prämie übernimmt, von dem Beginne der laufenden Versicherungsperiode an die höhere Prämie verlangen. Das Gleiche gilt, wenn bei der Schließung des Vertrags ein für die Übernahme der Gefahr erheblicher Umstand dem Versicherer nicht angezeigt worden ist, weil er dem anderen Teile nicht bekannt war. Wird die höhere Gefahr nach den für den Geschäftsbetrieb des Versicherers geltenden Bestimmungen auch gegen die Zahlung einer höheren Prämie nicht übernommen, so kann der Versicherer das Versicherungsverhältnis unter Einhaltung einer Kündigungsfrist von einem Monate kündigen.

Der Anspruch auf die höhere Prämie erlischt, wenn er nicht innerhalb eines Monats von dem Zeitpunkt an geltend gemacht wird, in welchem der Versicherer von der Verletzung der Anzeigepflicht oder von dem nicht angezeigten

Umstande Kenntnis erlangt. Das Gleiche gilt von dem Kündigungsrechte, wenn es nicht innerhalb des bezeichneten Zeitraums ausgeübt wird.

§ 36. Auf eine Vereinbarung, durch welche von den Vorschriften der §§ 30 bis 35 zum Nachteile des Versicherten abgewichen wird, kann sich der Versicherer nicht berufen. Es kann jedoch vereinbart werden, daß dem Versicherer die ganze Prämie gebührt, wenn er auf Grund der §§ 15, 16 von dem Vertrage zurücktritt und eine arglistige Verletzung der Anzeigepflicht vorliegt oder wenn der Versicherungsvertrag auf Grund der Vorschriften des § 2 nichtig ist, weil der Versicherte oder sein Vertreter wußte, daß der Versicherungsfall schon eingetreten war.

Vierter Titel.

Versicherungsfall.

§ 37. Der Versicherte ist, sobald er von dem Eintritte des Versicherungsfalls Kenntnis erlangt, verpflichtet, dem Versicherer unverzüglich Anzeige zu machen. Steht das Recht auf die Leistung einem anderen als dem Versicherten zu, so liegt die Pflicht zur Anzeige dem anderen ob.

§ 38. Der Versicherer kann nach dem Eintritte des Versicherungsfalls verlangen, daß der Versicherte jede Auskunft erteilt, die zur Feststellung des Versicherungsfalls oder des Umfanges der Leistungspflicht des Versicherers erforderlich ist. Steht das Recht auf die Leistung einem anderen als dem Versicherten zu, so liegt die Pflicht zur Auskunft dem anderen ob.

Belege kann der Versicherer nur insoweit fordern, als die Beschaffung billiger Weise dem Versicherten zugemutet werden kann. Auf eine Vereinbarung, durch welche von dieser Vorschrift zum Nachteile des Versicherten abgewichen wird, kann sich der Versicherer nicht berufen.

§ 39. Zur Sicherung des Beweises kann jeder Teil eine gerichtliche Beweisaufnahme über den Eintritt des Versicherungsfalls oder über den Umfang der hierdurch begründeten Leistungspflicht des Versicherers beantragen, auch wenn die Voraussetzungen des § 485 der Civilprozeßordnung nicht vorliegen.

§ 40. Auf eine Vereinbarung, nach welcher die Leistung des Versicherers erst mit der Feststellung des Anspruchs durch Anerkenntnis, Vergleich oder rechtskräftiges Urteil fällig werden soll, kann sich der Versicherer nicht berufen.

Fünfter Titel.

Versicherungsagenten.

§ 41. Ein Versicherungsagent gilt, auch wenn er nur mit der Vermittelung von Versicherungsgeschäften betraut ist, als bevollmächtigt, in dem Versicherungszweige, für den er bestellt ist:

1. Anträge auf Schließung eines Versicherungsvertrags sowie den Widerruf solcher Anträge entgegenzunehmen;
2. die Anzeigen, welche während der Versicherung zu machen sind, sowie Kündigungs- und Rücktrittserklärungen oder sonstige das Versicherungsverhältnis betreffende Erklärungen von dem Versicherten entgegenzunehmen;
3. die von dem Versicherer ausgefertigten Versicherungsscheine oder Verlängerungsscheine auszuhändigen;
4. fällige Prämien anzunehmen.

§ 42. Ist ein Versicherungsagent zum Abschlusse von Versicherungsverträgen bevollmächtigt, so ist er auch befugt, die Änderung oder Verlängerung solcher Verträge zu vereinbaren sowie Kündigungs- und Rücktrittserklärungen abzugeben.

§ 43. Soweit nach den Vorschriften dieses Gesetzes die Kenntnis des Versicherers von Erheblichkeit ist, steht die Kenntnis eines nur mit der Vermittelung von Versicherungsgeschäften betrauten Agenten der Kenntnis des Versicherers nicht gleich.

§ 44. Eine Beschränkung der dem Versicherungsagenten nach den Vorschriften dieses Titels zustehenden Vertretungsmacht braucht ein Dritter nur dann gegen sich gelten zu lassen, wenn er die Beschränkung bei der Vornahme des Geschäfts oder der Rechtshandlung kannte oder kennen mußte.

Auf eine Vereinbarung, durch welche von der Vorschrift des Abs. 1 abgewichen wird, kann sich der Versicherer nicht berufen. Die Vorschrift des § 27 Abs. 2 bleibt unberührt.

Zweiter Abschnitt.
Schadensversicherung.

Erster Titel.
Vorschriften für die gesamte Schadensversicherung.

I. Inhalt des Vertrags.

§ 45. Der Versicherer hat den Schadensersatz in Geld zu leisten.

§ 46. Der Versicherer haftet nur bis zur Höhe der Versicherungssumme.

§ 47. Ergibt sich, daß die Versicherungssumme erheblich höher ist als der Wert des versicherten Interesses (Versicherungswert), so kann sowohl der Versicherer als der Versicherte verlangen, daß die Versicherungssumme, unter entsprechender Ermäßigung der Prämie für die künftigen Versicherungsperioden, herabgesetzt wird.

Hat der Versicherte eine Versicherung, bei welcher die Versicherungssumme den Versicherungswert übersteigt, in der Absicht abgeschlossen, sich einen rechtswidrigen Vermögensvorteil zu verschaffen, so ist der Vertrag nichtig. Dem Versicherer gebührt gleichwohl die ganze Prämie, es sei denn, daß ihm die Absicht des Versicherten bekannt war.

§ 48. Bezieht sich die Versicherung auf eine Sache, so gilt, soweit sich nicht aus den Umständen ein anderes ergibt, der Wert der Sache als Versicherungswert.

§ 49. Die Versicherung umfaßt den durch den Eintritt des Versicherungsfalls entgehenden Gewinn nur, soweit dies besonders vereinbart ist.

§ 50. Der Versicherer ist, auch wenn die Versicherungssumme höher ist als der Versicherungswert zur Zeit des Eintritts des Versicherungsfalls, nicht verpflichtet, dem Versicherten mehr als den Betrag des Schadens zu ersetzen.

§ 51. Ist die Versicherungssumme niedriger als der Versicherungswert zur Zeit des Eintritts des Versicherungsfalls (Unterversicherung), so haftet der

Versicherer für den Schaden nur nach dem Verhältnisse der Versicherungssumme zu diesem Werte.

§ 52. Der Versicherungswert kann durch Vereinbarung auf einen bestimmten Betrag (Taxe) festgesetzt werden. Die Taxe gilt auch als der Wert, den das versicherte Interesse zur Zeit des Eintritts des Versicherungsfalls hat, es sei denn, daß sie den wirklichen Versicherungswert in diesem Zeitpunkt erheblich übersteigt. Ist die Versicherungssumme niedriger als die Taxe, so haftet der Versicherer, auch wenn die Taxe erheblich übersetzt ist, für den Schaden nur nach dem Verhältnisse der Versicherungssumme zur Taxe.

§ 53. Wird ein versichertes Interesse später gegen dieselbe Gefahr bei einem anderen Versicherer versichert, so ist diesem bei der Schließung des Vertrags von der früheren Versicherung, dem ersten Versicherer unverzüglich nach der Schließung von der neuen Versicherung Mitteilung zu machen.

In der Mitteilung ist der Versicherer, bei welchem die andere Versicherung genommen worden ist, zu bezeichnen und die Versicherungssumme anzugeben.

Auf eine Vereinbarung, nach welcher die Verletzung der Verpflichtung zur Mitteilung der anderen Versicherung das Erlöschen der Ansprüche oder einen sonstigen Rechtsnachteil für den Versicherten zur Folge haben soll, kann sich der Versicherer nicht berufen, wenn dem Versicherten ein Verschulden nicht zur Last fällt.

§ 54. Ist ein Interesse gegen dieselbe Gefahr bei mehreren Versicherern versichert und übersteigen die Versicherungssummen zusammen den Wert, den das versicherte Interesse zur Zeit des Eintritts des Versicherungsfalls hat (Doppelversicherung), so sind die Versicherer in der Weise als Gesamtschuldner verpflichtet, daß dem Versicherten jeder Versicherer für den Betrag haftet, dessen Zahlung ihm nach seinem Vertrag obliegt, der Versicherte aber im ganzen nicht mehr als den Betrag des Schadens verlangen kann.

Die Versicherer sind im Verhältnisse zu einander zu Anteilen nach Maßgabe der Beträge verpflichtet, deren Zahlung ihnen dem Versicherten gegenüber vertragsmäßig obliegt.

Hat der Versicherte Verträge in der Absicht geschlossen, sich durch Doppelversicherung einen rechtswidrigen Vermögensvorteil zu verschaffen, so sind die sämtlichen in dieser Absicht geschlossenen Verträge nichtig. Ein ohne solche Absicht eingegangenes Versicherungsverhältnis endigt, wenn später ein anderes Versicherungsverhältnis in solcher Absicht eingegangen wird. Jeder Versicherer kann die ganze Prämie verlangen.

§ 55. Der Versicherer ist auch dann zur Leistung verpflichtet, wenn der Versicherungsfall durch das Verhalten des Versicherten herbeigeführt worden ist, es sei denn, daß das Verhalten auf Vorsatz oder grober Fahrlässigkeit beruht.

§ 56. Der Versicherte ist verpflichtet, nach dem Eintritte des Versicherungsfalls, soweit tunlich, für die Abwendung und die Minderung des Schadens zu sorgen und dabei die Weisungen des Versicherers zu befolgen; er hat, wenn die Umstände es gestatten, solche Weisungen einzuholen. Sind mehrere Versicherer beteiligt und sind von ihnen entgegenstehende Weisungen gegeben, so hat der Versicherte nach eigenem pflichtmäßigen Ermessen zu handeln.

§ 57. Soll nach dem Vertrage die Höhe des Schadens im Wege eines Abschätzungsverfahrens durch Sachverständige bestimmt werden, so ist die getroffene Bestimmung nicht verbindlich, wenn das Ergebnis offenbar von der wirklichen Sachlage erheblich abweicht. Die Bestimmung erfolgt in diesem Falle durch Urteil. Das Gleiche gilt, wenn die Sachverständigen die Bestimmung nicht treffen können oder wollen oder sie verzögern.

Sind nach dem Vertrage die Sachverständigen durch das Gericht zu ernennen, so ist für die Ernennung das Amtsgericht zuständig, in dessen Bezirke der Schaden entstanden ist. Durch eine ausdrückliche Vereinbarung der Beteiligten kann die Zuständigkeit eines anderen Amtsgerichts begründet werden. Eine Anfechtung der Verfügung, durch welche dem Antrag auf Ernennung der Sachverständigen stattgegeben wird, ist ausgeschlossen.

Eine Vereinbarung, durch welche von der Vorschrift des Abs. 1 Satz 1 abgewichen wird, ist nichtig.

§ 58. Aufwendungen, die der Versicherte zur Abwendung oder Minderung des Schadens macht, fallen, auch wenn sie erfolglos bleiben, dem Versicherer zur Last, soweit der Versicherte sie den Umständen nach für geboten halten durfte. Der Versicherer hat Aufwendungen, die in Gemäßheit der von ihm gegebenen Weisungen gemacht worden sind, auch insoweit zu ersetzen, als sie zusammen mit der übrigen Entschädigung die Versicherungssumme übersteigen. Er hat den für die Aufwendungen erforderlichen Betrag auf Verlangen des Versicherten vorzuschießen.

Bei einer Unterversicherung sind die Aufwendungen nur nach dem in den §§ 51, 52 bezeichneten Verhältnisse zu erstatten.

§ 59. Ist der Schaden bis zum Ablaufe von zwei Monaten seit der Anzeige des Versicherungsfalls ohne Verschulden des Versicherten noch nicht vollständig festgestellt, so kann der Versicherte in Anrechnung auf die Gesamtforderung die Zahlung des Betrags verlangen, den der Versicherer nach Lage der Sache mindestens zu zahlen hat.

§ 60. Der Versicherer hat dem Versicherten die Kosten, welche durch die Ermittelung und Feststellung des dem Versicherer zur Last fallenden Schadens entstehen, insoweit zu erstatten, als ihre Aufwendung den Umständen nach geboten ist.

Die Kosten, welche dem Versicherten durch die Zuziehung eines Sachverständigen oder eines Beistandes entstehen, hat der Versicherer nicht zu erstatten, es sei denn, daß der Versicherte nach dem Vertrage zu der Zuziehung verpflichtet war.

Bei einer Unterversicherung sind die nach den Abs. 1, 2 dem Versicherer zur Last fallenden Kosten nur nach dem in den §§ 51, 52 bezeichneten Verhältnisse zu erstatten.

Im Falle des § 57 kann der Versicherte den Ersatz der ihm durch das Abschätzungsverfahren entstandenen Kosten nach dem Verhältnisse verlangen, in welchem der ihm zugesprochene Teil des streitigen Betrags zu dem gesamten streitigen Betrage steht.

§ 61. Steht dem Versicherten ein Anspruch auf Ersatz des Schadens gegen einen Dritten zu, so geht der Anspruch auf den Versicherer über, soweit dieser dem Versicherten den Schaden ersetzt. Der Übergang kann nicht zum Nachteile des Versicherten geltend gemacht werden. Gibt der Versicherte seinen Anspruch gegen den Dritten oder ein zur Sicherung des Anspruchs dienendes Recht auf, so wird der Versicherer von seiner Ersatzpflicht insoweit frei, als er aus dem Anspruch oder dem Rechte hätte Ersatz erlangen können.

Richtet sich der Ersatzanspruch des Versicherten gegen einen mit ihm in häuslicher Gemeinschaft lebenden Familienangehörigen, so ist der Übergang ausgeschlossen; der Anspruch geht jedoch über, wenn der Angehörige den Schaden vorsätzlich oder durch grobe Fahrlässigkeit verursacht hat.

§ 62. Der Versicherer haftet nach dem Eintritt eines Versicherungsfalls für den durch einen späteren Versicherungsfall verursachten Schaden nur bis zur Höhe des Restbetrags der Versicherungssumme. Für die künftigen Versicherungsperioden gebührt ihm nur ein verhältnismäßiger Teil der Prämie.

§ 63. Soweit gemäß § 62 nach dem Eintritt eines Versicherungsfalls das Versicherungsverhältnis fortbesteht, ist jeder Teil berechtigt, es zu kündigen, der Versicherer unter Einhaltung einer Frist von einem Monate, der Versicherte ohne Einhaltung einer Kündigungsfrist.

Das Kündigungsrecht erlischt, wenn es nicht unverzüglich nach der Zahlung der Entschädigung oder, falls der Versicherer den Ersatz verweigert, innerhalb eines Monats nach der Verweigerung ausgeübt wird.

Wird das Versicherungsverhältnis gekündigt, so gebührt dem Versicherer die Prämie für die laufende Versicherungsperiode. Kündigt der Versicherer, so gebührt ihm von der auf den Restbetrag der Versicherungssumme entfallenden Prämie nur der Teil, welcher der schon abgelaufenen Versicherungszeit entspricht.

§ 64. Besteht das Interesse, für welches die Versicherung genommen ist, bei dem Beginne der Versicherung ganz oder teilweise nicht oder gelangt, falls die Versicherung für ein künftiges Unternehmen oder sonst für ein künftiges Interesse genommen ist, das Interesse ganz oder teilweise nicht zur Entstehung, so ist der Versicherte ganz oder zu einem verhältnismäßigen Teile von der Verpflichtung zur Zahlung der Prämie frei; der Versicherer kann, soweit ihm die Prämie hiernach nicht gebührt, eine angemessene Geschäftsgebühr, jedoch nicht mehr als den halben Betrag einer Jahresprämie, verlangen.

Fällt das Interesse, für welches die Versicherung genommen ist, nach dem Beginne der Versicherung vollständig weg, so gebührt dem Versicherer die Prämie für die laufende Versicherungsperiode; fällt das Interesse nur teilweise weg, so behält er außerdem den Anspruch auf eine verhältnismäßig geminderte Prämie für die künftigen Versicherungsperioden.

§ 65. Eine Vereinbarung, nach welcher ein für eine bestimmte Zeit eingegangenes Versicherungsverhältnis mit dem Ablaufe dieser Zeit als stillschweigend verlängert gelten soll, wenn es nicht vorher gekündigt wird, ist insoweit nichtig, als die Verlängerung für mehr als ein Jahr bedungen ist.

II. Veräußerung der versicherten Sache.

§ 66. Wird die versicherte Sache von dem Versicherten veräußert, so tritt an Stelle des Veräußerers der Erwerber in die sich während der Dauer seines Eigentums aus dem Versicherungsverhältnis ergebenden Rechte und Pflichten des Versicherten ein.

Die Veräußerung ist dem Versicherer unverzüglich anzuzeigen.

§ 67. Für die Prämie, welche auf die zur Zeit des Eintritts laufende Versicherungsperiode entfällt, haften der Veräußerer und der Erwerber als Gesamtschuldner.

Der Versicherer hat in Ansehung der durch das Versicherungsverhältnis gegen ihn begründeten Forderungen die Veräußerung erst dann gegen sich gelten zu lassen, wenn er von ihr Kenntnis erlangt; die Vorschriften der §§ 406 bis 408 des Bürgerlichen Gesetzbuchs finden entsprechende Anwendung.

§ 68. Der Versicherer ist berechtigt, dem Erwerber das Versicherungsverhältnis unter Einhaltung einer Frist von mindestens einem Monate zu kündigen. Das Kündigungsrecht erlischt, wenn der Versicherer es nicht innerhalb eines Monats von dem Zeitpunkte an ausübt, in welchem er von der Veräußerung Kenntnis erlangt.

§ 69. Wird die im § 66 Abs. 2 vorgesehene Anzeige weder von dem

Erwerber noch von dem Veräußerer rechtzeitig gemacht, so ist der Versicherer, wenn der Versicherungsfall später als einen Monat nach dem Zeitpunkt eintritt, in welchem die Anzeige zu erfolgen hatte, von der Verpflichtung zur Leistung frei.

Die Verpflichtung des Versicherers zur Leistung bleibt bestehen, wenn in dem Zeitpunkt, in welchem die Anzeige zu erfolgen hatte, die Veräußerung ihm bekannt war. Das Gleiche gilt, wenn zur Zeit des Eintritts des Versicherungsfalls die Frist zur Ausübung des dem Versicherer zustehenden Kündigungsrechts abgelaufen und eine Kündigung nicht erfolgt ist.

§ 70. Der Eintritt des Erwerbers in die Rechte und Pflichten des Versicherten kann durch eine Vereinbarung zwischen diesem und dem Erwerber ausgeschlossen werden.

Hat der Erwerber von der Versicherung keine Kenntnis gehabt, so kann er das Versicherungsverhältnis ohne Einhaltung einer Kündigungsfrist kündigen. Das Kündigungsrecht erlischt, wenn der Erwerber es nicht innerhalb eines Monats von dem Zeitpunkt an ausübt, in welchem er von der Versicherung Kenntnis erlangt.

§ 71. Wird das Versicherungsverhältnis auf Grund des § 68 oder des § 70 Abs. 2 gekündigt, so hat der Veräußerer dem Versicherer die Prämie zu zahlen, jedoch nicht über die zur Zeit der Beendigung des Versicherungsverhältnisses laufende Versicherungsperiode hinaus; eine Haftung des Erwerbers für die Prämie findet in diesen Fällen nicht statt.

§ 72. Auf eine Bestimmung des Versicherungsvertrags, durch welche von den Vorschriften der §§ 66 bis 71 zum Nachteile des Erwerbers abgewichen wird, kann sich der Versicherer nicht berufen.

§ 73. Bei einer Zwangsversteigerung der versicherten Sache finden die Vorschriften der §§ 66 bis 72 mit der Maßgabe entsprechende Anwendung, daß der Ersteher auch dann kündigen kann, wenn er von der Versicherung Kenntnis gehabt hat. Im Falle einer solchen Kenntnis erlischt das Kündigungsrecht des Erwerbers, wenn es nicht innerhalb eines Monats nach dem Zuschlag ausgeübt wird.

III. Versicherung für fremde Rechnung.

§ 74. Die Versicherung kann von demjenigen, welcher den Vertrag mit dem Versicherer schließt, im eigenen Namen für einen anderen, mit oder ohne Benennung der Person des Versicherten, genommen werden (Versicherung für fremde Rechnung).

Ergibt sich aus den Umständen nicht, daß die Versicherung für fremde Rechnung genommen werden soll, so gilt sie als für eigene Rechnung genommen.

§ 75. Bei der Versicherung für fremde Rechnung stehen die Rechte aus dem Versicherungsvertrage dem Versicherten zu. Die Aushändigung eines Versicherungsscheins kann jedoch nur der Versicherungsnehmer verlangen.

Der Versicherte kann über seine Rechte ohne Zustimmung des Versicherungsnehmers nur verfügen, wenn er im Besitz eines Versicherungsscheins ist.

§ 76. Der Versicherungsnehmer kann über die Rechte aus dem Versicherungsvertrag im eigenen Namen verfügen. Zur Geltendmachung der Entschädigungsforderung ist er jedoch ohne Zustimmung des Versicherten nicht befugt, wenn dieser im Besitz eines Versicherungsscheins ist.

Der Versicherer ist zur Zahlung der Entschädigung nur verpflichtet, wenn der Versicherungsnehmer ihm gegenüber nachweist, daß der Versicherte seine Zustimmung zu der Versicherung erteilt hat.

§ 77. Der Versicherer kann gegen die Entschädigungsforderung eine Forderung, die ihm gegen den Versicherungsnehmer zusteht, insoweit aufrechnen, als sie auf dem Versicherungsverhältnisse beruht.

§ 78. Die Vorschriften dieses Gesetzes, nach welchen im Falle der Schließung des Vertrags durch einen Vertreter nicht nur die Kenntnis oder Arglist des Vertreters, sondern auch die des Vertretenen in Betracht kommt, finden bei der Versicherung für fremde Rechnung auf die Kenntnis sowie die Arglist des Versicherungsnehmers und des Versicherten entsprechende Anwendung.

§ 79. Ist die Versicherung für Rechnung „wen es angeht" genommen oder ist in anderer Weise unbestimmt gelassen, ob eigenes oder fremdes Interesse versichert ist, so kommen die Vorschriften der §§ 75 bis 78 zur Anwendung, wenn sich ergibt, daß fremdes Interesse versichert ist.

Zweiter Titel.

Feuerversicherung.

§ 80. Bei der Feuerversicherung erlischt ein dem Versicherer gemachter Antrag auf Schließung, Verlängerung oder Änderung des Vertrags, wenn er nicht binnen einer Frist von zwei Wochen angenommen wird. Die Vorschriften des § 149 des Bürgerlichen Gesetzbuchs bleiben unberührt.

Wird der Antrag einem Abwesenden gemacht, so beginnt die Frist mit dem Tage der Absendung des Antrags.

Eine Bestimmung, durch welche von den Vorschriften der Abs. 1, 2 abgewichen wird, ist nichtig. Es kann jedoch an Stelle der im Abs. 1 Satz 1 bezeichneten Frist eine andere festbestimmte Frist gesetzt werden.

§ 81. Der Versicherer haftet für den durch Brand entstehenden Schaden ohne Rücksicht auf die Ursache des Brandes. Er haftet jedoch nicht, wenn der Brand durch Maßregeln verursacht wird, die im Kriege oder nach der Erklärung des Kriegszustandes von einem militärischen Befehlshaber angeordnet worden sind, oder wenn der Brand bei einem Aufruhr oder einem Landfriedensbruch entsteht.

§ 82. Der Versicherer hat den Schaden zu ersetzen, welcher die versicherten Sachen durch die unmittelbare Einwirkung des Feuers oder als unvermeidliche Folge des Brandereignisses trifft (Brandschaden).

Als Brandschaden ist auch ein Schaden anzusehen, der bei dem Brande durch Löschen, Niederreißen oder Ausräumen entsteht. Das Gleiche gilt von einem Schaden, der dadurch entsteht, daß versicherte Sachen bei dem Brande abhanden kommen.

§ 83. Als Brandschaden gilt auch ein Schaden, der durch Blitzschlag oder durch Explosion verursacht ist.

§ 84. Ist die Versicherung für einen Inbegriff von Sachen genommen, so umfaßt sie die jeweils zu dem Inbegriffe gehörenden Sachen.

Die Versicherung erstreckt sich auf die Sachen der zur Familie des Versicherten gehörenden sowie der in einem Dienstverhältnisse zu ihm stehenden Personen, sofern diese Personen in häuslicher Gemeinschaft mit dem Versicherten leben. Die Versicherung gilt insoweit als für fremde Rechnung genommen.

§ 85. Als Versicherungswert gilt bei Haushalts- und sonstigen Gebrauchsgegenständen, bei Arbeitsgerätschaften und Maschinen derjenige Betrag, welcher erforderlich ist, um Sachen gleicher Art anzuschaffen, unter Abzug eines dem Unterschiede zwischen alt und neu entsprechenden Betrags.

§ 86. Ist bei der Versicherung beweglicher Sachen eine Taxe vereinbart, so gilt diese nur als der Wert, den das versicherte Interesse zur Zeit der Schließung des Vertrags hat.

§ 87. Als Versicherungswert gilt bei Gebäuden der ortsübliche Bauwert unter Abzug eines dem Zustande des Gebäudes, insbesondere dem Alter und der Abnutzung, entsprechenden Betrags.

§ 88. Bei der Versicherung des durch den Eintritt des Versicherungsfalls entgehenden Gewinns kann eine Taxe nicht vereinbart werden.

§ 89. Wird in Ansehung einer Sache, welche in der Weise versichert ist, daß die Versicherung den durch den Eintritt des Versicherungsfalls entgehenden Gewinn nicht umfaßt, bei einem anderen Versicherer der entgehende Gewinn versichert, so finden die Vorschriften des § 53 entsprechende Anwendung. Das Gleiche gilt, wenn eine Sache, in Ansehung deren nur der entgehende Gewinn versichert ist, bei einem anderen Versicherer gegen den übrigen durch den Versicherungsfall entstehenden Schaden versichert wird.

§ 90. Bei der Gebäudeversicherung muß die im Falle einer nicht rechtzeitigen Zahlung der Prämie nach § 33 zu bestimmende Zahlungsfrist mindestens einen Monat betragen.

§ 91. Der im § 37 vorgesehenen Pflicht zur Anzeige des Versicherungsfalls wird genügt, wenn die Anzeige innerhalb einer Frist von zwei Tagen erfolgt. Auf eine Vereinbarung, durch welche von dieser Vorschrift zum Nachteile des Versicherten abgewichen wird, kann sich der Versicherer nicht berufen.

Es kann vereinbart werden, daß auch eine nicht arglistige Verletzung der Pflicht zur Anzeige des Versicherungsfalls das Erlöschen der Ansprüche oder einen sonstigen Rechtsnachteil für den Versicherten zur Folge haben soll. Der Versicherer kann sich jedoch auf eine solche Vereinbarung nicht berufen, wenn er in anderer Weise von dem Versicherungsfalle rechtzeitig Kenntnis erlangt hat oder wenn die Pflicht zur Anzeige ohne Verschulden verletzt worden ist; die Vorschrift des § 9 Satz 2 über die Zulässigkeit einer Vertragsstrafe bleibt unberührt.

§ 92. Bis zur Feststellung des an einem Gebäude entstandenen Schadens darf der Versicherte ohne Einwilligung des Versicherers nur solche Änderungen vornehmen, welche zur Erfüllung der ihm nach § 56 obliegenden Pflicht oder im öffentlichen Interesse geboten sind.

§ 93. Ist der Versicherer nach den Versicherungsbestimmungen nur verpflichtet, die Entschädigungssumme zur Wiederherstellung des versicherten Gebäudes zu zahlen, so kann der Versicherte die Zahlung erst verlangen, wenn die bestimmungsmäßige Verwendung des Geldes gesichert ist.

§ 94. Im Falle des § 93 ist eine Zahlung, welche ohne die Sicherung der bestimmungsmäßigen Verwendung des Geldes geleistet wird, dem Hypothekengläubiger gegenüber nur wirksam, wenn ihm der Versicherer oder der Versicherte angezeigt hat, daß ohne Sicherung geleistet werden soll, und seit dem Empfange der Anzeige ein Monat verstrichen ist.

Soweit im Falle des § 93 die Entschädigungssumme nicht zu einer den Versicherungsbestimmungen entsprechenden Wiederherstellung verwendet werden soll, kann der Versicherer mit Wirkung gegen den Hypothekengläubiger erst zahlen, wenn er oder der Versicherte die Absicht, von der bestimmungsmäßigen Verwendung abzuweichen, dem Hypothekengläubiger angezeigt hat und seit dem Empfange der Anzeige ein Monat verstrichen ist.

Die Vorschriften des § 1128 Abs. 1 Satz 2, 3 des Bürgerlichen Gesetzbuchs finden entsprechende Anwendung.

§ 95. Hat im Falle der Gebäudeversicherung ein Hypothekengläubiger seine Hypothek dem Versicherer angemeldet, so wirkt eine Kündigung, ein Rücktritt oder eine sonstige Tatsache, welche die Beendigung des Versicherungsverhältnisses zur Folge hat, gegenüber dem Hypothekengläubiger erst mit dem Ablauf eines Monats, nachdem die Beendigung und, sofern diese noch nicht eingetreten war, auch der Zeitpunkt der Beendigung ihm durch den Versicherer mitgeteilt worden oder in anderer Weise zu seiner Kenntnis gelangt ist.

Eine sich aus dem § 47 Abs. 2 oder dem § 54 Abs. 3 Satz 1 ergebende Nichtigkeit des Versicherungsvertrags kann gegenüber einem Hypothekengläubiger, der seine Hypothek dem Versicherer angemeldet hat, nicht geltend gemacht werden. Das Versicherungsverhältnis endigt jedoch ihm gegenüber mit dem Ablauf eines Monats, nachdem die Nichtigkeit ihm durch den Versicherer mitgeteilt worden oder in anderer Weise zu seiner Kenntnis gelangt ist.

Die Vorschrift des Abs. 1 findet keine Anwendung, wenn das Versicherungsverhältnis wegen nicht rechtzeitiger Prämienzahlung gekündigt oder durch den Konkurs des Versicherers beendigt wird.

§ 96. Ist bei der Gebäudeversicherung der Versicherer wegen des Verhaltens des Versicherten von der Verpflichtung zur Leistung frei, so bleibt gleichwohl seine Verpflichtung gegenüber einem Hypothekengläubiger bestehen, der seine Hypothek dem Versicherer angemeldet hat.

Diese Vorschrift findet keine Anwendung, wenn der Versicherer wegen nicht rechtzeitiger Prämienzahlung von der Verpflichtung zur Leistung frei ist.

§ 97. Soweit der Versicherer auf Grund der Vorschriften der §§ 95, 96 den Hypothekengläubiger befriedigt, geht die Hypothek auf ihn über. Der Übergang kann nicht zum Nachteile eines nachstehenden Hypothekengläubigers geltend gemacht werden, der seine Hypothek dem Versicherer angemeldet hat.

§ 98. Bei der Gebäudeversicherung hat der Versicherer dem Hypothekengläubiger, der seine Hypothek angemeldet hat, unverzüglich Mitteilung zu machen, wenn eine Prämienzahlung der im § 31 bezeichneten Art nicht rechtzeitig bewirkt oder dem Versicherten nach den §§ 33, 90 für die Zahlung der Prämie eine Frist bestimmt wird. Das Gleiche gilt, wenn das Versicherungsverhältnis wegen nicht rechtzeitiger Prämienzahlung gekündigt wird.

§ 99. Die in den §§ 95, 98 vorgesehenen Mitteilungen gelten, wenn sich der Versicherer eines eingeschriebenen Briefes bedient, mit der Absendung des Briefes als erfolgt.

§ 100. Bei der Gebäudeversicherung darf der Versicherer, auch wenn der Versicherte widerspricht, die von einem Hypothekengläubiger angebotene Prämienzahlung nicht ablehnen.

§ 101. Ist das Grundstück mit einer Reallast, Grundschuld oder Rentenschuld belastet, so finden die Vorschriften der §§ 94 bis 100 entsprechende Anwendung.

§ 102. Die Vorschriften der §§ 95 bis 101 gelten nicht für solche Hypotheken, Grundschulden oder Rentenschulden, welche dem Versicherten als dem Eigentümer des Grundstücks zustehen.

Dritter Titel.

Hagelversicherung.

§ 103. Bei der Hagelversicherung haftet der Versicherer für den Schaden, der an den versicherten Bodenerzeugnissen durch die unmittelbare Einwirkung des Hagelschlags entsteht.

§ 104. Die Versicherungssumme gilt als Taxe.

§ 105. Der im § 37 vorgesehenen Pflicht zur Anzeige des Versicherungsfalls wird genügt, wenn die Anzeige innerhalb einer Frist von drei Tagen erfolgt. Auf eine Vereinbarung, durch welche von dieser Vorschrift zum Nachteile des Versicherten abgewichen wird, kann sich der Versicherer nicht berufen.

Es kann vereinbart werden, daß auch eine nicht arglistige Verletzung der Pflicht zur Anzeige des Versicherungsfalls das Erlöschen der Ansprüche oder einen sonstigen Rechtsnachteil für den Versicherten zur Folge haben soll. Der Versicherer kann sich jedoch auf eine solche Vereinbarung nicht berufen, wenn er in anderer Weise von dem Versicherungsfalle rechtzeitig Kenntnis erlangt hat oder wenn die Pflicht zur Anzeige ohne Verschulden verletzt worden ist; die Vorschrift des § 9 Satz 2 über die Zulässigkeit einer Vertragsstrafe bleibt unberührt.

§ 106. Bis zur Feststellung des Schadens darf der Versicherte an den von dem Hagelschlage betroffenen Bodenerzeugnissen ohne Einwilligung des Versicherers nur solche Änderungen vornehmen, welche nach den Regeln einer ordnungsmäßigen Wirtschaft geboten sind.

§ 107. Der Versicherer kann das Versicherungsverhältnis auf Grund des § 63 nur für den Schluß des Kalenderjahrs kündigen, in welchem der Versicherungsfall eingetreten ist.

§ 108. Tritt im Falle der Veräußerung des Grundstücks der Erwerber in die sich aus dem Versicherungsverhältnis ergebenden Rechte und Pflichten des Veräußerers ein, so steht dem Versicherer das im § 68 vorgesehene Kündigungsrecht nicht zu; auch ist der Versicherer wegen unterbliebener Anzeige der Veräußerung nicht von der Verpflichtung zur Leistung frei.

Diese Vorschriften finden im Falle der Zwangsversteigerung des Grundstücks entsprechende Anwendung.

Vierter Titel.

Viehversicherung.

§ 109. Bei der Viehversicherung haftet der Versicherer für den Schaden, der durch den Tod des versicherten Tieres entsteht. Wird der Tod durch eine Krankheit oder einen Unfall herbeigeführt, so gilt als Betrag des Schadens der Wert, den das Tier zur Zeit der Erkrankung oder des Unfalls gehabt hat.

Die Versicherung kann in der Weise genommen werden daß der Versicherer ohne Rücksicht auf den Fall des Todes für den Schaden haftet, der durch eine Krankheit oder einen Unfall entsteht.

§ 110. War die Erkrankung oder der Unfall vor dem Zeitpunkte der Beendigung des Versicherungsverhältnisses eingetreten, so hat die Beendigung auf die Haftung des Versicherers keinen Einfluß, wenn der Tod noch innerhalb einer Frist von zwei Wochen nach dem bezeichneten Zeitpunkt erfolgt.

Diese Vorschrift findet keine Anwendung, wenn der Versicherte das Versicherungsverhältnis gekündigt hat.

§ 111. Die Versicherung umfaßt nicht:

1. den infolge einer Seuche oder Krankheit entstehenden Schaden, für welchen dem Versicherten nach gesetzlicher Vorschrift ein Anspruch auf eine Entschädigung aus öffentlichen Mitteln zusteht oder zustehen würde, wenn der Anspruch nicht durch eine Zuwiderhandlung gegen seuchenpolizeiliche Vorschriften verwirkt worden wäre;

2. einen Brandschaden;
3. den Schaden, welcher durch Maßregeln verursacht wird, die im Kriege oder nach der Erklärung des Kriegszustandes von einem militärischen Befehlshaber angeordnet sind;
4. den Schaden, welcher bei einem Aufruhr oder einem Landfriedensbruch entsteht.

§ 112. Ist die Versicherung für einen Bestand von Tieren genommen, die nur der Gattung nach bestimmt sind, so umfaßt sie die jeweils zu dem Bestande gehörenden Tiere dieser Gattung, ohne Unterschied, ob bei der Schließung des Vertrags die Stückzahl angegeben worden ist oder nicht.

§ 113. Ist die Versicherung für mehrere Tiere genommen, so kann der Versicherer, wenn durch eine ansteckende Krankheit der Tod eines Tieres herbeigeführt ist, das Versicherungsverhältnis auf Grund des § 63 nur unter Einhaltung einer Kündigungsfrist von mindestens sechs Monaten kündigen.

§ 114. Der Versicherer ist befugt, jederzeit auf seine Kosten eine Besichtigung und Untersuchung der versicherten Tiere vorzunehmen.

§ 115. Es kann vereinbart werden, daß auch eine nicht arglistige Verletzung der Pflicht zur Anzeige des Versicherungsfalls das Erlöschen der Ansprüche oder einen sonstigen Rechtsnachteil für den Versicherten zur Folge haben soll. Der Versicherer kann sich jedoch auf eine solche Vereinbarung nicht berufen, wenn er in anderer Weise von dem Versicherungsfalle rechtzeitig Kenntnis erlangt hat oder wenn die Pflicht zur Anzeige ohne Verschulden verletzt worden ist; die Vorschrift des § 9 Satz 2 über die Zulässigkeit einer Vertragsstrafe bleibt unberührt.

Außer dem Tode ist auch jede erhebliche Erkrankung sowie jeder erhebliche Unfall eines versicherten Tieres dem Versicherer unverzüglich anzuzeigen. Auf die Anzeige der Erkrankung oder des Unfalls finden, auch wenn die Versicherung nur gegen den Schaden genommen ist, der durch den Tod des Tieres entsteht, die für die Anzeige des Versicherungsfalls geltenden Vorschriften entsprechende Anwendung.

§ 116. Erkrankt das versicherte Tier oder erleidet es einen Unfall, so hat der Versicherte unverzüglich einen Tierarzt oder, wenn dies untunlich ist, zwei Sachkundige zuzuziehen und den Anordnungen dieser Personen Folge zu leisten.

§ 117. Die Kosten der Fütterung und der Pflege sowie die Kosten der tierärztlichen Untersuchung und Behandlung eines erkrankten Tieres gehören nicht zu den nach § 58 von dem Versicherer zu erstattenden Aufwendungen.

§ 118. Hat der Versicherte oder eine Person, der er das Tier anvertraut hat, vorsätzlich oder aus grober Fahrlässigkeit das Tier schwer mißhandelt oder vernachlässigt, so ist der Versicherer von der Verpflichtung zur Leistung frei, es sei denn, daß der Schaden nicht durch die Mißhandlung oder die Vernachlässigung entstanden ist. Als schwere Vernachlässigung gilt es insbesondere, wenn bei einer Erkrankung oder einem Unfalle die Zuziehung eines Tierarztes oder sachkundiger Personen unterlassen oder den Anordnungen dieser Personen zuwidergehandelt worden ist.

§ 119. Der Versicherte darf eine Nottötung nur mit Einwilligung des Versicherers vornehmen, es sei denn, daß die Erklärung des Versicherers nicht abgewartet werden kann. Ist durch das Gutachten des Tierarztes oder der Sachkundigen vor der Tötung festgestellt, daß die Tötung notwendig ist und die Erklärung des Versicherers nicht abgewartet werden kann, so muß der Versicherer die Feststellung gegen sich gelten lassen.

Ist der Vorschrift des Abs. 1 Satz 1 zuwider eine Nottötung erfolgt, so ist der Versicherer von der Verpflichtung zur Leistung frei. Hat der Versicherte das Tier in der irrigen Annahme getötet, daß er nach der bezeichneten Vorschrift dazu befugt sei, so bleibt die Verpflichtung des Versicherers bestehen, wenn der Irrtum des Versicherten nicht auf Fahrlässigkeit beruhte.

§ 120. Wird das versicherte Tier veräußert, so endigt das Versicherungsverhältnis; dem Versicherer gebührt gleichwohl die Prämie, jedoch nicht über die laufende Versicherungsperiode hinaus. Tritt vor dem Schlusse der laufenden Versicherungsperiode infolge eines Hauptmangels der Tod des Tieres ein, so bleibt der Versicherer dem Versicherten insoweit haftbar, als dieser dem Erwerber wegen des Mangels kraft Gesetzes zur Gewährleistung verpflichtet ist.

Geht ein Grundstück samt Inventar durch Veräußerung oder im Wege der Zwangsversteigerung auf einen anderen über, so behält es in Ansehung der zum Inventar gehörenden Tiere bei den Vorschriften der §§ 66 bis 73 sein Bewenden.

Fünfter Titel.

Transportversicherung.

§ 121. Bei der Versicherung von Gütern gegen die Gefahren der Beförderung zu Lande oder auf Binnengewässern trägt der Versicherer alle Gefahren, denen die Güter während der Dauer der Versicherung ausgesetzt sind.

Bei der Versicherung eines Schiffes gegen die Gefahren der Binnenschiffahrt trägt der Versicherer alle Gefahren, denen das Schiff während der Dauer der Versicherung ausgesetzt ist. Der Versicherer haftet auch für den Schaden, den der Versicherte infolge eines Zusammenstoßes von Schiffen dadurch erleidet, daß er den einem Dritten zugefügten Schaden zu ersetzen hat.

§ 122. Bei der Versicherung von Gütern fällt dem Versicherer nicht zur Last:

1. ein Schaden, der durch die natürliche Beschaffenheit der Güter, namentlich durch inneren Verderb, Schwinden, gewöhnliche Leckage, sowie durch mangelhafte Verpackung der Güter oder durch Ratten oder Mäuse verursacht wird;
2. ein Schaden, der von dem Absender oder dem Empfänger in dieser Eigenschaft vorsätzlich oder aus grober Fahrlässigkeit verursacht wird.

Ist die Reise durch einen Unfall, für den der Versicherer haftet, ungewöhnlich verzögert worden, so hat der Versicherer den im Abs. 1 Nr. 1 bezeichneten Schaden insoweit zu ersetzen, als er infolge der Verzögerung eingetreten ist.

§ 123. Bei der Versicherung eines Schiffes fällt dem Versicherer nicht zur Last:

1. ein Schaden, der daraus entsteht, daß das Schiff in einem nicht fahrtüchtigen Zustand oder nicht gehörig ausgerüstet oder bemannt die Reise antritt;
2. ein Schaden, der nur eine Folge der Abnutzung des Schiffes im gewöhnlichen Gebrauch ist oder nur durch Alter, Fäulnis oder Wurmfraß verursacht wird.

§ 124. Die Versicherung von Gütern erstreckt sich auf die ganze Dauer der versicherten Reise.

Die Versicherung beginnt mit dem Zeitpunkt, in welchem die Güter von dem Frachtführer zur Beförderung oder, wenn die Beförderung nicht sofort erfolgen kann, zur einstweiligen Verwahrung angenommen werden, und endigt mit dem Zeitpunkt, in welchem die Güter dem Empfänger am Ablieferungsort abgeliefert oder, wenn sich ein Ablieferungshindernis ergibt, rechtmäßig hinterlegt oder verkauft werden.

§ 125. Unter die Versicherung gegen die Gefahren der Beförderung von Gütern auf Eisenbahnen fällt auch die Beförderung zur Eisenbahn sowie die Beförderung von der Eisenbahn an den Empfänger, wenn sie durch die Eisenbahnverwaltung oder unter ihrer Verantwortlichkeit erfolgt.

§ 126. Sind Güter gegen die Gefahren der Beförderung auf Binnengewässern versichert, so trägt der Versicherer die Gefahr der Benutzung von Leichterfahrzeugen bei der Verladung oder der Ausladung, wenn die Benutzung ortsüblich ist.

§ 127. Wird die Reise des zur Beförderung der versicherten Güter bestimmten Schiffes nach dem Beginne der Versicherung aufgegeben und werden die Güter in anderer Art als mit diesem Schiffe nach dem Bestimmungsorte weiter befördert, so fällt diese Beförderung unter die Versicherung, auch wenn sie zu Lande geschieht; die Versicherung umfaßt die Kosten der Umladung und der einstweiligen Lagerung sowie die Mehrkosten der Weiterbeförderung.

§ 128. Die Versicherung eines Schiffes beginnt, wenn sie für eine Reise genommen ist, in dem Zeitpunkt, in welchem mit der Einnahme der Ladung angefangen wird, oder, wenn keine Ladung einzunehmen ist, in dem Zeitpunkte der Abfahrt. Sie endigt in dem Zeitpunkt, in welchem die Löschung der Ladung am Bestimmungsorte beendigt ist. Wird die Löschung von dem Versicherten ungebührlich verzögert, so endigt die Versicherung in dem Zeitpunkt, in welchem die Löschung beendigt sein würde, falls die Verzögerung nicht stattgefunden hätte.

Wird vor der Beendigung der Löschung für eine neue Reise Ladung eingenommen, so endigt die Versicherung in dem Zeitpunkt, in welchem mit der Einnahme angefangen wird.

Wird nach dem Beginne der Versicherung die versicherte Reise aufgegeben, so tritt in Ansehung der Beendigung der Versicherung der Ort, wo die Reise aufhört, an die Stelle des Bestimmungsorts.

§ 129. Ist ein auf Zeit versichertes Schiff bei dem Ablaufe der vereinbarten Versicherungszeit unterwegs, so gilt das Versicherungsverhältnis als verlängert bis zur Ankunft des Schiffes am nächsten Bestimmungsort und, falls an diesem gelöscht wird, bis zu dem nach § 128 für die Beendigung der Versicherung maßgebenden Zeitpunkte. Der Versicherte kann die Verlängerung, so lange das Schiff noch nicht unterwegs ist, durch eine gegenüber dem Versicherer abzugebende Erklärung ausschließen.

§ 130. Als Versicherungswert der Güter gilt der gemeine Handelswert und in dessen Ermangelung der gemeine Wert, den die Güter am Orte der Absendung in dem Zeitpunkte haben, welcher nach den §§ 124 bis 126 für den Beginn der Versicherung maßgebend ist, unter Hinzurechnung der Versicherungskosten sowie derjenigen Kosten, welche bis zur Annahme der Güter durch den Frachtführer entstehen.

Der sich nach Abs. 1 ergebende Wert der Güter gilt auch bei dem Eintritte des Versicherungsfalls als Versicherungswert.

Haben die Güter eine Beschädigung erlitten, so ist bei der Berechnung des Schadens festzustellen, in welchem Verhältnisse der Handelswert oder gemeine Wert, den die Güter im unbeschädigten Zustand am Ablieferungsorte haben würden, zu dem Werte steht, den sie dort im beschädigten Zustande haben; ein diesem Verhältnis entsprechender Bruchteil des Versicherungswerts gilt als Betrag des Schadens.

§ 131. Als Versicherungswert des Schiffes gilt der Wert, den das Schiff in dem Zeitpunkte hat, in welchem die Versicherung beginnt. Dieser Wert gilt auch bei dem Eintritte des Versicherungsfalls als Versicherungswert.

Bei einer Beschädigung des Schiffes gelten, falls das Schiff ausbesserungsfähig ist, die nach den §§ 709, 710 des Handelsgesetzbuchs zu berechnenden Ausbesserungskosten als Betrag des Schadens.

§ 132. Kündigt der Versicherer, während die versicherten Güter oder das versicherte Schiff unterwegs sind, das Versicherungsverhältnis wegen einer unabhängig von dem Willen des Versicherten eingetretenen Erhöhung der Gefahr oder wegen Veräußerung der versicherten Sache, so wirkt die Kündigung nicht vor der Beendigung der Reise. Tritt während des bezeichneten Zeitraums ein Versicherungsfall ein, so wird die Verpflichtung des Versicherers zur Leistung nicht dadurch berührt, daß die Anzeige der Gefahrerhöhung oder der Veräußerung unterblieben ist.

Ist die Verpflichtung zur Anzeige schon vor dem Beginne der Reise verletzt, so finden die Vorschriften des Abs. 1 nur Anwendung, wenn die Gefahrerhöhung oder die Veräußerung dem Versicherer vor dem Beginne der Reise bekannt geworden ist.

§ 133. Kündigt der Versicherer, während die versicherten Güter oder das versicherte Schiff unterwegs sind, das Versicherungsverhältnis wegen des Eintritts eines Versicherungsfalls, so wirkt die Kündigung nicht vor der Beendigung der Reise.

§ 134. Die Versicherung gegen die Gefahren der Binnenschiffahrt umfaßt die Beiträge zur großen Haverei. Sind ausschließlich Güter des Schiffseigners verladen, so umfaßt die Versicherung auch die Aufopferungen, welche zur großen Haverei gehören würden, wenn das Eigentum an den Gütern einem anderen zustände.

Die Vorschriften der §§ 835 bis 839 des Handelsgesetzbuchs finden entsprechende Anwendung; eine vom Schiffer aufgestellte Dispache ist für den Versicherer nur verbindlich, wenn mit seiner Zustimmung die Aufstellung dem Schiffer übertragen worden ist.

§ 135. Sind bei der Versicherung gegen die Gefahren der Binnenschiffahrt Aufwendungen zur Abwendung oder Minderung oder zur Ermittelung und Feststellung eines Schadens oder zur Wiederherstellung oder Ausbesserung der durch einen Versicherungsfall beschädigten Sache gemacht oder Beiträge zur großen Haverei geleistet oder ist eine persönliche Verpflichtung des Versicherten zur Entrichtung solcher Beiträge entstanden, so haftet der Versicherer für den Schaden, der durch einen späteren Versicherungsfall verursacht wird, bis zur Höhe der ganzen Versicherungssumme ohne Rücksicht auf die ihm zur Last fallenden früheren Aufwendungen und Beiträge.

§ 136. Bei der Versicherung gegen die Gefahren der Binnenschiffahrt ist jeder Unfall, der das Schiff oder die Ladung trifft, auch wenn dadurch ein Entschädigungsanspruch für den Versicherten nicht begründet wird, dem Versicherer nach Maßgabe des § 37 anzuzeigen, sofern der Unfall für die von dem Versicherer zu tragende Gefahr von Erheblichkeit ist.

§ 137. Ist die Versicherung für eine Reise genommen, die teils zur See, teils auf Binnengewässern oder zu Lande ausgeführt wird, so verjähren alle Ansprüche aus dem Vertrag in fünf Jahren. Der Beginn der Verjährung bestimmt sich nach den Vorschriften des § 905 Abs. 2 des Handelsgesetzbuchs.

Sechster Titel.

Haftpflichtversicherung.

§ 138. Bei der Haftpflichtversicherung ist der Versicherer verpflichtet, dem Versicherten die Leistung zu ersetzen, die dieser infolge einer während der Versicherungszeit eintretenden Tatsache an einen Dritten zu bewirken hat.

§ 139. Der Versicherer haftet nicht, wenn die Verpflichtung des Versicherten zur Leistung an den Dritten aus einer von dem Versicherten vorsätzlich begangenen widerrechtlichen Handlung entstanden ist.

§ 140. Die Versicherung umfaßt die durch die Ermittelung und Feststellung des Anspruchs des Dritten entstehenden gerichtlichen und außergerichtlichen Kosten, soweit ihre Aufwendung den Umständen nach geboten ist. Das Gleiche gilt von den durch die Verteidigung gegen einen unbegründeten Anspruch entstehenden Kosten. Der Versicherer hat die Kosten auf Verlangen des Versicherten vorzuschießen.

Ist eine Versicherungssumme bestimmt, so hat der Versicherer die Kosten auch insoweit zu ersetzen, als sie zusammen mit der übrigen Entschädigung die Versicherungssumme übersteigen.

§ 141. Ist die Versicherung für einen geschäftlichen Betrieb des Versicherten genommen, so erstreckt sie sich auf die Haftpflicht der Vertreter des Versicherten sowie auf die Haftpflicht solcher Personen, welche er zur Leitung oder Beaufsichtigung des Betriebs oder eines Teiles des Betriebs angestellt hat. Die Versicherung gilt insoweit als für fremde Rechnung genommen.

§ 142. Die Anzeige des Versicherungsfalls hat unverzüglich zu erfolgen, nachdem der Dritte seinen Anspruch gegenüber dem Versicherten geltend gemacht hat.

Der Pflicht zur Anzeige wird genügt, wenn die Anzeige innerhalb einer Woche seit dem im Abs. 1 bezeichneten Zeitpunkt erfolgt. Auf eine Vereinbarung, durch welche von dieser Vorschrift zum Nachteile des Versicherten abgewichen wird, kann sich der Versicherer nicht berufen.

§ 143. Im Falle des § 61 Abs. 2 geht der Anspruch, welcher dem Versicherten gegen einen Familienangehörigen zusteht, auf den Versicherer nur über, wenn dem Angehörigen Vorsatz zur Last fällt.

§ 144. Der Versicherer hat die Entschädigung innerhalb der Frist von zwei Wochen seit dem Zeitpunkte zu leisten, in welchem der Dritte von dem Versicherten befriedigt oder der Anspruch des Dritten durch rechtskräftiges Urteil, durch Anerkenntnis oder Vergleich festgestellt worden ist. Soweit gemäß § 140 Kosten zu ersetzen sind, ist die Entschädigung innerhalb der Frist von zwei Wochen seit der Mitteilung der Berechnung zu leisten.

§ 145. Ist der Versicherte dem Dritten zur Gewährung einer Rente verpflichtet, so kann der Versicherte, wenn die Versicherungssumme den Kapitalwert der Rente nicht erreicht, nur einen verhältnismäßigen Teil der Rente verlangen.

Hat der Versicherte für die von ihm geschuldete Rente dem Dritten kraft Gesetzes Sicherheit zu leisten, so erstreckt sich die Verpflichtung des Versicherers auf die Leistung der Sicherheit.

§ 146. Der Versicherer ist berechtigt, die dem Versicherten gebührende Entschädigung, soweit der Versicherte dem Dritten zur Leistung verpflichtet ist, diesem zu entrichten. Auf Verlangen des Versicherten ist er hierzu verpflichtet.

§ 147. Ist über das Vermögen des Versicherten der Konkurs eröffnet, so kann der Dritte wegen des ihm gegen den Versicherten zustehenden Anspruchs abgesonderte Befriedigung aus der Entschädigungsforderung des Versicherten verlangen.

§ 148. Die Vorschriften dieses Titels finden auf die Rückversicherung keine Anwendung.

Dritter Abschnitt.

Lebensversicherung.

§ 149. Die Lebensversicherung kann auf die Person eines anderen als des Versicherten genommen werden.

Wird die Versicherung für den Fall des Todes eines anderen als des Versicherten genommen, so ist zur Gültigkeit des Vertrags die schriftliche Einwilligung des anderen erforderlich. Ist der andere geschäftsunfähig oder in der Geschäftsfähigkeit beschränkt, so finden auf die Einwilligung die Vorschriften über rechtsgeschäftliche Willenserklärungen Anwendung.

§ 150. Ist bei der Schließung des Vertrags das Alter desjenigen, auf dessen Person die Versicherung genommen ist, unrichtig angegeben worden und infolge der unrichtigen Angabe die Prämie zu niedrig bestimmt, so mindert sich die Leistung des Versicherers nach dem Verhältnis, in welchem die vereinbarte Prämie zu der dem wirklichen Alter entsprechenden Prämie steht. Das Recht, wegen Verletzung der Anzeigepflicht von dem Vertrage zurückzutreten, steht dem Versicherten nur zu, wenn das wirkliche Alter außerhalb der Grenzen liegt, welche durch den Geschäftsplan für den Abschluß von Verträgen festgesetzt sind.

§ 151. Wird die Versicherung auf die Person eines anderen als des Versicherten genommen, so kann vereinbart werden, daß in Ansehung des Rechtes des Versicherers, wegen Verletzung der dem Versicherten bei der Schließung des Vertrags obliegenden Anzeigepflicht von dem Vertrage zurückzutreten, die Kenntnis sowie die Arglist des anderen der Kenntnis oder der Arglist des Versicherten gleichstehen soll.

§ 152. Wegen einer Verletzung der dem Versicherten bei der Schließung des Vertrags obliegenden Anzeigepflicht kann der Versicherer von dem Vertrage nicht mehr zurücktreten, wenn seit der Schließung zehn Jahre verstrichen sind. Das Rücktrittsrecht bleibt bestehen, wenn die Anzeigepflicht arglistig verletzt worden ist.

§ 153. Eine Erhöhung der Gefahr im Sinne dieses Gesetzes liegt nur vor, wenn die Erhöhung auf der Änderung eines Umstandes beruht, dessen unveränderte Fortdauer mittelst schriftlicher Erklärung des Versicherten ausdrücklich bedungen worden ist.

Eine Erhöhung der Gefahr kann der Versicherer nicht mehr geltend machen, wenn seit der Erhöhung zehn Jahre verstrichen sind. Der Versicherer bleibt jedoch zur Geltendmachung befugt, wenn die Pflicht, seine Einwilligung einzuholen oder ihm Anzeige zu machen, arglistig verletzt worden ist.

§ 154. Ist die Prämie nach Zeitabschnitten bemessen, so kann der Versicherte das Versicherungsverhältnis jederzeit für den Schluß der laufenden Versicherungsperiode kündigen.

§ 155. Bei einer Kapitalversicherung ist im Zweifel anzunehmen, daß dem Versicherten die Befugnis vorbehalten ist, ohne Zustimmung des Versicherers einen Dritten als Bezugsberechtigten zu bezeichnen sowie an die Stelle des so bezeichneten Dritten einen anderen zu setzen.

§ 156. Die Befugnis des Versicherten, an die Stelle des bezugsberechtigten Dritten einen anderen zu setzen, gilt bei einer Kapitalversicherung im Zweifel auch dann als vorbehalten, wenn die Bezeichnung des Dritten im Vertrag erfolgt ist.

§ 157. Soll bei einer Kapitalversicherung die Leistung des Versicherers nach dem Tode des Versicherten erfolgen und ist die Zahlung an die Erben ohne nähere Bestimmung bedungen, so sind im Zweifel diejenigen, welche zur Zeit des Todes als Erben berufen sind, nach dem Verhältnis ihrer Erbteile bezugsberechtigt. Eine Ausschlagung der Erbschaft hat auf die Berechtigung keinen Einfluß. Der Fiskus gilt nicht als Erbe im Sinne dieser Vorschrift.

§ 158. Wird bei einer Kapitalversicherung das Recht auf die Leistung des Versicherers von dem bezugsberechtigten Dritten nicht erworben, so steht es dem Versicherten zu.

§ 159. Bei einer Versicherung für den Todesfall ist der Versicherer von der Verpflichtung zur Leistung frei, wenn derjenige, auf dessen Person die Versicherung genommen ist, Selbstmord begangen hat. Die Verpflichtung des Versicherers bleibt bestehen, wenn die Tat in einem die freie Willensbestimmung ausschließenden Zustande krankhafter Störung der Geistestätigkeit begangen worden ist.

§ 160. Ist die Versicherung für den Fall des Todes eines anderen als des Versicherten genommen, so ist der Versicherer von der Verpflichtung zur Leistung frei, wenn der Versicherte vorsätzlich den Tod des anderen widerrechtlich herbeigeführt hat.

§ 161. Eine Anzeige von dem Eintritte des Versicherungsfalls ist dem Versicherer nur zu machen, wenn der Tod als Versicherungsfall bestimmt ist. Der Pflicht zur Anzeige wird genügt, wenn die Anzeige innerhalb einer Frist von drei Tagen erfolgt.

§ 162. Auf eine Vereinbarung, durch welche von den Vorschriften der §§ 150, 152 bis 154, des § 159 Satz 2 oder des § 161 Satz 2 zum Nachteile des Versicherten abgewichen wird, kann sich der Versicherer nicht berufen.

Für die Kündigung, zu der nach § 154 der Versicherte berechtigt ist, kann die schriftliche Form vereinbart werden. Eine solche Vereinbarung wird durch die Vorschrift des § 44 Abs. 2 Satz 1 nicht berührt.

§ 163. Durch die Vereinbarung, daß derjenige, auf dessen Person eine Versicherung genommen werden soll, sich zuvor einer ärztlichen Untersuchung zu unterwerfen hat, wird ein Recht des Versicherers, die Vornahme der Untersuchung zu verlangen, nicht begründet.

§ 164. Ist die Prämienzahlung für einen Zeitraum von mindestens drei Jahren erfolgt, so gelten die besonderen Vorschriften der §§ 165 bis 168.

§ 165. Der Versicherte kann jederzeit für den Schluß der laufenden Versicherungsperiode die Umwandlung der Versicherung in eine prämienfreie Versicherung verlangen.

Wird die Umwandlung verlangt, so tritt an die Stelle des vereinbarten Kapital- oder Rentenbetrags mit dem bezeichneten Zeitpunkte der Betrag, der sich für das gegenwärtige Alter desjenigen, auf dessen Person die Versicherung genommen ist, als Leistung des Versicherers ergibt, wenn die auf die Versicherung entfallende rechnungsmäßige Prämienreserve als einmalige Prämie angesehen wird.

Bei der Umwandlung ist der Tarif zu Grunde zu legen, nach welchem der Vertrag geschlossen worden ist. Die Prämienreserve ist für den Schluß der laufenden Versicherungsperiode zu berechnen. Prämienrückstände werden von dem Betrage der Prämienreserve abgesetzt.

§ 166. Kündigt der Versicherer das Versicherungsverhältnis nach § 33, so wandelt sich mit der Kündigung die Versicherung in eine prämienfreie Versicherung um. Auf die Umwandlung finden die Vorschriften des § 165 Abs. 2, 3 Anwendung.

Im Falle des § 33 Abs. 1 Satz 2 ist der Versicherer zu der Leistung verpflichtet, die ihm obliegen würde, wenn sich mit dem Eintritte des Versicherungsfalls die Versicherung in eine prämienfreie Versicherung umgewandelt hätte.

§ 167. Wird bei einer Kapitalversicherung für den Todesfall, die in der Art genommen ist, daß der Versicherungsfall eintreten muß, das Versicherungsverhältnis durch Rücktritt oder Kündigung aufgehoben, so hat der Versicherer den Betrag der auf die Versicherung entfallenden Prämienreserve zu erstatten. Das Gleiche gilt, wenn nach dem Eintritte des Versicherungsfalls der Versicherer von der Verpflichtung zur Zahlung des vereinbarten Kapitals frei ist.

Bei der Ermittelung des zu erstattenden Betrags ist die Prämienreserve für den Schluß der Versicherungsperiode zu berechnen, in deren Laufe das Versicherungsverhältnis endigt.

Der Versicherer kann den zu erstattenden Betrag um drei vom Hundert des vereinbarten Kapitals kürzen.

§ 168. Auf eine Vereinbarung, durch welche von den Vorschriften der §§ 164 bis 167 zum Nachteile des Versicherten abgewichen wird, kann sich der Versicherer nicht berufen.

Vierter Abschnitt.

Unfallversicherung.

§ 169. Die Unfallversicherung umfaßt nicht einen Unfall, der durch Maßregeln verursacht wird, die im Kriege oder nach der Erklärung des Kriegszustandes von einem militärischen Befehlshaber angeordnet worden sind. Das Gleiche gilt von einem Unfalle, der bei einem Aufruhr oder einem Landfriedensbruch entsteht.

§ 170. Eine Versicherung gegen Unfälle, die einem anderen zustoßen, gilt im Zweifel als für Rechnung des anderen genommen. Die Vorschriften der §§ 75 bis 78 finden entsprechende Anwendung.

Wird eine Versicherung gegen Unfälle, die einem anderen zustoßen, von dem Versicherten für eigene Rechnung genommen, so ist zur Gültigkeit des Vertrags die schriftliche Einwilligung des anderen erforderlich. Ist der andere geschäftsunfähig oder in der Geschäftsfähigkeit beschränkt, so finden auf die Einwilligung die Vorschriften über rechtsgeschäftliche Willenserklärungen Anwendung.

§ 171. Der Versicherer ist von der Verpflichtung zur Leistung frei, wenn der Versicherte den Unfall vorsätzlich herbeigeführt hat.

§ 172. Nach dem Eintritte des Unfalls hat der Versicherte, soweit tunlich, für die Anwendung und die Minderung der Folgen des Unfalls zu sorgen und dabei die Weisungen des Versicherers zu befolgen, soweit ihm die Befolgung billigerweise zugemutet werden kann. Auf eine Vereinbarung, durch welche von dieser Vorschrift zum Nachteile der Versicherten abgewichen wird, kann sich der Versicherer nicht berufen.

§ 173. Es kann vereinbart werden, daß auch eine nicht arglistige Verletzung der im § 37 vorgesehenen Pflicht zur Anzeige des Versicherungsfalls das Erlöschen der Ansprüche oder einen sonstigen Rechtsnachteil zur Folge haben soll, wenn durch den Unfall nur eine vorübergehende Minderung der Erwerbsfähigkeit verursacht worden und in dem Zeitpunkt, in welchem dem Versicherer die Anzeige zugeht, die Heilung schon eingetreten ist. Der Versicherer kann sich jedoch auf eine solche Vereinbarung nicht berufen, wenn er in anderer Weise von dem Versicherungsfalle rechtzeitig Kenntnis erlangt hat oder wenn die Pflicht zur Anzeige ohne Verschulden verletzt worden ist; die Vorschrift des § 9 Satz 2 über die Zulässigkeit einer Vertragsstrafe bleibt unberührt.

§ 174. Soll nach dem Vertrage das Maß der durch den Unfall herbeigeführten Einbuße an Erwerbsfähigkeit durch Sachverständige bestimmt werden, so ist die getroffene Bestimmung nicht verbindlich, wenn sie offenbar von der wirklichen Sachlage erheblich abweicht. Die Bestimmung erfolgt in diesem Falle durch Urteil. Das Gleiche gilt, wenn die Sachverständigen die Bestimmung nicht treffen können oder wollen oder sie verzögern.

Sind nach dem Vertrage die Sachverständigen durch das Gericht zu ernennen, so finden auf die Ernennung die Vorschriften des § 57 Abs. 2 entsprechende Anwendung.

Eine Vereinbarung, durch welche von der Vorschrift des Abs. 1 Satz 1 abgewichen wird, ist nichtig.

§ 175. Der Versicherer hat dem Versicherten die Kosten, welche durch die Feststellung des Unfalls sowie des Umfanges der Leistungspflicht des Versicherers entstehen, insoweit zu erstatten, als ihre Aufwendung den Umständen nach geboten war.

§ 176. Ist als Leistung des Versicherers die Zahlung eines Kapitals vereinbart, so gelten die Vorschriften der §§ 155 bis 158.

Fünfter Abschnitt.

Schlußvorschriften.

§ 177. Die Vorschriften dieses Gesetzes, welche die Vertragsfreiheit beschränken, bleiben bei der Transportversicherung, der Kreditversicherung, der Versicherung gegen Kursverluste und der Rückversicherung außer Anwendung.

Das Gleiche gilt von einer Schadensversicherung, die in der Weise genommen wird, daß die versicherten Interessen bei der Schließung des Vertrags nur der Gattung nach bezeichnet und erst nach ihrer Entstehung dem Versicherer einzeln aufgegeben werden (laufende Versicherung).

§ 178. Durch Kaiserliche Verordnung kann mit Zustimmung des Bundesrats bestimmt werden:

1. daß bei den im zweiten, dritten und vierten Abschnitte nicht besonders geregelten Arten der Versicherung, auch soweit sie nicht unter den § 177 fallen, die Vorschriften dieses Gesetzes, welche die Vertragsfreiheit beschränken, ganz oder zum Teil außer Anwendung bleiben;
2. daß bei Lebensversicherungen mit kleineren Beträgen Vereinbarungen, durch welche von den Vorschriften der §§ 33, 164 bis 167 abgewichen wird, ohne Rücksicht auf die im § 36 Satz 1 und im § 168 vorgesehene Beschränkung der Vertragsfreiheit zulässig sind;
3. daß bei der Versicherung von Schiffen gegen die Gefahren der Binnenschiffahrt die Vorschriften dieses Gesetzes, welche die Vertragsfreiheit beschränken, ganz oder zum Teil Anwendung finden.

§ 179. Die Vorschriften dieses Gesetzes finden keine Anwendung auf Versicherungsverhältnisse, die bei den auf Grund des Gesetzes über die eingeschriebenen Hilfskassen (Reichs-Gesetzbl. 1876 S. 125, 1884 S. 54) errichteten Kassen oder bei den auf Grund der Gewerbeordnung von Innungen oder Innungsverbänden errichteten Unterstützungskassen begründet werden. Das Gleiche gilt von Versicherungsverhältnissen, die bei Berufsgenossenschaften gemäß §23 des Gesetzes, betreffend die Abänderung der Unfallversicherungsgesetze, vom 30. Juni 1900 (Reichs-Gesetzbl. S. 335) begründet werden.

§ 180. Unberührt bleiben die landesgesetzlichen Vorschriften über Versicherungsverhältnisse, die bei den im § 75 Abs. 4 des Krankenversicherungsgesetzes bezeichneten auf Grund landesrechtlicher Vorschriften errichteten Hilfskassen oder bei den auf Grund berggesetzlicher Vorschriften errichteten Knappschaftskassen begründet werden.

§ 181. Unberührt bleiben die landesgesetzlichen Vorschriften über Versicherungsverhältnisse, die bei einer nach Landesrecht errichteten öffentlichen Anstalt unmittelbar kraft Gesetzes entstehen, sowie über Versicherungen, die bei einer solchen Anstalt infolge eines gesetzlichen Zwanges genommen werden.

Auf sonstige Versicherungen, die bei einer nach Landesrecht errichteten öffentlichen Anstalt genommen werden, finden die Vorschriften der §§ 41 bis 44 über die Versicherungsagenten sowie die Vorschriften, welche die Vertragsfreiheit beschränken, keine Anwendung.

§ 182. Unberührt bleiben die landesgesetzlichen Vorschriften, nach welchen der Versicherer nur verpflichtet ist, die Entschädigungssumme zur Wiederherstellung des versicherten Gegenstandes zu zahlen.

Die Landesgesetze können bestimmen, in welcher Weise im Falle des § 93 die Verwendung des Geldes zu sichern ist.

§ 183. Unberührt bleiben die landesgesetzlichen Vorschriften über die Buchführung der Feuerversicherungsagenten.

§ 184. In bürgerlichen Rechtsstreitigkeiten, in welchen durch Klage oder Widerklage ein Anspruch auf Grund dieses Gesetzes geltend gemacht ist, wird die Verhandlung und Entscheidung letzter Instanz im Sinne des § 8 des Einführungsgesetzes zum Gerichtsverfassungsgesetze dem Reichsgerichte zugewiesen.

Entwurf eines Einführungsgesetzes.

Artikel 1.

Das Gesetz über den Versicherungsvertrag tritt an einem durch Kaiserliche Verordnung mit Zustimmung des Bundesrats festzusetzenden Tage, spätestens am ...., in Kraft.

Artikel 2.

Die Vorschriften des Gesetzes über den Versicherungsvertrag und dieses Gesetzes erlangen im Königreiche Bayern für das Immobiliarversicherungswesen nur mit Zustimmung der Königlich Bayerischen Regierung Geltung. Die erfolgte Zustimmung wird vom Reichskanzler im Reichs-Gesetzblatte bekannt gemacht.

Artikel 3.

Wird ein zur Zeit des Inkrafttretens des Gesetzes über den Versicherungsvertrag bestehendes Versicherungsverhältnis nicht nach dem Inkrafttreten für den ersten Termin gekündigt, für den beide Teile nach den bisherigen Gesetzen zur Kündigung berechtigt sind, so finden von diesem Termin an die Vorschriften des Gesetzes über den Versicherungsvertrag Anwendung.

Artikel 4.

Auf ein zur Zeit des Inkrafttretens des Gesetzes über den Versicherungsvertrag bestehendes Versicherungsverhältnis finden von dieser Zeit an die folgenden Vorschriften des Gesetzes Anwendung:

1. Die Vorschriften des § 4 Abs. 2 bis 4 und des § 5 Abs. 2 über den Versicherungsschein und über das Recht des Versicherten, Abschriften der von ihm abgegebenen Erklärungen zu verlangen;
2. die Vorschriften des § 10 Abs. 2 Satz 2 und des § 40 über die Verwirkung eines nicht rechtzeitig geltend gemachten Anspruchs und über die Fälligkeit der Leistung des Versicherers;
3. die Vorschriften der §§ 19 bis 25, 33, 90, 132, 153 über die Erhöhung der Gefahr und die nicht rechtzeitige Zahlung einer nach dem Beginne der Versicherung zu entrichtenden Prämie sowie die Vorschriften der §§ 26, 27, 34, 36, 162, soweit sie sich auf die Erhöhung der Gefahr oder die nicht rechtzeitige Zahlung einer solchen Prämie beziehen;
4. die Vorschriften über die Befugnisse der Versicherungsagenten;
5. die Vorschriften der §§ 57, 174 über die Mitwirkung von Sachverständigen bei der Feststellung der Leistung des Versicherers;
6. die für die Hypotheken, Reallasten, Grundschulden und Rentenschulden geltenden Vorschriften der §§ 94 bis 102.

Die Vorschriften des Abs. 1 gelten nicht für Versicherungsverhältnisse, die zur Zeit des Inkrafttretens des Gesetzes über den Versicherungsvertrag bei einer nach Landesrecht errichteten öffentlichen Anstalt bestehen.

Artikel 5.

Die Rechte, welche einem Hypothekengläubiger oder einem anderen, für den ein Recht an einem Grundstücke begründet ist, gegenüber dem Versicherer zustehen, bestimmen sich, bis das Grundbuch für das belastete Grundstück als angelegt anzusehen ist, nach den bisherigen Gesetzen.

Artikel 6.

Die Vorschriften des Gesetzes über den Versicherungsvertrag, welche die Verjährung der Ansprüche aus dem Vertrage betreffen, finden auf die vor dem Inkrafttreten des Gesetzes entstandenen, noch nicht verjährten Ansprüche Anwendung. Der Beginn sowie die Hemmung und die Unterbrechung der Verjährung bestimmen sich jedoch für die Zeit vor dem Inkrafttreten nach den bisherigen Gesetzen.

Ist die Verjährungsfrist nach dem Gesetz über den Versicherungsvertrag kürzer als nach den bisherigen Gesetzen, so wird die kürzere Frist von dem Inkrafttreten des Gesetzes über den Versicherungsvertrag an berechnet. Läuft jedoch die in den bisherigen Gesetzen bestimmte längere Frist früher als die in dem Gesetz über den Versicherungsvertrag bestimmte kürzere Frist ab, so ist die Verjährung mit dem Ablaufe der längeren Frist vollendet.

Entwurf eines Gesetzes,

betreffend

Abänderung der Vorschriften des Handelsgesetzbuchs über die Seeversicherung.

Artikel 1.

Der zehnte Abschnitt des vierten Buches des Handelsgesetzbuchs wird dahin geändert:

I. Der § 782 fällt weg.

II. An die Stelle der §§ 787 bis 791 treten folgende Vorschriften:

§ 787.

Ist ein Gegenstand gegen dieselbe Gefahr bei mehreren Versicherern versichert und übersteigen die Versicherungssummen zusammen den Versicherungswert (Doppelversicherung), so sind die Versicherer in der Weise als Gesamtschuldner verpflichtet, daß dem Versicherten jeder Versicherer für den Betrag haftet, dessen Zahlung ihm nach seinem Vertrag obliegt, der Versicherte aber im ganzen nicht mehr als den Betrag des Schadens verlangen kann.

Die Versicherer sind im Verhältnisse zu einander zu Anteilen nach Maßgabe der Beträge verpflichtet, deren Zahlung ihnen dem Versicherten gegenüber vertragsmäßig obliegt.

Hat der Versicherte Verträge in der Absicht geschlossen, sich durch Doppelversicherung einen rechtswidrigen Vermögensvorteil zu verschaffen, so sind die sämtlichen in dieser Absicht geschlossenen Verträge nichtig. Ein ohne solche Absicht eingegangenes Versicherungsverhältnis endigt, wenn später ein anderes Versicherungsverhältnis in solcher Absicht eingegangen wird. Jeder Versicherer kann die ganze Prämie verlangen.

§ 788.

Wird ein versichertes Interesse später gegen dieselbe Gefahr bei einem anderen Versicherer versichert, so ist diesem bei der Schließung des Vertrags von der früheren Versicherung, dem ersten Versicherer unverzüglich nach der Schließung von der neuen Versicherung Mitteilung zu machen.

In der Mitteilung ist der Versicherer, bei welchem die andere Versicherung genommen worden ist, zu bezeichnen und die Versicherungssumme anzugeben.

III. Die §§ 808 bis 811 werden durch folgende Vorschriften ersetzt:

§ 808.

Der Versicherer kann von dem Vertrage zurücktreten, wenn den Vorschriften der §§ 806, 807 zuwider die Anzeige eines erheblichen Umstandes unterblieben ist. Das Gleiche gilt, wenn die Anzeige eines erheblichen Umstandes deshalb unterblieben ist, weil sich der Versicherungsnehmer oder ein Beteiligter, dessen Kenntnis nach § 806 Abs. 2 oder nach § 807 erheblich ist, der Kenntnis des Umstandes arglistig entzogen hat.

Der Rücktritt ist ausgeschlossen, wenn der Versicherer den nicht angezeigten Umstand kannte oder wenn die Anzeige ohne Verschulden unterblieben ist.

§ 809.

Der Versicherer kann von dem Vertrage zurücktreten, wenn über einen erheblichen Umstand eine unrichtige Anzeige gemacht worden ist.

Der Rücktritt ist ausgeschlossen, wenn die Unrichtigkeit dem Versicherer bekannt war oder die Anzeige ohne Verschulden unrichtig gemacht worden ist.

§ 810.

Liegen die Voraussetzungen, unter denen der Versicherer zum Rücktritte berechtigt ist, in Ansehung eines Teiles der Gegenstände vor, auf welche sich die Versicherung bezieht, so steht dem Versicherer das Recht des Rücktritts für den übrigen Teil nur zu, wenn für diesen allein der Versicherer den Vertrag unter den gleichen Bestimmungen nicht geschlossen haben würde.

§ 811.

Der Rücktritt kann nur innerhalb eines Monats erfolgen. Die Frist beginnt mit dem Zeitpunkt, in welchem der Versicherer von der Verletzung der Anzeigepflicht Kenntnis erlangt.

Der Rücktritt erfolgt durch Erklärung gegenüber dem Versicherten. Tritt der Versicherer zurück, so gebührt ihm gleichwohl die ganze Prämie; der Versicherte hat die empfangene Entschädigungssumme zurückzugewähren und sie von der Zeit des Empfanges an zu verzinsen.

IV. Der § 812 Abs. 3 fällt weg.

V. An die Stelle des § 821 Nr. 4 tritt folgende Vorschrift:

4. der Schaden, welcher von dem Versicherten vorsätzlich oder aus grober Fahrlässigkeit, und bei der Versicherung von Gütern oder imaginärem Gewinn auch der Schaden, welcher von dem Ablader, Empfänger oder Kargadeur in dieser Eigenschaft vorsätzlich oder aus grober Fahrlässigkeit verursacht wird.

VI. Der § 830 Abs. 1 erhält folgende Fassung:

Ist die Dauer der Versicherung nach Tagen, Wochen, Monaten oder nach einem mehrere Monate umfassenden Zeitraume bestimmt, so beginnt die Versicherung mit der Mittagsstunde des Tages, an welchem der Vertrag geschlossen wird. Sie endigt am Mittage des letzten Tages der Frist.

VII. Im § 883 fällt der Hinweis auf den § 782 weg.

VIII. An die Stelle der §§ 886, 887 treten folgende Vorschriften:

§ 886.

Bei der Versicherung für fremde Rechnung stehen die Rechte aus dem Versicherungsvertrage dem Versicherten zu. Die Aushändigung einer Police kann jedoch nur der Versicherungsnehmer verlangen.

Der Versicherte kann über seine Rechte ohne Zustimmung des Versicherungsnehmers nur verfügen, wenn er im Besitze einer Police ist.

§ 887.

Der Versicherungsnehmer kann über die Rechte aus dem Versicherungsvertrag im eigenen Namen verfügen. Zur Geltendmachung der Entschädigungsforderung ist er jedoch ohne Zustimmung des Versicherten nicht befugt, wenn dieser im Besitz einer Police ist.

Der Versicherer ist zur Zahlung der Entschädigung nur verpflichtet, wenn der Versicherungsnehmer ihm gegenüber nachweist, daß der Versicherte seine Zustimmung zu der Versicherung erteilt hat.

IX. Der § 890 wird durch folgende Vorschrift ersetzt:

Der Versicherer kann gegen die Entschädigungsforderung eine Forderung, die ihm gegen den Versicherungsnehmer zusteht, insoweit aufrechnen, als sie auf dem Versicherungsverhältnisse beruht.

X. Im § 895 fallen die Worte: „oder Doppelversicherung (§ 788)“ weg.

XI. Die §§ 898, 899 werden durch folgende Vorschriften ersetzt:

§ 898.

Wird über das Vermögen des Versicherers der Konkurs eröffnet, so endigt das Versicherungsverhältnis. Der Versicherte kann den auf die Zeit nach der Beendigung des Versicherungsverhältnisses entfallenden Teil der Prämie unter Abzug des Betrags der für diese Zeit aufgewendeten Kosten zurückfordern.

§ 899.

Wird die versicherte Sache von dem Versicherten veräußert, so tritt an Stelle des Veräußerers der Erwerber in die sich während der Dauer seines Eigentums aus dem Versicherungsverhältnis ergebenden Rechte und Pflichten des Versicherten ein. Für die Prämie haften der Veräußerer und der Erwerber als Gesamtschuldner.

Der Versicherer hat in Ansehung der durch das Versicherungsverhältnis gegen ihn begründeten Forderungen die Veräußerung erst dann gegen sich gelten zu lassen, wenn er von ihr Kenntnis erlangt; die Vorschriften der §§ 406 bis 408 des Bürgerlichen Gesetzbuchs finden entsprechende Anwendung.

Der Versicherer haftet nicht für die Gefahren, welche nicht eingetreten sein würden, wenn die Veräußerung unterblieben wäre.

Der Eintritt des Erwerbers in die Rechte und Pflichten des Versicherten kann durch eine Vereinbarung zwischen diesem und dem Erwerber ausgeschlossen werden. Hat der Erwerber von der Versicherung keine Kenntnis gehabt, so kann er das Versicherungsverhältnis ohne Einhaltung einer Kündigungsfrist kündigen. Das Kündigungsrecht erlischt, wenn der Erwerber es nicht innerhalb eines Monats von dem Zeitpunkt an ausübt, in welchem er von der Versicherung Kenntnis erlangt. Kündigt der Erwerber, so haftet er für die Prämie nicht.

Bei einer Zwangsversteigerung der versicherten Sache finden die Vorschriften der Abs. 1 bis 4 mit der Maßgabe entsprechende Anwendung, daß der Ersteher auch dann kündigen kann, wenn er von der Versicherung Kenntnis gehabt hat. Im Falle einer solchen Kenntnis erlischt das Kündigungsrecht des Erwerbers, wenn es nicht innerhalb eines Monats nach dem Zuschlag ausgeübt wird.

Artikel 2.

Dieses Gesetz tritt gleichzeitig mit dem Gesetz über den Versicherungsvertrag in Kraft.

Gesetzentwurf.

(Reichstagsvorlage.)

Entwurf eines Gesetzes über den Versicherungsvertrag.

Reichstagsvorlage.

Erster Abschnitt.

Vorschriften für sämtliche Versicherungszweige.

Erster Titel.

Allgemeine Vorschriften.

§ 1. Bei der Schadensversicherung ist der Versicherer verpflichtet, nach dem Eintritte des Versicherungsfalls dem Versicherungsnehmer den dadurch verursachten Vermögensschaden nach Maßgabe des Vertrags zu ersetzen. Bei der Lebensversicherung und der Unfallversicherung sowie bei anderen Arten der Personenversicherung ist der Versicherer verpflichtet, nach dem Eintritte des Versicherungsfalls den vereinbarten Betrag an Kapital oder Rente zu zahlen oder die sonst vereinbarte Leistung zu bewirken.

Der Versicherungsnehmer hat die vereinbarte Prämie zu entrichten. Als Prämien im Sinne dieses Gesetzes gelten auch die bei Versicherungsunternehmungen auf Gegenseitigkeit zu entrichtenden Beiträge.

§ 2. Die Versicherung kann in der Weise genommen werden, daß sie in einem vor der Schließung des Vertrags liegenden Zeitpunkte beginnt.

Weiß in diesem Falle der Versicherer bei der Schließung des Vertrags, daß die Möglichkeit des Eintritts des Versicherungsfalls schon ausgeschlossen ist, so steht ihm ein Anspruch auf die Prämie nicht zu. Weiß der Versicherungsnehmer bei der Schließung des Vertrags, daß der Versicherungsfall schon eingetreten ist, so ist der Versicherer von der Verpflichtung zur Leistung frei; dem Versicherer gebührt, sofern er nicht bei der Schließung von dem Eintritte des Versicherungsfalls Kenntnis hatte, die Prämie bis zum Schlusse der Versicherungsperiode, in welcher er diese Kenntnis erlangt.

Wird der Vertrag durch einen Bevollmächtigten oder einen Vertreter ohne Vertretungsmacht geschlossen, so kommt in den Fällen des Abs. 2 nicht nur die Kenntnis des Vertreters, sondern auch die des Vertretenen in Betracht.

§ 3. Der Versicherer ist verpflichtet, eine von ihm unterzeichnete Urkunde über den Versicherungsvertrag (Versicherungsschein) dem Versicherungsnehmer auszuhändigen.

Ist ein Versicherungsschein abhanden gekommen oder vernichtet, so kann der Versicherungsnehmer von dem Versicherer die Ausstellung einer Ersatzurkunde verlangen. Unterliegt der Versicherungsschein der Kraftloserklärung, so ist der Versicherer erst nach der Kraftloserklärung zur Ausstellung verpflichtet.

Der Versicherungsnehmer kann jederzeit Abschriften der Erklärungen fordern, die er mit bezug auf den Vertrag abgegeben hat.

Die Kosten der Ersatzurkunde sowie der Abschriften hat der Versicherungsnehmer zu tragen und auf Verlangen vorzuschießen.

§ 4. Wird ein Versicherungsschein auf den Inhaber ausgestellt, so treten die im § 808 des Bürgerlichen Gesetzbuchs bestimmten Wirkungen ein.

Ist im Vertrage bestimmt, daß der Versicherer nur gegen Rückgabe des Versicherungsscheins zu leisten hat, so genügt, wenn der Versicherungsnehmer behauptet, zur Rückgabe außer stande zu sein, das öffentlich beglaubigte Anerkenntnis, daß die Schuld erloschen sei. Diese Vorschrift findet keine Anwendung, wenn der Versicherungsschein der Kraftloserklärung unterliegt.

§ 5. Auf eine Vereinbarung, nach welcher die Annahme des Versicherungsscheins die Wirkung haben soll, daß der Inhalt des Scheines als von dem Versicherungsnehmer genehmigt gilt, kann sich der Versicherer nur berufen, wenn durch die Vereinbarung dem Versicherungsnehmer eine Frist von mindestens einem Monate für die Erhebung eines Widerspruchs gegen die Richtigkeit des Scheines gewährt ist und der Versicherungsnehmer innerhalb dieser Frist Widerspruch nicht erhoben hat. Das Recht des Versicherungsnehmers, die Genehmigung wegen Irrtums anzufechten, kann durch eine solche Vereinbarung nicht ausgeschlossen werden.

§ 6. Ist im Vertrage bestimmt, daß bei Verletzung einer Obliegenheit, die vor dem Eintritte des Versicherungsfalls dem Versicherer gegenüber zu erfüllen ist, der Versicherer zum Rücktritte berechtigt oder von der Verpflichtung zur Leistung frei sein soll, so tritt die vereinbarte Rechtsfolge nicht ein, wenn die Verletzung als eine unverschuldete anzusehen ist.

Ist eine solche Bestimmung für den Fall getroffen, daß eine Obliegenheit verletzt wird, die nach dem Eintritte des Versicherungsfalls dem Versicherer gegenüber zu erfüllen ist, so tritt die Rechtsfolge nicht ein, wenn die Verletzung weder auf Vorsatz noch auf grober Fahrlässigkeit beruht.

Auf eine Vereinbarung, durch welche von diesen Vorschriften zum Nachteile des Versicherungsnehmers abgewichen wird, kann sich der Versicherer nicht berufen.

§ 7. Ist die Dauer der Versicherung nach Tagen, Wochen, Monaten oder nach einem mehrere Monate umfassenden Zeitraume bestimmt, so beginnt die Versicherung am Mittage des Tages, an welchem der Vertrag geschlossen wird. Sie endigt am Mittage des letzten Tages der Frist.

§ 8. Eine Vereinbarung, nach welcher ein Versicherungsverhältnis als stillschweigend verlängert gilt, wenn es nicht vor dem Ablaufe der Vertragszeit gekündigt wird, ist insoweit nichtig, als sich die jedesmalige Verlängerung auf mehr als ein Jahr erstrecken soll.

§ 9. Als Versicherungsperiode im Sinne dieses Gesetzes gilt, falls nicht die Prämie nach kürzeren Zeitabschnitten bemessen ist, der Zeitraum eines Jahres.

§ 10. Hat der Versicherungsnehmer seine Wohnung geändert, die Änderung aber dem Versicherer nicht mitgeteilt, so genügt für eine Willenserklärung, die dem Versicherungsnehmer gegenüber abzugeben ist, die Absendung eines eingeschriebenen Briefes nach der letzten dem Versicherer bekannten Wohnung. Die Erklärung wird in dem Zeitpunkte wirksam, in welchem sie ohne die Wohnungsänderung bei regelmäßiger Beförderung dem Versicherungsnehmer zugegangen sein würde.

§ 11. Auf eine Vereinbarung, nach welcher die Leistung des Versicherers erst mit der Feststellung des Anspruchs durch Anerkenntnis, Vergleich oder rechtskräftiges Urteil fällig werden soll, kann sich der Versicherer nicht berufen.

§ 12. Die Ansprüche aus dem Versicherungsvertrage verjähren in zwei Jahren, bei der Lebensversicherung in fünf Jahren. Die Verjährung beginnt mit dem Schlusse des Jahres, in welchem die Leistung verlangt werden kann.

Ist im Vertrage bestimmt, daß der Versicherer von der Verpflichtung zur Leistung frei sein soll, wenn der Anspruch auf die Leistung nicht innerhalb einer bestimmten Frist gerichtlich geltend gemacht wird, so beginnt die Frist erst, nachdem der Versicherer dem Versicherungsnehmer gegenüber den erhobenen Anspruch unter Angabe der mit dem Ablaufe der Frist verbundenen Rechtsfolge schriftlich abgelehnt hat. Die Frist muß wenigstens sechs Monate betragen.

Auf eine Vereinbarung, durch welche die Verjährung der Ansprüche gegen den Versicherer erleichtert oder von den Vorschriften des Abs. 2 zum Nachteile des Versicherungsnehmers abgewichen wird, kann sich der Versicherer nicht berufen.

§ 13. Wird über das Vermögen des Versicherers der Konkurs eröffnet, so endigt das Versicherungsverhältnis mit dem Ablauf eines Monats seit der Eröffnung; bis zu diesem Zeitpunkte bleibt es der Konkursmasse gegenüber wirksam. Soweit das Gesetz über die privaten Versicherungsunternehmungen vom 12. Mai 1901 (Reichs-Gesetzbl. S. 139) besondere Vorschriften über die Wirkungen der Konkurseröffnung enthält, bewendet es bei diesen Vorschriften.

§ 14. Auf eine Vereinbarung, nach welcher im Falle der Eröffnung des Konkurses über das Vermögen des Versicherungsnehmers das Versicherungsverhältnis erlöschen oder der Versicherer befugt sein soll, das Versicherungsverhältnis ohne Einhaltung einer Kündigungsfrist oder unter Einhaltung einer Kündigungsfrist von weniger als einem Monate zu kündigen, kann sich der Versicherer nicht berufen.

§ 15. Die Forderung aus der Versicherung ist der Pfändung insoweit nicht unterworfen, als sich die Versicherung auf unpfändbare Gegenstände bezieht.

Zweiter Titel.

Anzeigepflicht. Gefahrerhöhung.

§ 16. Der Versicherungsnehmer hat bei der Schließung des Vertrags alle ihm bekannten Umstände, die für die Übernahme der Gefahr erheblich sind, dem Versicherer anzuzeigen.

Ist dieser Vorschrift zuwider die Anzeige eines erheblichen Umstandes unterblieben, so kann der Versicherer von dem Vertrage zurücktreten. Das Gleiche gilt, wenn die Anzeige eines erheblichen Umstandes deshalb unterblieben ist, weil sich der Versicherungsnehmer der Kenntnis des Umstandes arglistig entzogen hat.

Der Rücktritt ist ausgeschlossen, wenn der Versicherer den nicht angezeigten Umstand kannte oder wenn die Anzeige ohne Verschulden des Versicherungsnehmers unterblieben ist.

§ 17. Der Versicherer kann von dem Vertrag auch dann zurücktreten, wenn über einen erheblichen Umstand eine unrichtige Anzeige gemacht worden ist.

Der Rücktritt ist ausgeschlossen, wenn die Unrichtigkeit dem Versicherer bekannt war oder die Anzeige ohne Verschulden des Versicherungsnehmers unrichtig gemacht worden ist.

§ 18. Ein Umstand, nach welchem der Versicherer ausdrücklich und schriftlich gefragt hat, gilt im Zweifel als erheblich.

Hatte der Versicherungsnehmer die Gefahrumstände an der Hand schriftlicher von dem Versicherer gestellter Fragen anzuzeigen, so kann der Versicherer wegen unterbliebener Anzeige eines Umstandes, nach welchem nicht ausdrücklich gefragt worden ist, nur im Falle arglistiger Verschweigung zurücktreten.

§ 19. Wird der Vertrag von einem Bevollmächtigten oder von einem Vertreter ohne Vertretungsmacht geschlossen, so kommt für das Rücktrittsrecht des Versicherers nicht nur die Kenntnis und die Arglist des Vertreters, sondern auch die Kenntnis und die Arglist des Versicherungsnehmers in Betracht. Der Versicherungsnehmer kann sich darauf, daß die Anzeige eines erheblichen Umstandes ohne Verschulden unterblieben oder unrichtig gemacht ist, nur berufen, wenn weder dem Vertreter noch ihm selbst ein Verschulden zur Last fällt.

§ 20. Der Rücktritt kann nur innerhalb eines Monats erfolgen. Die Frist beginnt mit dem Zeitpunkt, in welchem der Versicherer von der Verletzung der Anzeigepflicht Kenntnis erlangt.

Der Rücktritt erfolgt durch Erklärung gegenüber dem Versicherungsnehmer. Im Falle des Rücktritts sind, soweit dieses Gesetz nicht in Ansehung der Prämie ein anderes bestimmt, beide Teile verpflichtet, einander die empfangenen Leistungen zurückzugewähren; eine Geldsumme ist von der Zeit des Empfanges an zu verzinsen.

§ 21. Tritt der Versicherer zurück, nachdem der Versicherungsfall eingetreten ist, so bleibt seine Verpflichtung zur Leistung gleichwohl bestehen, wenn der Umstand, in Ansehung dessen die Anzeigepflicht verletzt ist, keinen Einfluß auf den Eintritt des Versicherungsfalls und auf den Umfang der Leistung des Versicherers gehabt hat.

§ 22. Das Recht des Versicherers, den Vertrag wegen arglistiger Täuschung anzufechten, bleibt unberührt.

§ 23. Nach dem Abschlusse des Vertrags darf der Versicherungsnehmer nicht ohne Einwilligung des Versicherers eine Erhöhung der Gefahr vornehmen oder deren Vornahme durch einen Dritten gestatten.

§ 24. Verletzt der Versicherungsnehmer die Vorschrift des § 23, so kann der Versicherer das Versicherungsverhältnis ohne Einhaltung einer Kündigungsfrist kündigen. Beruht die Verletzung nicht auf einem Verschulden des Versicherungsnehmers, so braucht dieser die Kündigung erst mit dem Ablauf eines Monats gegen sich gelten zu lassen.

Das Kündigungsrecht erlischt, wenn es nicht innerhalb eines Monats von dem Zeitpunkt an ausgeübt wird, in welchem der Versicherer von der Erhöhung der Gefahr Kenntnis erlangt, oder wenn der Zustand wiederhergestellt ist, der vor der Erhöhung bestanden hat.

§ 25. Der Versicherer ist im Falle einer Verletzung der Vorschrift des § 23 von der Verpflichtung zur Leistung frei, wenn der Versicherungsfall nach der Erhöhung der Gefahr eintritt.

Die Verpflichtung des Versicherers bleibt bestehen, wenn die Verletzung nicht auf einem Verschulden des Versicherungsnehmers beruht. Das Gleiche gilt, wenn zur Zeit des Eintritts des Versicherungsfalls die Frist für die Kündigung des Versicherers abgelaufen und eine Kündigung nicht erfolgt ist oder wenn die Erhöhung der Gefahr keinen Einfluß auf den Eintritt des Versicherungsfalls und auf den Umfang der Leistung des Versicherers gehabt hat.

§ 26. Die Vorschriften der §§ 23 bis 25 finden keine Anwendung, wenn der Versicherungsnehmer zu der Erhöhung der Gefahr durch das Interesse des Versicherers oder durch ein Ereignis, für welches der Versicherer haftet, oder durch ein Gebot der Menschlichkeit veranlaßt wird.

§ 27. Tritt nach dem Abschlusse des Vertrags eine Erhöhung der Gefahr unabhängig von dem Willen des Versicherungsnehmers ein, so ist der Versicherer berechtigt, das Versicherungsverhältnis unter Einhaltung einer Kündigungsfrist von einem Monate zu kündigen. Die Vorschriften des § 24 Abs. 2 finden Anwendung.

Der Versicherungsnehmer hat, sobald er von der Erhöhung der Gefahr Kenntnis erlangt, dem Versicherer unverzüglich Anzeige zu machen.

§ 28. Wird die im § 27 Abs. 2 vorgesehene Anzeige nicht unverzüglich gemacht, so ist der Versicherer von der Verpflichtung zur Leistung frei, wenn der Versicherungsfall später als einen Monat nach dem Zeitpunkt eintritt, in welchem die Anzeige dem Versicherer hätte zugehen müssen.

Die Verpflichtung des Versicherers bleibt bestehen, wenn ihm die Erhöhung der Gefahr in dem Zeitpunkte bekannt war, in welchem ihm die Anzeige hätte zugehen müssen. Das Gleiche gilt, wenn zur Zeit des Eintritts des Versicherungsfalls die Frist für die Kündigung des Versicherers abgelaufen und eine Kündigung nicht erfolgt ist oder wenn die Erhöhung der Gefahr keinen Einfluß auf den Eintritt des Versicherungsfalls und auf den Umfang der Leistung des Versicherers gehabt hat.

§ 29. Eine unerhebliche Erhöhung der Gefahr kommt nicht in Betracht. Eine Gefahrerhöhung kommt auch dann nicht in Betracht, wenn nach den Umständen als vereinbart anzusehen ist, daß das Versicherungsverhältnis durch die Gefahrerhöhung nicht berührt werden soll.

§ 30. Liegen die Voraussetzungen, unter denen der Versicherer nach den Vorschriften dieses Titels zum Rücktritt oder zur Kündigung berechtigt ist, in Ansehung eines Teiles der Gegenstände oder Personen vor, auf welche sich die Versicherung bezieht, so steht dem Versicherer das Recht des Rücktritts oder der Kündigung für den übrigen Teil nur zu, wenn anzunehmen ist, daß für diesen allein der Versicherer den Vertrag unter den gleichen Bestimmungen nicht geschlossen haben würde.

Macht der Versicherer von dem Rechte des Rücktritts oder der Kündigung in Ansehung eines Teiles der Gegenstände oder Personen Gebrauch, so ist der Versicherungsnehmer berechtigt, das Versicherungsverhältnis in Ansehung des übrigen Teiles zu kündigen; die Kündigung kann nicht für einen späteren Zeitpunkt als den Schluß der Versicherungsperiode geschehen, in welcher der Rücktritt des Versicherers oder seine Kündigung wirksam wird.

Liegen in Ansehung eines Teiles der Gegenstände oder Personen, auf welche sich die Versicherung bezieht, die Voraussetzungen vor, unter denen der Versicherer wegen einer Verletzung der Vorschriften über die Gefahrerhöhung von der Verpflichtung zur Leistung frei ist, so findet auf die Befreiung die Vorschrift des Abs. 1 entsprechende Anwendung.

§ 31. Auf eine Vereinbarung, durch welche von den Vorschriften der §§ 16 bis 29 zum Nachteile des Versicherungsnehmers abgewichen wird, kann sich der Versicherer nicht berufen. Jedoch kann für die dem Versicherungsnehmer obliegenden Anzeigen die schriftliche Form bedungen werden.

§ 32. Eine Vereinbarung, durch welche der Versicherungsnehmer bestimmte Obliegenheiten zum Zwecke der Verminderung der Gefahr oder zum Zwecke der Verhütung einer Gefahrerhöhung übernimmt, wird durch die Vorschriften dieses Titels nicht berührt. Auf eine Vereinbarung, nach welcher bei Verletzung einer solchen Obliegenheit der Versicherer zum Rücktritte berechtigt oder von der Verpflichtung zur Leistung frei sein soll, kann sich der Versicherer nicht berufen, wenn die Verletzung keinen Einfluß auf den Eintritt des Versicherungsfalls und auf den Umfang der Leistung des Versicherers gehabt hat.

§ 33. Nach dem Eintritte des Versicherungsfalls hat der Versicherungsnehmer, sobald er von dem Eintritte Kenntnis erlangt, dem Versicherer unverzüglich Anzeige zu machen.

Auf eine Vereinbarung, nach welcher der Versicherer von der Verpflichtung zur Leistung frei sein soll, wenn der Pflicht zur Anzeige des Versicherungsfalls nicht genügt wird, kann sich der Versicherer nicht berufen, sofern er in anderer Weise von dem Eintritte des Versicherungsfalls rechtzeitig Kenntnis erlangt hat.

§ 34. Der Versicherer kann nach dem Eintritte des Versicherunsfalls verlangen, daß der Versicherungsnehmer jede Auskunft erteilt, die zur Feststellung des Versicherungsfalls oder des Umfanges der Leistungspflicht des Versicherers erforderlich ist.

Belege kann der Versicherer insoweit fordern, als die Beschaffung dem Versicherungsnehmer billigerweise zugemutet werden kann. Auf eine Vereinbarung, durch welche von dieser Vorschrift zum Nachteile des Versicherungsnehmers abgewichen wird, kann sich der Versicherer nicht berufen.

Dritter Titel.

Prämie.

§ 35. Der Versicherungsnehmer hat die Prämie und, wenn laufende Prämien bedungen sind, die erste Prämie sofort nach dem Abschlusse des Vertrags zu zahlen. Er ist zur Zahlung nur gegen Aushändigung des Versicherungsscheins verpflichtet, es sei denn, daß die Ausstellung eines Versicherungsscheins ausgeschlossen ist.

§ 36. Leistungsort für die Entrichtung der Prämie ist der jeweilige Wohnsitz des Versicherungsnehmers; der Versicherungsnehmer hat jedoch auf seine Gefahr und seine Kosten die Prämie dem Versicherer zu übermitteln.

Hat der Versicherungsnehmer die Versicherung in seinem Gewerbebetriebe genommen, so tritt, wenn er seine gewerbliche Niederlassung an einem anderen Orte hat, der Ort der Niederlassung an die Stelle des Wohnsitzes.

§ 37. Ist die Prämie regelmäßig bei dem Versicherungsnehmer eingezogen worden, so ist dieser zur Übermittelung der Prämie erst verpflichtet, wenn ihm schriftlich angezeigt wird, daß die Übermittelung verlangt werde.

§ 38. Wird eine Prämienzahlung, die vor oder bei dem Beginne der Versicherung zu erfolgen hat, nicht rechtzeitig bewirkt, so ist der Versicherer von der Verpflichtung der Leistung frei, wenn der Versicherungsfall vor der Zahlung eintritt.

Der Versicherer ist, wenn die Zahlung nicht rechtzeitig bewirkt wird, berechtigt, das Versicherungsverhältnis unter Einhaltung einer Kündigungsfrist von einem Monate zu kündigen. Die Wirkungen der Kündigung treten nicht ein, wenn die Zahlung bis zum Ablaufe der Kündigungsfrist erfolgt.

§ 39. Wird eine Prämienzahlung, die nach dem Beginne der Versicherung zu erfolgen hat, nicht rechtzeitig bewirkt, so kann der Versicherer dem Versicherungsnehmer auf dessen Kosten eine Zahlungsfrist bestimmen. Tritt der Versicherungsfall nach dem Ablaufe der Frist ein und ist zur Zeit des Eintritts der Versicherungsnehmer mit der Zahlung der Prämie oder der geschuldeten Zinsen oder Kosten im Verzuge, so ist der Versicherer von der Verpflichtung zur Leistung frei. Der Versicherer ist nach dem Ablaufe der Frist, wenn der Versicherungsnehmer mit der Zahlung im Verzug ist, berechtigt, das Versicherungsverhältnis ohne Einhaltung einer Kündigungsfrist zu kündigen.

Die Bestimmung der Zahlungsfrist hat schriftlich zu geschehen und die Rechtsfolgen anzugeben, welche nach Abs. 1 mit dem Ablaufe der Frist verbunden sind. Die Frist darf nicht weniger als zwei Wochen betragen. Eine Fristbestimmung, die ohne Beobachtung dieser Vorschriften erfolgt, ist unwirksam.

Soweit die im Abs. 1 bezeichneten Rechtsfolgen davon abhängen, daß Zinsen oder Kosten nicht gezahlt worden sind, treten sie nur ein, wenn die Fristbestimmung die Höhe der Zinsen oder den Betrag der Kosten angibt.

§ 40. Wird das Versicherungsverhältnis wegen unterbliebener oder unrichtiger Anzeige von Gefahrumständen oder wegen Gefahrerhöhung auf Grund der Vorschriften des zweiten Titels durch Rücktritt oder Kündigung aufgehoben, so gebührt dem Versicherer gleichwohl die Prämie, jedoch nicht über die laufende Versicherungsperiode hinaus.

Das Gleiche gilt, wenn das Versicherungsverhältnis wegen nicht rechtzeitiger Prämienzahlung gemäß § 39 gekündigt wird. Kündigt der Versicherer gemäß § 38 Abs. 2, so kann er nur eine angemessene Geschäftsgebühr verlangen. Ist mit Genehmigung der Aufsichtsbehörde in den Versicherungsbedingungen ein bestimmter Betrag für die Geschäftsgebühr festgesetzt, so gilt dieser als angemessen.

Endigt das Versicherungsverhältnis infolge der Eröffnung des Konkurses über das Vermögen des Versicherers, so kann der Versicherungsnehmer den auf die Zeit nach der Beendigung des Versicherungsverhältnisses entfallenden Teil der Prämie unter Abzug der für diese Zeit aufgewendeten Kosten zurückfordern.

§ 41. Ist die dem Versicherungsnehmer bei der Schließung des Vertrags obliegende Anzeigepflicht verletzt worden, das Rücktrittsrecht des Versicherers aber ausgeschlossen, weil dem anderen Teile ein Verschulden nicht zur Last fällt, so kann der Versicherer, falls mit Rücksicht auf die höhere Gefahr eine höhere Prämie angemessen ist, von dem Beginne der laufenden Versicherungsperiode an die höhere Prämie verlangen. Das Gleiche gilt, wenn bei der Schließung des Vertrags ein für die Übernahme der Gefahr erheblicher Umstand dem Versicherer nicht angezeigt worden ist, weil er dem anderen Teile nicht bekannt war.

Wird die höhere Gefahr nach den für den Geschäftsbetrieb des Versicherers maßgebenden Grundsätzen auch gegen eine höhere Prämie nicht übernommen, so kann der Versicherer das Versicherungsverhältnis unter Einhaltung einer Kündigungsfrist von einem Monate kündigen.

Der Anspruch auf die höhere Prämie erlischt, wenn er nicht innerhalb eines Monats von dem Zeitpunkt an geltend gemacht wird, in welchem der Versicherer von der Verletzung der Anzeigepflicht oder von dem nicht angezeigten Umstande Kenntnis erlangt. Das Gleiche gilt von dem Kündigungsrechte, wenn es nicht innerhalb des bezeichneten Zeitraums ausgeübt wird.

§ 42. Auf eine Vereinbarung, durch welche von den Vorschriften der §§ 37 bis 41 zum Nachteile des Versicherungsnehmers abgewichen wird, kann sich der Versicherer nicht berufen.

Vierter Titel.

Versicherungsagenten.

§ 43. Ein Versicherungsagent gilt, auch wenn er nur mit der Vermittelung von Versicherungsgeschäften betraut ist, als bevollmächtigt, in dem Versicherungszweige, für den er bestellt ist:

1. Anträge auf Schließung, Verlängerung oder Änderung eines Versicherungsvertrags sowie den Widerruf solcher Anträge entgegenzunehmen;

2. die Anzeigen, welche während der Versicherung zu machen sind, sowie Kündigungs- und Rücktrittserklärungen oder sonstige das Versicherungsverhältnis betreffende Erklärungen von dem Versicherungsnehmer entgegenzunehmen;
3. die von dem Versicherer ausgefertigten Versicherungsscheine oder Verlängerungsscheine auszuhändigen;
4. Prämien nebst Zinsen und Kosten anzunehmen, sofern er sich im Besitz einer vom Versicherer unterzeichneten Prämienrechnung befindet; zur Unterzeichnung genügt eine im Wege der mechanischen Vervielfältigung hergestellte Namensunterschrift.

§ 44. Soweit nach den Vorschriften dieses Gesetzes die Kenntnis des Versicherers von Erheblichkeit ist, steht die Kenntnis eines nur mit der Vermittelung von Versicherungsgeschäften betrauten Agenten der Kenntnis des Versicherers nicht gleich.

§ 45. Ist ein Versicherungsagent zum Abschlusse von Versicherungsverträgen bevollmächtigt, so ist er auch befugt, die Änderung oder Verlängerung solcher Verträge zu vereinbaren sowie Kündigungs- und Rücktrittserklärungen abzugeben.

§ 46. Ist der Versicherungsagent ausdrücklich für einen bestimmten Bezirk bestellt, so beschränkt sich seine Vertretungsmacht auf Geschäfte und Rechtshandlungen, welche sich auf Versicherungsverträge über die in dem Bezirke befindlichen Sachen oder mit den im Bezirke gewöhnlich sich aufhaltenden Personen beziehen. In Ansehung der von ihm vermittelten oder abgeschlossenen Verträge ist der Agent ohne Rücksicht auf diese Beschränkung zur Vornahme von Geschäften und Rechtshandlungen ermächtigt.

§ 47. Eine Beschränkung der dem Versicherungsagenten nach den Vorschriften der §§ 43 bis 46 zustehenden Vertretungsmacht braucht ein Dritter nur dann gegen sich gelten zu lassen, wenn er die Beschränkung bei der Vornahme des Geschäfts oder der Rechtshandlung kannte oder kennen mußte. Auf eine abweichende Vereinbarung kann sich der Versicherer nicht berufen.

§ 48. Hat ein Versicherungsagent den Vertrag vermittelt oder abgeschlossen, so ist für Klagen, die aus dem Versicherungsverhältnisse gegen den Versicherer erhoben werden, das Gericht des Ortes zuständig, wo der Agent zur Zeit der Vermittelung oder Schließung seine gewerbliche Niederlassung oder in Ermangelung einer gewerblichen Niederlassung seinen Wohnsitz hatte.

Die nach Absatz 1 begründete Zuständigkeit kann durch Vereinbarung nicht ausgeschlossen werden.

Zweiter Abschnitt.

Schadensversicherung.

Erster Titel.

Vorschriften für die gesamte Schadensversicherung.

I. Inhalt des Vertrags.

§ 49. Der Versicherer hat den Schadenersatz in Geld zu leisten.

§ 50. Der Versicherer haftet nur bis zur Höhe der Versicherungssumme.

§ 51. Ergibt sich, daß die Versicherungssumme den Wert des versicherten Interesses (Versicherungswert) erheblich übersteigt, so kann sowohl der Versicherer als der Versicherungsnehmer verlangen, daß zur Beseitigung der Überversicherung die Versicherungssumme, unter verhältnismäßiger Minderung der Prämie für die künftigen Versicherungsperioden, herabgesetzt wird.

Schließt der Versicherungsnehmer den Vertrag in der Absicht, sich aus der Überversicherung einen rechtswidrigen Vermögensvorteil zu verschaffen, so ist der Vertrag nichtig; dem Versicherer gebührt, sofern er nicht bei der Schließung des Vertrags von der Nichtigkeit Kenntnis hatte, die Prämie bis zum Schlusse der Versicherungsperiode, in welcher er diese Kenntnis erlangt.

§ 52. Bezieht sich die Versicherung auf eine Sache, so gilt, soweit sich nicht aus den Umständen ein anderes ergibt, der Wert der Sache als Versicherungswert.

§ 53. Die Versicherung umfaßt den durch den Eintritt des Versicherungsfalls entgehenden Gewinn nur, soweit dies besonders vereinbart ist.

§ 54. Ist die Versicherung für einen Inbegriff von Sachen genommen, so umfaßt sie die jeweils zu dem Inbegriffe gehörigen Sachen.

§ 55. Der Versicherer ist, auch wenn die Versicherungssumme höher ist als der Versicherungswert zur Zeit des Eintritts des Versicherungsfalls, nicht verpflichtet, dem Versicherungsnehmer mehr als den Betrag des Schadens zu ersetzen.

§ 56. Ist die Versicherungssumme niedriger als der Versicherungswert zur Zeit des Eintritts des Versicherungsfalls (Unterversicherung), so haftet der Versicherer für den Schaden nur nach dem Verhältnisse der Versicherungssumme zu diesem Werte.

§ 57. Der Versicherungswert kann durch Vereinbarung auf einen bestimmten Betrag (Taxe) festgesetzt werden. Die Taxe gilt auch als der Wert, den das versicherte Interesse zur Zeit des Eintritts des Versicherungsfalls hat, es sei denn, daß sie den wirklichen Versicherungswert in diesem Zeitpunkt erheblich übersteigt. Ist die Versicherungssumme niedriger als die Taxe, so haftet der Versicherer, auch wenn die Taxe erheblich übersetzt ist, für den Schaden nur nach dem Verhältnisse der Versicherungssumme zur Taxe.

§ 58. Wer für ein Interesse gegen dieselbe Gefahr bei mehreren Versicherern Versicherung nimmt, hat jedem Versicherer von der anderen Versicherung unverzüglich Mitteilung zu machen.

In der Mitteilung ist der Versicherer, bei welchem die andere Versicherung genommen worden ist, zu bezeichnen und die Versicherungssumme anzugeben.

§ 59. Ist ein Interesse gegen dieselbe Gefahr bei mehreren Versicherern versichert und übersteigen die Versicherungssummen zusammen den Versicherungswert (Doppelversicherung), so sind die Versicherer in der Weise als Gesamtschuldner verpflichtet, daß dem Versicherungsnehmer jeder Versicherer für den Betrag haftet, dessen Zahlung ihm nach seinem Vertrag obliegt, der Versicherungsnehmer aber im ganzen nicht mehr als den Betrag des Schadens verlangen kann.

Die Versicherer sind im Verhältnisse zueinander zu Anteilen nach Maßgabe der Beträge verpflichtet, deren Zahlung ihnen dem Versicherungsnehmer gegenüber vertragsmäßig obliegt. Findet auf eine der Versicherungen ausländisches Recht Anwendung, so kann der Versicherer, für den das ausländische Recht gilt, gegen den anderen Versicherer einen Anspruch auf Ausgleichung nur geltend machen, wenn er selbst nach dem für ihn maßgebenden Rechte zur Ausgleichung verpflichtet ist.

Hat der Versicherungsnehmer eine Doppelversicherung in der Absicht genommen, sich dadurch einen rechtswidrigen Vermögensvorteil zu verschaffen, so ist jeder in dieser Absicht geschlossene Vertrag nichtig; dem Versicherer gebührt, sofern er nicht bei der Schließung des Vertrags von der Nichtigkeit Kenntnis hatte, die Prämie bis zum Schlusse der Versicherungsperiode, in welcher er diese Kenntnis erlangt.

§ 60. Hat der Versicherungsnehmer den Vertrag, durch den die Doppelversicherung entstanden ist, ohne Kenntnis von der anderen Versicherung geschlossen, so kann er von jedem Versicherer verlangen, daß die Versicherungssumme, unter verhältnismäßiger Minderung der Prämie, auf den Betrag des Anteils herabgesetzt wird, den der Versicherer im Verhältnisse zu dem anderen Versicherer zu tragen hat.

Die Herabsetzung der Versicherungssumme und der Prämie wirkt von dem Beginne der Versicherungsperiode an, in welcher sie verlangt wird. Hatte die Gefahr für den einen Versicherer schon zu laufen begonnen, bevor der Vertrag mit dem anderen Versicherer geschlossen wurde, so wird dem ersten Versicherer gegenüber die Herabsetzung erst mit dem Zeitpunkte wirksam, in welchem sie verlangt wird.

Dem Versicherer steht im Falle der Herabsetzung der Prämie eine angemessene Geschäftsgebühr zu.

Das Recht, die Herabsetzung zu verlangen, erlischt, wenn der Versicherungsnehmer es nicht unverzüglich geltend macht, nachdem er von der Doppelversicherung Kenntnis erlangt hat.

§ 61. Der Versicherer ist von der Verpflichtung zur Leistung frei, wenn der Versicherungsnehmer den Versicherungsfall vorsätzlich oder durch grobe Fahrlässigkeit herbeiführt.

§ 62. Der Versicherungsnehmer ist verpflichtet, bei dem Eintritte des Versicherungsfalls nach Möglichkeit für die Abwendung und Minderung des Schadens zu sorgen und dabei die Weisungen des Versicherers zu befolgen; er hat, wenn die Umstände es gestatten, solche Weisungen einzuholen. Sind mehrere Versicherer beteiligt und sind von ihnen entgegenstehende Weisungen gegeben, so hat der Versicherungsnehmer nach eigenem pflichtmäßigen Ermessen zu handeln.

§ 63. Aufwendungen, die der Versicherungsnehmer gemäß § 62 macht, fallen, auch wenn sie erfolglos bleiben, dem Versicherer zur Last, soweit der Versicherungsnehmer sie den Umständen nach für geboten halten durfte. Der Versicherer hat Aufwendungen, die in Gemäßheit der von ihm gegebenen Weisungen gemacht worden sind, auch insoweit zu ersetzen, als sie zusammen mit der übrigen Entschädigung die Versicherungssumme übersteigen. Er hat den für die Aufwendungen erforderlichen Betrag auf Verlangen des Versicherungsnehmers vorzuschießen.

Bei einer Unterversicherung sind die Aufwendungen nur nach dem in den §§ 56, 57 bezeichneten Verhältnisse zu erstatten.

§ 64. Soll nach dem Vertrage die Höhe des Schadens durch Sachverständige bestimmt werden, so ist die getroffene Bestimmung nicht verbindlich, wenn sie offenbar von der wirklichen Sachlage erheblich abweicht. Die Bestimmung erfolgt in diesem Falle durch Urteil. Das Gleiche gilt, wenn die Sachverständigen die Bestimmung nicht treffen können oder wollen oder sie verzögern.

Sind nach dem Vertrage die Sachverständigen durch das Gericht zu ernennen, so ist für die Ernennung das Amtsgericht zuständig, in dessen Bezirke der Schaden entstanden ist. Durch eine ausdrückliche Vereinbarung der Beteiligten kann die Zuständigkeit eines anderen Amtsgerichts begründet werden. Eine Anfechtung der Verfügung, durch welche dem Antrag auf Ernennung der Sachverständigen stattgegeben wird, ist ausgeschlossen.

Eine Vereinbarung, durch welche von der Vorschrift des Abs. 1 Satz 1 abgewichen wird, ist nichtig.

§ 65. Auf eine Vereinbarung, nach welcher sich der Versicherungsnehmer bei den Verhandlungen zur Ermittelung und Feststellung des Schadens nicht durch einen Bevollmächtigten vertreten lassen darf, kann sich der Versicherer nicht berufen.

§ 66. Der Versicherer hat die Kosten, welche durch die Ermittelung und Feststellung des ihm zur Last fallenden Schadens entstehen, dem Versicherungsnehmer insoweit zu erstatten, als ihre Aufwendung den Umständen nach geboten war.

Die Kosten, welche dem Versicherungsnehmer durch die Zuziehung eines Sachverständigen oder eines Beistandes entstehen, hat der Versicherer nicht zu erstatten, es sei denn, daß der Versicherungsnehmer nach dem Vertrage zu der Zuziehung verpflichtet war.

Bei einer Unterversicherung sind die dem Versicherer zur Last fallenden Kosten nur nach dem in den §§ 56, 57 bezeichneten Verhältnisse zu erstatten.

§ 67. Steht dem Versicherungsnehmer ein Anspruch auf Ersatz des Schadens gegen einen Dritten zu, so geht der Anspruch auf den Versicherer über, soweit dieser dem Versicherungsnehmer den Schaden ersetzt. Der Übergang kann nicht zum Nachteile des Versicherungsnehmers geltend gemacht werden. Gibt der Versicherungsnehmer seinen Anspruch gegen den Dritten oder ein zur Sicherung des Anspruchs dienendes Recht auf, so wird der Versicherer von seiner Ersatzpflicht insoweit frei, als er aus dem Anspruch oder dem Rechte hätte Ersatz erlangen können.

Richtet sich der Ersatzanspruch des Versicherungsnehmers gegen einen mit ihm in häuslicher Gemeinschaft lebenden Familienangehörigen, so ist der Übergang ausgeschlossen; der Anspruch geht jedoch über, wenn der Angehörige den Schaden vorsätzlich verursacht hat.

§ 68. Besteht das Interesse, für welches die Versicherung genommen ist, bei dem Beginne der Versicherung nicht oder gelangt, falls die Versicherung für ein künftiges Unternehmen oder sonst für ein künftiges Interesse genommen ist, das Interesse nicht zur Entstehung, so ist der Versicherungsnehmer von der Verpflichtung zur Zahlung der Prämie frei; der Versicherer kann eine angemessene Geschäftsgebühr verlangen.

Fällt das Interesse, für welches die Versicherung genommen ist, nach dem Beginne der Versicherung weg, so gebührt dem Versicherer die Prämie für die laufende Versicherungsperiode.

II. Veräußerung der versicherten Sache.

§ 69. Wird die versicherte Sache von dem Versicherungsnehmer veräußert, so tritt an Stelle des Veräußerers der Erwerber in die während der Dauer seines Eigentums aus dem Versicherungsverhältnisse sich ergebenden Rechte und Pflichten des Versicherungsnehmers ein.

Für die Prämie, welche auf die zur Zeit des Eintritts laufende Versicherungsperiode entfällt, haften der Veräußerer und der Erwerber als Gesamtschuldner.

Der Versicherer hat in Ansehung der durch das Versicherungsverhältnis gegen ihn begründeten Forderungen die Veräußerung erst dann gegen sich gelten zu lassen, wenn er von ihr Kenntnis erlangt; die Vorschriften der §§ 406 bis 408 des Bürgerlichen Gesetzbuchs finden entsprechende Anwendung.

§ 70. Der Versicherer ist berechtigt, dem Erwerber das Versicherungsverhältnis unter Einhaltung einer Frist von einem Monate zu kündigen. Das Kündigungsrecht erlischt, wenn der Versicherer es nicht innerhalb eines Monats von dem Zeitpunkt an ausübt, in welchem er von der Veräußerung Kenntnis erlangt.

Der Erwerber ist berechtigt, das Versicherungsverhältnis ohne Einhaltung einer Kündigungsfrist zu kündigen. Das Kündigungsrecht erlischt, wenn es nicht innerhalb eines Monats nach dem Erwerb ausgeübt wird; hatte der Erwerber von der Versicherung keine Kenntnis, so bleibt das Kündigungsrecht bis zum Ablauf eines Monats von dem Zeitpunkt an bestehen, in welchem der Erwerber von der Versicherung Kenntnis erlangt.

Wird das Versicherungsverhältnis auf Grund dieser Vorschriften gekündigt, so hat der Veräußerer dem Versicherer die Prämie zu zahlen, jedoch nicht über die zur Zeit der Beendigung des Versicherungsverhältnisses laufende Versicherungsperiode hinaus; eine Haftung des Erwerbers für die Prämie findet in diesen Fällen nicht statt.

§ 71. Die Veräußerung ist dem Versicherer unverzüglich anzuzeigen. Wird die Anzeige weder von dem Erwerber noch von dem Veräußerer unverzüglich gemacht, so ist der Versicherer von der Verpflichtung zur Leistung frei, wenn der Versicherungsfall später als einen Monat nach dem Zeitpunkt eintritt, in welchem die Anzeige dem Versicherer hätte zugehen müssen.

Die Verpflichtung des Versicherers zur Leistung bleibt bestehen, wenn ihm die Veräußerung in dem Zeitpunkte bekannt war, in welchem ihm die Anzeige hätte zugehen müssen. Das Gleiche gilt, wenn zur Zeit des Eintritts des Versicherungsfalls die Frist für die Kündigung des Versicherers abgelaufen und eine Kündigung nicht erfolgt ist.

§ 72. Auf eine Bestimmung des Versicherungsvertrags, durch welche von den Vorschriften der §§ 69 bis 71 zum Nachteile des Erwerbers abgewichen wird, kann sich der Versicherer nicht berufen. Jedoch kann für die Kündigung, zu der nach § 70 Abs. 2 der Erwerber berechtigt ist, sowie für die Anzeige der Veräußerung die schriftliche Form bedungen werden.

§ 73. Bei einer Zwangsversteigerung der versicherten Sache finden die Vorschriften der §§ 69 bis 72 entsprechende Anwendung.

III. Versicherung für fremde Rechnung.

§ 74. Die Versicherung kann von demjenigen, welcher den Vertrag mit dem Versicherer schließt, im eigenen Namen für einen anderen, mit oder ohne Benennung der Person des Versicherten, genommen werden (Versicherung für fremde Rechnung).

Wird die Versicherung für einen anderen genommen, so ist, auch wenn der andere benannt wird, im Zweifel anzunehmen, daß der Vertragschließende nicht als Vertreter, sondern im eigenen Namen für fremde Rechnung handelt.

§ 75. Bei der Versicherung für fremde Rechnung stehen die Rechte aus dem Versicherungsvertrage dem Versicherten zu. Die Aushändigung eines Versicherungsscheins kann jedoch nur der Versicherungsnehmer verlangen.

Der Versicherte kann ohne Zustimmung des Versicherungsnehmers über seine Rechte nur verfügen und diese Rechte nur gerichtlich geltend machen, wenn er im Besitz eines Versicherungsscheins ist.

§ 76. Der Versicherungsnehmer kann über die Rechte, welche dem Versicherten aus dem Versicherungsvertrage zustehen, im eigenen Namen verfügen.

Ist ein Versicherungsschein ausgestellt, so ist der Versicherungsnehmer ohne Zustimmung des Versicherten zur Annahme der Zahlung sowie zur Übertragung der Rechte des Versicherten nur befugt, wenn er im Besitze des Scheines ist.

Der Versicherer ist zur Zahlung an den Versicherungsnehmer nur verpflichtet, wenn dieser ihm gegenüber nachweist, daß der Versicherte seine Zustimmung zu der Versicherung erteilt hat.

§ 77. Der Versicherungsnehmer ist nicht verpflichtet, dem Versicherten oder, falls über das Vermögen des Versicherten der Konkurs eröffnet ist, der Konkursmasse den Versicherungsschein auszuliefern, bevor er wegen der ihm gegen den Versicherten in bezug auf die versicherte Sache zustehenden Ansprüche befriedigt ist. Er kann sich für diese Ansprüche aus der Entschädigungsforderung gegen den Versicherer und nach der Einziehung der Forderung aus der Entschädigungssumme vor dem Versicherten und dessen Gläubigern befriedigen.

§ 78. Der Versicherer kann gegen die Entschädigungsforderung eine Forderung, die ihm gegen den Versicherungsnehmer zusteht, insoweit aufrechnen, als sie auf der für den Versicherten genommenen Versicherung beruht.

§ 79. Für das dem Versicherer im Falle der Verschweigung oder der unrichtigen Anzeige eines Gefahrumstandes zustehende Rücktrittsrecht kommt nicht nur die Kenntnis und die Arglist des Versicherungsnehmers, sondern auch die Kenntnis und die Arglist des Versicherten in Betracht. Der Einwand, daß die Anzeige eines erheblichen Umstandes ohne Verschulden unterblieben oder unrichtig gemacht ist, kann dem Versicherer nur entgegengesetzt werden, wenn weder dem Versicherungsnehmer noch dem Versicherten ein Verschulden zur Last fällt.

Ist die Versicherung so genommen, daß sie in einem vor der Schließung des Vertrags liegenden Zeitpunkte beginnt, so ist der Versicherer von der Verpflichtung zur Leistung frei, wenn der Versicherungsnehmer oder der Versicherte bei der Schließung weiß, daß der Versicherungsfall schon eingetreten ist.

Auf die Kenntnis des Versicherten kommt es nicht an, wenn der Vertrag ohne sein Wissen geschlossen worden ist oder eine rechtzeitige Benachrichtigung des Versicherungsnehmers nicht tunlich war.

Hat der Versicherungsnehmer den Vertrag ohne Auftrag des Versicherten geschlossen und bei der Schließung den Mangel des Auftrags dem Versicherer nicht angezeigt, so braucht dieser den Einwand, daß der Vertrag ohne Wissen des Versicherten geschlossen ist, nicht gegen sich gelten zu lassen.

§ 80. Ergibt sich aus den Umständen nicht, daß die Versicherung für einen anderen genommen werden soll, so gilt sie als für eigene Rechnung genommen.

Ist die Versicherung für Rechnung „wen es angeht" genommen oder ist sonst aus dem Vertrage zu entnehmen, daß unbestimmt gelassen werden soll, ob eigenes oder fremdes Interesse versichert ist, so kommen die Vorschriften der §§ 75 bis 79 zur Anwendung, wenn sich ergibt, daß fremdes Interesse versichert ist.

Zweiter Titel.

Feuerversicherung.

§ 81. Bei der Feuerversicherung erlischt ein dem Versicherer gemachter Antrag auf Schließung, Verlängerung oder Änderung des Vertrags, wenn er nicht binnen zwei Wochen angenommen wird. Die Vorschriften des § 149 des Bürgerlichen Gesetzbuchs bleiben unberührt.

Wird der Antrag einem Abwesenden gemacht, so beginnt die Frist mit der Absendung des Antrags.

Abweichende Bestimmungen sind nichtig. An die Stelle der Frist von zwei Wochen kann jedoch eine andere festbestimmte Frist gesetzt werden.

§ 82. Der Versicherer haftet für den durch Brand, Explosion oder Blitzschlag entstehenden Schaden.

§ 83. Im Falle eines Brandes hat der Versicherer den durch die Zerstörung oder die Beschädigung der versicherten Sachen entstehenden Schaden zu ersetzen, soweit die Zerstörung oder die Beschädigung auf der Einwirkung des Feuers beruht oder die unvermeidliche Folge des Brandereignisses ist. Der Versicherer hat auch den Schaden zu ersetzen, der bei dem Brande durch Löschen, Niederreißen oder Ausräumen verursacht wird; das Gleiche gilt von einem Schaden, der dadurch entsteht, daß versicherte Sachen bei dem Brande abhanden kommen.

Auf die Haftung des Versicherers für den durch Explosion oder Blitzschlag entstehenden Schaden finden diese Vorschriften entsprechende Anwendung.

§ 84. Der Versicherer haftet nicht, wenn der Brand oder die Explosion durch Maßregeln verursacht wird, die im Kriege oder nach der Erklärung des Kriegszustandes von einem militärischen Befehlshaber angeordnet worden sind.

§ 85. Ist die Versicherung für einen Inbegriff von Sachen genommen, so erstreckt sie sich auf die Sachen der zur Familie des Versicherungsnehmers gehörenden sowie der in einem Dienstverhältnisse zu ihm stehenden Personen, sofern diese Personen in häuslicher Gemeinschaft mit dem Versicherungsnehmer leben. Die Versicherung gilt insoweit als für fremde Rechnung genommen.

§ 86. Als Versicherungswert gilt bei Haushalts- und sonstigen Gebrauchsgegenständen, bei Arbeitsgerätschaften und Maschinen derjenige Betrag, welcher erforderlich ist, um Sachen gleicher Art anzuschaffen, unter Abzug eines dem Unterschiede zwischen alt und neu entsprechenden Betrags.

§ 87. Ist bei der Versicherung beweglicher Sachen eine Taxe vereinbart, so gilt die Taxe als der Wert, den das versicherte Interesse zur Zeit der Schließung des Vertrags hat, es sei denn, daß sie den wirklichen Versicherungswert in diesem Zeitpunkt erheblich übersteigt. Eine Vereinbarung, nach welcher die Taxe als der Wert gelten soll, den das versicherte Interesse zur Zeit des Eintritts des Versicherungsfalls hat, ist nichtig.

§ 88. Als Versicherungswert gilt bei Gebäuden der ortsübliche Bauwert unter Abzug eines dem Zustande des Gebäudes, insbesondere dem Alter und der Abnutzung entsprechenden Betrags. Ergibt sich aus besonderen Gründen ein geringerer Wert, so ist dieser maßgebend.

§ 89. Bei der Versicherung des durch den Eintritt des Versicherungsfalls entgehenden Gewinns kann eine Taxe nicht vereinbart werden.

Bestimmungen über die Berechnung des entgehenden Gewinns können mit Genehmigung der Aufsichtsbehörde in den Versicherungsbedingungen getroffen werden. Übersteigt das Ergebnis der Berechnung den der wirklichen Sachlage entsprechenden Betrag, so hat der Versicherer nur diesen Betrag zu ersetzen.

§ 90. Wer in Ansehung derselben Sache bei dem einen Versicherer für entgehenden Gewinn, bei einem anderen Versicherer für sonstigen Schaden Versicherung nimmt, hat jedem Versicherer von der anderen Versicherung unverzüglich Mitteilung zu machen.

In der Mitteilung ist der Versicherer, bei welchem die andere Versicherung genommen worden ist, zu bezeichnen und die Versicherungssumme anzugeben.

§ 91. Bei der Gebäudeversicherung muß die im Falle einer nicht rechtzeitigen Zahlung der Prämie nach § 39 zu bestimmende Zahlungsfrist mindestens einen Monat betragen.

§ 92. Der Pflicht zur Anzeige des Versicherungsfalls wird genügt, wenn die Anzeige binnen zwei Tagen nach dem Eintritte des Versicherungsfalls erfolgt. Durch die Absendung der Anzeige wird die Frist gewahrt.

Auf eine Vereinbarung, durch welche die Dauer oder die Berechnung der Frist zum Nachteile des Versicherungsnehmers anders bestimmt ist, kann sich der Versicherer nicht berufen.

§ 93. Bis zur Feststellung des an einem Gebäude entstehenden Schadens darf der Versicherungsnehmer ohne Einwilligung des Versicherers nur solche Änderungen vornehmen, welche zur Erfüllung der ihm nach § 62 obliegenden Pflicht oder im öffentlichen Interesse geboten sind.

§ 94. Die Entschädigung ist nach dem Ablauf eines Monats seit der Anzeige des Versicherungsfalls zu verzinsen.

Ist der Schaden bis zum Ablauf eines Monats seit der Anzeige des Versicherungsfalls noch nicht vollständig festgestellt, so kann der Versicherungsnehmer in Anrechnung auf die Gesamtforderung die Zahlung des Betrags verlangen, den der Versicherer nach Lage der Sache mindestens zu zahlen hat.

Der Lauf der in den Abs. 1, 2 bezeichneten Fristen ist gehemmt, solange infolge eines Verschuldens des Versicherungsnehmers die Festsetzung des Schadens nicht erfolgen kann.

§ 95. Der Versicherer haftet nach dem Eintritt eines Versicherungsfalls für den durch einen späteren Versicherungsfall verursachten Schaden nur bis zur Höhe des Restbetrags der Versicherungssumme. Für die künftigen Versicherungsperioden gebührt ihm nur ein verhältnismäßiger Teil der Prämie.

§ 96. Nach dem Eintritt eines Versicherungsfalls ist jeder Teil berechtigt, das Versicherungsverhältnis zu kündigen.

Die Kündigung ist nur innerhalb eines Monats seit dem Abschlusse der Verhandlungen über die Entschädigung zulässig. Der Versicherer hat eine Kündigungsfrist von einem Monat einzuhalten. Der Versicherungsnehmer kann nicht für einen späteren Zeitpunkt als den Schluß der laufenden Versicherungsperiode kündigen.

Kündigt der Versicherungsnehmer, so gebührt dem Versicherer gleichwohl die Prämie für die laufende Versicherungsperiode. Kündigt der Versicherer, so gilt das Gleiche in Ansehung desjenigen Teiles der Prämie, welcher auf den dem Schaden entsprechenden Betrag der Versicherungssumme entfällt; von der auf den Restbetrag der Versicherungssumme entfallenden Prämie gebührt dem Versicherer nur der Teil, welcher der abgelaufenen Versicherungszeit entspricht.

§ 97. Ist der Versicherer nach den Versicherungsbestimmungen nur verpflichtet, die Entschädigungssumme zur Wiederherstellung des versicherten Gebäudes zu zahlen, so kann der Versicherungsnehmer die Zahlung erst verlangen, wenn die bestimmungsmäßige Verwendung des Geldes gesichert ist.

§ 98. Im Falle des § 97 ist eine Zahlung, welche ohne die Sicherung der bestimmungsmäßigen Verwendung des Geldes geleistet wird, dem Hypothekengläubiger gegenüber nur wirksam, wenn ihm der Versicherer oder der Versicherungsnehmer angezeigt hat, daß ohne Sicherung geleistet werden soll, und seit dem Empfange der Anzeige ein Monat verstrichen ist.

Soweit die Entschädigungssumme nicht zu einer den Versicherungsbestimmungen entsprechenden Wiederherstellung verwendet werden soll, kann der Versicherer mit Wirkung gegen den Hypothekengläubiger erst zahlen, wenn er oder der Versicherungsnehmer die Absicht, von der bestimmungsmäßigen Verwendung abzuweichen, dem Hypothekengläubiger angezeigt hat und seit dem Empfange der Anzeige ein Monat verstrichen ist.

Die Vorschriften des § 1128 Abs. 1 Satz 2, 3 des Bürgerlichen Gesetzbuchs finden entsprechende Anwendung.

§ 99. Hat im Falle der Gebäudeversicherung ein Hypothekengläubiger seine Hypothek dem Versicherer angemeldet, so wirkt eine Kündigung, ein Rücktritt oder eine sonstige Tatsache, welche die Beendigung des Versicherungsverhältnisses zur Folge hat, gegenüber dem Hypothekengläubiger erst mit dem Ablauf eines Monats, nachdem die Beendigung und, sofern diese noch nicht eingetreten war, der Zeitpunkt der Beendigung ihm durch den Versicherer mitgeteilt worden oder in anderer Weise zu seiner Kenntnis gelangt ist. Dies gilt jedoch nicht, wenn das Versicherungsverhältnis wegen nicht rechtzeitiger Prämienzahlung gekündigt oder durch den Konkurs des Versicherers beendigt wird.

Auf die Wirksamkeit einer Vereinbarung zwischen dem Versicherer und dem Versicherungsnehmer, durch welche die Versicherungssumme oder der Umfang der Gefahr, für die der Versicherer haftet, gemindert wird, finden diese Vorschriften entsprechende Anwendung.

Eine sich aus dem § 51 Abs. 2 oder dem § 59 Abs. 3 ergebende Nichtigkeit des Versicherungsvertrags kann gegenüber einem Hypothekengläubiger, der seine Hypothek dem Versicherer angemeldet hat, nicht geltend gemacht werden. Das Versicherungsverhältnis endigt jedoch ihm gegenüber mit dem Ablauf eines Monats, nachdem die Nichtigkeit ihm durch den Versicherer mitgeteilt worden oder in anderer Weise zu seiner Kenntnis gelangt ist.

§ 100. Ist bei der Gebäudeversicherung der Versicherer wegen des Verhaltens des Versicherungsnehmers von der Verpflichtung zur Leistung frei, so bleibt gleichwohl seine Verpflichtung gegenüber einem Hypothekengläubiger bestehen, ohne Unterschied, ob die Hypothek angemeldet ist oder nicht. Das Gleiche gilt, wenn der Versicherer nach dem Eintritte des Versicherungsfalls von dem Vertrage zurücktritt.

Die Vorschrift des Abs. 1 Satz 1 findet keine Anwendung, wenn der Versicherer wegen nicht rechtzeitiger Prämienzahlung von der Verpflichtung zur Leistung frei ist.

§ 101. Soweit der Versicherer auf Grund der Vorschriften der §§ 99, 100 den Hypothekengläubiger befriedigt, geht die Hypothek auf ihn über. Der Übergang kann nicht zum Nachteil eines gleich- oder nachstehenden Hypothekengläubigers geltend gemacht werden, dem gegenüber die Verpflichtung des Versicherers zur Leistung bestehen geblieben ist.

§ 102. Bei der Gebäudeversicherung hat der Versicherer dem Hypothekengläubiger, der seine Hypothek angemeldet hat, unverzüglich Mitteilung zu machen, wenn dem Versicherungsnehmer nach den §§ 39, 91 für die Zahlung der Prämie eine Frist bestimmt wird. Das Gleiche gilt, wenn das Versicherungsverhältnis nach dem Ablaufe der Frist wegen unterbliebener Prämienzahlung gekündigt wird.

§ 103. Hat der Hypothekengläubiger seine Wohnung geändert, die Änderung aber dem Versicherer nicht mitgeteilt, so genügt für eine Mitteilung der in den §§ 99, 102 bezeichneten Art die Absendung eines eingeschriebenen Briefes nach der letzten dem Versicherer bekannten Wohnung. Die Mitteilung wird in dem

Zeitpunkte wirksam, in welchem sie ohne die Wohnungsänderung bei regelmäßiger Beförderung dem Hypothekengläubiger zugegangen sein würde.

§ 104. Bei der Gebäudeversicherung darf der Versicherer, auch wenn der Versicherungsnehmer widerspricht, die von einem Hypothekengläubiger angebotene Prämienzahlung nicht ablehnen.

§ 105. Ist das Grundstück mit einer Reallast, Grundschuld oder Rentenschuld belastet, so finden die Vorschriften der §§ 98 bis 104 entsprechende Anwendung.

§ 106. Die durch die Vorschriften der §§ 99 bis 105 begründeten Rechte können nicht zu Gunsten solcher Hypotheken, Grundschulden oder Rentenschulden geltend gemacht werden, die dem Versicherungsnehmer zustehen.

Dritter Titel.

Hagelversicherung.

§ 107. Bei der Hagelversicherung haftet der Versicherer für den Schaden, der an den versicherten Bodenerzeugnissen durch die Einwirkung des Hagelschlags entsteht.

§ 108. Der Pflicht zur Anzeige des Versicherungsfalls wird genügt, wenn die Anzeige binnen drei Tagen nach dem Eintritte des Versicherungsfalls erfolgt. Durch die Absendung der Anzeige wird die Frist gewahrt.

Auf eine Vereinbarung, durch welche die Dauer oder die Berechnung der Frist zum Nachteile des Versicherungsnehmers anders bestimmt ist, kann sich der Versicherer nicht berufen.

§ 109. Bis zur Feststellung des Schadens darf der Versicherungsnehmer an den von dem Hagelschlage betroffenen Bodenerzeugnissen ohne Einwilligung des Versicherers nur solche Änderungen vornehmen, welche nach den Regeln einer ordnungsmäßigen Wirtschaft nicht aufgeschoben werden können.

§ 110. Tritt nach dem Eintritt eines Versicherungsfalls in derselben Versicherungsperiode ein neuer Versicherungsfall ein, so haftet der Versicherer für den dadurch verursachten Schaden nur bis zur Höhe des Restbetrags der Versicherungssumme.

§ 111. Nach dem Eintritt eines Versicherungsfalls ist jeder Teil berechtigt, das Versicherungsverhältnis zu kündigen, der Versicherer nur für den Schluß der Versicherungsperiode, in welcher der Versicherungsfall eingetreten ist, der Versicherungsnehmer spätestens für diesen Zeitpunkt. Kündigt der Versicherungsnehmer für einen früheren Zeitpunkt, so gebührt dem Versicherer gleichwohl die Prämie für die laufende Versicherungsperiode.

§ 112. Im Falle der Veräußerung oder der Zwangsversteigerung der versicherten Bodenerzeugnisse kann der Versicherer dem Erwerber das Versicherungsverhältnis nur für den Schluß der Versicherungsperiode kündigen, in welcher er von dem Eigentumsübergange Kenntnis erlangt; die im § 70 Abs. 1 vorgesehenen Beschränkungen des Kündigungsrechts finden keine Anwendung.

Wird der Eigentumsübergang dem Versicherer nicht rechtzeitig angezeigt, so ist der Versicherer, wenn der Versicherungsfall nach dem Schlusse der Versicherungsperiode eintritt, in welcher ihm die Anzeige hätte zugehen müssen, von der Verpflichtung zur Leistung frei. Die Verpflichtung bleibt jedoch bestehen, wenn der Versicherer von dem Eigentumswechsel so früh Kenntnis erlangt hat, daß er zum Schlusse der Versicherungsperiode kündigen konnte.

Auf eine Vereinbarung, durch welche von diesen Vorschriften zum Nachteile des Erwerbers abgewichen wird, kann sich der Versicherer nicht berufen.

§ 113. Erwirbt jemand auf Grund eines Nießbrauchs, eines Pachtvertrags oder eines ähnlichen Verhältnisses die Berechtigung, die versicherten Bodenerzeugnisse zu beziehen, so finden die im Falle einer Veräußerung oder Zwangsversteigerung der Bodenerzeugnisse geltenden Vorschriften entsprechende Anwendung.

Vierter Titel.

Viehversicherung.

§ 114. Bei der Viehversicherung haftet der Versicherer für den Schaden, der durch den Tod des versicherten Tieres entsteht. Wird der Tod durch eine Krankheit oder einen Unfall herbeigeführt, so gilt als Betrag des Schadens der Wert, den das Tier zur Zeit der Erkrankung oder des Unfalls gehabt hat.

Die Versicherung kann auch für den Schaden genommen werden, der durch eine Krankheit oder einen Unfall entsteht, ohne daß der Tod des Tieres eintritt.

§ 115. Die Versicherung umfaßt nicht:

1. den infolge einer Seuche oder Krankheit entstehenden Schaden, für welchen dem Versicherungsnehmer nach gesetzlicher Vorschrift ein Anspruch auf eine Entschädigung aus öffentlichen Mitteln zusteht oder zustehen würde, wenn der Anspruch nicht durch eine Zuwiderhandlung gegen seuchenpolizeiliche Vorschriften verwirkt worden wäre;
2. den Schaden, welcher durch Maßregeln verursacht wird, die im Kriege oder nach der Erklärung des Kriegszustandes von einem militärischen Befehlshaber angeordnet worden sind.

§ 116. Steht dem Versicherungsnehmer ein Anspruch auf Gewährleistung wegen eines Mangels des versicherten Tieres gegen einen Dritten zu, so geht der Anspruch auf den Versicherer über, soweit dieser dem Versicherungsnehmer den Schaden ersetzt. Der Übergang kann nicht zum Nachteile des Versicherungsnehmers geltend gemacht werden. Geht ein Anspruch auf Gewährleistung durch Verschulden des Versicherungsnehmers verloren, so wird der Versicherer von seiner Ersatzpflicht insoweit frei, als er aus dem Anspruch Ersatz hätte erlangen können.

§ 117. Der Versicherer haftet nach dem Eintritt eines Versicherungsfalls für den durch einen späteren Versicherungsfall verursachten Schaden nur bis zur Höhe des Restbetrags der Versicherungssumme. Für die künftigen Versicherungsperioden gebührt ihm nur ein verhältnismäßiger Teil der Prämie.

§ 118. Der Versicherer ist befugt, jederzeit auf seine Kosten eine Besichtigung und Untersuchung der versicherten Tiere vorzunehmen.

§ 119. Außer dem Tode ist auch jede erhebliche Erkrankung sowie jeder erhebliche Unfall eines versicherten Tieres dem Versicherer unverzüglich anzuzeigen. Auf die Anzeige der Erkrankung oder des Unfalls finden, auch wenn die Versicherung nur gegen den Schaden genommen ist, der durch den Tod des Tieres entsteht, die für die Anzeige des Versicherungsfalls geltenden Vorschriften entsprechende Anwendung.

§ 120. Erkrankt das versicherte Tier oder erleidet es einen Unfall, so hat der Versicherungsnehmer, sofern nicht die Erkrankung oder der Unfall unerheblich ist, unverzüglich einen Tierarzt oder, wenn dies untunlich ist, einen Sachkundigen zuzuziehen.

§ 121. Die Kosten der Fütterung und der Pflege sowie die Kosten der tierärztlichen Untersuchung und Behandlung gehören nicht zu den nach § 63 von dem Versicherer zu erstattenden Aufwendungen.

§ 122. Die Verzinsung der Entschädigungsforderung sowie das Recht des Versicherungsnehmers auf eine Abschlagszahlung bestimmt sich nach § 94.

§ 123. Hat der Versicherungsnehmer vorsätzlich oder aus grober Fahrlässigkeit das Tier schwer mißhandelt oder vernachlässigt, so ist der Versicherer von der Verpflichtung zur Leistung frei, es sei denn, daß der Schaden nicht durch die Mißhandlung oder die Vernachlässigung entstanden ist. Als schwere Vernachlässigung gilt es insbesondere, wenn bei einer Erkrankung oder einem Unfalle die Zuziehung eines Tierarztes oder eines Sachkundigen der Vorschrift des § 120 zuwider unterlassen worden ist.

§ 124. Der Versicherungsnehmer darf eine Nottötung nur mit Einwilligung des Versicherers vornehmen, es sei denn, daß die Erklärung des Versicherers nicht abgewartet werden kann. Ist durch das Gutachten des Tierarztes oder, falls die Zuziehung eines Tierarztes untunlich ist, zweier Sachkundigen vor der Tötung festgestellt, daß die Tötung notwendig ist und die Erklärung des Versicherers nicht abgewartet werden kann, so muß der Versicherer die Feststellung gegen sich gelten lassen.

Ist der Vorschrift des Abs. 1 Satz 1 zuwider eine Nottötung erfolgt, so ist der Versicherer von der Verpflichtung zur Leistung frei.

§ 125. Endigt das Versicherungsverhältnis, nachdem das versicherte Tier erkrankt ist oder einen Unfall erlitten hat, so hat die Beendigung auf die Haftung des Versicherers keinen Einfluß, wenn die Erkrankung oder der Unfall den Tod binnen zwei Wochen nach der Beendigung herbeiführt.

§ 126. Wird ein versichertes Tier veräußert, so endigt in Ansehung dieses Tieres das Versicherungsverhältnis; dem Versicherer gebührt gleichwohl die Prämie, jedoch nicht über die laufende Versicherungsperiode hinaus. Tritt vor dem Schlusse der laufenden Versicherungsperiode oder binnen zwei Wochen nach der Veräußerung infolge eines Hauptmangels der Tod des Tieres ein, so bleibt der Versicherer dem Versicherungsnehmer insoweit haftbar, als dieser dem Erwerber kraft Gesetzes zur Gewährleistung verpflichtet ist.

Geht das Eigentum an dem Inventar eines Grundstücks mit dem Eigentum oder dem Besitze des Grundstücks auf einen anderen über, so behält es in Ansehung der zum Inventare gehörenden Tiere bei den Vorschriften der §§ 69 bis 73 sein Bewenden.

Fünfter Titel.

Transportversicherung.

§ 127. Bei der Versicherung von Gütern gegen die Gefahren der Beförderung zu Lande oder auf Binnengewässern trägt der Versicherer alle Gefahren, denen die Güter während der Dauer der Versicherung ausgesetzt sind.

Bei der Versicherung eines Schiffes gegen die Gefahren der Binnenschiffahrt trägt der Versicherer alle Gefahren, denen das Schiff während der Dauer der Versicherung ausgesetzt ist. Der Versicherer haftet auch für den Schaden, den der Versicherungsnehmer infolge eines Zusammenstoßes von Schiffen dadurch erleidet, daß er den einem Dritten zugefügten Schaden zu ersetzen hat.

§ 128. Der Versicherer haftet nicht für einen Schaden, der von dem Versicherungsnehmer vorsätzlich oder fahrlässig verursacht wird. Er hat jedoch den von dem Versicherungsnehmer durch eine fehlerhafte Führung des Schiffes verursachten Schaden zu ersetzen, es sei denn, daß dem Versicherungsnehmer eine bösliche Handlungsweise zur Last fällt.

§ 129. Bei der Versicherung von Gütern haftet der Versicherer nicht für einen Schaden, der von dem Absender oder dem Empfänger in dieser Eigenschaft vorsätzlich oder fahrlässig verursacht wird.

Das Gleiche gilt von einem Schaden, der durch die natürliche Beschaffenheit der Güter, namentlich durch inneren Verderb, Schwinden, gewöhnliche Leckage sowie durch mangelhafte Verpackung der Güter oder durch Ratten oder Mäuse verursacht wird; ist jedoch die Reise durch einen Unfall, für den der Versicherer haftet, ungewöhnlich verzögert worden, so fällt der Schaden dem Versicherer insoweit zur Last, als er infolge der Verzögerung eingetreten ist.

§ 130. Bei der Versicherung eines Schiffes haftet der Versicherer nicht für einen Schaden, der daraus entsteht, daß das Schiff in einem nicht fahrtüchtigen Zustand oder nicht gehörig ausgerüstet oder bemannt die Reise antritt.

Das Gleiche gilt von einem Schaden, der nur eine Folge der Abnutzung des Schiffes im gewöhnlichen Gebrauch ist oder nur durch Alter, Fäulnis oder Wurmfraß verursacht wird.

§ 131. Die Versicherung gegen die Gefahren der Binnenschiffahrt umfaßt die Beiträge zur großen Haverei. Sind ausschließlich Güter des Schiffseigners verladen, so umfaßt die Versicherung auch die Aufopferungen, welche zur großen Haverei gehören würden, wenn das Eigentum an den Gütern einem anderen zustände.

Die Vorschriften der §§ 835 bis 839 des Handelsgesetzbuchs finden entsprechende Anwendung. Eine vom Schiffer aufgestellte Dispache ist für den Versicherer nur verbindlich, wenn er der Aufstellung durch den Schiffer zugestimmt hat.

§ 132. Die Versicherung von Gütern erstreckt sich auf die ganze Dauer der versicherten Reise.

Die Versicherung beginnt mit dem Zeitpunkt, in welchem die Güter von dem Frachtführer zur Beförderung oder, wenn die Beförderung nicht sofort erfolgen kann, zur einstweiligen Verwahrung angenommen werden. Sie endigt mit dem Zeitpunkt, in welchem die Güter dem Empfänger am Ablieferungsort abgeliefert oder, wenn sich ein Ablieferungshindernis ergibt, rechtmäßig hinterlegt oder verkauft werden.

§ 133. Unter die Versicherung gegen die Gefahren der Beförderung von Gütern auf Eisenbahnen fällt auch die Beförderung zur Eisenbahn sowie die Beförderung von der Eisenbahn an den Empfänger, wenn sie durch die Eisenbahnverwaltung oder unter ihrer Verantwortlichkeit erfolgt.

§ 134. Sind Güter gegen die Gefahren der Beförderung auf Binnengewässern versichert, so trägt der Versicherer die Gefahr der Benutzung von Leichterfahrzeugen bei der Verladung oder der Ausladung, wenn die Benutzung ortsüblich ist.

§ 135. Werden die versicherten Güter in anderer Art als mit dem Schiffe befördert, mit welchem sie nach dem Versicherungsvertrage befördert werden sollen, so haftet der Versicherer nicht.

Werden jedoch die Güter nach dem Beginne der Versicherung infolge eines Unfalls, für den der Versicherer haftet, mit einem anderen als dem im Versicherungsvertrage bestimmten Schiffe oder zu Lande befördert, so fällt die Beförderung unter die Versicherung. Das Gleiche gilt, wenn nach dem Beginne der Versicherung ohne Zustimmung des Versicherungsnehmers die Beförderung geändert oder die Reise des Schiffes aufgegeben wird.

Die Versicherung umfaßt in den Fällen des Abs. 2 die Kosten der Umladung und der einstweiligen Lagerung sowie die Mehrkosten der Weiterbeförderung.

§ 136. Die Versicherung eines Schiffes beginnt, wenn sie für eine Reise genommen ist, mit dem Zeitpunkt, in welchem mit der Einnahme der Ladung angefangen wird, oder, wenn keine Ladung einzunehmen ist, mit der Abfahrt. Sie endigt mit dem Zeitpunkt, in welchem die Löschung der Ladung am Bestimmungsorte beendigt ist, oder, wenn keine Ladung zu löschen ist, mit der Ankunft am Bestimmungsorte. Wird die Löschung von dem Versicherungsnehmer ungebührlich verzögert, so endigt die Versicherung mit dem Zeitpunkt, in welchem die Löschung beendigt sein würde, falls die Verzögerung nicht stattgefunden hätte.

Wird vor der Beendigung der Löschung für eine neue Reise Ladung eingenommen, so endigt die Versicherung mit dem Zeitpunkt, in welchem mit der Einnahme angefangen wird.

Wird nach dem Beginne der Versicherung die versicherte Reise aufgegeben, so tritt in Ansehung der Beendigung der Versicherung der Ort, wo die Reise aufhört, an die Stelle des Bestimmungsorts.

§ 137. Ist ein auf Zeit versichertes Schiff bei dem Ablaufe der vereinbarten Versicherungszeit unterwegs, so gilt das Versicherungsverhältnis als verlängert bis zur Ankunft des Schiffes am nächsten Bestimmungsort und, falls an diesem gelöscht wird, bis zu dem nach § 136 für die Beendigung der Versicherung maßgebenden Zeitpunkte. Der Versicherungsnehmer kann die Verlängerung, solange das Schiff noch nicht unterwegs ist, durch eine gegenüber dem Versicherer abzugebende Erklärung ausschließen.

§ 138. Als Versicherungswert der Güter gilt der gemeine Handelswert und in dessen Ermangelung der gemeine Wert, den die Güter am Orte der Absendung in dem Zeitpunkte haben, welcher nach den §§ 132 bis 134 für den Beginn der Versicherung maßgebend ist, unter Hinzurechnung der Versicherungskosten sowie derjenigen Kosten, welche bis zur Annahme der Güter durch den Frachtführer entstehen.

Der sich nach Abs. 1 ergebende Wert der Güter gilt auch bei dem Eintritte des Versicherungsfalls als Versicherungswert.

Haben die Güter eine Beschädigung erlitten, so ist bei der Berechnung des Schadens festzustellen, in welchem Verhältnisse der Handelswert oder gemeine Wert, den die Güter im unbeschädigten Zustand am Ablieferungsorte haben würden, zu dem Werte steht, den sie dort im beschädigten Zustande haben; ein diesem Verhältnis entsprechender Bruchteil des Versicherungswerts gilt als Betrag des Schadens.

§ 139. Als Versicherungswert des Schiffes gilt der Wert, den das Schiff bei dem Beginne der Versicherung hat. Dieser Wert gilt auch bei dem Eintritte des Versicherungsfalls als Versicherungswert.

Bei einer Beschädigung des Schiffes gelten, falls das Schiff ausbesserungsfähig ist, die nach den §§ 709, 710 des Handelsgesetzbuchs zu berechnenden Ausbesserungskosten als Betrag des Schadens.

§ 140. Bei der Versicherung von Gütern ist der Versicherer nicht berechtigt, das Versicherungsverhältnis wegen einer unabhängig von dem Willen des Versicherungsnehmers eingetretenen Erhöhung der Gefahr oder wegen einer Veräußerung der versicherten Güter zu kündigen. Der Versicherungsnehmer ist nicht verpflichtet, eine solche Gefahrerhöhung oder eine Veräußerung dem Versicherer anzuzeigen.

§ 141. Wird bei der Versicherung eines Schiffes das Versicherungsverhältnis, während das Schiff unterwegs ist, von dem Versicherer wegen einer unabhängig von dem Willen des Versicherungsnehmers eingetretenen Erhöhung der Gefahr oder wegen Veräußerung des Schiffes gekündigt, so wirkt die Kündigung nicht vor der Beendigung der Reise. Tritt während des bezeichneten Zeitraums ein Versicherungsfall ein, so wird die Verpflichtung des Versicherers zur Leistung nicht dadurch berührt, daß die Anzeige der Gefahrerhöhung oder der Veräußerung unterblieben ist.

Ist die Verpflichtung zur Anzeige schon vor dem Beginne der Reise verletzt, so finden die Vorschriften des Abs. 1 nur Anwendung, wenn die Gefahrerhöhung oder die Veräußerung dem Versicherer vor dem Beginne der Reise bekannt geworden ist.

Bei einer Zwangsversteigerung des versicherten Schiffes finden die Vorschriften über die Veräußerung entsprechende Anwendung.

§ 142. Aufwendungen, die der Versicherungsnehmer gemäß § 62 zur Abwendung oder Minderung des Schadens macht, fallen, soweit der Versicherungsnehmer sie für geboten halten durfte, dem Versicherer ohne Rücksicht darauf zur Last, ob sie zusammen mit der übrigen Entschädigung die Versicherungssumme übersteigen.

Sind Aufwendungen zur Abwendung oder Minderung oder zur Ermittelung und Feststellung eines Schadens oder zur Wiederherstellung oder Ausbesserung der durch einen Versicherungsfall beschädigten Sache gemacht oder Beiträge zur großen Haverei geleistet oder ist eine persönliche Verpflichtung des Versicherungsnehmers zur Entrichtung solcher Beiträge entstanden, so haftet der Versicherer für den Schaden, der durch einen späteren Versicherungsfall verursacht wird, ohne Rücksicht auf die ihm zur Last fallenden früheren Aufwendungen und Beiträge.

§ 143. Der Versicherer ist nach dem Eintritt eines Versicherungsfalls berechtigt, sich durch Zahlung der Versicherungssumme von allen weiteren Verbindlichkeiten zu befreien. Der Versicherer bleibt jedoch zum Ersatze der Kosten verpflichtet, welche zur Abwendung oder Minderung des Schadens oder zur Wiederherstellung oder Ausbesserung der versicherten Sache verwendet worden sind, bevor seine Erklärung, daß er sich durch Zahlung der Versicherungssumme befreien wolle, dem Versicherungsnehmer zugegangen ist.

§ 144. Bei der Versicherung gegen die Gefahren der Binnenschiffahrt hat der Versicherungsnehmer jeden Unfall, der das Schiff oder die Ladung trifft, auch wenn dadurch ein Entschädigungsanspruch für ihn nicht begründet wird, dem Versicherer unverzüglich anzuzeigen, sofern der Unfall für die von dem Versicherer zu tragende Gefahr von Erheblichkeit ist.

§ 145. Ist die Versicherung für eine Reise genommen, die teils zur See, teils auf Binnengewässern oder zu Lande ausgeführt wird, so finden auf die Versicherung, auch soweit sie die Reise auf Binnengewässern oder zu Lande betrifft, die Vorschriften des Handelsgesetzbuchs über die Seeversicherung entsprechende Anwendung. Unberührt bleiben die Vorschriften des § 131 Abs. 2 Satz 2, des § 132 Abs. 2 und des § 133 über die Dispache des Schiffers, über den Beginn und das Ende der Versicherung sowie über die Haftung des Versicherers für die Beförderung zu und von der Eisenbahn.

Sechster Titel.

Haftpflichtversicherung.

§ 146. Bei der Haftpflichtversicherung ist der Versicherer verpflichtet, dem Versicherungsnehmer die Leistung zu ersetzen, die dieser auf Grund seiner Verantwortlichkeit für eine während der Versicherungszeit eintretende Tatsache an einen Dritten zu bewirken hat.

§ 147. Die Versicherung umfaßt die gerichtlichen und außergerichtlichen Kosten, die durch die Verteidigung gegen den von einem Dritten geltend gemachten Anspruch entstehen, soweit die Aufwendung der Kosten den Umständen nach geboten ist. Dies gilt auch dann, wenn sich der Anspruch als unbegründet erweist. Der Versicherer hat die Kosten auf Verlangen des Versicherungsnehmers vorzuschießen.

Ist eine Versicherungssumme bestimmt, so hat der Versicherer Kosten, die in einem auf seine Veranlassung geführten Rechtsstreit entstehen, auch insoweit zu ersetzen, als sie zusammen mit der übrigen Entschädigung die Versicherungssumme übersteigen.

Ist dem Versicherungsnehmer nachgelassen, die Vollstreckung einer gerichtlichen Entscheidung durch Sicherheitsleistung oder Hinterlegung abzuwenden, so hat auf sein Verlangen der Versicherer die Sicherheitsleistung oder Hinterlegung zu bewirken. Diese Verpflichtung besteht nicht über den Betrag der Versicherungssumme hinaus; haftet der Versicherer nach Abs. 2 für einen höheren Betrag, so tritt der Versicherungssumme der Mehrbetrag hinzu. Der Versicherer ist von der Verpflichtung frei, wenn er den Anspruch des Dritten dem Versicherungsnehmer gegenüber als begründet anerkennt.

§ 148. Ist die Versicherung für die Haftpflicht aus einem geschäftlichen Betriebe des Versicherungsnehmers genommen, so erstreckt sie sich auf die Haftpflicht der Vertreter des Versicherungsnehmers sowie auf die Haftpflicht solcher Personen, welche er zur Leitung oder Beaufsichtigung des Betriebs oder eines Teiles des Betriebs angestellt hat. Die Versicherung gilt insoweit als für fremde Rechnung genommen.

Wird im Falle des Abs. 1 das Unternehmen an einen Dritten veräußert oder auf Grund eines Nießbrauchs, eines Pachtvertrags oder eines ähnlichen Verhältnisses von einem Dritten übernommen, so tritt an Stelle des Versicherungsnehmers der Dritte in die während der Dauer seiner Berechtigung sich aus dem Versicherungsverhältnisse ergebenden Rechte und Pflichten ein. Die Vorschriften des § 69 Abs. 2, 3 und der §§ 70, 71 finden entsprechende Anwendung.

§ 149. Der Versicherer haftet nicht, wenn der Versicherungsnehmer vorsätzlich den Eintritt der Tatsache, für die er dem Dritten verantwortlich ist, widerrechtlich herbeigeführt hat.

§ 150. Der Pflicht zur Anzeige des Versicherungsfalls wird genügt, wenn die Anzeige innerhalb einer Woche erfolgt; die Frist beginnt mit dem Zeitpunkt, in welchem der Dritte seinen Anspruch gegenüber dem Versicherungsnehmer geltend macht. Durch die Absendung der Anzeige wird die Frist gewahrt. Wird der Versicherungsnehmer zu einer gerichtlichen Verhandlung über den Anspruch geladen, so hat er, wenngleich die Frist noch nicht abgelaufen ist, die Anzeige unverzüglich nach Empfang der Ladung zu machen.

Auf eine Vereinbarung, durch welche die Dauer oder die Berechnung der

Frist zum Nachteile des Versicherungsnehmers anders bestimmt ist, kann sich der Versicherer nicht berufen.

§ 151. Der Versicherer hat die Entschädigung binnen zwei Wochen von dem Zeitpunkt an zu leisten, in welchem der Dritte von dem Versicherungsnehmer befriedigt oder der Anspruch des Dritten durch rechtskräftiges Urteil, durch Anerkenntnis oder Vergleich festgestellt worden ist. Soweit gemäß § 147 Kosten zu ersetzen sind, ist die Entschädigung binnen zwei Wochen von der Mitteilung der Berechnung an zu leisten.

Auf eine Vereinbarung, nach welcher der Versicherer von der Verpflichtung zur Leistung frei sein soll, wenn ohne seine Einwilligung der Versicherungsnehmer den Dritten befriedigt oder dessen Anspruch anerkennt, kann sich der Versicherer nicht berufen, falls nach den Umständen der Versicherungsnehmer die Befriedigung oder die Anerkennung nicht ohne offenbare Unbilligkeit verweigern konnte.

§ 152. Ist der Versicherungsnehmer dem Dritten zur Gewährung einer Rente verpflichtet, so kann er, wenn die Versicherungssumme den Kapitalwert der Rente nicht erreicht, nur einen verhältnismäßigen Teil der Rente verlangen.

Hat der Versicherungsnehmer für die von ihm geschuldete Rente dem Dritten kraft Gesetzes Sicherheit zu leisten, so erstreckt sich die Verpflichtung des Versicherers auf die Leistung der Sicherheit.

§ 153. Der Versicherer ist berechtigt, die dem Versicherungsnehmer gebührende Entschädigung, soweit der Versicherungsnehmer dem Dritten zur Leistung verpflichtet ist, diesem zu entrichten. Vor der Zahlung an den Dritten hat der Versicherer den Versicherungsnehmer Mitteilung zu machen. Auf Verlangen des Versicherungsnehmers ist der Versicherer verpflichtet, die Zahlung an den Dritten zu bewirken.

§ 154. Ist über das Vermögen des Versicherungsnehmers der Konkurs eröffnet, so kann der Dritte wegen des ihm gegen den Versicherungsnehmer zustehenden Anspruchs abgesonderte Befriedigung aus der Entschädigungsforderung des Versicherungsnehmers verlangen.

§ 155. Hat nach dem Eintritt eines Versicherungsfalls der Versicherer dem Versicherungsnehmer gegenüber seine Verpflichtung zur Leistung der Entschädigung anerkannt oder die Leistung der fälligen Entschädigung verweigert, so ist jeder Teil berechtigt, das Versicherungsverhältnis zu kündigen. Das Gleiche gilt, wenn der Versicherer dem Versicherungsnehmer die Weisung erteilt, es über den Anspruch des Dritten zum Rechtsstreite kommen zu lassen.

Die Kündigung ist nur innerhalb eines Monats seit der Anerkennung der Entschädigungspflicht oder der Verweigerung der Entschädigung oder seit der Rechtskraft des im Rechtsstreite mit dem Dritten ergangenen Urteils zulässig. Der Versicherer hat eine Kündigungsfrist von einem Monat einzuhalten. Der Versicherungsnehmer kann nicht für einen späteren Zeitpunkt als den Schluß der laufenden Versicherungsperiode kündigen..

Kündigt der Versicherungsnehmer, so gebührt dem Versicherer gleichwohl die Prämie für die laufende Versicherungsperiode. Kündigt der Versicherer, so gebührt ihm nur derjenige Teil der Prämie, welcher der abgelaufenen Versicherungszeit entspricht.

Dritter Abschnitt.
Lebensversicherung.

§ 156. Die Lebensversicherung kann auf die Person des Versicherungsnehmers oder eines anderen genommen werden.

Wird die Versicherung für den Fall des Todes eines anderen genommen, so ist zur Gültigkeit des Vertrags die schriftliche Einwilligung des anderen erforderlich. Ist der andere geschäftsunfähig oder in der Geschäftsfähigkeit beschränkt und steht die Vertretung in den seine Person betreffenden Angelegenheiten dem Versicherungsnehmer zu, so kann dieser den anderen bei der Erteilung der Einwilligung nicht vertreten.

Nimmt der Vater oder die Mutter die Versicherung auf die Person eines minderjährigen Kindes, so bedarf es der Einwilligung des Kindes nur, wenn nach dem Vertrage der Versicherer auch bei Eintritt des Todes vor der Vollendung des siebenten Lebensjahrs zur Leistung verpflichtet sein soll und die für diesen Fall vereinbarte Leistung den Betrag der gewöhnlichen Beerdigungskosten übersteigt. Hat für solche Versicherungen die Aufsichtsbehörde einen bestimmten Höchstbetrag festgesetzt, so ist dieser an Stelle des Betrags der gewöhnlichen Beerdigungskosten maßgebend.

§ 157. Durch die Vereinbarung, daß derjenige, auf dessen Person eine Versicherung genommen werden soll, sich zuvor einer ärztlichen Untersuchung zu unterwerfen hat, wird ein Recht des Versicherers, die Vornahme der Untersuchung zu verlangen, nicht begründet.

§ 158. Wird die Versicherung auf die Person eines anderen als des Versicherungsnehmers genommen, so kann vereinbart werden, daß in Ansehung des Rechtes des Versicherers, wegen Verletzung der dem Versicherungsnehmer bei der Schließung des Vertrags obliegenden Anzeigepflicht von dem Vertrage zurückzutreten, die Kenntnis und das Verhalten des anderen der Kenntnis oder dem Verhalten des Versicherungsnehmers gleichstehen soll.

§ 159. Ist das Alter desjenigen, auf dessen Person die Versicherung genommen werden soll, unrichtig angegeben worden und infolge der unrichtigen Angabe die Prämie zu niedrig bestimmt, so mindert sich die Leistung des Versicherers nach dem Verhältnis, in welchem die dem wirklichen Alter entsprechende Prämie zu der vereinbarten Prämie steht. Das Recht, wegen Verletzung der Anzeigepflicht von dem Vertrage zurückzutreten, steht dem Versicherer nur zu, wenn das wirkliche Alter außerhalb der Grenzen liegt, welche durch den Geschäftsplan für den Abschluß von Verträgen festgesetzt sind.

§ 160. Wegen einer Verletzung der dem Versicherungsnehmer bei der Schließung des Vertrags obliegenden Anzeigepflicht kann der Versicherer von dem Vertrage nicht mehr zurücktreten, wenn seit der Schließung zehn Jahre verstrichen sind. Das Rücktrittsrecht bleibt bestehen, wenn die Anzeigepflicht arglistig verletzt worden ist.

§ 161. Als Erhöhung der Gefahr gilt nur eine solche Änderung der Gefahrumstände, welche nach ausdrücklicher Vereinbarung als Gefahrerhöhung angesehen werden soll; die Erklärung des Versicherungsnehmers bedarf der schriftlichen Form.

Eine Erhöhung der Gefahr kann der Versicherer nicht mehr geltend machen, wenn seit der Erhöhung zehn Jahre verstrichen sind. Der Versicherer bleibt jedoch zur Geltendmachung befugt, wenn die Pflicht, seine Einwilligung einzuholen oder ihm Anzeige zu machen, arglistig verletzt worden ist.

§ 162. Sind laufende Prämien zu entrichten, so kann der Versicherungsnehmer das Versicherungsverhältnis jederzeit für den Schluß der laufenden Versicherungsperiode kündigen.

Ist eine Kapitalversicherung für den Todesfall in der Art genommen, daß der Eintritt der Verpflichtung des Versicherers zur Zahlung des vereinbarten Kapitals gewiß ist, so steht das Kündigungsrecht dem Versicherungsnehmer auch dann zu, wenn die Prämie in einer einmaligen Zahlung besteht.

§ 163. Bei einer Kapitalversicherung ist im Zweifel anzunehmen, daß dem Versicherungsnehmer die Befugnis vorbehalten ist, ohne Zustimmung des Versicherers einen Dritten als Bezugsberechtigten zu bezeichnen sowie an die Stelle des so bezeichneten Dritten einen anderen zu setzen. Die Befugnis des Versicherungsnehmers, an die Stelle des bezugsberechtigten Dritten einen anderen zu setzen, gilt im Zweifel auch dann als vorbehalten, wenn die Bezeichnung des Dritten im Vertrag erfolgt ist.

§ 164. Soll bei einer Kapitalversicherung die Leistung des Versicherers nach dem Tode des Versicherungsnehmers erfolgen und ist die Zahlung an die Erben ohne nähere Bestimmung bedungen, so sind im Zweifel diejenigen, welche zur Zeit des Todes als Erben berufen sind, nach dem Verhältnis ihrer Erbteile bezugsberechtigt. Eine Ausschlagung der Erbschaft hat auf die Berechtigung keinen Einfluß.

Ist der Fiskus als Erbe berufen, so steht ihm ein Bezugsrecht im Sinne des Abs. 1 Satz 1 nicht zu.

§ 165. Wird bei einer Kapitalversicherung das Recht auf die Leistung des Versicherers von dem bezugsberechtigten Dritten nicht erworben, so steht es dem Versicherungsnehmer zu.

§ 166. Bei einer Versicherung für den Todesfall ist der Versicherer von der Verpflichtung zur Leistung frei, wenn derjenige, auf dessen Person die Versicherung genommen ist, Selbstmord begangen hat. Die Verpflichtung des Versicherers bleibt bestehen, wenn die Tat in einem die freie Willensbestimmung ausschließenden Zustande krankhafter Störung der Geistestätigkeit begangen worden ist.

§ 167. Ist die Versicherung für den Fall des Todes eines anderen als des Versicherungsnehmers genommen, so ist der Versicherer von der Verpflichtung zur Leistung frei, wenn der Versicherungsnehmer vorsätzlich durch eine widerrechtliche Handlung den Tod des anderen herbeiführt.

Ist bei einer Versicherung für den Todesfall ein Dritter als Bezugsberechtigter bezeichnet, so gilt die Bezeichnung als nicht erfolgt, wenn der Dritte vorsätzlich durch eine widerrechtliche Handlung den Tod desjenigen, auf dessen Person die Versicherung genommen ist, herbeiführt.

§ 168. Eine Anzeige von dem Eintritte des Versicherungsfalls ist dem Versicherer nur zu machen, wenn der Tod als Versicherungsfall bestimmt ist. Der Anzeigepflicht wird genügt, wenn die Anzeige binnen drei Tagen nach dem Eintritte des Versicherungsfalls erfolgt; durch die Absendung der Anzeige wird die Frist gewahrt.

Steht das Recht auf die Leistung einem anderen als dem Versicherungsnehmer zu, so liegt die Anzeigepflicht dem anderen ob; das Gleiche gilt von der Pflicht zur Auskunft und zur Beschaffung von Belegen.

§ 169. Auf eine Vereinbarung, durch welche von den Vorschriften der §§ 159 bis 162, 166 oder des § 168 Abs. 1 Satz 2 zum Nachteile des Versicherungsnehmers abgewichen wird, kann sich der Versicherer nicht berufen. Jedoch kann für die Kündigung, zu der nach § 162 der Versicherungsnehmer berechtigt ist, die schriftliche Form bedungen werden.

§ 170. Hat das Versicherungsverhältnis mindestens drei Jahre bestanden und ist die Prämie für diesen Zeitraum bezahlt, so gelten die besonderen Vorschriften der §§ 171 bis 173.

§ 171. Der Versicherungsnehmer kann jederzeit für den Schluß der laufenden Versicherungsperiode die Umwandlung der Versicherung in eine prämienfreie Versicherung verlangen.

Wird die Umwandlung verlangt, so tritt mit dem bezeichneten Zeitpunkt an die Stelle des vereinbarten Kapital- oder Rentenbetrags der Betrag, der sich für das Alter desjenigen, auf dessen Person die Versicherung genommen ist, als Leistung des Versicherers ergibt, wenn die auf die Versicherung entfallende Prämienreserve als einmalige Prämie angesehen wird.

Die Prämienreserve ist für den Schluß der laufenden Versicherungsperiode zu berechnen. Prämienrückstände werden von dem Betrage der Prämienreserve abgesetzt.

Der Versicherer ist zu einem angemessenen Abzuge berechtigt. Ist für den Abzug mit Genehmigung der Aufsichtsbehörde in den Versicherungsbedingungen ein bestimmter Betrag festgesetzt, so gilt dieser als angemessen.

§ 172. Kündigt der Versicherer das Versicherungsverhältnis nach § 39, so wandelt sich mit der Kündigung die Versicherung in eine prämienfreie Versicherung um. Auf die Umwandlung finden die Vorschriften des § 171 Abs. 2 bis 4 Anwendung.

Im Falle des § 39 Abs. 1 Satz 2 ist der Versicherer zu der Leistung verpflichtet, die ihm obliegen würde, wenn sich mit dem Eintritte des Versicherungsfalls die Versicherung in eine prämienfreie Versicherung umgewandelt hätte.

Die im § 39 vorgesehene Bestimmung einer Zahlungsfrist muß einen Hinweis auf die eintretende Umwandlung der Versicherung enthalten.

§ 173. Wird eine Kapitalversicherung für den Todesfall, die in der Art genommen ist, daß der Eintritt der Verpflichtung des Versicherers zur Zahlung des vereinbarten Kapitals gewiß ist, durch Rücktritt oder Kündigung aufgehoben, so hat der Versicherer den Betrag der auf die Versicherung entfallenden Prämienreserve zu erstatten.

Das Gleiche gilt bei einer Versicherung der im Abs. 1 bezeichneten Art auch dann, wenn nach dem Eintritte des Versicherungsfalls der Versicherer von der Verpflichtung zur Zahlung des vereinbarten Kapitals frei ist. Im Falle des § 167 Abs. 1 ist jedoch der Versicherer zur Erstattung der Prämienreserve nicht verpflichtet.

Bei der Ermittelung des zu erstattenden Betrags ist die Prämienreserve für den Schluß der Versicherungsperiode zu berechnen, in deren Laufe das Versicherungsverhältnis endigt.

Der Versicherer ist zu einem angemessenen Abzuge berechtigt. Ist für den Abzug mit Genehmigung der Aufsichtsbehörde in den Versicherungsbedingungen ein bestimmter Betrag festgesetzt, so gilt dieser als angemessen.

§ 174. Ist bei einer Versicherung der im § 173 Abs. 1 bezeichneten Art eine einmalige Prämie entrichtet, so gelten die Vorschriften des § 173 auch dann, wenn das Versicherungsverhältnis noch nicht drei Jahre bestanden hat.

§ 175. Auf eine Vereinbarung, durch welche von den Vorschriften der §§ 170 bis 174 zum Nachteile des Versicherungsnehmers abgewichen wird, kann sich der Versicherer nicht berufen. In den Versicherungsbedingungen kann jedoch mit Genehmigung der Aufsichtsbehörde eine andere als die in den §§ 171, 172 vorgesehene Art der Umwandlung in eine prämienfreie Versicherung sowie eine andere als die im § 173 vorgesehene Berechnung des zu erstattenden Betrags bestimmt werden.

Vierter Abschnitt.

Unfallversicherung.

§ 176. Die Unfallversicherung kann gegen Unfälle, die dem Versicherungsnehmer oder gegen Unfälle, die einem anderen zustoßen, genommen werden.

Eine Versicherung gegen Unfälle, die einem anderen zustoßen, gilt im Zweifel als für Rechnung des anderen genommen. Die Vorschriften der §§ 75 bis 79 finden entsprechende Anwendung.

Wird eine Versicherung gegen Unfälle, die einem anderen zustoßen, von dem Versicherungsnehmer für eigene Rechnung genommen, so ist zur Gültigkeit des Vertrags die schriftliche Einwilligung des anderen erforderlich. Ist der andere geschäftsunfähig oder in der Geschäftsfähigkeit beschränkt und steht die Vertretung in den seine Person betreffenden Angelegenheiten dem Versicherungsnehmer zu, so kann dieser den anderen bei der Erteilung der Einwilligung nicht vertreten.

Im Falle des Abs. 3 kann vereinbart werden, daß in Ansehung des Rechtes des Versicherers, wegen Verletzung der dem Versicherungsnehmer bei der Schließung des Vertrags obliegenden Anzeigepflicht von dem Vertrage zurückzutreten, die Kenntnis und das Verhalten des anderen der Kenntnis oder dem Verhalten des Versicherungsnehmers gleichstehen soll.

§ 177. Ist als Leistung des Versicherers die Zahlung eines Kapitals vereinbart, so gelten die Vorschriften der §§ 163 bis 165.

§ 178. Der Versicherer ist von der Verpflichtung zur Leistung frei, wenn der von dem Unfalle Betroffene den Unfall vorsätzlich herbeigeführt hat. Das Gleiche gilt, wenn im Falle des § 176 Abs. 3 der Versicherungsnehmer vorsätzlich durch eine widerrechtliche Handlung den Unfall herbeigeführt hat.

Ist ein Dritter als Bezugsberechtigter bezeichnet, so gilt die Bezeichnung als nicht erfolgt; wenn der Dritte vorsätzlich durch eine widerrechtliche Handlung den Unfall herbeiführt.

§ 179. Die Pflicht zur Anzeige des Versicherungsfalls liegt, wenn das Recht auf die Leistung einem bezugsberechtigten Dritten zusteht, diesem ob; das Gleiche gilt von der Pflicht zur Auskunft und zur Beschaffung von Belegen.

§ 180. Der Versicherungsnehmer hat für die Abwendung und Minderung der Folgen des Unfalls nach Möglichkeit zu sorgen und dabei die Weisungen des Versicherers zu befolgen, soweit ihm nicht etwas Unbilliges zugemutet wird. Auf eine Vereinbarung, durch welche von dieser Vorschrift zum Nachteile des Versicherungsnehmers abgewichen wird, kann sich der Versicherer nicht berufen.

§ 181. Soll nach dem Vertrage das Maß der durch den Unfall herbeigeführten Einbuße an Erwerbsfähigkeit durch Sachverständige bestimmt werden, so ist die getroffene Bestimmung nicht verbindlich, wenn sie offenbar von der wirklichen Sachlage erheblich abweicht. Die Bestimmung erfolgt in diesem Falle durch Urteil. Das Gleiche gilt, wenn die Sachverständigen die Bestimmung nicht treffen können oder wollen oder sie verzögern.

Sind nach dem Vertrage die Sachverständigen durch das Gericht zu ernennen, so finden auf die Ernennung die Vorschriften des § 64 Abs. 2 entsprechende Anwendung.

Eine Vereinbarung, durch welche von der Vorschrift des Abs. 1 Satz 1 abgewichen wird, ist nichtig.

§ 182. Der Versicherer hat dem Versicherungsnehmer die Kosten, welche durch die Ermittelung und Feststellung des Unfalls sowie des Umfanges der Leistungspflicht des Versicherers entstehen, insoweit zu erstatten, als ihre Aufwendung den Umständen nach geboten war.

Fünfter Abschnitt.

Schlußvorschriften.

---

§ 183. Die Vorschriften dieses Gesetzes finden auf die Seeversicherung und auf die Rückversicherung keine Anwendung.

§ 184. Die in diesem Gesetze vorgesehenen Beschränkungen der Vertragsfreiheit bleiben bei der Transportversicherung, der Kreditversicherung, der Versicherung gegen Kursverluste und der Versicherung gegen Arbeitslosigkeit außer Anwendung.

Das Gleiche gilt von einer Schadensversicherung, die in der Weise genommen wird, daß die versicherten Interessen bei der Schließung des Vertrags nur der Gattung nach bezeichnet und erst nach ihrer Entstehung dem Versicherer einzeln aufgegeben werden (laufende Versicherung).

§ 185. Durch Kaiserliche Verordnung kann mit Zustimmung des Bundesrats bestimmt werden:

1. daß bei den im zweiten, dritten und vierten Abschnitte nicht besonders geregelten Versicherungszweigen, auch soweit sie nicht unter den § 184 fallen, die in diesem Gesetze vorgesehenen Beschränkungen der Vertragsfreiheit ganz oder zum Teil außer Anwendung bleiben;
2. daß auf die Versicherung von Schiffen gegen die Gefahren der Binnenschiffahrt die in diesem Gesetze vorgesehenen Beschränkungen der Vertragsfreiheit ganz oder zum Teil Anwendung finden.

§ 186. Die Vorschriften der §§ 38, 39, 42 über die nicht rechtzeitige Zahlung einer Prämie und die Vorschriften der §§ 170 bis 175 über die Gewährung einer prämienfreien Versicherung und die Erstattung der Prämienreserve finden, soweit mit Genehmigung der Aufsichtsbehörde in den Versicherungsbedingungen abweichende Bestimmungen getroffen sind, keine Anwendung:

1. auf Versicherungen, die bei einem Vereine genommen werden, der als kleinerer Verein im Sinne des § 53 des Gesetzes über die privaten Versicherungsunternehmungen vom 12. Mai 1901 (Reichs-Gesetzbl. S. 139) anerkannt ist;
2. auf die Sterbegeldversicherung, die Volksversicherung sowie auf sonstige Arten der Lebensversicherung mit kleineren Beträgen.

Sind für Versicherungen mit kleineren Beträgen im Sinne des Abs. 1 Nr. 2 mit Genehmigung der Aufsichtsbehörde abweichende Bestimmungen getroffen, so kann deren Gültigkeit nicht unter Berufung darauf angefochten werden, daß es sich nicht um Versicherungen mit kleineren Beträgen handle.

§ 187. Die Vorschriften dieses Gesetzes finden keine Anwendung auf Versicherungsverhältnisse, die bei den auf Grund des Gesetzes über die eingeschriebenen Hilfskassen (Reichs-Gesetzbl. 1876 S. 125, 1884 S. 54) errichteten Kassen oder bei den auf Grund der Gewerbeordnung von Innungen oder Innungsverbänden errichteten Unterstützungskassen begründet werden. Das Gleiche gilt von Versicherungsverhältnissen, die bei Berufsgenossenschaften gemäß § 23 des Gesetzes, betreffend die Abänderung der Unfallversicherungsgesetze, vom 30. Juni 1900 (Reichs-Gesetzbl. S. 335) begründet werden.

§ 188. Unberührt bleiben die landesgesetzlichen Vorschriften über Versicherungsverhältnisse, die bei den im § 75 Abs. 4 des Krankenversicherungsgesetzes bezeichneten auf Grund landesrechtlicher Vorschriften errichteten Hilfskassen oder bei den auf Grund berggesetzlicher Vorschriften errichteten Knappschaftskassen begründet werden.

§ 189. Unberührt bleiben die landesgesetzlichen Vorschriften über Versicherungsverhältnisse, die bei einer nach Landesrecht errichteten öffentlichen Anstalt unmittelbar kraft Gesetzes entstehen, sowie über Versicherungen, die bei einer solchen Anstalt infolge eines gesetzlichen Zwanges genommen werden.

Auf sonstige Versicherungen, die bei einer nach Landesrecht errichteten öffentlichen Anstalt genommen werden, finden die in diesem Gesetze vorgesehenen Beschränkungen der Vertragsfreiheit sowie die Vorschriften über die Versicherungsagenten keine Anwendung.

Wird eine Versicherungsunternehmung von dem Aufsichtsamte für Privatversicherung oder von der nach den §§ 2, 3 des Gesetzes über die privaten Versicherungsunternehmungen vom 12. Mai 1901 (Reichs-Gesetzbl. S. 139) zuständigen Landesbehörde als öffentliche Anstalt im Sinne des § 119 des genannten Gesetzes anerkannt, so gilt sie auch im Sinne dieses Gesetzes als öffentliche Anstalt.

§ 190. Unberührt bleiben die landesgesetzlichen Vorschriften, nach welchen der Versicherer verpflichtet ist, die Entschädigungssumme nur zur Wiederherstellung des versicherten Gegenstandes zu zahlen.

Die Landesgesetze können bestimmen, in welcher Weise im Falle des § 97 die Verwendung des Geldes zu sichern ist.

§ 191. In bürgerlichen Rechtsstreitigkeiten, in welchen durch Klage oder Widerklage ein Anspruch aus einem den Vorschriften dieses Gesetzes unterliegenden Versicherungsverhältnisse geltend gemacht ist, wird die Verhandlung und Entscheidung letzter Instanz im Sinne des § 8 des Einführungsgesetzes zum Gerichtsverfassungsgesetze dem Reichsgericht überwiesen.

Urkundlich usw.

Gegeben usw.

Entwurf eines Einführungsgesetzes

zu dem

Gesetz über den Versicherungsvertrag.

Wir Wilhelm, von Gottes Gnaden Deutscher Kaiser, König von Preußen usw. verordnen im Namen des Reichs, nach erfolgter Zustimmung des Bundesrats und des Reichstags, was folgt:

Artikel 1.

Das Gesetz über den Versicherungsvertrag tritt an einem durch Kaiserliche Verordnung mit Zustimmung des Bundesrats festzusetzenden Tage, spätestens am ...., in Kraft.

Artikel 2.

Die Vorschriften des Gesetzes über den Versicherungsvertrag und dieses Gesetzes erlangen im Königreiche Bayern für das Immobiliarversicherungswesen nur mit Zustimmung der Königlich Bayerischen Regierung Geltung. Die erfolgte Zustimmung wird vom Reichskanzler im Reichs-Gesetzblatte bekannt gemacht.

Artikel 3.

Wird ein zur Zeit des Inkrafttretens des Gesetzes über den Versicherungsvertrag bestehendes Versicherungsverhältnis nicht nach dem Inkrafttreten für den ersten Termin gekündigt, für den beide Teile nach den bisherigen Gesetzen zur Kündigung berechtigt sind, so finden von diesem Termin an die Vorschriften des Gesetzes über den Versicherungsvertrag Anwendung.

Artikel 4.

Auf ein zur Zeit des Inkrafttretens des Gesetzes über den Versicherungsvertrag bestehendes Versicherungsverhältnis finden von dieser Zeit an die folgenden Vorschriften des Gesetzes Anwendung:

1. die Vorschriften des § 3 Abs. 2 bis 4 und des § 4 Abs. 2 über den Versicherungsschein und über das Recht des Versicherungsnehmers, Abschriften der von ihm abgegebenen Erklärungen zu verlangen;
2. die Vorschriften des § 11 und des § 12 Abs. 2 über die Fälligkeit der Leistung des Versicherers und die Verwirkung eines nicht rechtzeitig geltend gemachten Anspruchs sowie die Vorschrift des § 12 Abs. 3, soweit sie sich auf die Verwirkung des Anspruchs bezieht;
3. die Vorschriften des § 13 über den Konkurs des Versicherers;
4. die Vorschriften der §§ 39, 91 über die nicht rechtzeitige Zahlung einer nach dem Beginne der Versicherung zu entrichtenden Prämie sowie die

Vorschriften der §§ 40, 42, 186, soweit sie sich auf die nicht rechtzeitige Zahlung einer solchen Prämie beziehen;

5. die Vorschriften über die Befugnisse der Versicherungsagenten;
6. die Vorschriften der §§ 64, 181 über die Mitwirkung von Sachverständigen bei der Feststellung der Leistung des Versicherers;
7. die Vorschriften des § 94 Abs. 2, 3 und des § 122 über die Verpflichtung des Versicherers zu einer Abschlagszahlung;
8. die für Hypotheken und andere Rechte an Grundstücken geltenden Vorschriften der §§ 98 bis 106.
9. die Vorschriften des § 180 über die Verpflichtung des Versicherungsnehmers, für die Abwendung und Minderung der Folgen des Unfalls zu sorgen.

Artikel 5.

Die Rechte, welche einem Hypothekengläubiger oder einem anderen, für den ein Recht an einem Grundstücke begründet ist, gegenüber dem Versicherer zustehen, bestimmen sich, bis das Grundbuch für das belastete Grundstück als angelegt anzusehen ist, nach den bisherigen Gesetzen.

Artikel 6.

Die Vorschriften des Gesetzes über den Versicherungsvertrag, welche die Verjährung der Ansprüche aus dem Vertrage betreffen, finden auf die vor dem Inkrafttreten des Gesetzes entstandenen, noch nicht verjährten Ansprüche Anwendung. Der Beginn sowie die Hemmung und die Unterbrechung der Verjährung bestimmen sich jedoch für die Zeit vor dem Inkrafttreten nach den bisherigen Gesetzen.

Ist die Verjährungsfrist nach dem Gesetz über den Versicherungsvertrag kürzer als nach den bisherigen Gesetzen, so wird die kürzere Frist von dem Inkrafttreten des Gesetzes über den Versicherungsvertrag an berechnet. Läuft jedoch die in den bisherigen Gesetzen bestimmte längere Frist früher als die in dem Gesetz über den Versicherungsvertrag bestimmte kürzere Frist ab, so ist die Verjährung mit dem Ablaufe der längeren Frist vollendet.

Urkundlich usw.

Gegeben usw.

Entwurf eines Gesetzes,

betreffend

Änderung der Vorschriften des Handelsgesetzbuchs über die Seeversicherung.

Wir Wilhelm, von Gottes Gnaden Deutscher Kaiser, König von Preußen usw. verordnen im Namen des Reichs, nach erfolgter Zustimmung des Bundesrats und des Reichstags, was folgt:

Artikel 1.

Der zehnte Abschnitt des vierten Buches des Handelsgesetzbuchs wird dahin geändert:

I. Der § 782 fällt weg.

II. An die Stelle der §§ 787 bis 791 treten folgende Vorschriften:

§ 787.

Ist ein Gegenstand gegen dieselbe Gefahr bei mehreren Versicherern versichert und übersteigen die Versicherungssummen zusammen den Versicherungswert (Doppelversicherung), so sind die Versicherer in der Weise als Gesamtschuldner verpflichtet, daß dem Versicherten jeder Versicherer für den Betrag haftet, dessen Zahlung ihm nach seinem Vertrag obliegt, der Versicherte aber im ganzen nicht mehr als den Betrag des Schadens verlangen kann.

Die Versicherer sind im Verhältnisse zueinander zu Anteilen nach Maßgabe der Beträge verpflichtet, deren Zahlung ihnen dem Versicherten gegenüber vertragsmäßig obliegt. Findet auf eine der Versicherungen ausländisches Recht Anwendung, so kann der Versicherer, für den das ausländische Recht gilt, gegen den anderen Versicherer einen Anspruch auf Ausgleichung nur geltend machen, wenn er selbst nach dem für ihn maßgebenden Rechte zur Ausgleichung verpflichtet ist.

Hat der Versicherte eine Doppelversicherung in der Absicht genommen, sich dadurch einen rechtswidrigen Vermögensvorteil zu verschaffen, so ist jeder in dieser Absicht geschlossene Vertrag nichtig; der Versicherer kann die ganze Prämie verlangen, sofern er nicht bei der Schließung des Vertrags von der Nichtigkeit Kenntnis hatte.

§ 788.

Hat der Versicherungsnehmer den Vertrag, durch den die Doppelversicherung entstanden ist, ohne Kenntnis von der anderen Versicherung geschlossen, so kann er von jedem Versicherer verlangen, daß die Versicherungssumme, unter verhältnismäßiger Minderung der Prämie, auf den Betrag des Anteils herabgesetzt wird, den der Versicherer im Verhältnisse zu dem anderen Versicherer zu tragen hat.

Die Herabsetzung der Versicherungssumme und der Prämie wirkt von dem Beginne der Versicherung an. Hatte die Gefahr für den einen Versicherer schon zu laufen begonnen, bevor der Vertrag mit dem anderen Versicherer geschlossen wurde, so wird dem ersten Versicherer gegenüber die Herabsetzung erst mit dem Zeitpunkte wirksam, in welchem sie verlangt wird.

Dem Versicherer steht eine angemessene Ristornogebühr zu.

Das Recht, die Herabsetzung zu verlangen, erlischt, wenn der Versicherungsnehmer es nicht unverzüglich geltend macht, nachdem er von der Doppelversicherung Kenntnis erlangt hat.

§ 789.

Wer für ein Interesse gegen dieselbe Gefahr bei mehreren Versicherern Versicherung nimmt, hat jedem Versicherer von der anderen Versicherung unverzüglich Mitteilung zu machen.

III. Der § 807 Abs. 3 erhält folgende Fassung:

Die Kenntnis des Versicherten kommt auch dann nicht in Betracht, wenn die Versicherung ohne seinen Auftrag und ohne sein Wissen genommen und der Mangel des Auftrags bei dem Abschlusse des Vertrags dem Versicherer angezeigt worden ist.

IV. Die §§ 808 bis 811 werden durch folgende Vorschriften ersetzt:

§ 808.

Der Versicherer kann von dem Vertrage zurücktreten, wenn den Vorschriften der §§ 806, 807 zuwider die Anzeige eines erheblichen Umstandes unterblieben ist. Das Gleiche gilt, wenn die Anzeige eines erheblichen Umstandes deshalb unterblieben ist, weil sich der Versicherungsnehmer oder ein Beteiligter, dessen Kenntnis nach § 806 Abs. 2 oder nach § 807 erheblich ist, der Kenntnis des Umstandes arglistig entzogen hat.

Der Rücktritt ist ausgeschlossen, wenn der Versicherer den nicht angezeigten Umstand kannte oder wenn die Anzeige ohne Verschulden unterblieben ist.

§ 809.

Der Versicherer kann von dem Vertrag auch dann zurücktreten, wenn über einen erheblichen Umstand eine unrichtige Anzeige gemacht worden ist.

Der Rücktritt ist ausgeschlossen, wenn die Unrichtigkeit dem Versicherer bekannt war oder die Anzeige ohne Verschulden unrichtig gemacht worden ist.

§ 810.

Liegen die Voraussetzungen, unter denen der Versicherer zum Rücktritte berechtigt ist, in Ansehung eines Teiles der Gegenstände vor, auf welche sich die Versicherung bezieht, so steht dem Versicherer das Recht des Rücktritts für den übrigen Teil nur zu, wenn anzunehmen ist, daß für diesen allein der Versicherer den Vertrag unter den gleichen Bestimmungen nicht geschlossen haben würde.

§ 811.

Der Rücktritt kann nur innerhalb einer Woche erfolgen. Die Frist beginnt mit dem Zeitpunkt, in welchem der Versicherer von der Verletzung der Anzeigepflicht Kenntnis erlangt.

Der Rücktritt erfolgt durch Erklärung gegenüber dem Versicherungsnehmer. Tritt der Versicherer zurück, so gebührt ihm gleichwohl die ganze Prämie; die empfangene Entschädigungssumme ist zurückzugewähren und von der Zeit des Empfanges an zu verzinsen.

Tritt der Versicherer zurück, nachdem ein Unfall, für den der Versicherer haftet, eingetreten ist, so bleibt die Verpflichtung des Versicherers zur Zahlung der Entschädigung bestehen, wenn der Umstand, in Ansehung dessen die Anzeigepflicht verletzt ist, keinen Einfluß auf den Eintritt des Versicherungsfalls und auf den Umfang der Leistung des Versicherers gehabt hat.

§ 811a.

Ist die Anzeigepflicht verletzt worden, das Rücktrittsrecht des Versicherers aber ausgeschlossen, weil dem anderen Teile ein Verschulden nicht zur Last fällt, so kann der Versicherer, falls mit Rücksicht auf die höhere Gefahr eine höhere Prämie angemessen ist, die höhere Prämie verlangen. Das Gleiche gilt, wenn bei der Schließung des Vertrags ein für die Übernahme der Gefahr erheblicher Umstand dem Versicherer nicht angezeigt worden ist, weil er dem anderen Teile nicht bekannt war.

Der Anspruch auf die höhere Prämie erlischt, wenn er nicht innerhalb einer Woche von dem Zeitpunkt an geltend gemacht wird, in welchem der Versicherer von der Verletzung der Anzeigepflicht oder von dem nicht angezeigten Umstande Kenntnis erlangt.

§ 811b.

Das Recht des Versicherers, den Vertrag wegen arglistiger Täuschung anzufechten, bleibt unberührt.

V. Der § 812 Abs. 3 fällt weg.

VI. An die Stelle des § 821 Nr. 4 treten folgende Vorschriften:

4. der Schaden, welcher von dem Versicherten vorsätzlich oder fahrlässig verursacht wird; der Versicherer hat jedoch den von dem Versicherten durch die fehlerhafte Führung des Schiffes verursachten Schaden zu ersetzen, es sei denn, daß dem Versicherten eine bösliche Handlungsweise zur Last fällt;

5. bei der Versicherung von Gütern oder imaginärem Gewinn der Schaden, welcher von dem Ablader, Empfänger oder Kargadeur in dieser Eigenschaft vorsätzlich oder fahrlässig verursacht wird.

VII. Im § 824 Abs. 2 werden die Worte: „von einer der im § 821 Nr. 4 bezeichneten Personen“ ersetzt durch die Worte:
„von einer der im § 821 Nr. 5 bezeichneten Personen“.

VIII. Der § 830 Abs. 1 erhält folgende Fassung:

Ist die Dauer der Versicherung nach Tagen, Wochen, Monaten oder nach einem mehrere Monate umfassenden Zeitraume bestimmt, so beginnt die Versicherung am Mittage des Tages, an welchem der Vertrag geschlossen wird. Sie endigt am Mittage des letzten Tages der Frist.

IX. Im § 883 fällt der Hinweis auf den § 782 weg.

X. An die Stelle der §§ 886, 887 treten folgende Vorschriften:

§ 886.

Bei der Versicherung für fremde Rechnung stehen die Rechte aus dem Versicherungsvertrage dem Versicherten zu. Die Aushändigung einer Police kann jedoch nur der Versicherungsnehmer verlangen.

Der Versicherte kann ohne Zustimmung des Versicherungsnehmers über seine Rechte nur verfügen und diese Rechte nur gerichtlich geltend machen, wenn er im Besitz einer Police ist.

§ 887.

Der Versicherungsnehmer kann über die Rechte, welche dem Versicherten aus dem Versicherungsvertrage zustehen, im eigenen Namen verfügen.

Ist eine Police ausgestellt, so ist der Versicherungsnehmer ohne Zustimmung des Versicherten zur Annahme der Zahlung sowie zur Übertragung der Rechte des Versicherten nur befugt, wenn er im Besitze der Police ist.

Der Versicherer ist zur Zahlung an den Versicherungsnehmer nur verpflichtet, wenn dieser ihm gegenüber nachweist, daß der Versicherte seine Zustimmung zu der Versicherung erteilt hat.

XI. Der § 890 wird durch folgende Vorschrift ersetzt:

Der Versicherer kann gegen die Entschädigungsforderung eine Forderung, die ihm gegen den Versicherungsnehmer zusteht, insoweit aufrechnen, als sie auf der für den Versicherten genommenen Versicherung beruht.

XII. Im § 895 fallen die Worte: „oder Doppelversicherung (§ 788)“ weg.

XIII. Im § 898 werden die Worte „nach Maßgabe des § 789“ gestrichen.

XIV. Der § 899 wird durch folgende Vorschriften ersetzt:

Wird die versicherte Sache von dem Versicherten veräußert, so tritt an Stelle des Veräußerers der Erwerber in die sich während der Dauer seines Eigentums aus dem Versicherungsverhältnis ergebenden Rechte und Pflichten des Versicherten ein. Für die Prämie haften der Veräußerer und der Erwerber als Gesamtschuldner.

Der Versicherer hat in Ansehung der durch das Versicherungsverhältnis gegen ihn begründeten Forderungen die Veräußerung erst dann gegen sich gelten zu lassen, wenn er von ihr Kenntnis erlangt; die Vorschriften der §§ 406 bis 408 des Bürgerlichen Gesetzbuchs finden entsprechende Anwendung.

Der Versicherer haftet nicht für die Gefahren, welche nicht eingetreten sein würden, wenn die Veräußerung unterblieben wäre.

Der Erwerber ist berechtigt, das Versicherungsverhältnis ohne Einhaltung einer Kündigungsfrist zu kündigen. Das Kündigungsrecht erlischt, wenn es nicht innerhalb eines Monats nach dem Erwerb ausgeübt wird; hatte der Erwerber von der Versicherung keine Kenntnis, so bleibt das Kündigungsrecht bis zum Ablauf eines Monats von dem Zeitpunkt an bestehen, in welchem der Erwerber von der Versicherung Kenntnis erlangt. Kündigt der Erwerber, so haftet er für die Prämie nicht.

Bei einer Zwangsversteigerung der versicherten Sache finden die Vorschriften der Abs. 1 bis 4 entsprechende Anwendung.

Artikel 2.

Dieses Gesetz tritt gleichzeitig mit dem Gesetz über den Versicherungsvertrag in Kraft.

Urkundlich usw.

Gegeben usw.

Maschinensatz und Druck von Breitkopf und Härtel in Leipzig.

FSC
www.fsc.org
MIX
Papier | Fördert
gute Waldnutzung
FSC® C083411

Kolibri 360 GmbH
Ferdinand-Jühlke-Straße 7
99095 Erfurt, Deutschland
produktsicherheit@kolibri360.de